语言学经典文丛

现代汉语

（重订本）

胡裕树 主编

上海教育出版社

图书在版编目（CIP）数据

现代汉语：重订本 / 胡裕树主编. — 上海：上海教育出版社，2018.12（2023.7重印）
ISBN 978-7-5444-8446-6

Ⅰ. ①现… Ⅱ. ①胡… Ⅲ. ①现代汉语—高等学校—教材 Ⅳ. ①H109.4

中国版本图书馆CIP数据核字(2018)第294432号

责任编辑　张嘉恒　李光卫
封面设计　陆　弦

现代汉语（重订本）
胡裕树　主编

出版发行　上海教育出版社有限公司
官　　网　www.seph.com.cn
地　　址　上海市闵行区号景路159弄C座
邮　　编　201101
印　　刷　上海中华商务联合印刷有限公司
开　　本　635×965　1/16　印张 33.75　插页 5
字　　数　900 千字
版　　次　2019年1月第1版
印　　次　2023年7月第3次印刷
书　　号　ISBN 978-7-5444-8446-6/H·0288
定　　价　98.00 元

如发现质量问题，读者可向本社调换　电话：021-64373213

出版说明

上海教育出版社成立六十年来，出版了许多语言学专著，受到学界的欢迎。为满足读者的需要，我们从历年出版的著作中精选了一批，辑为“语言学经典文丛”。此次出版，我们按照学术著作出版规范的国家标准，对编入文丛的著作进行了体例等方面的调整，还对个别差错予以改正。其他均保持原貌。

上海教育出版社

2018年8月

目　　录

绪　论

第一节　语　言

语言是一种符号系统。任何符号都包括能记(表现成分)和所记(被表现成分)两个方面。能记是能为人们以某种方式(如视觉、听觉)感知得到的外在形式,所记是符号形式所表示的意义或内容。能记和所记是互相依存、不可分割的统一体,正如纸的正面和反面一样。能记和所记既无相似之处,又无相关之点,它们联系在一起只不过是一种约定的关系。约定关系有两种,一是个人约定,一是社会约定。前者如猎人发现猎物时所作的记号,只有他自己理解。后者如指挥交通的红绿灯。红灯的能记是红色的光,所记是禁止通行;绿灯的能记是绿色的光,所记是允许前进。这种符号的能记和所记既经社会约定,就不能随意改变。人们看到照片便联想到照片中的人物,这是因为相似而产生的联想,当然不属符号。听到雷声便联想到闪电,这是因为相关而产生的联想,也不属符号。语言符号的能记是声音,所记是意义,声音与意义之间没有必然联系,否则就无法解释同一种事物在相同或不同的语言中有不同的名称了。在口语中,有时也夹杂一些不属于符号系统的语言单位。例如象声词,它的声音同所表示的内容是相似的,因此有些语法书认为它是一种特殊的词类。

文字使口语成为书面语。文字也是一种符号,它是记录语言的符号。文字的能记是书写形式,所记是语言,包括声音和意义。英语的“water”记录了声音和意义,汉语的“水”也记录了声音和意义。当然,拼音文字和汉字记录语言的方式不一样,它们属不同类型。书面语中夹杂的不属符号系统的语言单位比口语更多,如标点符号,虽然称之为符号，其实并非音义结合的语言单位。

语言是人类最重要的交际工具。人们进行交际，交流思想，可以不使用语言符号。例如用手势招呼别人，用面部表情传达某种信息，这些符号使用的范围是极有限的。军队用旗语发布命令，一般人用电报陈述意见，诸如此类的符号都是在已有的语言基础之上编制出来的，是语言符号的符号。由此可见，语言是应用最广泛的符号，它随着人类社会的产生而产生，随着社会的发展而发展，人类社会的所有活动都离不开语言。

语言是一个系统。所谓系统，包括两层意思：第一，它不是单一的东西，是由许多单位组成的；第二，这些单位不是孤立的，它们互相联系，处于一定的关系之中。语言又是一个复杂的系统，它包含一些较小的系统，如语音系统、词汇系统、语法系统。这些子系统有各自的结构，它们之间又互相联系。所有这些系统又有共同之处，如单位与单位之间的关系主要是聚合关系和组合关系。例如音位变体和音位变体构成音位，这是聚合关系；声母和韵母构成音节，这是组合关系。把“桌子”“盆儿”“石头”等归为一类，又把其中的“子”“儿”“头”归为一类，这是聚合关系。把“方”“大”“硬”等归为一类也是聚合关系。“方”加在“桌子”前边，“大”加在“盆儿”前边，“硬”加在“石头”前边，这是组合关系。

常见的系统有两种，一种是封闭性系统，一种是开放性系统。一部机器是一种封闭性系统，语言则是开放性系统。开放性系统具有两个特点：一是外部因素可以打破内部结构的平衡，二是内部因素常常互相影响，可能出现中间现象。只须考察一下近百年来汉语的发展变化的情况，不难看到上述两个特点在汉语中的表现。举例说吧，名词修饰动词在古汉语中是常见的，包括两种情况。一是名词表示施事，修饰动词时中间加助词“之”，如“大道之行”“人之将死”。一是名词直接修饰动词，当中不用助词。这种用法限于用名词表示工具（车载斗量），表示时间或处所（日积月累、东奔西走），表示比况（云合雾集）。现代汉语继承了这些用法，如“他的来”属于前一种，“电话联系”“下午动身”“屋里休息”属于后一种。由于受英、法等语言的影响，人们认为名词修饰动词须有某些变化，于是出现了这类格式：

逻辑地思考　　　形式主义地看待问题
科学地分析　　　部分地完成规定任务

又由于受日语的影响，大量出现受事名词直接修饰动词的形式。例如：

民意测验（站）　　　汽车修理（处）
工人疗养（院）　　　句子分析（法）
外宾招待（所）　　　电影摄制（厂）

中间现象在词汇和语法方面最为明显。例如语素“可”和“员”，本来是不定位语素（实素），如今趋向定位（虚素）了：

可爱　可观　可口　可取　可疑
海员　教员　委员　职员　演员

但是它们尚未完全虚化。“可”有时出现在别的语素后边，如“认可”“许可”。“员”可用在“员工”中。有人称它们为“类语缀”，正说明了它们的特点。再如词是一个整体，一般不能拆开来使用。但是少数动词（如“注意”“洗澡”“理发”等），当中可以插入有限的词语，这也属于中间现象。

语言是工具，人人都可以使用它，造出千差万别的句子，那就是言语了。人们从生活中习得了某种语言，不一定了解它的结构规律。这如同有些人懂得开汽车，但不了解汽车的结构一样。当然，懂得汽车的结构并不等于掌握了开车的技巧。学习现代汉语这门学科，目的在提高使用语言的能力，也为从事教学和科研打好基础。

第二节　现代汉语

一　现代汉语的形成

现代汉语有广狭二义，广义的包括各种方言，狭义的指的是现代汉民族共同语，即以北京语音为标准音、以北方话为基础方言、以典范的现代白话文著作为语法规范的普通话。它是现代汉民族用来进行交际的语言。

现代汉语的形成和发展，经历了一个复杂的过程。

现代汉语是在近代汉语的基础上形成的。从近代汉语的历史发展中可以看到，宋元以后有两种明显的趋势在北方话的基础上发生：一种表现在书面语方面，就是白话文学的产生和发展；一种表现在口语方面，就是“官话”逐渐渗入各个方言区域。

汉族在历史上长期用“文言”作为统一的书面语。这种书面语最初必定是建立在口语基础上的，但是后来同口语的距离越来越远，学习起来非常困难，能够使用的人只占全民中的极少数。因此，另外一种同口语直接相联系的书面语——“白话”就起来同“文言”分庭抗礼。这种“白话”就是我们现在的民族共同语书面形式的主要源头。

宋元以来，用“白话”写的各种体裁的作品非常丰富，其中有像《水浒传》《儒林外史》《红楼梦》等许多文学巨著。这些作品的语言虽然都或多或少带有地方色彩，但是总的说来，基本上属于北方话。它们流传到非北方话的区域，拥有广大的读者，并且促使非北方话区域的人也用“白话”来写作。因此这种白话文学大大促进了北方话的推广。

口语方面，大约在白话文学作品广泛流传的同时，以北京话为代表的北方话也逐渐取得了各方言区之间的交际工具的地位。由于北京既是元、明、清历代的政治中心，北京话也就成为各级官府的交际语言，并随着政治影响逐渐传播到全国各地。当时北京话被称为“官话”，实际上它不是专为官吏阶层使用的官场雅语，而是全民的共同语。

到了20世纪初，特别到了五四时代，随着民族民主革命运动的高涨，上述的两种趋势就汇合为一，力量更加壮大，这就加速了现代汉民族共同语的发展过程。一方面，“白话文运动”彻底动摇了文言文的统治地位，使一向只用在所谓通俗文学上的“白话”取得了文学语言的地位；另一方面，“国语运动”又给北方话为中心的北方话以一种民族共同语的地位。这两者结合起来，就形成了书面形式和口头形式上都有了统一规范的文学语言，改变了早先的言文不一致和方言并立的局面。至此，人们逐渐用"普通话"来代替"官话"这一旧称。在我国台湾称为"国语"，在新加坡和海外华人称为"华语"，指的其实是普通话。"普通话"的"普通"是普遍共同的意思。这说明这时北方话已完全取得了"共同语"的地位了。

中华人民共和国成立以来，由于政治的空前统一和经济的迅速发展，由于党和政府重视祖国语言的纯洁和健康，重视汉语规范化工作，现代汉民族共同语——普通话发展更加迅速，它的社会交际效能也大大提高。人们只要顺应着汉语的发展趋势，自觉地推动它朝着健康的方向发展，促使它更进一步地规范化，就可以使现代汉语成为更完善、更统一的语言。

现代汉语是世界上使用人口最多的一种语言。全球约有五分之一的人口使用现代汉语。在历史发展的过程中，汉语对邻邦的语言产生过巨大的影响。受汉语影响最深的是日语、朝鲜语和越南语。

随着我国社会主义建设事业的飞跃发展，国际地位的日益提高，汉语在国际生活中的重要性越来越显著了，因而在许多国家中，学习和研究汉语的人也越来越多了。联合国大会第二十八届会议于 1973 年 12 月 18 日全体会议一致通过，把汉语列为大会和安理会的工作语言之一。（联合国目前有六种法定的工作语言，除汉语外，还有英语、俄语、法语、西班牙语、阿拉伯语。）

我国是一个共有五十多个民族的统一国家。建国以来，一直十分强调加强各民族的团结，号召各族人民同心协力，共同建设我们伟大的社会主义祖国，各兄弟民族为了相互交际的便利，迫切需要掌握一种各民族共同使用的语言；兄弟民族都自觉地要求选择汉语作为共同的交际工具。

二　现代汉语的地域分支——方言

除了普通话这一全民族的共同语之外，汉民族还有许多不同的方言。像一切语言中的方言一样，汉语的这些方言也是从属于民族共同语的语言低级形式，它们之间虽然有明显的差异，但由于语音上对应规律很整齐，基本词汇和语法构造也大体相同，因而它们并不是同普通话并立的独立语言,而只是汉民族共同语的地域分支。随着社会的政治、经济和文化的日益集中和发展,汉民族共同语的影响必将日益扩大,汉语方言的影响也将逐渐缩小。

汉语的方言现在可以分成七区,它们的分布情况大致如下:

(一)北方方言区[①] 北方方言以北京话为中心,是现代汉民族共同语的基础。分布地域包括长江以北汉族居住的地区,长江以南镇江以上九江以下的沿江地带,湖北(东南一带除外)、四川、云南、贵州四省、湖南省西北一带。使用的人口约有七亿,占汉族总人口的百分之七十以上。本方言区内部有很大的一致性,从东北的哈尔滨到西南的昆明,直线距离约有3 200公里,从东南的南京到西北的酒泉,直线距离约有2 000公里,其间各处的人通话没有困难。这么多的人口,这么大的地域,语言这样一致,在世界上是很少见的。

(二)吴方言区 吴方言也称江南话或江浙话,以上海话为代表。使用人口约八千多万,占汉族总人口的百分之八点四。分布地域包括江苏省长江以南镇江以东部分(镇江不在内),浙江省大部分。

(三)湘方言区 湘方言也称湖南话,以长沙话为代表。使用人口近五千万,占汉族总人口的百分之五。分布在湖南省大部分地区。

(四)赣方言区 赣方言也称江西话,以南昌话为代表。使用人口约两千多万,占汉族总人口的百分之二点四。主要分布在江西省(东北沿江地带和南部除外)。湖北省东南一带也属于这一区。

(五)客家方言区 以广东梅县话为代表。使用人口约四千万,占汉族总人口的百分之四。主要分布在广东、广西、福建、江西等省。湖南、四川两省也有少数地区说客家方言的。

(六)闽方言区 使用的人口约四千多万,占汉族总人口的百分之四点二。分布在福建省,广东的东部潮州、汕头一带,海南岛和台湾省的大部分地区。华侨和华裔中有很多是说闽方言的。闽方言内部分歧较大,有人主张可以分为五个片:1. 闽南方言,以厦门话为代表;2. 闽东方言,以福州话为代表;3. 闽北方言,以建瓯话为代表;4. 闽中

① 包括四个次方言:华北东北方言,西北方言,西南方言,江淮方言。徐州、蚌埠一带属华北东北方言;南京、镇江等地属江淮方言,即所谓下江官话。

方言，以永安话为代表；5. 莆仙方言，以莆田话为代表。

（七）粤方言区　粤方言也称广东话，以广州话为代表。使用人口约五千多万，占汉族总人口的百分之五。分布在广东广西两省。华侨和华裔中有很多是说粤方言的。

汉语方言在语音上的差异是相当大的。以声母而论，有的成套地保存古浊音，有的浊音很少；有的分别 zh、ch、sh 和 z、c、s，有的不分别；有的分别 ji、qi、xi 和 zi、ci、si，有的不分别。以韵尾而论，有的有 -m、-n、-ng、-b、-d、-g，有的只有-n 和-ng，有的-n 和-ng 也不完全分别。以声调而论，各方言区虽然一般都有入声，但入声的具体情况颇有不同。调类的数目普通是四个到七个，有少到三个的，有多到十个的。调类相同的，调值未必相同。

方言的差别也表现在词汇方面。一样东西在不同的地方常常有不同的名称，如"玉米""棒子""苞谷""苞米""苞黍""珍珠米"，"肥皂""胰子""洋碱""番枧"，"火柴""洋火""自来火""取灯儿"，等等。也有书面形式上相同的词在不同的地方表示不同的意义。如上海的"交关"略等于北京的"很"，广州的"交关"略等于北京的"厉害"；嘉兴的"阿爹"是父亲，苏州的"阿爹"是祖父，广西博白的"阿爹"是外祖父。同一动作在不同的方言里也往往用不同的字眼，如北京话说"穿衣服"，上海话说"着衣裳"；北京话说"喝茶"，上海话说"吃茶"，广州话说"饮茶"。

方言之间的差别也表现在语法方面。如北方话说"给你钱"，广东话说"畀钱你"；北方话说"看戏吗？"江浙话说"阿要看戏？"不过方言间的语法差异，比起语音、词汇方面的差异来要小得多。

为了适应社会主义建设事业的需要，充分发挥语言在社会生活中的作用，必须积极提倡民族共同语，迅速推广普通话。"普通话是为全民服务的，方言是为一个地区人民服务的。推行普通话并不意味着人为地消灭方言，只是逐步地缩小方言的使用范围，而这是符合社会进步的客观要求的。方言可以而且必然会同普通话在相当长的时期内并存，但是必须不断地扩大普通话的应用范围，要尽力提倡在公共场合说普通话，尽力提倡在书面语言中使用普通话，要纠正那种不承认普通话，不愿听普通话，甚至不许子弟说普通话的狭隘地方观念，纠正那种在出版物中特别是文学作品中滥用方言的现象。”[①]我们应该正确地认识方言同民族共同语的关系，自觉地促进民族共同语的发展，缩小方言的影响，不但自己积极使用普通话，而且还要努力推广普通话。

第三节 现代汉语规范化

一 现代汉语规范化的意义

现代汉民族共同语虽然已经发展到相当成熟、完善的阶段，但是还没有达到完全的统一。由于历史的原因，现代汉语仍然存在着严重的方言分歧。这种情况在一定程度上削弱了汉语作为交际工具的作用，对于社会主义建设事业也是不利的。现在，全国政治、经济空前统一；不同地区的人要到一处来集会，要在一起工作；干部要在全国范围内调动；军人要离开家乡到远方去服役。没有统一规范的共同语，许多工作都将遇到困难，甚至招致损失。中国人民迫切要求学习文化知识和科学技术，如果没有一种统一规范的语言，就不能迅速地发展文化、普及教育。而且，汉语既然成为我国各民族间交际的语言，成为国际间交际的重要语言之一，如果本身没有明确的规范，那么势必增加兄弟民族和国际友人学习上的困难。

汉语规范化，就是根据汉语的发展规律来确定和推广语音、词汇、语法各方面的标准，以便更进一步地发挥汉语的社会交际作用，促使汉语朝着健康的方向发展。

规范化会不会妨害语言的发展？会不会束缚个人的语言风格？规范化是不是禁绝方言？有些人在这些问题上产生了疑虑，应当加以解释。

汉语规范化不会妨害语言的发展。

语言有一定的稳固性，具体表现在确定的规范上。但是语言是发

---

① 社论.为促进文字改革、推广普通话、实现汉语规范化而努力[N].人民日报，1955-10-26(1).

展的，语言的规范也不可能一成不变。对于语言中所起的变化和已有的规范之间的矛盾，应该采取什么态度呢？笼统地排斥一切新变化，讲究“无一字无来历”，实际上就是否认语言的发展，这当然不对。无选择地欢迎一切新变化，轻易地就承认它们是文学语言，实际上是否认语言的规范，这也是不妥当的。正确的态度是既承认语言稳定的规范存在的必要性，又承认语言发展变化的必然性。对于新的变化，要根据汉语发展的内部规律来权衡取舍，要从汉语发展的整个方向来观察。有些变化是语言必然的、健康的发展，应该让它巩固下来，成为稳定的规范；有些变化是偶然的、不健康的现象，应该加以排斥。语言规范化只是为了克服语言内部分歧和混乱的现象，为语言的健康发展开辟平坦的道路，它不但不会妨害语言的发展，而且会大大地促进语言的发展。

汉语规范化不会束缚个人的语言风格。

强调语言的规范化，并不是把一切都规定得死死的，一样东西只允许有一个名称，一句话不能有两种说法。规范化只是把语言里没有用处的东西和混乱的现象淘汰掉。一切有差别的语言形式，不论是在词汇方面还是在语法方面，不论是在基本意义方面还是在修辞色彩方面，都必须保存下来。语言的规范化和语体的多样化是不矛盾的，同个人的语言风格也是不矛盾的。民族共同语尽管是有一定规范、一定标准的语言，但它的内容是丰富的，范围是宽广的，形式是多样的，可以让每一个人自由选择。作家在遵守规范的范围内，只要他善于运用语言，能精心选择适合于表现自己思想感情的材料，那就能创造出他自己的独特的语言风格。有人以为语言风格的形成在于使用方言土语，一旦遵守规范，摒弃方言土语，作家就会失去了独特的语言风格。这是一种错误的见解。为了加强表现力，为了刻画人物性格，为了反映地方色彩，作家可以适当地使用方言土语。可是方言土语的滥用却会造成民族共同语的混乱，会妨害民族共同语的发展。作家的独特语言风格决不是单凭使用方言土语来形成的，而且作家也不应该专在这方面创造自己的“语言风格”。

实现汉语规范化，并不是禁绝方言。

民族共同语推广以后，方言并不会马上消灭，它们虽然在衰亡的过程中，但仍然为一定地区的人民服务。不过活动的范围和影响会越来越小。这是汉语发展的必然趋势。为了社会主义建设的需要，为了民族文化的繁荣，我们欢迎这种发展趋势。即使将来民族语言高度统一了，方言逐渐衰亡了，也不会妨害某些文学艺术（例如地方戏）的发展。地方戏只要继续保持其表演艺术方面的独特色彩，它的艺术生命是永远不会终止的。

二　现代汉语规范化的标准

在社会主义建设过程中，汉族人民对语言的统一规范的要求是十分迫切的。只有这种高度发展的民族共同语，才能适应政治统一、经济发展和文化繁荣的社会的需要。统一规范的汉民族共同语就是以北京语音为标准音、以北方话为基础方言、以典范的现代白话文著作为语法规范的普通话。

（一）语音方面以北京语音为标准

统一汉语语音，必须以一个地点方言的语音作标准音，不能以虚拟出来的语音或者用各种方音拼凑起来的语音作标准音；也不能以北方话整个地域的语音为标准音。因为在北方话中，各个地点方言的语音分歧还是相当大的，不仅重庆、南京的语音系统同北京语音系统不同，甚至天津的语音系统跟北京的语音系统也不完全相同。如果不规定以一个地点方言为标准，就会令人无所适从。以北京语音为标准音，这是历史发展的必然结果。多少年来，话剧、电影和广播等都采用北京语音。北京语音的标准地位，早已为人们所公认了。

作为语音规范标准的北京语音本身，要排除一些特殊的土音成分。如，普通话说："你这人太难啦！"北京土话说："你这个推难啦！"普通话说："论斤买多少钱？"北京土话说："赁斤买多儿钱？"还有北京土话把"和"读成"旱""害"，"我和他""他和我"读成"我旱他""他害我"。这类特殊的土音，当然不是我们要推广的标准音。

普通话既然以北京语音为标准音，每一个汉字的北京话读音应该是确定的，这样各方言区的人才能有所依据。但是，有一些字在北京人口里读音并不一致。如"波浪"，读成 bōlàng，也可以读成 pōlàng；

“跳跃”，读成 tiàoyuè，也可以读成 tiàoyào；“教室”，读成 jiàoshì，也可以读成 jiàoshǐ；“比较”，读成 bǐjiào，也可以读成 bǐjiǎo。北京话里的这种异读字有好几百个，这是人们学习普通话的一个负担。普通话审音委员会已对许多异读字进行审订，确定其中一种读音为规范的读音。

（二）词汇方面以北方方言为基础

北方方言分布的地域最大，使用北方话的人口有七亿以上。北方话词汇从十三世纪以来就随着官话和白话文学传播开来，因而它在全国有极大的普遍性。尤其是建国以来，由于政治的统一，经济的繁荣，教育的普及，交通的发展，各地人民接触的频繁，再加上报纸杂志、文学作品、广播、电视、话剧、电影的影响，北方话词汇的传播就更加深入，更加广泛了。

普通话词汇以北方方言为基础，但是要舍弃北方方言中某些过于土俗的词语。例如山西、陕西一带的“地板”（地）、“婆姨”（老婆）；四川的“抄手”（馄饨）、“锅魁”（烧饼）；北京话中的“老爷儿”（太阳）、“丫子”（脚）、“一丢丢儿”（小）、“挠”（nāo）、“颠儿”（diār）、“撒鸭子”（三个词都是“跑”的意思）、“递嘻和儿”（含笑打招呼）、“翻滚不落架儿”（吵闹不停）、“撂脖儿沉一沉儿”（稍微等一等）等；这些词语地方色彩太浓厚，只在狭小的地区应用，在普通话里有完全同义的词语可以代替，因此不应该吸收到普通话词汇中来。同一事物，在北方方言中各地区说法不一致的，应当采取比较通行的词作标准。如“医生、大夫、郎中”，书面语中应以“医生”为标准。

普通话词汇也从其他方言中不断吸取所需要的词。如“搞”“垃圾”“尴尬”“名堂”“噱头”等方言词，有特殊的意义，时常在书面语中出现，在北方方言中又没有习用的同义词，就可以吸收到普通话词汇中来。

为了丰富普通话词汇，适应不同的语言环境和多样化语体的需要，还可以适当地吸收一些古语词。如在严肃的场合，在庄重的语体中，用古语词“夫人”“诞辰”就比用“妻子”“生日”适宜。毛泽东曾经说：“我们还要学习古人语言中有生命的东西。……当然我们坚决反对去用已经死了的语汇和典故，这是确定了的，但是好的仍然有用的东西还是应该继承。"[①]我们应该把这个意见作为处理古语词的准则。

为了丰富和发展普通话词汇，也需要适当地吸收外来词。

毛泽东曾经说："要从外国语言中吸收我们所需要的成分。我们不是硬搬或滥用外国语言，是要吸收外国语言中的好东西，于我们适用的东西。因为中国原有语汇不够用，现在我们的语汇中就有很多是从外国吸收来的。"[②]可见适当吸收外来词是很必要的。

一般说来，汉语吸收的外来词，大都是关于外来事物的名称，所以外来词的问题主要集中在名词上。

吸收外来词要注意汉语的特点，要适应汉语的内部发展规律。这样才有利于汉语词汇的发展和汉语词汇规范的确立。

汉语里很多音译的词，后来慢慢被意译的取代了，如"德谟克拉西""赛因思""德律风""烟士披里纯""梵哑铃"等，都是采用音译的，后来就被具有汉语特性的"民主""科学""电话""灵感""小提琴"等所代替了。当然，我们并不排斥音译的办法，如"磅""打""沙发""阿斯匹林"等已经广泛应用的音译词，也可以肯定下来。

词汇的规范化，还要注意抵制生造词。抵制生造词并不是反对创造新词。新词的创造是为了满足社会发展的需要，而且创造出来的新词绝大部分是经得起社会和时间的考验的。至于生造词完全是个人任意地拼凑出来的，不合于一般的习惯，它必然会削弱语言的交际作用，造成语言的混乱，所以必须加以抵制。

（三）语法方面以典范的现代白话文著作为规范

所谓"典范的著作"，是指具有广泛代表性的著作。这种著作在语言规范的巩固和发展上能起一定作用。如毛泽东以及现代许多著名作家的作品，还有，经过许多人反复推敲定稿的文件，如《中华人民共和国宪法》等。

所谓"现代白话文著作"，就是说，是白话文，又是现代的，因为语言在不断发展，早期的白话文作品，如《水浒传》《红楼梦》等，有些地方已同现代语法不合了。

---

① 毛泽东.毛泽东选集：第三卷[M].北京：人民出版社，1966：794-795.

② 毛泽东.毛泽东选集：第三卷[M].北京：人民出版社，1966：794.

语法规范还必须是典范的现代白话文著作中的“一般的用例”，也就是最有普遍性的用例。因为在代表性的作品当中，不同的作者，或同一作者的用例，也有“非公用成分”，因此就不得不舍弃其中特殊的用例，而接受其中一般的用例。

在某些有代表性的现代白话文著作中，不仅有一些特殊的用例，甚至还有个别的不规范的用例。鲁迅说过：“做中国文其实是很不容易‘通’的，高手如太史公司马迁，倘将他的文章推敲起来，无论从文字、文法、修辞的任何一种立场去看，都可以发现‘不通’的处所。”①鲁迅还谦虚地对自己的作品作过这样的评论：“我的初期作品多少杂着一些古怪的字眼，但这不是金子而是砂砾！我的白话好像小脚放大脚，所以这种白话是不纯洁的，不健康的！”②因此，语法规范必须是典范的现代白话文中的“一般的用例”，而不是其中的特殊用例或不纯洁不健康的用例。

“以典范的现代白话文著作为语法规范”，也意味着语法规范是以北方话作为基础的。典范的现代白话文著作是以普通话即民族共同语写成的，是经过语言巨匠们加工的语言。因此，“以典范的现代白话文著作为语法规范”，同“以北方话为基础方言”这个原则并不矛盾，只是更进一步地提出了一个明确的规范，一个易于把握的标准罢了。

一般说来，普通话语法规范应该排除方言语法的影响。但是，方言语法中有用的东西，还是应该吸收到普通话语法中来。如吴语中“穿穿看”“唱唱看”的“看”字，具有特殊的表达功能，已经吸收到普通话中来了。

一般说来，普通话语法规范要排除古代语法和外国语法，但是要学习古人语言中有生命的东西，要从外国语言中吸收我们所需要的成分，因此，对于具有生命力的古代语言的格式，应当肯定它的适用性。如“为实现四个现代化而奋斗”的格式，既准确，又精炼，在书面上和口头上都扎下了根，应该承认它是合乎规范的。对于某些外国语的格式，只要它是有用的，能够适应汉语内部发展规律的，也就应该把它吸

① 鲁迅.伪自由书·不通两种[N].申报·自由谈，1933-2-11.
② 俞荻.回忆鲁迅先生在厦门大学[J].文艺月报，1956，10.

收到我们的语言宝库中来，丰富发展我们的语言。如“过去是、现在是、将来仍然是我们的学习榜样”，“进行了并正在进行着建设”等格式，都已经被吸收过来，使我们的语言更为精密、准确，更富于表现力了。

第四节 现代汉语的特点

同印欧系语言比较，现代汉语在语音、词汇、语法等方面都具有一系列的特点。

一 语音方面的主要特点

现代汉语的音节结构中元音占优势。一个音节最多包含两个辅音，而且没有两个辅音连在一起的拼法，例如“蛋”(dan)，“d”“n”两个辅音不能同时在元音的前面，像“dna”那样；也不能同时在元音的后面，像“and”那样。在许多外国语中，一个音节里几个辅音可以连在一起。例如英语 strict(严格的)俄语 всплыть(飘浮)里，是三个或四个辅音连在一起的。汉语里一个元音可以构成一个音节，如 u(乌)、i(衣)；辅音一般不能单独构成音节。[①] 普通话的音节里可以没有辅音，但不能缺少元音。

声调是汉语音节结构中不可缺少的成分。每一个音节都有一定的声调。声母韵母相同的音节，往往靠不同的声调来表示不同的意义。许多外国语里没有声调的分别，外国人学习汉语时，对声调的掌握往往感到困难。

汉语语音特点形成了它所特有的显著的音乐性——声音悦耳，音调柔和，节奏明朗，韵律协调。由于音节中元音占优势，语言里乐音特别多；辅音和元音的互相间隔，形成了分明的音节，使语言富有节奏性；声调的变化，也使语言具有抑扬高低的音乐色彩。词汇里双音节化和四字格的词语结构以及双声、叠韵、叠音的形式等，也都能显现出

---

① 某些方言中辅音可以单独构成音节，如吴方言中的[ŋ](鱼、五)，[m](姆、呒、亩)。普通话中少数表示感叹的词也可以用辅音构成，如用[xŋ](哼)表示不满意或不相信。

汉语语音的音乐性。

二　词汇方面的主要特点

现代汉语词汇中，双音节词占绝大多数。有些人说汉语是“单音节语”，是“落后”的语言。这种说法与汉语事实不符，是错误的。普通话的音节约有四百多个，加上声调的区别和儿化韵变化，也不过一两千个。如果汉语真的是“单音节语”，汉语词的形式总共只有一两千个，那么怎么会有现在这样高度的发展呢？说汉语是词汇形式贫乏的“单音节语”，不仅不符合现代汉语的实际，而且也不符合古代汉语的实际。事实上古代汉语中有一定数量的双音节词。现代汉语更是双音节词占大多数，其次才是单音词和三个音节以上的复音词。汉语是世界上最丰富的最发达的语言之一。就拿小型的《汉语拼音词汇(初稿)》里所收集的常用词来说，也有两万个，现代汉语词的总数当然要比这个数字大得多。

现代汉语里词汇的丰富性，是同它的构词方式灵活多样分不开的，也同它能不断地吸收古语词、方言词和外来词来充实自己分不开的。

在构词方面，现代汉语能运用词根融合、附加和重叠、轻声和儿化等方式构成无限多的新词。

保存以前各时代的词汇的旧文学语言，由于在日常生活中长期被保留下来，曾经纯粹是书面上的大量的古语词，继续成为现代词汇的丰富的源泉。方言是全民语言的分支，在一定的地域内为人民服务，它的有用的词汇成分不断地被普通话吸收，成为全民语言的词汇得以日益丰富的重要来源之一。在吸收外来词方面，由于汉语词汇的丰富性和构词方式的特殊性，直接借用的外来词在汉语中的比重较小。许多原来是音译的词，后来慢慢为“汉化”的意译词所代替。

汉语的词汇是非常丰富的，当它接受了语法的支配的时候，就能表达任何复杂的思想和细致的感情。

三　语法方面的主要特点

汉语缺少严格意义上的形态变化，这是语法方面的主要特点。比如英语的 take,有时变为 took、taken、taking。汉语的“拿”,不论出现在什么位置,没有形态变化。由于汉语具有这个特点,便产生诸如下边列举的语法现象。

动词、形容词可以充当主语或宾语。例如:“坐着舒服”“虚心使人进步”“我喜欢在海边游泳”“女孩子都爱漂亮”。

动词可以直接修饰名词,例如:“遗留问题”“出发地点”“分别时间”“说话口气”。

名词可以直接修饰动词。例如:“资格审查”“个别交谈”“长期休养”“低空飞行”。

在汉语句法结构中,语序的安排具有重大作用,这也与缺少词形变化有关。例如词组中有主谓结构,而没有谓主结构;有偏正结构,而没有正偏结构。至于句子,由于语用的需要,语序就比较灵活了。比如不但有主语在前谓语在后的句子,而且有时也出现谓语先于主语的句子。

别的一些语言中用形态变化表示的意义,汉语常用虚词来表示。例如用介词“被”表示被动,用助词“了”“着”表示时态,等等。

现代汉语还有一个值得重视的特点,那就是单双音节对语句结构的影响。例如:有些单音节词在使用时受到一些限制。如人家问:“贵姓”,可以回答“姓李”,也可以回答“欧阳”。但不能单说“李”。问日期,可以回答“五号”,也可以回答“十五”,但不能单说“五”。问地名,可以回答“沙市”“梅县”。也可以回答“天津”,但不能单说“沙”“梅”。有些单音词不能在句首出现,如“刚刚我看到他”可以说,“刚我看到他”不能说。有些双音词后边必须接双音词,不能接单音词,如“加以”“进行”“大力”“逐步”等。

汉藏语系的其他语言同汉语有亲属关系,具有某些同汉语相同的特点。粗略地说:“有声调”“语序固定”是汉藏语系语言的共同特点。然而这些特点在各语言中的具体规律并不完全相同。例如声调,现代汉语有四个声调,藏缅语族的景颇语有三个声调,苗瑶语族的苗语有七个声调,侗傣语族的壮语有八个声调。又如语序,以主语、动词和宾语在句中的位置来说,汉语用“主语—动词—宾语”的次序(如“我吃饭”),而藏缅语族用“主语—宾语—动词”的次序(如“我饭吃”)。以定语和中心语的位置来说，汉语用“定语—中心语”的次序（如“马头”“我〔的〕书”），而傣语则用“中心语—定语”的次序（如“头马”“书我”），苗瑶语族一般又用“定语（代词）—中心语（名词）”“中心语（名词）—定语（名词）”的次序（如“我〔的〕书”“头马”）。

汉语是汉族人民的交际工具，也是汉民族的重要特征之一。只有深刻地认识汉语的特点，才能了解和掌握汉语的内部发展规律。

第五节　现代汉语的整体性

一　现代汉语三要素的关系

语言是一种特殊的社会现象，同社会的发展有密切的联系。由于语言各要素同社会的发展有不同性质的联系，各要素的发展速度是不平衡的。现代汉语的一般词汇，几乎处在经常的变动之中，迅速地反映社会生活的各方面的变化。建国以来的四十多年中，出现了许许多多新词语，如“公关”“导游”“节育”“试验田”“人造卫星”“宇宙火箭”“个体户”“支农”“扶贫”“四个现代化”等。有一些旧词语从词汇中逐渐消失了，如“壮丁”“地保”“戏子”“舞女”“田契”“配给米”“金圆券”等。至于词汇中的基本词，如“山”“水”“土地”“人民”“美丽”“勇敢”“坐”“笑”等，许多世纪以来，一直保留下来。语法也相当稳固，在语法内部，句法一般要比词法变化显著一些。拿《人民日报》社论同“五四”前后的报纸社论比较一下，就会发现现在出现了一些新的句式以及一些复杂的长句子等。现代汉语的构词法从“五四”以来变化很少，只出现了如“性”“化”（如“组织性”“军事化”）等后缀成分。至于语音，在一般情况下发展是很迟缓的，例如从“五四”到现在，语音就很少有过明显的变化。

语音、词汇、语法三要素的发展是不平衡的，可是，它们相互协调、相互制约，合乎规律地共处在一个整体之中。例如词汇，必须接受语法的支配。从词典中挑出这样一些词：“真理”“社会”“实践”“标准”“是”“能”等，它们并没有表示出一个完整的意思，只不过列举了一些事物和行为的概念，彼此之间的关系也不清楚。如果根据汉语的结构规律，造成这样一个句子：

真理的标准只能是社会的实践

这就给我们以一个明确完整的意思了。可见丰富的词汇必须经过语法的支配才成为可理解的语言。语音是语言的物质基础，是词和句子的物质外壳，靠着语音的帮助，人们的思想才能固定在词和句子之中。

语言三要素不仅彼此联系，而且相互作用。例如现代汉语中的轻声、儿化和声调是语音现象，对词汇和语法产生了积极的作用。如“莲子”和“帘子”，“马头”和“码头”；“头”和“头儿”（首领），“一块”（数量词组）和“一块儿”（副词）；“梨子”和“栗子”，“知识”和“指示”等在词汇或语法上的差别，主要是通过轻声、儿化和声调等现象来体现的。

汉语里音节结构的单纯化促使了词汇双音化，词汇双音化又促使了词义和词性明确化，同时语法上语序的规则化也促使了词义和词性明确化。这些也是汉语诸要素相互作用、相互影响的表现。

汉语音节结构的发展，显然有单纯化的趋势。从中古音发展到了近代北方话音系，入声韵尾-k-t-p 失落了；在大部分北方话区域里，入声已经消失；-m 韵尾归并于-n 当中。在声母方面，浊音声母归并于清音；又有声母舌前化及韵母元音混同化的趋势：这样就在读音系统中增加了大量的同音字。例如：“七”“戚”“缉”“妻”“欺”这五个字在中古音里是有分别的，可是由于入声消失、声母舌前化和元音混同化的结果，在现代普通话里都读为 qī 了。又如“男”和“难”，“甘”和“干”，现在都读为 nán、gān，这是-m 韵尾并入-n 的结果；“到”和“盗”，“半”和“伴”现在都读为 dào、bàn，这是浊音并入清音的结果。

由于读音系统和音节结构单纯化的结果，原来在声母、韵母或声调方面有区别的字音，到了现代汉语中有许多没有区别了。为了避免因同音字增加引起词义的混淆，在语言内部相应地促进了词汇的双音化。例如“势—势力”，“逝—消逝”，“嗜—嗜好”，“柿—柿子”，“事—事情”，“试—尝试”，“市—市场”，“侍—服侍”，“饰—装饰”，“释—解释”，“艺—技艺”，“裔—后裔”，“易—容易”，“异—差异”，“逸—闲逸”，“忆—回忆”，“益—利益”，“疫—瘟疫”。单音节的同音词经过双音化，绝大部分便不再是同音词了。这就大大减少了同音词混淆的可能性。

词汇的双音化又促使词义和词性的明确化。例如“书”“道”“理”等原来都是单音节的词，每个词有多种意义，也有几种词性。双音化以后，词义和词性都明确了。如“书”成为“书信”“书籍”等是名词，“书写”等是动词；“道”成为“道路”“道理”“道德”“道教”等是名词，“说道”等是动词；“理”成为“理论”“理由”“道理”“条理”等是名词，“治理”“整理”“理睬”“料理”等是动词。

汉语里词义和词性的明确化，不仅同词汇双音化有关，而且同语法中语序的规则化也有密切联系。例如“锁”“代表”“端正”等都是兼类词，独立存在时难以确定它们的词义和词性。当它们同别的词组合，如在“用锁锁大门”“上海代表代表上海人民向大会表示了决心”“学习态度不端正的人必须迅速端正学习态度”中，每一个词的词义和词性都明确了。这是因为每一个词在结构关系中都有固定的功能，从它在具体结构中的功能可以看出它的词义和词性。

语音、词汇、语法这样相互联系地发展着，使得汉语日益丰富、完善起来。

二　现代汉语的书面语和口语的关系

汉语的书面形式，在相当长的一个历史时期中有“文言”和“白话”之分。文言代表古代汉语。它最初是在口语基础上产生，同当时的口语基本上是一致的。但是随着历史的发展，口语有了较大的变动，时间一久，口语同已经用文字稳定下来的书面语之间的距离就愈来愈大。可是在“五四”以前，这种严重脱离口语的文言，一直是汉族的正式的书面语的表达形式，而新兴的反映口语的白话，却只能使用于通俗文学或语录笔记这一有限的领域里。[①] 长期以来，文言和白话两种

① 例如唐代的变文，宋代的语录和白话小说，元代的话本，明清两代的白话小说等，基本上是使用反映当时口语的白话文来写的。

汉语书面语形式并存着，并且让脱离口语的文言占据着统治地位，这种不正常现象的形成，与历代封建统治阶级崇尚文言、排斥白话有密切关系。

“五四”时代的民主革命运动引起了汉语书面语的剧烈变革，白话文和文言文的地位有了根本的转变。从此以后白话文取得了全民的正式书面语资格，而文言文的使用范围却逐渐缩小了。随着中国共产党所领导的新民主主义革命运动的发展和胜利以及解放后社会主义建设事业的迅速发展，白话文的地位得到了进一步的巩固和提高。

现代汉语的书面语同口语基本上是一致的，它是在口语的基础上产生和发展起来的。口语是书面语的源泉，对书面语始终起着决定性作用。从这个意义上说，口语是第一性的，书面语是第二性的。要发展和提高书面语，必须首先深入学习人民群众的口语。因为脱离口语的书面语就是无源之水、无本之木，就要成为枯萎干瘪的“学生腔”。但是，书面语并不就是口语的原始形态的记录，而是口语的经过提炼加工的书面形式。由于口语和书面语运用的场合不同、条件不同，因此在表达形式上也不能完全一样。口语的对象很确定，而且就在跟前；有特定的语言环境；有语调、手势和面部表情等辅助手段；同时，说话往往缺少从容推敲的工夫。这些因素形成了口语的一些特点：短句多，省略句多，句子结构比较松散，在一些缺乏严格训练的人的口中，免不了还有若干冗赘拖沓的地方，甚至还有不合规范的成分。书面语的使用情况不同，没有口语那种语言环境和辅助手段，然而却有仔细琢磨的工夫；所以书面语的特点是：完整句多，长句多，关联词语多，句子结构精练严密，层次条理清楚，富于逻辑性。如果说口语是自然的形式，那么书面语就是加工的形式了。鲁迅说过：“语文和口语不能完全相同，讲话的时候，可以夹许多‘这个这个’‘那个那个’之类，其实并无意义，到写作时，为了时间、纸张的经济，意思的分明，就要分别删去的，所以文章一定应该比口语简洁，然而明了，有些不同，并非文章的坏处。”①

---

① 鲁迅.答曹聚仁先生信[J].社会月报，1934，1(3).

口语是书面语的基础和源泉，书面语对口语的发展又起一定的作用。书面语一旦在口语的基础上产生以后，就具有一定的独立性，并反过来推动口语的发展，促使口语更为丰富、更为纯洁、更趋于规范化。历代汉语当中许多富于表现力、有生命的词语以及许多精练的语法形式仍保留在汉语书面语里，方言和外来语中有用的东西往往是通过书面语吸收过来的，文化和科学技术方面的术语也大都首先在书面语里出现。因此，汉语书面语就反过来发展了口语，丰富了口语。现在口语中经常出现的古语成分，如“治病救人”“实事求是”“为实现四个现代化而奋斗”等，方言和外来词成分，如“苗头”“名堂”“逻辑”“巧克力”“吨”“打”“马力”等，文化和科学技术术语，如“温床”“解剖”“X光透视”“宇宙火箭”等，都是通过书面语的传播才进到口语里来的。书面语不但丰富了口语，同时还纯洁了口语。一般说来，书面语比口语更精练、更合乎规范，尤其是鲁迅等语言大师的著作，是现代汉语的典范。这些著作对全民语言的规范化起极大的作用，对口语的纯洁和健康也产生极大的影响。

书面语又称“写的语言”，口语又称“说的语言”。这两种语言形式的紧密联系是语言整体性的又一表现。可是有些人善于说而不善于写，另一些人善于写而不善于说，这同不了解口语和书面语的关系和特点，没有掌握口语和书面语的联系和规律有关。因此要学好现代汉语，必须同时掌握这两种形式。

第六节　现代汉语学科要为实现四个现代化服务

语言学是一门社会科学，在今天，它必须为实现四个现代化服务。因此现代汉语学科必须紧密联系实现四个现代化的伟大目标，促进我国社会主义建设的发展，贯彻执行新时期语文工作的方针任务。

新时期的语文工作方针是：加强语言文字工作，促进语言文字标准化，使祖国的语言更加健康，适应时代的要求，文字便于应用，在社会主义现代化建设中更好地发挥作用。

当前语文工作的主要任务是：促进现代汉语规范化，大力推广和积极普及普通话；研究和整理现行汉字，拟定现代用字的各项标准；研究并鉴定汉语汉字的信息处理；进一步推行汉语拼音方案，并使汉语拼音方案在实际使用中完善化；加强有关语言文字应用的社会调查和科学研究，努力做好同语言文字有关的社会服务工作。

要实现四个现代化，必须提高整个中华民族的科学文化水平，其中一个重要的方面就是提高语文水平。不论是在社会主义革命时期，还是在社会主义建设时期，语文都是极为重要的工具。老一辈革命家，历来都十分重视语言的学习和运用。毛泽东曾经在《反对党八股》里说过："一个人只要他对别人说话，他就是在做宣传工作。只要他不是哑巴，他就总有几句话要讲的。所以我们的同志都非学习语言不可。"抗日战争时期，周恩来在重庆指导《新华日报》工作，经常对身边的工作人员说："我们决不能有丝毫马虎，如一句话错了，一个字错了，都有关四万万五千万人民的利益。"[①]要搞现代化建设，如果没有较高的语文水平，就不能理解和掌握先进的科学文化知识；语文上的混乱和错误，轻则不能准确表达思想，降低工作效率，重则在政治上、经济上会造成严重差错和巨大损失。因此，任何时候，对语文都不可等闲视之。要努力掌握汉语规律，促进语言文字规范化，为祖国语言的纯洁和健康而奋斗。

在实现四个现代化的过程中，国际间经济文化交流迅速发展，国际交往越来越频繁。现在，我们的朋友遍天下，要求学习汉语的国际友人越来越多了。这就要求我们加强现代汉语学科的学术研究，总结出现代汉语的科学规律，交流语文教学的先进经验，编写各种适应不同学习对象的高质量的语文教材，普及现代汉语的语文知识，让国际友人能正确而熟练地掌握现代汉语这一极为重要的交际工具。这样就有利于国际间的科学文化交流，有利于各国人民取长补短，互相学习。

随着社会的发展，科学的进步，人们交际的范围和手段也在不断扩大。为了加速实现四个现代化，我们学习现代汉语，除了要考虑人和人的交际以外，还要考虑人同机器打交道的问题，就是利用电子计

---

① 龙飞虎.跟随周副主席十一年[M].北京：解放军文艺出版社，1959.

算机进行信息处理，实现图书情报工作自动化，印刷排版现代化，生产管理自动化，以及办公室事务自动化。语言文字是信息的重要载体，因此，加强语言文字研究，促进语言文字规范化，已经提到比以往任何时期都更为重要的地位了。现在，语言学正日益向精密科学靠拢。语言学过去只是同文学、历史学、哲学、心理学、人类学、考古学等有联系，而今天，它同数学、医学、物理学、电子学、信息论、控制论、符号学、计算技术、通讯技术、自动化技术等学科建立了越来越密切的联系。客观现实要求语言学同这些学科共同解决一些边缘性的课题。特别是电子计算机的发展，给语言学提出了许多新的研究课题，同时也给语言学研究提供了有力的技术手段。与现代科学技术关系极为密切的现代语言学，在国防建设和经济建设中越来越显示出了它的重要性。

我们要立足于我国的现实，把语言科学的研究成果提高到世界语言科学的先进水平，为祖国早日实现四个现代化，为极大地提高整个中华民族的科学文化水平，为促进国际文化交流和增强各国人民之间的友谊，作出自己应有的贡献。

思考和练习

1. 语言是什么？为什么说语言有全民性？
2. 现代汉语是怎样形成的？
3. 现代汉语有哪些方言？
4. 现代汉语规范化的标准是什么？为什么要促进汉语规范化？
5. 说明现代汉语在语音、词汇、语法方面的主要特点。
6. 现代汉语学科怎样为实现四个现代化服务？

第一章　语　　音

第一节　语 音 概 说

一　语音的性质

语音是语言的物质外壳。语言的交际作用是通过代表一定意义的声音来实现的。这种代表一定意义的声音就是语音。关于语音的性质，可以从以下三方面来考察。

（一）语音的物理性质

语音是声音，声音是一种物理现象。物体振动产生音波，传播到人的耳朵里，就成为人们听到的声音。一切声音可以从音高、音强、音长、音色四个基本要素去认识，分析语音也离不开它们。

1. 音高　音高是声音的高低，决定于发音体在一定时间内颤动次数的多少。颤动次数越多，声音越高；反之，声音就越低。语音的高低同声带的长短、厚薄、松紧很有关系。女子和儿童的声带较短、较薄，发音时同一单位时间内颤动的次数多，所以声音高；男子的声带长而厚，发音时同一单位时间内颤动的次数少，所以声音低。同一个人发音有高低，是因为人们发音时能控制声带的松紧，形成不同的音高。音高在汉语里有很重要的作用，普通话里“乌”“吴”“五”“务”的差别，主要就是音高的不同。

2. 音强　音强是声音的强弱，决定于一定时间内音波振动幅度的大小。语音的强弱同说话时用力的大小有关。用力大时，呼出的气流对发音器官的冲击力强，音波的振幅大，声音就强；反之声音就弱。普通话里“莲子”和“帘子”中的“子”，“报仇”和“报酬”中的“仇”和“酬”，它们的区别，主要就是音强的不同。

3. 音长 音长是声音的长短，决定于音波存在时间的久暂。语音的长短是指发某个音的发音动作延续的时间，同是一个“啊”的声音，表示应答时比较短，表示沉吟思索时比较长。在汉语方言广州话里“三”和“心”的区别就是音长的不同。

4. 音色 音色是声音的个性、特色，决定于音波颤动的形式。有三方面的原因造成音波颤动形式的不同：第一，发音体不同。笛子和二胡同奏一个曲调，但人们能分辨出哪是笛子的声音，哪是二胡的声音，就是因为笛子、二胡发音体各异，因此，二者的音色也就不一样。第二，使物体发音的方法不同。二胡和琵琶同是弦乐器，但前者用弓拉，后者用手弹，发出来的音色就不同。第三，发音时物体自身的状况不同。箫和笛同是管乐器，发出来的音色却不一样，这是因为二者共鸣器的形状不同所造成。语音中音色的变化，主要由于发音器官状况的不同和发音方法的变化。比如说“啊”时口腔开得大，说“衣”时口腔开得小，念 b 时气流由口腔通过，念 m 时气流由鼻腔通过，这样就形成不同的音色。

（二）语音的生理性质

语音是从人的发音器官发出来的，发音器官活动的部位和活动的方法不同，就会造成不同的声音。发音器官包括呼吸器官、喉头和声带、口腔和鼻腔三个部分。

1. 呼吸器官 呼吸器官是一连串的管道，从口腔、鼻腔开始，经过咽头，通到喉头，再向下由气管、支气管到达肺脏。肺是呼吸器官的中心，也是发音的动力站。由肺部活动产生的气流经过喉头、声带和口腔、鼻腔各部分的调节，就发出各种不同的声音。

2. 喉头和声带 喉头由四块软骨构成：下面是一块环状软骨，上面是一块甲状软骨和一对杓状软骨，四块软骨构成一个圆筒形的筋肉小室。此外，甲状软骨上面还有一块会厌软骨，可以上下开合。筋肉小室的中央就是声带。声带是两片富有弹性的肌肉，前端连结甲状软骨，后端连结杓状软骨。杓状软骨的开合回转，使声带或紧或松，或开或闭。呼吸或发噪音时，声带放松，声门大开，气流可以自由出入；发乐音时，声带靠拢，声门关闭，气流从声门的窄缝里挤出，颤动声带，产生响亮的声音。

1. 甲状软骨
2.3. 杓状软骨
4. 环状软骨
5. 会厌软骨

喉头的软骨图

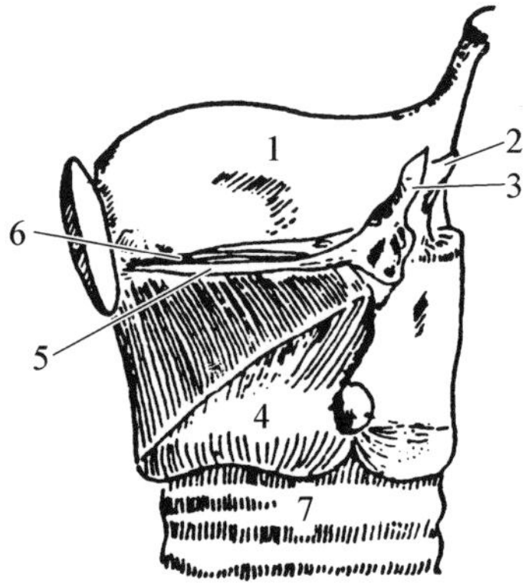

1. 甲状软骨
2.3. 杓状软骨
4. 环状软骨
5. 声带
6. 声门
7. 气管软骨

喉的侧面图(甲状软骨的左半已除去)

1. 杓状软骨 2. 声带 3. 声门　　呼吸及发噪音时　　发乐音时

声带活动示意图

3. 口腔和鼻腔　口腔是主要的共鸣器,分上部、下部两部分。上部包括上唇、上齿、上齿龈、硬腭、软腭和小舌,下部包括下唇、下齿和舌头(分舌尖、舌面和舌根)。其中唇、舌、软腭、小舌是能活动的器官,舌的活动性最大;其他器官不能活动。口腔的后面是咽头。咽头是“三岔口”,下通喉头,前通口腔,上通鼻腔,在发音时也能起共鸣作用。

鼻腔也是共鸣器，是个固定的空腔。它同口腔靠软腭、小舌隔开。软腭、小舌可以上下活动。呼吸时，软腭、小舌悬在中间，口腔、鼻腔两方面通路同时打开。说话时，有时软腭、小舌上升，鼻腔通路关闭，气流在口腔发生共鸣，成为口音；有时软腭、小舌下垂，关闭口腔通路，气流在鼻腔发生共鸣，发出鼻音。鼻腔的作用是使声音发生共鸣，要发出不同的鼻音，还要有唇、舌、齿龈、硬腭、软腭、小舌、声带等同时参加活动。

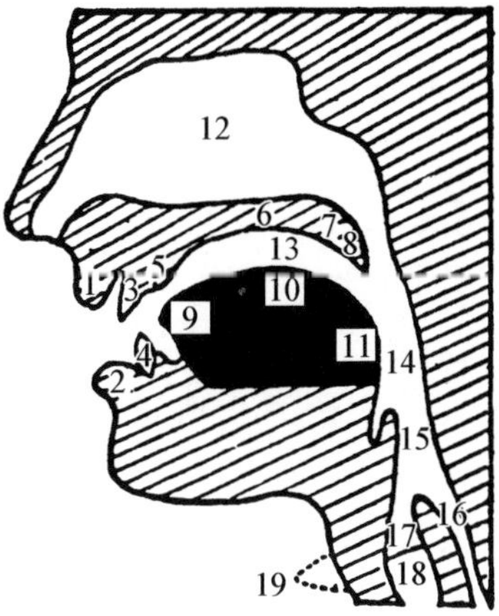

发音器官示意图

1. 上唇　2. 下唇　3. 上齿　4. 下齿　5. 齿龈　6. 硬腭　7. 软腭　8. 小舌　9. 舌尖　10. 舌面　11. 舌根　12. 鼻腔　13. 口腔　14. 咽头　15. 会厌　16. 食道　17. 气管　18. 声带　19. 喉头

（三）语音的社会性质

把语音当作纯粹的自然物质，从物理学、生理学角度进行分析，可以描述得异常精细。可是，语言是社会交际工具，语音只有结合为词语才能表达意义，而词语的意义是社会赋予的，因此，分析语音不能离开使用这种语音的民族的社会习惯。

语音的社会性质表现在多方面。例如可以从语音的地方特征和民族特征来看。普通话里有翘舌音，如“知”zh[tʂʅ]①、“吃”ch[tʂʻʅ]、“诗”sh[ʂʅ]等，汉语的许多方言却没有这一类音；英语有齿间音[θ]、[ð]，如 three(三)、this(这)中的 th，分别读[θ]和[ð]，汉语却没有这样的语音。因此，学习别的方言或民族语言，要下功夫去掌握富有地方特征和民族特征的语音成分。

语音的社会性质还可以从语音的系统性来看。普通话里，“霸[pa]”和怕[pʻa]”、“大[ta]”和“踏[tʻa]”的语音有别，意思也不同，“霸”“大”的声母发音时气流弱，“怕”“踏”的声母发音时气流强。然而在英语里，[p]和[pʻ]、[t]和[tʻ]虽然有别，却不区别意义，若把 park(公园)中的[pʻ]念成[p]，最多听着不顺耳，意思却没变。同样，英语里 to

① 本书的记音符号，外边加上方括号的都是国际音标。

(到)和 do(做)两个词的区别在于[tʻ]和[d]的发音方法不同,[tʻ]发音时声带不颤动,[d]则声带颤动。而在普通话里,若把“土地”念成[du][ti],听起来不舒服,却还能理解它的意思。汉语里送气、不送气区别词义,英语不能;英语里清音、浊音区别词义,汉语普通话不能。可见不同社会的语言,其语音成分有它自身的系统性。语音的系统性还表现在语音的组合方式上。比如汉语的[l]只在音节开头出现(如拉[la]),英语的[l]既可以出现在音节开头(如 lamp 灯),也可以出现在音节末尾(如 tool 工具)。英语、俄语有几个辅音连在一起的音节结构,现代汉语却没有。

语音的社会属性是语音的本质,否认或忽视语音的社会性质就难以说明许多语音现象,也无法合理解决语音上的各种问题。例如普通话“他”“胎”“坍”“涛”“汤”“天”的注音都有 ɑ 这个字母,可是它们的实际发音并不完全相同,为什么要用同一个字母表示呢?普通话中“理想”一词的实际读法像“梨想”,为什么拼写时“理”的声调仍算第三声呢?这些问题只有从语音的社会性质方面去认识,才能得到正确而合理的解答。

二　记音符号

研究语音必须有一套记音符号,才能把语音记录在书面上。我国过去用反切和注音字母记音,现在常用的记音符号是汉语拼音字母。为了使标音细致,有时还要使用国际通行的记音符号——国际音标。下面分别介绍这几种记音符号。

(一)汉语拼音方案

汉语拼音方案是我国语言工作者在总结注音识字和拼音字母运动经验、集中广大群众智慧和参考世界各国拼音文字长处的基础上制订出来的。1958 年 2 月由全国人民代表大会第五次会议批准。它采用国际普遍使用的拉丁字母,又根据现代汉语语音系统的特点进行调整和加工,准确、灵活、妥善地反映了现代汉语语音系统,成为一个比较完善的记录现代汉语语音系统的拼音方案。

1. 用途　由于汉字字形不能准确表音,学习汉字就需要一套注音工具。人们学习现代汉语语音、学习普通话也需要记音工具来记录普通话语音，拼注普通话读物。这两方面都需要运用汉语拼音方案。此外，汉语拼音方案还可作为我国少数民族创造和改革文字的共同基础；用于译写我国人名、地名，转写外国人名、地名和部分科技术语；用于电报、旗语、工业产品代号、盲字及聋哑人"汉语手指字母"以及编制音序检字等。将来汉字要实现拼音化，汉语拼音方案又可以作为研究、制订和试验汉语拼音文字方案的基础。随着文字传输技术的现代化，汉语拼音方案的用途必将日益扩大。

2. 内容　汉语拼音方案共有五个部分：

一　字母表

字母	Aa	Bb	Cc	Dd	Ee	Ff	Gg
名称	ㄚ	ㄅㄝ	ㄘㄝ	ㄉㄝ	ㄜ	ㄝㄈ	ㄍㄝ
	Hh	Ii	Jj	Kk	Ll	Mm	Nn
	ㄏㄚ	ㄧ	ㄐㄧㄝ	ㄎㄝ	ㄝㄌ	ㄝㄇ	ㄋㄝ
	Oo	Pp	Qq	Rr	Ss	Tt	
	ㄛ	ㄆㄝ	ㄑㄧㄡ	ㄚㄦ	ㄝㄙ	ㄊㄝ	
	Uu	Vv	Ww	Xx	Yy	Zz	
	ㄨ	ㄪㄝ	ㄨㄚ	ㄒㄧ	ㄧㄚ	ㄗㄝ	

V 只用来拼写外来语、少数民族语言和方言。
字母的手写体依照拉丁字母的一般书写习惯。

二　声母表

b	p	m	f	d	t	n	l
ㄅ玻	ㄆ坡	ㄇ摸	ㄈ佛	ㄉ得	ㄊ特	ㄋ讷	ㄌ勒
g	k	h	j	q	x		
ㄍ哥	ㄎ科	ㄏ喝	ㄐ基	ㄑ欺	ㄒ希		
zh	ch	sh	r	z	c	s	
ㄓ知	ㄔ蚩	ㄕ诗	ㄖ日	ㄗ资	ㄘ雌	ㄙ思	

在给汉字注音的时候，为了使拼式简短，zh ch sh 可以省作 ẑ ĉ ŝ。

三 韵母表

	i 丨 衣	u ㄨ 乌	ü ㄩ 迂
a ㄚ 啊	ia 丨ㄚ 呀	ua ㄨㄚ 蛙	
o ㄛ 喔		uo ㄨㄛ 窝	
e ㄜ 鹅	ie 丨ㄝ 耶		üe ㄩㄝ 约
ai ㄞ 哀		uai ㄨㄞ 歪	
ei ㄟ 欸		uei ㄨㄟ 威	
ao ㄠ 熬	iao 丨ㄠ 腰		
ou ㄡ 欧	iou 丨ㄡ 忧		
an ㄢ 安	ian 丨ㄢ 烟	uan ㄨㄢ 弯	üan ㄩㄢ 冤
en ㄣ 恩	in 丨ㄣ 因	uen ㄨㄣ 温	ün ㄩㄣ 晕
ang ㄤ 昂	iang 丨ㄤ 央	uang ㄨㄤ 汪	
eng ㄥ 亨的韵母	ing 丨ㄥ 英	ueng ㄨㄥ 翁	
ong (ㄨㄥ) 轰的韵母	iong ㄩㄥ 雍		

(1) 知、蚩、诗、日、资、雌、思等七个音节的韵母用 i，即：知、蚩、诗、日、资、雌、思等字拼作 zhi、chi、shi、ri、zi、ci、si。

(2) 韵母儿写成 er，用作韵尾的时候写成 r。例如："儿童"拼作 ertong，"花儿"拼作 huar。

(3) 韵母ㄝ单用的时候写成 ê。

(4) i 行的韵母，前面没有声母的时候，写成 yi（衣），ya（呀），ye

(耶),yao(腰),you(忧),yan(烟),yin(因),yang(央),ying(英),yong(雍)。

u 行的韵母,前面没有声母的时候,写成 wu(乌),wa(蛙),wo(窝),wai(歪),wei(威),wan(弯),wen(温),wang(汪),weng(翁)。

ü 行的韵母,前面没有声母的时候,写成 yu(迂),yue(约),yuan(冤),yun(晕);ü 上两点省略。

ü 行的韵母跟声母 j,q,x 拼的时候,写成 ju(居),qu(区),xu(虚),ü 上两点也省略;但是跟声母 n,l 拼的时候,仍然写成 nü(女),lü(吕)。

(5) iou,uei,uen 前面加声母的时候,写成 iu,ui,un,例如 niu(牛),gui(归),lun(论)。

(6) 在给汉字注音的时候,为了使拼式简短,ng 可以省作 ŋ。

四 声调符号

阴平	阳平	上声	去声
ˉ	ˊ	ˇ	ˋ

声调符号标在音节的主要母音上。轻声不标。例如:

妈 mā	麻 má	马 mǎ	骂 mà	吗 ma
(阴平)	(阳平)	(上声)	(去声)	(轻声)

五 隔音符号

a,o,e 开头的音节连接在其他音节后面的时候,如果音节的界限发生混淆,用隔音符号(')隔开,例如:pi'ao(皮袄)。

(二) 反切和注音字母

汉语拼音方案产生以前,反切和注音字母曾作为我国记录语音的主要方法广泛使用。

1. 反切　一个“吐”字,用“他鲁”两字相切,取“他”音的前半段[tʻ],“鲁”音的后半段[u]以及“鲁”音的声调——上声拼合成音,这种拼注字音的方法就叫做反切。用反切注音,先得认识一千多个反切用字,拼切时又要丢弃字音中不需拼切的部分,所以使用不便,而且切语用字的实际读法可以因时因地而异,不能表示固定的读音。但反切这种注音方法比起过去的“读若”“直音”等注音方法来要进步得多，因此产生以后，它就在我国使用了很长的时期。

2. 注音字母　注音字母是一九一八年公布的一套记音符号。它把普通话语音归纳为若干类声母和韵母，分别用笔画式符号表示。例如ㄅㄆㄇㄈ（即 b p m f）和ㄚㄛㄜㄧㄨㄩ（即 a o e i u ü）等。同反切比较，注音字母拼注字音准确、方便多了。但是，拼注字音还不够细致，笔画式字母笔顺方向错乱，不便连写，又不利于国际文化交流。因此，后来被拉丁字母式的拼音字母所代替。

（三）国际音标

国际音标是一八八八年国际语音学会拟订的一套记音符号，后来经过多次增补、修改。它的形体以拉丁字母的小写印刷体为基础，并用大写、草体、合体、倒排、变形、加符等办法加以补充。它规定每一个符号只表示一个固定的读音，既不能借用，又没有变化。各民族语言可以利用已有的国际音标记录本民族语言里的音素，必要时也可以增补音标以记录本民族语言里特有的音素，如增补的音标获得国际语音学会的通过，就可列入修订后的国际音标表。因此，国际音标的总数很多，而各个民族语言用到的只是其中的一部分。国际上语言学家都使用国际音标研究语音。我国的语文工作者为了精细地记录、描写和说明语音，也经常使用国际音标。

三　音节、音素、音位、元音、辅音

（一）音节和音素、音位

音节是听觉上最容易分辨出来的语音单位，也是最自然的语音单位。例如“飘”（piāo）和“皮袄”（pí'ǎo）的构成成分除声调以外是一样的，但我们一听就知道“飘”是一个音节，“皮袄”是两个音节。一般说来，汉语的一个字就是一个音节。①

音节不是语音的最小单位。如果对音节的构成成分进行分析，就可以得到语音的最小单位——音素。普通话里 b、p、m、f 等是一个个音素，a、o、e、ê、i、u、ü 等也是一个个音素，但是 ai、ei、ao、ou 等就是由两个音

① 有少数例外情况，参见本章第五节“音节”。

素结合而成的了。每一个音素具有不同的音色。普通话里的 e 和 ê(ie 中的 e)音色不同,虽然用同一个字母表示,却是两个不同的音素。

语言里能够区别词义的最小语音单位叫做音位。例如普通话里“大”(dà)、“地”(dì)这两个词的词义上的差别,从语音上看,是通过“ɑ”和“i”表现出来的,因此“ɑ”和“i”就是两个能够区别词义的最小语音单位。这里所谓的“最小语音单位”往往是指一个语音类别。实际上普通话的 b、p、m、f、ɑ、o、e、i、u、ü 等都是不同的语音类别。这就是说,一个 b,包含着好几个有细微差别的 b,例如在“把”(bǎ)、“比”(bǐ)、“补”(bǔ)三个不同的词里,b 的实际发音并不完全相同,第一个 b 较松,第二个 b 较紧,第三个 b 略带圆唇。但是,这种细微差别在语言交际中并没有区别意义的作用,因此可以把三个 b 归纳为一个语音类型,这就是 b 音位。同样,“他”(tā)、“胎”(tāi)、“坍”(tān)、“汤”(tāng)、“天”(tiān)各词中的 ɑ 虽然在实际发音上也有些差异,但不区别词义,所以仍属同一个音位。学习和研究语音首先要掌握语音的音位系统,至于同一音位内部不同变化的语音(叫做“音品”或“音位变体”),只要在学习发音时适当注意就可以了。平时我们分析一个语音系统所得的“音素”,实际上大都是根据音位学理论进行归纳分析的结果,从这个意义上说,一个音素一般也就是一个音位。

(二) 元音和辅音

音素可以分为元音和辅音两大类。它们的区别是:

1. 发元音时,声带总是颤动的;发辅音时,有的颤动声带,有的不颤动声带。

2. 发元音时,气流通过口腔不受任何阻碍,发辅音时则受到一定的阻碍。

3. 元音响亮,可唱,能延长;辅音有的响亮,可唱,能延长,有的则不然。

不同的元音是由口腔的不同形状决定的。口腔的形状决定于舌位的高低、舌位的前后和圆唇不圆唇。根据这三个条件,语音学上规定了八个最基本的标准元音,它们是:

(1) [i] 前高不圆唇元音

(2) [e] 前半高不圆唇元音
(3) [ɛ] 前半低不圆唇元音
(4) [a] 前低不圆唇元音
(5) [ɑ] 后低不圆唇元音
(6) [ɔ] 后半低圆唇元音
(7) [o] 后半高圆唇元音
(8) [u] 后高圆唇元音

这八个标准元音发音时都是舌面起主要作用的，所以叫做舌面元音。此外，还有舌尖元音、鼻化元音等。

不同的辅音是由发音部位或发音方法的不同造成的。发音部位即发音时气流在发音器官受到阻碍的部位，发音方法即发音时构成阻碍和克服阻碍的方式。按照发音部位，辅音可分成双唇音、唇齿音、舌尖音、舌根音等；按照发音方法，又可分为塞音、擦音、塞擦音、鼻音、边音和清辅音、浊辅音以及送气音、不送气音等。

思考和练习

1. 什么叫语音？语音同自然界的声音有何不同？
2. 什么是音高、音强、音长、音色？它们在现代汉语语音里有何作用？
3. 隔壁有几个熟人在说话，人们为什么能辨出说话者是张三还是李四？
4. 写出下图中发音器官各部分的名称。

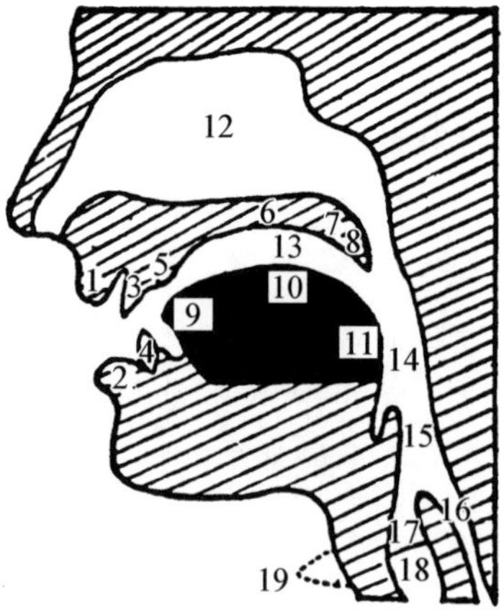

5. 学习和研究语音为什么要理解语音的社会性质？
6. 试谈汉语拼音方案在学习现代汉语语音以及其他方面的作用。
7. 学习英语常常利用国际音标，学习现代汉语语音有时也利用国际音标，这两处所说的“国际音标”是同一种记音符号吗？为什么英语里所用的国际音标同现代汉语语音部分出现的不完全一样？

8. 什么是音节？什么是音素？试分析普通话里音素与音节的关系。

9. 普通话里的 o 属于音素中的哪一类？d 属于音素中的哪一类？o 和 d 有哪些主要区别？

10. 人们认为“一个音位就是一个语音类别”，对这样的说法应该怎样理解？试举例说明。

元　音　表

舌位前后 / 嘴唇圆不圆 / 舌位高低	前		央		后	
	不圆唇	圆唇	不圆唇	圆唇	不圆唇	圆唇
高	i	y	ɨ	ʉ	ɯ	u
半　高	e	ø	ə		ɤ	o
半　低	ɛ	œ	ɐ		ʌ	ɔ
低	a		ʌ		ɑ	ɒ

辅　音　表

发音部位 / 发音方法			双唇	唇齿	齿间	舌尖前	舌尖中	舌尖后	舌面前	舌面中	舌面后	喉
塞	清	不送气	p				t	ʈ	ȶ	c	k	ʔ
		送气	pʻ				tʻ	ʈʻ	ȶʻ	cʻ	kʻ	ʔʻ
	浊		b				d	ɖ	ȡ	ɟ	g	
塞擦	清	不送气		pf		ts		tʂ	tɕ			
		送气		pfʻ		tsʻ		tʂʻ	tɕʻ			
	浊			bv		dz		dʐ	dʑ			
鼻	浊		m				n	ɳ	ȵ	ɲ	ŋ	
边	浊						l	ɩ				
擦	清		ɸ	f	θ	s		ʂ	ɕ	ç	x	h
	浊		β	v	ð	z		ʐ	ʑ	j	ɣ	ɦ
半元音	浊		w，ɥ	ʋ						j，(ɥ)	(w)	

第二节　声　　母

“北京”这两个音节如果用普通话缓慢地念出来，可以发现它们的开头部分是 b 和 j。b 和 j 的性质是辅音，处于音节的开头，汉语语音传统的分析法把它们叫做声母。

普通话有二十一个辅音声母，此外还有零声母。下面先分别按照发音部位和发音方法说明辅音声母的分类。

一　声母的发音部位

声母的发音部位，是指辅音声母发音时口腔里发音器官构成阻碍的某两个部位。根据发音部位，普通话声母可以分成七类（表见下）。

双唇音	上唇和下唇形成阻碍	b[p] p[p‘] m[m]	拨　包　斑白　奔波[1] 爬　拍　枇杷　批评 麻　瞒　美妙　明媚
齿唇音	上齿和下唇形成阻碍	f[f]	飞　方　奋发　丰富
舌尖前音	舌尖和上齿背形成阻碍	z[ts] c[ts‘] s[s]	租　灾　总则　藏族 粗　菜　层次　苍翠 苏　搜　思索　色素
舌尖中音	舌尖和上齿龈形成阻碍	d[t] t[t‘] n[n] l[l]	搭　胆　道德　荡涤 他　太　探讨　妥帖 拿　鸟　泥泞　能耐 拉　兰　理论　来历
舌尖后音	舌尖和硬腭前部形成阻碍	zh[tʂ] ch[tʂ‘] sh[ʂ] r[ʐ]	遮　摘　庄重　政治 车　厂　驰骋　踌躇 奢　说　闪烁　韶山 惹　让　柔软　仍然

---

① “斑白”“奔波”等词两个字的声母相同，人们称之为双声字。参看本书第三章第二节“词的形式”中的“双声词”。

续表

舌面音	舌面前部和硬腭中部形成阻碍	j[tɕ] q[tɕʻ] x[ɕ]	居　家　阶级　经济 渠　腔　亲切　崎岖 需　先　消息　新鲜
舌根音	舌面后部和软腭形成阻碍	g[k] k[kʻ] h[x]	姑　钢　灌溉　巩固 枯　开　刻苦　慷慨 呼　黑　花卉　辉煌

二　声母的发音方法

声母的发音方法包括辅音声母发音时构成阻碍和克服阻碍的方法，气流强弱的情况以及声带是否颤动等几个方面。根据发音方法，普通话声母有塞音、擦音、塞擦音、鼻音、边音之分。

（一）塞音

发音时发音部位的某两个部分完全闭合，从肺部出来的气流积聚在受阻部分，阻塞部分突然打开，气流迸裂而出，造成爆发色彩的音。普通话的塞音有 b[p]、p[pʻ]、d[t]、t[tʻ]、g[k]、k[kʻ]。

（二）擦音

发音时发音部位的某两个部分靠近，形成缝隙，气流从缝隙挤出，造成摩擦音。普通话的擦音有 f[f]、s[s]、sh[ʂ]、r[ʐ]、x[ɕ]、h[x]。

（三）塞擦音

发音时发音部位的某两个部分完全闭合，阻住气流，然后逐步放开，形成一条窄缝，让气流从窄缝挤出，造成塞擦音。普通话的塞擦音有 z[ts]、c[tsʻ]、zh[tʂ]、ch[tʂʻ]、j[tɕ]、q[tɕʻ]。

（四）鼻音

发音时软腭下垂，鼻腔通路打开，口腔里形成阻碍的两部分完全闭合，气流不能从口腔通过，转道鼻腔流出，发出鼻音。普通话里的鼻音声母有 m[m]和 n[n]。另外有一个鼻辅音 ng[ŋ]，在普通话里一般只作韵母的成分，不在声母的位置出现。

（五）边音

发音时舌尖和上腭的某一点接触，形成阻碍，舌的两边松弛、自然，气流沿舌的两边（或一边）流出，造成边音。普通话的边音只有一个 l[l]。

普通话声母的发音方法，还可以根据除阻时气流强弱的不同分为送气音和不送气音两类。呼出的气流较强的是送气音，如普通话里的 p、t、k、c、ch、q。呼出的气流较弱的是不送气音，如普通话里的 b、d、g、z、zh、j。汉语里，在相似的语音结构中，送气音和不送气音有区别意义的作用，如“配套”(pèitào)和“被套”(bèitào)，“兔子”(tùzi)和“肚子”(dùzi)。

根据发音时声带的情况还可以把普通话辅音声母分为清音和浊音两类。发音时声带颤动的是浊音，声带不颤动的是清音。普通话里声母中，只有鼻音 m、n，边音 l 和擦音 r 是浊音，[①]其余都是清音。

普通话的声母可以按上述不同的分类标准综合在下面一个表里（见下）。从下表可以较系统地了解普通话里每一个声母的发音部位和发音方法，再根据前面对各类声母所作的说明，就可以具体地叙述每一个声母的发音情况。例如，b 是双唇不送气清塞音。具体发音情况是，软腭上升，堵住气流往鼻腔的通路；声带不颤动；双唇闭合，阻塞气流，然后突然打开，使停蓄在双唇里面的气流迸裂而出。q 是舌

发音方法 / 发音部位	塞音		塞擦音		擦音		鼻音	边音
	清音		清音		清音	浊音	浊音	浊音
	不送气	送气	不送气	送气				
双唇音	b[p]玻	p[p‘]坡					m[m]摸	
齿唇音					f[f]佛			
舌尖前音			z[ts]资	c[ts‘]雌	s[s]思			
舌尖中音	d[t]得	t[t‘]特					n[n]讷	l[l]勒
舌尖后音			zh[tʂ]知	ch[tʂ‘]蚩	sh[ʂ]诗	r[ʐ]日		
舌面音			j[tɕ]基	q[tɕ‘]欺	x[ɕ]希			
舌根音	g[k]哥	k[k‘]科			h[x]喝			

① 普通话里的辅音 ng[ŋ]也是浊音，但它一般不作声母用。

面送气清塞擦音。具体发音情况是，软腭上升，堵住气流往鼻腔的通路；声带不颤动；舌面前部贴住硬腭，然后缓缓离开，造成窄缝，让较强的气流从窄缝挤出。r 是舌尖后浊擦音。发音时声带颤动；软腭上升，关闭鼻腔通道；舌尖上举，和硬腭相对，造成间隙，带音的气流从间隙挤出。实际上普通话的 r 声母并不是一个地道的浊擦音，它跟方言或外语里的浊擦音发音情况不同。又如 n 是舌尖中浊鼻音。发音时声带颤动；软腭下垂，鼻腔通道打开；舌尖顶住上齿背，带音的气流从鼻腔通过。

三 一些声母发音的比较

上述二十一个辅音声母中，有一些是部分方言里没有或方言区人不易发准的，现在作些比较说明。

（一）z、c、s——zh、ch、sh

有些方言区的人往往弄不清 z 组和 zh 组声母的区别。z 组声母和 zh 组声母的主要区别在于：发 z 组时舌头前伸到下齿背，舌尖顶住上齿背；发 zh 组时舌的前端上举，顶住硬腭最前部。

（二）n——l

有些方言区的人分不清 n 和 l。n 和 l 的发音部位相同，都是舌尖顶住上齿龈，但是发音方法不同。主要区别如下：n 除舌尖上举外，舌的两边也上举，和上齿龈（包括两边的臼齿等）形成阻碍，气流同时到达口腔和鼻腔，但不能从口腔通过，转道鼻腔流出，造成舌尖鼻音。l 则只有舌尖上举，和上齿龈形成阻碍，舌的两边上举程度很小，气流可从舌的两边流出，造成边音。

（三）f——h

有些方言区的人分不清 f 和 h。f 和 h 的区别主要在于：f 是齿唇清擦音，发音时必须让上齿与下唇微接；h 是舌根清擦音，发音时唇齿不接触而是舌后隆起部分对着硬腭和软腭交界处，气流从间隙挤出，造成摩擦音。

四 零声母

除了上面讨论的二十一个辅音声母外，普通话里还有一个零声母。普通话里大部分音节都以辅音声母开头，但是也有一些音节的开头不是辅音而是元音，这就是说，它们的声母是“零”，所以把不用辅音充当声母的字称为“零声母字”。例如“衣”yī[i˥]、“鸦”yā[ia˥]、“乌”wū[u˥]、“外”wài[uai˥˩]，“迂”yū[y˥]、“远”yuǎn[yua˨˩˦]，“喔”ō[o˥]、“袄”ǎo[au˨˩˦]等。

零声母字的开头虽然说是元音，但在实际发音上往往带有那么一点儿同部位的摩擦成分。例如“衣”“鸦”的开头就带有与i同部位的摩擦成分，若精细地描写，“衣”“鸦”可标作[ji]、[ja]。“乌”“外”的开头就带有与u同部位的摩擦成分，因此“乌”“外”可标作[wu]、[wai]。有些人发“乌”“外”时，嘴唇比较松弛，上齿微接下唇，出现近乎唇齿摩擦那样的音，因此“乌”“外”也可以标作[vu]、[vai]。“迂”“远”的开头往往带有与ü同部位的摩擦成分，因此“迂”“远”可标作[ɥy]、[ɥan]。“喔”“袄”等字的开头，有的人发音时带上一个轻微的舌根浊擦音[ɣ]，或者把声门闭一下，发出喉塞音[ʔ]，因此“喔”可标作[ɣo]或者[ʔo]，“袄”可标作[ɣau]或[ʔau]。零声母字的开头虽然常带一些辅音成分，但这些成分有时明显，有时不明显，并且不能区别意义，不构成不同的音位，因此不必强调。

五 声母辨正

各方言的声母系统跟普通话不尽相同，方言区人学习普通话时，应该特别注意方音跟普通话相异的声母以及有关的字音。现在结合部分方言情况，举例说明方言区人学习普通话声母应注意之点。

（一）避免[b]、[d]、[g]、[dz]、[z]、[dʑ]、[ʑ]等浊音声母

普通话的声母只有鼻音m、n和边音l，以及擦音r是浊音；而有些方言，如吴方言和湘方言的部分地区浊音声母就比较多。除了m、n、l外，另有浊塞音、浊塞擦音和浊擦音等，如[b]（上海、苏州方言“皮”“备”等字的声母），[d]（上海、苏州等方言“徒”“道”等字的声母），[g]（上海、苏州等方言“共”“葵”等字的声母），[dʑ]（江苏海门“潮”“赵”等字的声母），[z]（上海、苏州“造”“绳”等字的声母），[dʑ]（上海、苏州“旗”“桥”等字的声母），[ʑ]（江苏海门“齐”“徐”等字的声母）。方言的这些浊音声母在普通话里有的读成同部位的送气清音声母，有的读成同部位的不送气清音声母。例如：

上海话	[b]		[d]		[g]		[dʑ]	
例 字	培平	倍病	头团	豆缎	葵狂	柜逛	渠桥	具轿
普通话	p	b	t	d	k	g	q	j

方言区的人在学习普通话时，应该把这些浊音改读成相应的送气或不送气清音声母(参看附录《方言浊声母和普通话清声母对应例字表》)。要特别注意浊音声母变成清音声母时分化成送气音或不送气音的情况，防止把它们一律读成送气或不送气清声母。读一读下列词语，注意其中带着重号的字的读音。

童话 tónghuà	动画 dònghuà
评价 píngjià	病假 bìngjià
厨房 chúfáng	住房 zhùfáng
图书 túshū	度数 dùshù
池子 chízi	治疗 zhìliáo
淘汰 táotài	道路 dàolù
田野 tiányě	电灯 diàndēng
群众 qúnzhòng	郡县 jùnxiàn

（二）分清舌尖前音 z、c、s，舌尖后音 zh、ch、sh 和舌面音 j、q、x

普通话里有舌尖前音 z、c、s，舌尖后音 zh、ch、sh 和舌面音 j、q、x 三套塞擦音和擦音。吴方言、闽方言、客家方言、粤方言等一般都没有舌尖后音 zh、ch、sh，北方方言的有些地方有舌尖后音，但所管的字数不完全同普通话一致。这些方言区的人学习普通话时常常把该读 zh、ch、sh 声母的字读成 z、c、s 或 j、q、x。例如吴方言里，"诗人"和"私人"，"找到"和"早到"，"重来"和"从来"不分；闽、粤方言区的人常常把"知道"读成"鸡道"，把"少数"读成"小数"，把"诗人"读成"西人"。必须注意辨别自己读 z、c、s 或 j、q、x 的字中，哪些是普通话中该读 z、c、s 或 j、q、x 的，哪些是普通话中该读 zh、ch、sh 的。比较下列各组词语的声母：

支援 zhīyuán	资源 zīyuán
木柴 mùchái	木材 mùcái
商业 shāngyè	桑叶 sāngyè
新春 xīnchūn	新村 xīncūn
标志 biāozhì	标记 biāojì
长度 chángdù	强度 qiángdù
时间 shíjiān	席间 xíjiān
诗词 shīcí	稀奇 xīqí

要辨清常用字在上述各组声母中的归属，必须下一番记忆的功夫。有一些方法可以帮助提高记忆的效率，比如可以利用汉字形声字①的偏旁适当类推②。例如“主”(zhǔ)的声母是舌尖后音，以“主”为声旁的一些字“注”“住”“柱”“驻”“蛀”(都读 zhù)等一般也是舌尖后音。“曹”(cáo)的声母是舌尖前音，以“曹”为声旁的一些字“槽”“嘈”(以上两字读 cáo)、“糟”“遭”(以上两字读 zāo)等一般也是舌尖前音。当然，用形声字的声旁进行类推也会遇到例外字。例如“叟”(sǒu)的声母是舌尖前音，以“叟”为声旁的字当中，多数的声母也是舌尖前音，如“搜”“艘”“馊”(都读 sōu)、“嫂”(sǎo)，但是“瘦”(shòu)的声母却是舌尖后音。本书所附的《zh 和 z，ch 和 c，sh 和 s 代表字类推表》可作记忆时的参考。提高记忆的效率还可以利用声母韵母的拼合规律，参看本章第五节。

(三) 分清鼻音 n 和边音 l

普通话里舌尖鼻音 n 和边音 l 分得很清楚，但在许多方言里，n 和 l 是不分的(如闽方言和北方方言中的西南话、部分江淮话等)。有的有 n 没有 l，有的有 l 没有 n，有的则 n、l 随便读。例如“男制服”和“蓝制服”，“女客”和“旅客”不分等。这些方言区的人除了要学会 n 和 l 的发音外，还需要进一步记住普通话里哪些字是 n 声母，哪些字是 l 声母(可参看本书所附的《n 和 l 代表字类推表》)。读一读下列词语，注意

① 关于形声字，参看本书第二章。

② 利用形声字偏旁适当类推的方法，也可用于帮助记忆其他常用字声母或韵母的类别。

带着重号的字的读音：

年代 niándài	连带 liándài
水牛 shuǐniú	水流 shuǐliú
比拟 bǐnǐ	合理 hélǐ
困难 kùnnan	玉兰 yùlán

（四）分清唇齿音 f 和舌根音 h

普通话里唇齿擦音 f 和舌根擦音 h 分得很清楚。有些方言（如湘方言、粤方言、客家方言等）却有相混的现象。有的把部分 f 声母字读成 h 声母字，有的把部分 h 声母字读成 f 声母字，也有的 f、h 随便读。结果“开发”和“开花”混同，“公费”和“工会”不分。这些地区的人除了要学会 f 和 h 的发音外，还需要进一步记住普通话里哪些字是 f 声母，哪些字是 h 声母（可参看本节所附的《f 和 h 代表字类推表》）。读一读下列词语，注意其中带着重号的字的读音：

方地 fāngdì	荒地 huāngdì
发生 fāshēng	花生 huāshēng
废话 fèihuà	会话 huìhuà
芬芳 fēnfāng	昏黄 hūnhuáng

思考和练习

1. 什么是“发音部位”？什么是“发音方法”？
2. 在二十一个辅音声母中，哪些是塞音、塞擦音、擦音、鼻音、边音？它们在发音方法上有何不同？
3. 听、读下列各字，写出它们的声母：

(1) 现	(2) 照	(3) 错	(4) 回
(5) 均	(6) 刷	(7) 清	(8) 盘
(9) 阮	(10) 蹲	(11) 装	(12) 令

4. 注出下面两段话里各字的声母，并读准它：

(1) 初春时节访新村，喜看新村处处春。

村前整地做秧床，村后花田锄草忙。

出村来到山坡上，林木茂密果实壮。

农业政策威力大，建设新村春长存。

(2) 汪飞怀恢复健康，大家欢呼庆贺。

5. 把下列三组字中声母相同的排列成小组，并说明各小组声母发音的异同：

(1) 自 遮 己 将 找 最 朱 正 紧 渣 揪 衷

(2) 恼 留 农 凉 兰 虑 宁 捏 隆 乱 劳 泥

(3) 罚 欢 火 翻 昏 晦 帆 晃 扶 逢 佛 淮

6. 把普通话的二十一个辅音声母用汉语拼音字母和国际音标列成对照表。

7. 把下列声母用汉语拼音字母写出来：

(1) 舌根送气清塞音　　(2) 舌尖后浊擦音

(3) 舌尖中不送气清塞音　　(4) 舌尖前送气清塞擦音

8. 说一说发下列声母时发音器官各部分的具体情况：

(1) m　　(2) g　　(3) s　　(4) j

9. "如——卢""绕——老""润——论""弱——落""让——浪"这几对字的声母在发音部位、发音方法上有何区别？

10. 普通话里"际"和"季"，"妻"和"欺"，"细"和"戏"，"聚"和"巨"，"趣"和"去"，"须"和"虚"等字是同音的，在有些方言里却是同韵不同声或声、韵都不同的。下面各对字普通话里是两两同音的，注意念准它们的声母。

(1) 借—介　(2) 酒—久　(3) 精—京　(4) 千—牵

(5) 枪—腔　(6) 青—轻　(7) 小—晓　(8) 修—休

(9) 线—献　(10) 心—欣　(11) 蛆—区　(12) 迅—训

第三节　韵　母

"北京"两个音节除了开头有声母 b 和 j 外，它们的后面部分是 ei

和 ing，传统的分析法把音节里声母后面的部分叫做韵母。

普通话韵母内部情况比较复杂，它的主要组成部分是元音，有的也包含辅音。韵母的元音可以是一个（如 a、in），可以是两个（如 ai、ou、uang），也可以是三个（如 iao、uei）。韵母只有一个元音的，这个元音就是韵母的主要成分，叫做韵腹；韵母有两个或三个元音的，其中口腔开度较大、声音较响亮的那个元音是韵腹，韵腹前面的是韵头（又叫介音），后面的是韵尾；韵母末尾的辅音是韵尾。现按韵母的结构把上举各例分析如下（表见下）。按照韵母内部成分的特点，可以把普通话韵母分成单元音韵母、复元音韵母和带鼻音韵母三类。

韵　头	韵　腹	韵　尾
	a	
	i	n
	a	i
u	o	
u	a	ng
i	a	o
u	e	i

一　单元音韵母

单元音韵母是由单元音构成的韵母，共有十个；其中七个是舌面元音，三个是舌尖元音。

舌面元音发音时，主要是舌面起作用，由舌位的高低、前后和嘴唇的圆不圆来决定。七个舌面元音发音的具体情况如下：

a[A]　央、低、不圆唇元音

例字：啊　他　发达　喇叭[①]

① “发达”“喇叭”等双音词两个字的韵母相同，人们称之为叠韵字。参看本书第三章第二节“词的形式”中的“叠韵词”。

发音时口腔大开,舌头前伸,前舌面下降到最低度,嘴唇呈自然状态。

o[o] 后、半高、圆唇元音
例字:喔 拨 墨 薄膜 婆婆

发音时口腔半闭,舌头后缩,后舌面升至半高程度,嘴唇拢圆。

e[ɤ] 后、半高、不圆唇元音
例字:鹅 渴 客车 特色 合格

发音时口腔半闭,舌头后缩,后舌面升至半高程度,嘴角向两旁展开。o 和 e 的区别只在嘴唇的圆扁,其他情况相同。

ê[ɛ] 前、半低、不圆唇元音
例字:欸

发音时口腔半开,舌头前伸,前舌面升至半低程度,嘴角向两旁展开。

i[i] 前、高、不圆唇元音
例字:衣 皮 机器 集体 利益

发音时口腔开度很小,舌头前伸,前舌面上升接近硬腭,气流的通路狭窄但不发生摩擦,嘴角尽量向两旁展开成扁平状。

u[u] 后、高、圆唇元音
例字:乌 符 服务 图书 鼓舞

发音时口腔开度很小,舌头后缩,后舌面上升接近软腭,气流通路狭窄但不发生摩擦,嘴唇撮圆成一小孔。

ü[y] 前、高、圆唇元音

例字：迂 律 区域 序曲 雨具

发音时口腔开度很小，舌头前伸，前舌面上升接近硬腭，但气流通过时不发生摩擦，嘴唇撮圆成一小孔。ü 和 i 的发音情况基本相同，区别只在于嘴唇的圆扁。

现把七个舌面单元音韵母的发音情况列成元音舌位表：

舌位前后 / 嘴唇圆不圆 / 舌位高低	前		央	后	
	不圆	圆		不圆	圆
高	i[i]	ü[y]			u[u]
半高	e([e])			e[ɤ]	o[o]
中			e([ə])		
半低	ê[ɛ]				
低	ɑ([a])		ɑ[ʌ]	ɑ[ɑ]	

舌尖元音发音时主要是舌尖起作用，由舌尖活动的前后和嘴唇的圆不圆来决定。普通话里有三个舌尖元音，它们是：

-i[ɿ] 前、高、不圆唇元音

例字：资 磁 丝 慈爱 文字

发音时舌尖前伸，对着上齿背形成狭窄的通路，气流通过不发生摩擦，嘴唇向两旁展开。

-i[ʅ] 后、高、不圆唇元音

例字：之 吃 施 支持 时事

发音时舌尖上举，对着硬腭形成狭窄的通路，气流通过不发生摩擦，嘴唇向两旁展开。

er[ər 或 ɚ] 央、中、不圆唇卷舌元音

例字：儿 而 尔 耳 二

这是一个很特殊的元音韵母，汉语拼音用两个字母来表示，实际上只是一个元音。它的音色同[ə]很接近。发音时舌面中央升到中间高度，同时舌尖卷起，对着硬腭，嘴唇略微展开。发这个元音时，除舌面起作用外，舌尖也起很重要的作用，因此也可把 er 归入舌尖元音。[①]

记录以上十个单元音韵母，汉语拼音方案只用了六个字母，有的一个字母代表了几个韵母，如 i 既代表舌面前、高、不圆唇元音[i]，又代表两个舌尖元音[ɿ]和[ʅ]；e 既代表舌面后、半高、不圆唇元音[ɤ]，上面加“ʌ”后又代表舌面前、半低、不圆唇元音[ɛ]；u 既代表舌面后、高、圆唇元音[u]，上面加两点后又代表舌面前、高、圆唇元音[y]。[②] 卷舌单元音韵母则由 e 和 r 两个字母表示。学习时，我们要把韵母和字母两个概念分清楚。

二 复元音韵母

复元音韵母是由两个或三个元音结合而成的。普通话里共有十三个复元音韵母，即 ai、ei、ao、ou、ia、ie、ua、uo、üe、iao、iou、uai、uei。

发单元音韵母时，舌头和嘴唇构成的共鸣器自始至终没有变化，因此声音是单一的。发复元音韵母时，舌头、嘴唇和整个共鸣器的形状要逐渐变动。例如发 ai 时，从 a 向 i，舌位逐渐升高，口腔逐渐关闭，中间包括[æ]、[ɛ]、[e]等过渡音。

复元音韵母里的各个成分，在口腔的开度和声音的响亮度等方面是不同的，其中有一个“韵腹”声音较响亮，是韵母的中心成分。复元音韵母不是两个或三个元音的简单相加，而是元音的有机结合。当元音连续出现时，就相互影响，使整个复元音韵母具有特殊的音色，跟原

① 除卷舌元音韵母外，普通话还有一套带卷舌作用的“儿化韵”，参看本章第六节。

② 汉语拼音方案规定，ü 同声母 j、q、x 拼的时候，ü 上两点省略。

来的各个单元音不完全相同了。

普通话的复元音韵母可以分成二合的和三合的两类。二合的复元音韵母有九个：

ai[ai]	挨	来	爱戴	海带	开采
ei[ei]	杯	给	配备	肥美	蓓蕾
ao[au]	袄	刀	报告	号召	吵闹
ou[ou]	藕	兜	口头	守候	后楼

这四个复元音韵母的前面一个成分是韵腹，发音响亮、清晰，音值比较固定；后面一个成分是韵尾，发音较含混，音值不太固定，国际音标[i]、[u]等只表示发音的大致方向。

ia[ia]	鸭	恰	夏	架	假牙
ie[iɛ]	也	灭	切	结业	贴切
ua[ua]	蛙	刮	跨	刷	花袜
uo[uo]	卧	说	火	骆驼	懦弱
üe[yɛ]	月	决	雪	疟	约略

这五个复元音韵母是单元音 ɑ、ê、o 前面加上 i、u、ü 构成的。i、u、ü 是韵头，ɑ、ê、o 是韵腹。

普通话里三合的复元音韵母有四个：

iao[iau]	腰	鸟	巧妙	小桥	叫嚣
iou[iou][①]	忧	流	牛油	悠久	优秀
uai[uai]	歪	快	徊	坏	摔
uei[uei]	为	贵	摧毁	水位	追随

① 汉语拼音方案规定：韵母 iou，uei，uen 前面加声母的时候写成 iu，ui，un，例如 niu（牛），gui（归），lun（论）。

这四个复元音韵母是复元音 ao、ou、ai、ei 前面加上 i、u 构成的。i、u 是韵头,中间是韵腹,后面是韵尾。

三　带鼻音韵母

带鼻音韵母由一个或两个元音后面带上鼻辅音构成。发音时发音器官由元音的发音状态向鼻音的发音状态逐渐变动,鼻音成分逐渐增加,最后完全变为鼻音。韵母中的鼻音的发音同作声母的鼻音略有不同,后者在音节中一定有除阻阶段,前者却没有。

普通话里的带鼻音韵母共有十六个,可以分成带舌尖鼻音的和带舌根鼻音的两类。

带舌尖鼻音的韵母有八个:

an[an]	安	板	汗衫	谈判	灿烂
ian[ian]	盐	点	简便	片面	前线
uan[uan]	弯	团	贯穿	宽缓	婉转
üan[yan]	冤	选	渊源	全权	圆圈
en[ən]	恩	盆	认真	身分	根本
in[in]	因	民	拼音	亲近	信心
uen[uən]	问	准	温顺	春笋	昆仑
ün[yn]	晕	旬	群	军训	均匀

以上 an、en、in、ün 各韵母中 a、e、i、ü 是韵腹,n 是韵尾。ian、uan、üan 是 an 加上韵头 i、u、ü 构成的;uen 是 en 加上韵头 u 构成的。

带舌根鼻音的韵母也有八个:

ang[aŋ]	昂	当	厂房	帮忙	沧桑
iang[iaŋ]	央	匠	想象	洋枪	响亮
uang[uaŋ]	汪	广	状况	狂妄	装潢
eng[əŋ]	绷	冷	更正	丰盛	风筝
ing[iŋ]	英	杏	评定	倾听	命令
ueng[uəŋ]	翁	嗡	瓮		

ong[uŋ]	东	孔	工农	从容	隆重
iong[yŋ]	拥	窘	琼	熊	汹涌

以上 ang、eng、ing、ong 各韵母中，a、e、i、o 是韵腹，ng 是韵尾。iang、uang 是 ang 加上韵头 i、u 构成的，ueng 是 eng 加上韵头 u 构成的，iong 是 ong 加上韵头 i 构成的。

四 “四呼”

除了按内部成分的特点分类外，韵母还可以按“四呼”(即韵头的四种不同情况)进行分类。“四呼”是我国传统语言学上的术语。音韵学家分韵母为开口、合口两类，每类又分洪音、细音两种。开口洪音称开口呼，细音称齐齿呼；合口洪音称合口呼，细音称撮口呼。以“四呼”为标准，普通话韵母分为下面四类：(一) 开口呼韵母，没有韵头，而韵腹又不是 i、u、ü 的韵母，如 a、o、e、ê、-i[ɿ]、-i[ʅ]、er、ai、ei、ao、ou、an、en、ang、eng、ong；(二) 齐齿呼韵母，韵头或韵腹是 i 的韵母，如 i、ia、ie、iao、iou、ian、in、iang、ing、iong；(三) 合口呼韵母，韵头或韵腹是 u 的韵母，如 u、ua、uo、uai、uei、uan、uen、uang、ueng；(四) 撮口呼韵母，韵头或韵腹是 ü 的韵头，如 ü、üe、üan、ün。

现在把普通话的三十九个韵母列表如下。(表见下页)

五 一些韵母的音值

上述三十九个韵母中，有一些韵母的实际发音(可称为“音值”)要进一步说明一下：

(一) an、ian、uan、üan 这几个韵母的韵腹、韵尾相同，只是韵头不同(或无韵头)。按理说，相同部分的发音应该是一样的。然而普通话的这四个韵母中，ian 的发音有些特殊，其中的 a 与舌面前、低、不圆唇元音[a]相比，口腔开度略小，舌位略高，与舌面前、半低、不圆唇元音[ε]相比，口腔开度又略大，舌位略低，是[a][ε]之间的一个音[æ]。

(二) ai、an、ao、ang 这四个韵母中韵腹都是 a，但是仔细分辨一下，四个 a 分属两种情况，ai、an 中的 a 舌位较前，基本上是舌面前、低、不圆唇元音[a]，ao、ang 中的 a 舌位偏后，接近于舌面后、低、不圆

		i[i]	u[u]	ü[y]
单元音韵母	a[a]	ia[ia]	ua[ua]	
	o[o]		uo[uo]	
	e[ɤ]			
	ê[ɛ]	ie[iɛ]		üe[yɛ]
	-i[ɿ],i[ʅ]			
	er[ɚ]			
复元音韵母	ai[ai]		uai[uai]	
	ei[ei]		uei[uei]	
	ao[au]	iao[iau]		
	ou[ou]	iou[iou]		
带鼻音韵母	an[an]	ian[ian]	uan[uan]	üan[yan]
	en[ən]	in[in]	uen[uən]	ün[yn]
	ang[aŋ]	iang[iaŋ]	uang[uaŋ]	
	eng[əŋ]	ing[iŋ]	ueng[ueŋ]	
	ong[uŋ]	iong[yŋ]		

唇元音[a]。

从以上韵母看来，汉语拼音字母 a 至少代表了四个音素：[A]（作单韵母用的音值）、[a]（ai、an、uan、üan 中 a 的音值）、[a]（ao、ang 中 a 的音值）、[æ]（ian 中 a 的音值）。这些差异的形成跟音素与音素之间的相互影响有关。由于这些细微差别并不影响字义或词义，因此可以把它们归并为同一个音位，用宽式记音法标音时，也就可以都用[a]来表示，而不必写出它们之间的差异。

（三）ei、ie、üe 这三个韵母的韵腹比较接近，但是仔细分辨起来，ei 中的 e 舌位略高，属舌面前、半高、不圆唇元音[e]；ie、üe 中的 e 舌位略低，属舌面前、半低、不圆唇元音[ɛ]。值得注意的是，虽然这几个韵母用了汉语拼音字母 e，同舌面后、半高、不圆唇元音[ɤ]的汉语拼音表示法相同，但是，它们在音色上区别很大，发音时要注意念准。

六　韵母辨正

（一）念准复元音韵母

吴方言的许多地方没有 ai、ei、ao、ou 这一类复元音韵母，因此往往把普通话里的 ai 读成单元音韵母；同样 uai、uei、iao、iou 等复元音韵母中 ai、ei、ao、ou 的读法也作了相应的改变。闽、粤方言还有以 ü 为韵尾的复元音韵母，例如广州"虚"[hœy]、"水"[sœy]，福州"预"[øy]、"催"[ts'øy]。这种韵尾普通话里是没有的，必须注意纠正。下列词语的韵母要注意念准：

开会 kāihuì	胚胎 pēitāi	毁坏 huǐhuài
鸟兽 niǎoshòu	抽调 chōudiào	手表 shǒubiǎo
校对 jiàoduì	排球 páiqiú	交流 jiāoliú

（二）防止丢失鼻音韵尾 n

普通话带鼻音韵尾 n 的韵母在有些方言中往往念成鼻化元音，有的甚至把鼻音完全丢失。例如北方方言的好些地区把普通话的 an 韵念成[æ̃]（济南、太原、西安等）或[ã][1]（昆明等），上海等吴语地区把 an 韵字念成单元音韵母或复元音韵母，这些都是应该避免的。注意念准下列词语的韵尾：

电线 diànxiàn	宣传 xuānchuán	感叹 gǎntàn
刊载 kānzǎi	才干 cáigàn	元帅 yuánshuài
改换 gǎihuàn	怪诞 guàidàn	联赛 liánsài

（三）分清鼻音韵尾 n 和 ng

普通话里鼻音韵尾 n 和 ng 分得很清楚，如 an 和 ang、en 和 eng、in 和 ing、uan 和 uang、uen 和 ueng。有些方言却不能分辨，它们或者

① [æ̃]和[ã]是[æ]和[ɑ]的鼻化元音，发元音时软腭下垂，气流同时从口腔和鼻腔出来，使元音带上鼻音色彩。

是有-n没有-ng，或者是有-ng没有-n。例如南京话不能区别普通话的an和ang、ian和iang、uan和uang，“天坛”等于“天堂”，“平凡”等于“平房”。更多的地区是普通话的en和eng、in和ing这两对韵母没有区别。“人民”“人名”不分，“老陈”“老程”无别。这些方言区的人除了要学会-n和-ng的发音外，应该进一步记住普通话哪些字以-n为韵尾，哪些字以-ng为韵尾（可参看本书的附录《en和eng、in和ing代表字类推表》）。注意念准下列词语的韵尾：

赞颂 zànsòng	葬送 zàngsòng
木船 mùchuán	木床 mùchuáng
红心 hóngxīn	红星 hóngxīng
吩咐 fēnfu	丰富 fēngfù
陈旧 chénjiù	成就 chéngjiù
亲近 qīnjìn	清静 qīngjìng
散装 sǎnzhuāng	船长 chuánzhǎng
文明 wénmíng	本领 běnlǐng
精深 jīngshēn	声音 shēngyīn

（四）分清i和ü

普通话里i和ü分得很清楚，闽方言、客家方言和西南的一些地区没有单元音韵母ü和以ü为介音的复元音韵母，这些地区的人往往把普通话的ü音念成i，必须注意纠正。练习下列词语：

名义 míngyì	名誉 míngyù
意义 yìyì	寓意 yùyì
前面 qiánmiàn	全面 quánmiàn
季节 jìjié	拒绝 jùjué
捐献 juānxiàn	语言 yǔyán
月历 yuèlì	愿意 yuànyì
谚语 yànyǔ	急剧 jíjù
须臾 xūyú	选举 xuǎnjǔ

（五）防止丢失韵头 i 或 u

普通话的复元音韵母和带鼻音韵母字有许多是有韵头 i、u 的，而在有些方言区中却没有，如广州话把“流”说成[lau]，“钻”说成[tsan]，上海话把“队”说成[dE]，“吞”说成[t'əŋ]等。这些方言区人学习普通话时必须注意增加韵头，有时声母和韵腹、韵尾也要作相应的改变。注意念准下列词语的韵头：

下降 xiàjiàng	阶级 jiējí	专家 zhuānjiā
遵守 zūnshǒu	追究 zhuījiū	推论 tuīlùn
村庄 cūnzhuāng	纯粹 chúncuì	昆仑 kūnlún
春笋 chūnsǔn		

七　押韵

诗歌、戏曲和曲艺唱词一般都押韵，因而顺口、能唱、易记，为群众所喜爱。但是，什么是押韵？它同本节所说的韵母的关系怎样呢？简要说明如下：

（一）韵母和押韵

把两个以上韵母相同或相近的字放在诗句的同一位置上，使声音和谐悦耳，这种情况就叫做押韵（或压韵）。各句押韵的字叫做韵脚或韵字。例如：

锄禾日当午（wǔ），
汗滴禾下土（tǔ）。
谁知盘中餐，
粒粒皆辛苦（kǔ）。

其中“午”“土”“苦”三字韵母相同。又如：

踏山踏水踏云天，
歌一路呵笑一串，

走访多少人家，
穿过多少村院。
若说山峦起伏像波澜，
你呵就是浪里的帆。

这首诗里“天”“串”“院”“澜”“帆”五字的韵母是 an、ian、uan、üan，它们的韵腹、韵尾都相同，只是韵头不同，因此也算是押韵的。有时，韵腹相近（韵尾相同或者没有韵尾）的字，也可以用来押韵。例如：

松花江水波连波(bō)，
浪花里飞出欢乐的歌(gē)。
歌唱天鹅项下珍珠城哎，
江南江北好景色(sè)。
绿水载白帆，
两岸花万朵(duǒ)，
大桥跨南北，
油龙如穿梭(suō)。
哈尔滨的夏天多迷人，
唱不尽我们心中的歌(gē)。

这首诗里的韵脚都是 o、e、uo 韵母字，它们韵腹相近，所以可以相押。古代格律诗的押韵相当严格，现代诗歌的押韵则比较宽泛。

由此可见，语音里的“韵母”跟诗歌里的“韵”是两个并不完全相同的概念。

（二）十八韵和十三辙

为了便于押韵，使作诗的人有所依据，就需要把同韵的、可以相押的字归在一起，建立若干个韵部。根据现代北京语音的音系归纳的韵部，最常见的有十八韵和十三辙。

“十八韵”把韵文押韵的范围归纳为十八类，每类用一个同韵字为名。这十八个韵的排列和名称如下：

一 麻	包括韵母	a、ia、ua
二 波	包括韵母	o、uo
三 歌	包括韵母	e
四 皆	包括韵母	ê、ie、üe
五 支	包括韵母	-i[ɿ]、-i[ʅ]
六 儿	包括韵母	er
七 齐	包括韵母	i
八 微	包括韵母	ei、uei
九 开	包括韵母	ai、uai
十姑①	包括韵母	u
十一鱼	包括韵母	ü
十二侯	包括韵母	ou、iou
十三豪	包括韵母	ao、iao
十四寒	包括韵母	an、ian、uan、üan
十五痕	包括韵母	en、in、uen、ün
十六唐	包括韵母	ang、iang、uang
十七庚	包括韵母	eng、ing、ueng
十八东	包括韵母	ong、iong

“十三辙”是明清以来北方说唱文学用以押韵的韵部。“辙”是“韵”的通俗称呼，“合辙”也就是押韵。辙名用两个同韵字为名，一般称为“发花辙”“梭波辙”“乜斜辙”“一七辙”“姑苏辙”“怀来辙”“灰堆辙”“遥条辙”“油求辙”“言前辙”“人辰辙”“江阳辙”“中东辙”。此外，押儿化韵字时还有两道小辙儿，叫“小言前儿”和“小人辰儿”。② 同十八韵相比，十三辙押韵宽泛，它把普通话韵母中的 i、ü、-i[ɿ]、-i[ʅ]、er 并成一韵，又把 o 和 e 合并，eng 和 ong 合并，成了十三类。

下面把十八韵、十三辙跟普通话韵母列成对照表。(表见下页)从

① 有的书上称为“十模”韵。
② 参看“音变”一节中的“儿化”部分。

表中可以看出，普通话韵母跟十八韵、十三辙有清楚的对应关系，因此要了解押韵并用之于写作实践，必须学好普通话韵母。

十八韵	普通话韵母				例字	十三辙
一　麻	a	ia	ua		他、虾、瓜	(1)发花
二　波	o		uo		坡、罗	(2)梭波
三　歌	e				车	
四　皆	ê	ie		üe	欸、接、约	(3)乜斜
五　支	-i[ɿ]				司	(4)一七
	-i[ʅ]				志	
六　儿	er				二	
十一鱼				ü	雨	
七　齐		i			衣	
十　姑			u		书	(5)姑苏
九　开	ai		uai		拍、淮	(6)怀来
八　微	ei		uei		飞、回	(7)灰堆
十三豪	ao	iao			刀、郊	(8)遥条
十二侯	ou	iou			州、友	(9)油求
十四寒	an	ian	uan	üan	安、边、欢、宣	(10)言前
十五痕	en	in	uen	ün	分、民、存、寻	(11)人辰
十六唐	ang	iang	uang		方、阳、望	(12)江阳
十七庚	eng	ing	ueng		丰、英、翁	(13)中东
十八东	ong	iong			冬、兄	

韵文押了韵，句与句之间有了语音上的回环往复，不仅和谐动听，富有节奏感，而且易诵易记，引人思索。我们现在做新诗，写文章，押韵应当以十八韵、十三辙为依据，但必要时也可以用其他近音字进行“通押”。例如：

唱支山歌给党听(tīng)，

我把党来比母亲(qīn),
母亲只生了我的身,
党的光辉照我心(xīn)。

其中的"听"(属"庚"韵或"中东辙")跟"亲""心"(属"痕"韵或"人辰辙")相通押。运用"通押",和谐程度虽小了些,但只要所用的韵相近,读起来顺口,也是可以的。

思考和练习

1. 普通话有哪些单元音韵母、复元音韵母、带鼻音韵母?
2. 单元音韵母、复元音韵母、带鼻音韵母各自的发音特点怎样?
3. 根据圆唇、不圆唇这个条件把普通话的单元音韵母进行分类。
4. 读准下列各字的韵母,并根据"四呼"的标准对字音进行分组,说出各组字在"四呼"上的区别:

(1)软 ruǎn	(2)外 wài	(3)昂 áng
(4)节 jié	(5)高 gāo	(6)灵 líng
(7)灭 miè	(8)凶 xiōng	(9)月 yuè
(10)盐 yán	(11)捐 juān	(12)落 luò
(13)轮 lún	(14)六 liù	(15)热 rè

5. 说出并读准下列各词语的声母和韵母:

(1)律师	(2)历史	(3)旋转	(4)船长
(5)曲面	(6)穿梭	(7)吹响	(8)猜想
(9)删改	(10)坏蛋	(11)爱戴	(12)暗淡
(13)黑板	(14)黑白	(15)官吏	(16)规律
(17)麻烦	(18)模范	(19)心情	(20)星群
(21)标志	(22)焦急	(23)诗词	(24)稀奇
(25)专政	(26)战争	(27)姿势	(28)知识
(29)桑树	(30)商数	(31)外围	(32)晚会
(33)限期	(34)计件	(35)木船	(36)木床
(37)狮子	(38)私事	(39)准备	(40)均匀

6. 把下列各字按韵母分组，说出各组韵母在发音上的区别：

(1) 猴	(2) 割	(3) 洛	(4) 苛	(5) 夫
(6) 模	(7) 赫	(8) 火	(9) 口	(10) 沟
(11) 亩	(12) 郭	(13) 某	(14) 路	(15) 波
(16) 剖	(17) 合	(18) 否	(19) 国	(20) 糊
(21) 吼	(22) 扩			

7. 查一查本书附录，看看用下列各字为偏旁的常用字的读音，是以-n 作韵尾还是以-ng 作韵尾的。

(1) 分　(2) 更　(3) 丁　(4) 申　(5) 令　(6) 生

8. 用汉语拼音写出下列韵母：

(1) 舌面、前、半低、不圆唇元音

(2) 舌面、后、半高、圆唇元音

(3) 舌尖、后、高、不圆唇元音

(4) 舌面、前、高、圆唇元音

9. 把普通话所有的韵母用汉语拼音和国际音标列成对照表。

10. 诗歌中的“韵”和普通话的韵母有什么不同？

11. 下面一首诗是两行押一个韵，试用汉语拼音写出各韵脚的韵母，并指出它在十八韵和十三辙中属于哪个韵、辙。

心口呀莫要这么厉害地跳，
灰尘呀莫把我眼睛挡住了……

手抓黄土我不放，
紧紧儿贴在心窝上。

……几回回梦里回延安，
双手搂定宝塔山。

千声万声呼唤你，
——母亲延安就在这里！

杜甫川唱来柳林铺笑，

红旗飘飘把手招。

白羊肚手巾红腰带，
亲人们迎过延河来。

满心话登时说不出来，
一头扑在亲人怀……

12. 什么是双声？什么是叠韵？下列诗句和语句里哪些词是双声，哪些词是叠韵？

(1) 春来准拟开怀久，老去亲知见面稀。（杜甫《十二月一日》）

(2) 高堂明镜悲白发，朝如青丝暮成雪！（李白《将进酒》）

(3) 青春啊青春，美丽的时光，比那彩霞还要鲜艳，比那玫瑰更加芬芳。……

青春啊青春，壮丽的时光，比那宝石还要灿烂，比那珍珠更加辉煌。……（歌曲《青春啊青春》）

13. 为什么汉语拼音方案可以用同一个字母 i 代表几个不同的音素？

14. 体会一下音节 nà（那）和音节 àn（暗）中，辅音 n 的发音情况有什么不同。

第四节　声　调

一　声调的性质和作用

“北京”这两个字，除了有声母、韵母两个部分外，还有一个贯穿整个字音的高低升降，这就是声调。汉语的一个音节基本上就是一个汉字，所以声调也叫字调。例如“北”的声调是由较低处下降，然后再升高，“京”的声调自始至终比较高，没有显著的升降变化。

声调是汉语音节结构中不可缺少的成分。它同声母、韵母一样，有区别意义的作用。例如“买”（mǎi）和“卖”（mài），“繁星”（fánxīng）和“反省”（fǎnxǐng），“理解”（lǐjiě）和“历届”（lìjiè），“函件”（hánjiàn）

和“罕见”(hǎnjiàn)等,就都靠声调来区别。

声调同音长、音强都有些关系,但它的性质主要决定于音高。音高的分别,是由于发音时声带的松紧。发音时声带越紧,在一定时间内颤动的次数越多,声音就越高;声带越松,在一定时间内颤动的次数越少,声音就越低。在发音过程中,声带可以自始至终保持一样的松紧度,也可以先松后紧,或先紧后松,也可以松紧相间,这样造成的种种不同的音高变化,就构成各种不同的声调。

音乐中的音阶也是由音高决定的,因此可以用乐谱把声调的高低升降大致表示出来。例如普通话的四种声调单独念时,用乐谱把它们的高低升降记下来大致是下面这样。

声调	例字	乐谱
阴平	衣 yī	1̇· 7
阳平	移 yí	5 #1̇
上声	椅 yǐ	3 2 6
去声	意 yì	1̇ 3 2

但是,声调的音高和音阶的音高有重要的差别。首先,声调的音高是相对的。女子和儿童的音高比成年男子高一些;同是一个人,情绪激动时的音高一般要比态度平和时的发音高一些。音阶的音高则是绝对的、不变的。其次,声调的音高如果前后有变化,表现出来就是上升的或下降的等,升降变化的方式是逐渐滑动的,而不是跳跃式的。音乐中的音阶的移动,则常常是跳跃式的。

二 调值和普通话声调

我们说声调是音节的高低升降,这是比较概略的说法。仔细说来,声调的概念包含“调值”“调类”两个方面。

调值就是声调的高低升降的变化,也就是声调的实际读法。现代汉语各方言的调值最基本的类型有平的、升的、降的、曲折的(包括降升的和升降的)四种。要细致而准确地描写汉语的调值,一般采用五度制声调表示法：先画一条竖线作比较线，分成四格五点，分别用 1、2、3、4、5 表示低、半低、中、半高、高。[①] 再在比较线的左边用横线、斜线、曲线表示声调的音高变化。

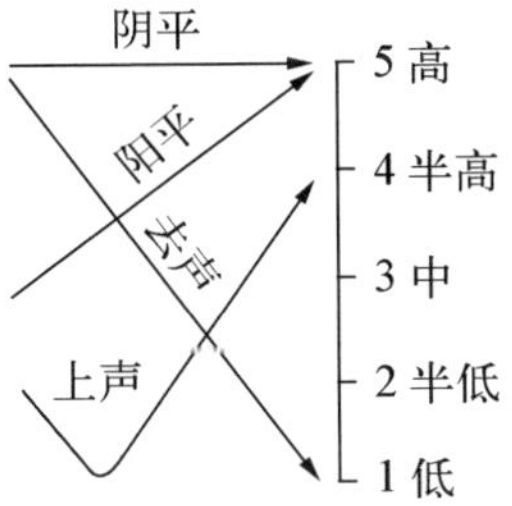

普通话四种声调的调值可以画成右图。

把这四个声调分开来说明如下表：

例　子	调　值	调　号
诗、丁、边、开、初、商、飞	55 高平	˥
时、陈、床、才、平、人、龙	35 高升	˧˥
使、古、比、好、手、你、五	214 降升	˨˩˦
是、近、坐、试、盖、事、共	51 全降	˥˩

汉语拼音方案去掉上表中调号里的竖线，简化成为声调符号“ˉ ˊ ˇ ˋ”。又规定声调符号标在主要母音(即主要元音、韵腹)上面。例如：

化	huà	学	xué	教	jiào	育	yù
友	yǒu	好	hǎo	光	guāng	辉	huī[②]
阶	jiē	级	jí	优	yōu	胜	shèng

普通话里有时出现一种又轻又短的声调，叫做轻声。汉语拼音方案规定轻声不标调。例如：

我们	wǒmen	看看	kànkan
桌子	zhuōzi	上头	shàngtou

---

① 1、2、3、4、5 所表示的音高是相对的，因此 1、2、3、4、5 不等于乐谱中的 do、re、mi、fa、so。

② 汉语拼音方案规定 iou、uei、uen 前面加上声母的时候，省略当中的主要元音，写成 iu、ui、un。因此标调的时候，“iu、ui”标在后面的韵尾元音上，“un”标在前面的元音上。又“i”加上声调符号时，省略 i 上一点，如 ī、í、ǐ、ì。

普通话里四个声调的音长不是完全一样的。上声最长，阳平次之，阴平又次之，去声最短，不过这种长短的分别，在普通话里不很显著，并且没有区别意义的作用。

三 调类和普通话声调

调类就是声调的分类，是按照声调的实际读法（即调值）归纳出来的。调值相同的归为一个调类。普通话里有四种基本的调值，就有四个调类。汉语方言中，调类最少的有三类（如河北滦县），最多的有十类（广西博白）。

现代汉语的声调系统是继承古汉语的声调系统而来的。古汉语有“平、上、去、入”四声，也就是有四个调类，后来又以声母的清浊等不同为条件发生了分化。凡是古清音声母字的声调属阴调，古浊音声母字的声调属阳调。这样，古四声实际上分化演变为“阴平、阳平、阴上、阳上、阴去、阳去、阴入、阳入”八类。这个声调系统在现代汉语各方言中的分合情况是不尽相同的。普通话和各方言的调类可以用第一声、第二声、第三声、第四声等名称来表示，也可以沿用古调类的名称来称述，而以后者为多。因此，我们经常可以看到这样的情况：不同方言里，调类名称相同的，调值却往往不同，调值相同的，也不一定属于同一种调类。例如普通话和汉口话的字调。

例　　字	普通话调类	普通话调值	汉口话调类	汉口话调值
光、辉、今、天	阴平	˥ 高平	阴平	˥ 高平
团、结、源、泉	阳平	˧˥ 高升	阳平	˨˩˦ 降升
友、好、领、导	上声	˨˩˦ 降升	上声	˥˩ 降
胜、利、政、策	去声	˥˩ 全降	去声	˧˥ 高升

可见，“光、辉”等十六个字在普通话和汉口话里调类相同，而调值除阴平四个字以外都不相同。汉口人读“胜、利、政、策”等字时调值近似于普通话的阳平，读“团、结、源、泉”等字时调值近似于普通话的上声，读“友、好、领、导”等字时调值近似于普通话的去声，只是下降的起

点不同而已。

普通话的“阴平、阳平、上声、去声”同各方言一样，也是从古代的“平、上、去、入”四声演变而来的。大致情况如下：

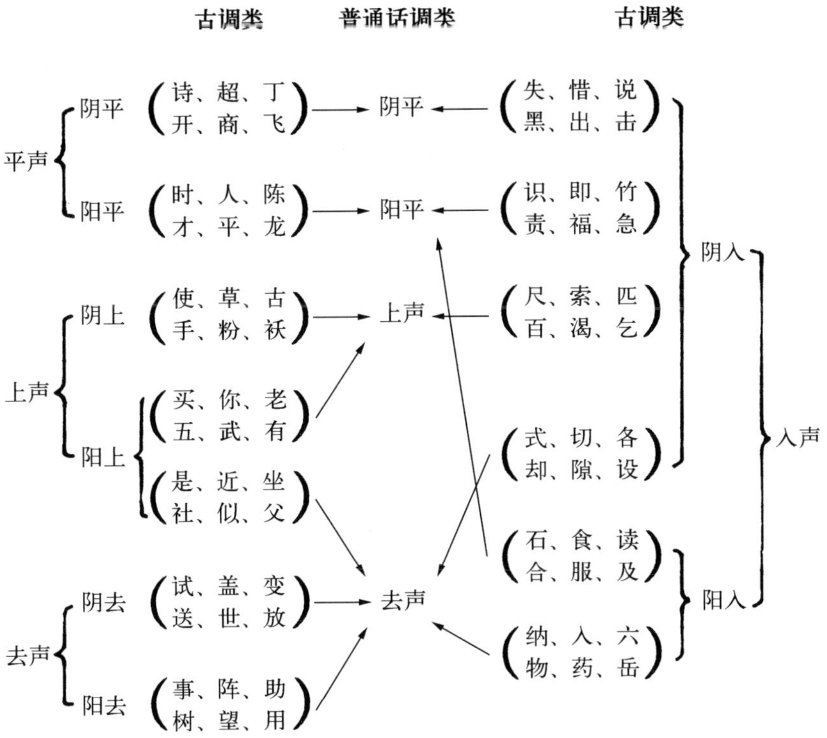

从这里可以看出，除入声外，古代平、上、去三声同普通话四声的对应关系非常整齐，其中只有古代阳上字分归普通话上声和去声两调，但也有整齐的规律：阳上字中，以鼻音、边音作声母的，以及零声母的字，在普通话都仍在上声，其余的都归入去声。入声字在普通话里的分合情况比较复杂，留到后面声调辨正里再谈。

四　声调的平仄抑扬

做诗（格律诗）填词要讲究所谓“平仄”。“平”指古四声中的平声，“仄”是古代上、去、入三声的总称。大概因为古代上、去、入三声的调值有些升降，不像平声既平又长，因此用本义是“不平”的“仄”字来概括上、去、入三声。诗词中，平仄交错或对立使得诗句抑扬相间，变化有致。我们懂得了这一点，就有助于理解和掌握现代诗文中平仄调配的规律。比如现代汉语的普通话里，古入声虽已消失，但上、去两声或曲折或高降的调值同阴平、阳平高而扬的调值迥然不同，因此在戏曲、唱词中，句末韵脚比较注意运用平仄相对的规律，一般是上句句末多数用仄声字，下句句末多数用平声字。快板、快书等也往往运用“上仄下平”的规律。下面是从曲艺《水上歌声》里摘录的两段文字：

①（自由、豪放地、慢）
嘉陵江上好风光 （guāng），
青山绿水映朝阳 （yáng）。
站在船头举目望 （wàng），
一片江水白茫茫 （máng）。
滔滔波浪在歌唱 （chàng），
晨风吹来透骨凉 （liáng）。
把住舵来握住桨 （jiǎng），
昂首高歌向前方 （fāng）。
……

② 一阵狂风鼓大浪 （làng），
浪花滚滚翻了江 （jiāng）。
她那里扯开白帆像翅膀 （bǎng），
风驰电掣过身旁 （páng）。
“同志们，站稳哪！”
（转快）
同志们紧紧握住桨 （jiǎng），
逆风行船非寻常 （cháng）！
（加快）
桡子扳得扎扎响 （xiǎng），
雄赳赳来气昂昂 （áng），
一桨划破千里浪 （làng），
二桨惊坏老龙王 （wáng），

三桨四桨冲得快 （kuài），
五桨六桨跟得忙 （máng）。
驾上轻舟往前闯 （chuǎng），
（渐慢）
一霎时风平浪静又正常 （cháng）。
……

这两段文字基本上是句句押韵，上下平仄抑扬相配，即上句句末大都是用仄声字（如“望”“唱”“桨”“浪”“膀”“响”“闯”），下句句末都是用平声字（如“阳”“茫”“凉”“方”“江”“旁”“常”“昂”“王”“忙”）。演唱时有抑有扬，和谐响亮，就有较好的音乐效果。

五　声调辨正

方言声调和普通话声调有许多差别。这些差别一方面表现为方言同普通话的调值不一样，另一方面则表现为方言和普通话跟古四声的分合关系各不相同，因而一些字在方言和普通话调类里的具体归属也并不一样。学习普通话声调必须从调值和调类两方面努力。

首先，应当念准普通话四个声调的调值。既要清楚地念出“平”“升”“曲（降升）”“降”的区别，又要掌握好高低升降的程度。

其次，应当记住每一个常用汉字属于哪一种声调。由于普通话和方言之间存在着调类相同调值不同或者调值相同调类不同的情况，因此要记住每一个常用汉字在普通话里属于哪个声调，常常要花很大的力气。可以从古代四声出发来找出普通话同方言调类的对应关系，以帮助我们记住普通话里各个字的声调。下面就从古代四声出发来讲普通话同方言声调的主要差别。

1. 平声　绝大多数方言都同普通话一样，把平声分为阴平、阳平两类，因此，平声一般不存在各方言调类的分合问题，只要把自己方言中阴平字的调值读成[55]，阳平字的调值读成[35]就可以了。一般的毛病是调值念得不够高，吴方言区的人尤其应该注意。下面两类字，普通话里分为两个调类。

阴平：飞机　书籍　参观　增加　高深　丰收
阳平：红旗　河流　农忙　和平　人才　学习

2. 上声　普通话的上声字最少，因为古代的阳上字除鼻音声母、边音声母和零声母以外，普通话都归入去声了。这种现象大多数的方言如汉口、济南、西安、兰州、南京、梅县、临川等处也是如此。粤方言和吴方言的一部分（主要是浙江方言）仍把上声分为阴上和阳上两个调类，这些方言区的人要特别注意自己方言的阳上字如何归类。有些人注意到了把上声字归入普通话的去声，而没有注意该归入去声的只是上声中的一部分，结果把所有的上声字都读成去声，这就不对了。

普通话上声字的调值是[214]。一般分阴上和阳上的方言多半把阴上读成一个较高的调子，例如绍兴话的阴上读[55]，广州话的阴上读[35]，因此要改成普通话的[214]这样一个低曲折调，常常感到不习惯。这种情形，同平声恰恰相反，要加以注意。

下面两类字在普通话里都读成上声，如果在自己的方言里这两类字属于不同的调类，学习普通话时就得把它们合并起来，并且念成普通话的上声。

阴上：稿纸　手表　水果　海岛　碘酒　展览
阳上（限于鼻音声母、边音声母和零声母的字）：米　买
冷　亩　暖　礼　有　也　雨

3. 去声　普通话去声除包括古代的去声以外，还包括阳上的一部分字和半数以上的古入声字，结果普通话中的去声字显得特别多。除北方方言和客家方言以外，其他各主要方言如粤语、闽语、吴语、湘语等，去声分为阴去和阳去两个调类，这些方言区的人只要把这两个调类合并起来就行了。普通话去声的调值是全降调[51]，各方言区的人学起来一般没有什么困难，只是有些方言区的人，例如南京人和上海人发去声时降得不够低，这是要注意的。

下列三类字，普通话都读成去声，如果在自己方言里这三类字的调类不相同，就得把它们合并成为一类：

阴去：变化 世界 报告 再见 致敬 贡献

阳去：暂用 定论 现代 步骤 电镀 坐垫

阳上(鼻音声母、边音声母和零声母的字除外)：抱负 厚被 舅父 动荡 近似 部件 静坐

4. *入声* 汉语的各个方言区大都有入声。有入声的方言大致分两种情况：一种是入声后面带有塞音韵尾，读音短促；一种是入声后面不带塞音韵尾，读音可以延长。前一种如粤方言和客家方言，入声后面都带塞音韵尾[p]、[t]、[k]；闽北方言则把这三类韵尾都并成[k]；吴方言又都收喉塞音[ʔ]；闽南的方言则兼有[p]、[t]、[k]、[ʔ]四种入声韵尾。后一种如湘方言长沙话，入声后面不带塞音韵尾，读音也不短促。

没有入声的方言，主要有两种情况：一种是同普通话一样把古入声字分归入四种声调，一种是把入声全归入阳平。① 前一种情况主要在北方，分配情况虽然不完全一致，但大都是归入去声的最多。后一种情况主要在西南，这几乎是西南方言的一个特点。西南方言区的人学习普通话声调的通病就是没有注意到普通话里把入声分别归入四种声调，而还是按照自己方言把入声读成阳平，结果把一大半古入声字的普通话读法念错了。同有入声的方言相反，西南方言区的人应该首先记住自己方言读成阳平的字里哪些在普通话里读成去声，这些字十、九都是入声字，记住这些字，入声字的问题就解决一大半了。

古入声字在普通话里一半以上归入去声，三分之一以上归入阳平，二者合计占古入声字总数的六分之五以上，剩下的少数入声字归入阴平和上声，其中归入上声的最少。先记住这少数的一些字，再记阳平字，把其余的入声字都读成去声，就可以掌握古入声字在普通话里的读音。同时，还有两点可以帮助我们记忆一部分古入声字在普通话里的声调：

a. 鼻音声母、边音声母、r 声母和零声母的阳入声字，在普通话里

---

① 也有归入其他调类的，如陕西咸阳就把入声全归入阴平：这里只是举出一般情况，特殊的归类不一一举出。

读成去声。例如：

麦 木 逆 虐 力 律 肉 入 业 越

这一类例外很少，常见的例外字只有下面几个：

阴平：摸 曰　　　　阳平：膜 额

b. 鼻音声母、边音声母、r 声母和零声母以字外的阳入声字，在普通话里一般都读成阳平。例如：

杂 合 读 白 局 绝 俗

这一类例外较多，常见的例外字有下面几个，其中去声字最多：

阴平：夕
上声：属
去声：洽 涉 秩 术 述 特 剧 获 续

根据上面的说明，可以看出古今调类的关系是很密切的，弄清自己方言的调类、调值同普通话调类、调值之间的对应关系，在学习普通话的声调时，就可以进行类推，不必一个个死记。例如普通话的阴平是高平调[55]，扬州话的阴平是低降调[21]，上海话的阴平是高中降调[53]，这是调类相同而调值不同。扬州人学习普通话阴平的时候，只要将低降调[21]念成高平调[55]就行了；上海人在学习普通话阴平的时候，只要将高降调[53]念成高平调[55]就行了。又如普通话的上声是降升调[214]，重庆话的去声也是降升调[214]，这是调类不同而调值相当。重庆人学习普通话的时候，可以利用重庆话的去声来学习普通话的上声，并把去声这个降升调的字如“胜、利、万、岁”等全部念做全降调[51]——去声。总之，逐渐弄清自己方言的调类、调值同普通话调类、调值的关系，学习普通话声调就可以收到事半功倍的效果。

思考和练习

1. 念准下列各音节的声调：

（一）（1）ō ē ǖ āi īng uā uāng üān

（2）ó é ǘ ái íng uá uáng üán

（3）ǒ ě ǚ ǎi ǐng uǎ uǎng üǎn

（4）ò è ǜ ài ìng uà uàng üàn

（二）（1）qié　（2）shuā　（3）pǒu　（4）jiù

（5）huǐ　（6）cùn　（7）guó　（8）fú

（9）lài　（10）xùn

2. 说出下列词语中各字的声调，并把它念准：

（一）英明果断　山河锦绣　阶级友爱　高扬起降

（二）妙手回春　破釜沉舟　痛改前非　异口同声

（三）披星戴月　专心致志　推心置腹　惊涛骇浪

（四）惩前毖后　淋漓尽致　来龙去脉　悬崖峭壁

3. 念准下列各对词语的声调，注意它们之间的异同：

（1）摆脱——拜托　（2）才华——菜花

（3）裁决——采掘　（4）敬意——惊异

（5）进取——禁区　（6）长方——厂房

（7）告诉——高速　（8）仁义——任意

（9）装置——壮志　（10）敷衍——赴宴

4. 下列词语中的字普通话都是去声，请反复练习、念准：

（1）致敬　（2）胜利　（3）烂漫　（4）内部

（5）社会　（6）注意　（7）状况　（8）世界

（9）任务　（10）验证　（11）外面　（12）破碎

（13）障碍　（14）顾虑　（15）贡献

5. 下列词语中的字都是古入声字，注出它们在普通话里的韵母和声调：

（1）束缚　（2）克服　（3）毕业　（4）出席

（5）答复　（6）熟悉　（7）剧烈　（8）活跃

(9) 适合　(10) 博学　(11) 实质　(12) 灭绝
(13) 骨骼　(14) 法律　(15) 目力　(16) 压缩
(17) 食物　(18) 积极　(19) 习作　(20) 赤脚

6. 下列各字试按普通话的声调分成四组,并说出每组字声调的调值:
(1) 围　(2) 味　(3) 印　(4) 影　(5) 形
(6) 行　(7) 体　(8) 题　(9) 倦　(10) 档
(11) 鳖　(12) 玷　(13) 畸　(14) 撒　(15) 瓮
(16) 懈　(17) 棘　(18) 绌　(19) 拙　(20) 绰

7. 拼读下面的词语或句子,并写出汉字:
(1) bēigōng shé yǐng
(2) shēng qíng bìng mào
(3) duō móu shàn duàn
(4) jīn yù liáng yán
(5) Bù jiǎng tiáojiàn、bù jìjiào déshī,jiān fù zhòng dàn,yī bù yī gè jiǎoyìn de yǒngyuǎn xiàng qián.
(6) Yòng shànyú sīsuǒ de tóunǎo hé qínláo de shuāngshǒu qù pāndēng yī-zuòzuo kēxué gāo fēng.

8. 下列音节中标调位置如有错误,请加以改正:
(1) qían jìn(前进)　(2) huò lún(货轮)
(3) jiāng jìu(将就)　(4) jiē duàn(阶段)
(5) weǐ shēng(尾声)

9. 什么是声调?声调的高低升降是怎样形成的?

10. 什么是调值?什么是调类?普通话阴平和去声的调值、阳平和上声的调值有什么不同?

11. 举例说明普通话四声和古四声的分合情况。

12. 有的汉口人说:"汉口话的'胜''试''父''助'是阳平",这样的说法对不对?为什么?

13. 普通话里古入声已经消失,分别归入阴平、阳平、上声、去声四个声调,请用普通话读一读下列两组字,说说古阳入字在普通话里分化的部分规律:
(1) 六　肉　药　物　岳　劣　密　纳　域　绿

(2) 熟　别　达　极　食　薄　毒　习　泽　夺

14. 注出下面一首快板中每个字的声韵调,并说明它的押韵情况。

荔枝林边荔枝湾,
清清泉水口口甜。
清早太阳刚露脸,
大嫂担水到河边。

大嫂担水为哪件?
是不是为娃娃洗衣衫?
"洗衣哪用这好的水,
荔河流的是珍珠泉。"

珍珠泉水流不断,
大嫂担水为煮饭?
"不为煮饭为烧茶哩,
这水烧茶茶也甜。"

烧上一担甜茶水,
送到大军阵地前,
大军为咱守海防,
年年荔枝结满园!

第五节　音　　节

语言是一连串有意义的语流构成的。对语流进行切割和分析可得到各种语言单位。音节是语流里最自然的语音单位。用中国传统的方法对音节进行分析得到声母、韵母、声调各个部分,用现代语音学的方法对音节进行分析则会得到各个音素(辅音、元音等)。如果换一个角度,也可以这样说:音素(或声母、韵母等)按照一定的方式组合起来就成为音节。

汉语普通话一个音节书写起来就是一个汉字,只有儿化音节中音节与汉字不一致，如 shū běnr（书本儿），两个音节，却是三个字。此外，在快速朗读或说话时，也可能出现两个字合成一个音节的情形，如“我们”“什么”有时念成 wǒm、shém。[①]

一　普通话音节的结构

普通话的音节一般有声母、韵母、声调三个构成要素，韵母内部又分韵头、韵腹、韵尾。因此，有些音节具有声母、韵头、韵腹、韵尾、声调五个部分，也有些音节只有两个、三个或四个部分。举例列表于后[②]。

结构成分 / 例字	声母	韵母				声调
		韵头（介音）	韵腹（主要元音）	韵尾		
				元音	辅音	
吴 wu			u			阳平
蛙 wa		u	a			阴平
爱 ai			a	i		去声
游 you		i	o	u		阳平
允 yun			ü		n	上声
用 yong		i	o		ng	去声
梯 ti	t		i			阴平
学 xue	x	ü	e			阳平
类 lei	l		e	i		去声
鸟 niao	n	i	a	o		上声
存 cun	c	u	e		n	阳平
庄 zhuang	zh	u	a		ng	阴平

③

① 过去还有少数度量衡单位是两个音节合成一个字（如 qiān wǎ 瓩，lǐ mǐ 糎）。1977年中国文字改革委员会和国家计量局制定了《部分计量单位名称统一用字表》，改用“千瓦”“厘米”等名称，使说话和文字一致了。

② 为便于看清音节的成分，表中一律不用省略式和改写式。

③ 此外，还有少数表示感叹、应答的词由鼻辅音单独构成音节，如“呣”（ḿ）、“嗯”（ń、ǹ或ńg、ǹg）等。

从表里可以看出汉语音节结构的一些特点：

1. 汉语的音节最多可以有四个音素，最少有一个音素。

2. 每个音节都有元音，少则一个（即韵腹），多则三个。三个元音连续排列，分别充当韵头、韵腹、韵尾。

3. 有的音节没有辅音。有辅音的音节里，辅音的位置比较固定，或者在音节开头，或者在音节末尾，没有两个辅音连续排列的形式。

4. 每个音节都有声调。

汉语的音节里辅音较少，元音占绝对优势。一般说来，辅音刺耳，元音悦耳，再加上音节有高扬转降的声调变化，因此，汉语音节富有音乐性。由于汉语音节中每个辅音的前面或后面总有元音，汉语音节就显得段落分明，结构整齐，易于掌握。

同其他语言比较，汉语音节的结构是比较简单的，只有韵母内部稍微复杂一些，有的韵头、韵腹、韵尾俱全，有的缺韵头或韵尾。因此，要确定韵母内部各成分在韵母中的地位，首先必须认清韵腹，然后才能推知其他成分。一般说来，韵腹大都为口腔开度较大、舌位较低的元音（如 ɑ、o、e、ê），只有当韵母中没有其他元音成分时，口腔开度较小、舌位较高的元音如 i、u、ü 等才成为韵腹。韵头都由高元音 i、u、ü 充当。元音韵尾由 i、u 充当（ɑo、iɑo 两韵母中的韵尾实际上也是 u），辅音韵尾由 n、ng 充当。

二　普通话声韵调的配合关系

普通话里声、韵、调之间的配合具有很强的规律性，学习普通话，必须注意掌握声韵调的配合关系。

（一）普通话声母和韵母的配合关系

普通话声母韵母的配合关系往往是以声母的发音部位和韵母的韵头为依据的，它的粗略情况可以用下表来表示：

声母＼四呼	开	齐	合	撮
b p m	班	编	布（限于 u）	○
f	番	○	富（限于 u）	○

续表

四呼 声母	开	齐	合	撮
d t	单	颠	端	○
n l	难	年	暖	虐
g k h	干	○	官	○
j q x	○	坚	○	捐
zh ch sh r	占	○	专	○
z c s	赞	○	钻	○
零声母	安	烟	弯	冤

从表中可以看出：

1. b、p、m　只跟开口呼、齐齿呼、合口呼（限于 u）韵母相拼，不跟撮口呼韵母相拼。

2. f 只跟开口呼、合口呼（限于 u）韵母相拼，不跟齐齿呼、撮口呼韵母相拼。

3. d、t 只跟开口呼、齐齿呼、合口呼韵母相拼，不跟撮口呼韵母相拼。

4. n、l 能跟开口呼、齐齿呼、合口呼、撮口呼四类韵母相拼。

5. g、k、h、zh、ch、sh、r、z、c、s 只跟开口呼、合口呼韵母相拼，不跟齐齿呼、撮口呼韵母相拼。

6. j、q、x 跟所有齐齿呼、撮口呼的韵母都可相拼，不跟开口呼、合口呼韵母相拼。

7. 零声母能跟四呼中所有的韵母相拼。

普通话里，各个声母和各个韵母配合的具体情况可以看本书的附录《普通话声韵配合总表》。在这个表里，普通话声母和韵母的配合情况反映得更加明显、全面。前表中的“○”，在这个表里表现为大片的空白，一看就知道有许多声母都不能和某些韵母拼合成字。各个声母和韵母的拼合情况也清楚地反映了出来。例如：o 专拼唇音声母 b、p、m、f，不拼其他声母。uo 和 e[ɤ]专拼非唇音声母，不拼唇音声母。ong 专拼非唇音声母，不拼唇音声母。ueng 只拼零声母，不拼辅音声母。ua、uai、uang 只拼舌尖后声母，不拼舌尖前声母。d、t 能拼舌根鼻音韵母 eng、ing，极少拼舌尖鼻音韵母 en、in。（“扽”音 dèn，例外）

掌握了普通话声母和韵母的配合规律，可以帮助我们正确掌握普通话里一部分字的读音。例如：“抓”“拽”“装”一定是 zhua、zhuai、zhuang 而不是 zua、zuai、zuang；“灯”“丁”一定是 deng、ding，而不是 den、din 等。认真拼读普通话声韵配合表中有例字的音节，适当对照方音，还可以减少把方音音节当作普通话音节的错误。例如：普通话里 f 和 i 不相拼，上海话却把“飞”读成 fi。普通话里 t 和 ün 不相拼，广州话里“团”却读成 tün。学习普通话就要摈弃 fi、tün 这一类方音音节。

（二）普通话声母、韵母、声调的配合关系

把普通话里所有音节按声调的不同列成《普通话声韵调配合总表》（见本书附录），还可以从中看出普通话声母、韵母、声调三者之间的配合关系。不过，这方面的规律性不很强，较为明显的有以下两条：

1. 普通话里 m、n、l、r 四个浊音声母的阴平字很少，并且限于口语常用的字。例如：“妈”（mā）、“猫”（māo）、“妞”（niū）、“蔫”（niān 花儿蔫了）、“拉”（lā）、“溜”（liū）、“扔”（rēng）等。

2. 普通话里 b、d、z、zh、j、g 这六个不送气塞音、塞擦音声母拼带鼻音韵母基本上没有阳平字。[①] 拼不带鼻音韵母，一般是阴平、阳平、上声、去声四声都有字，不问声母送气不送气。

三 音节的拼读和拼写

（一）音节的拼读

声母、韵母是从音节中分析出来的，因此把声母、韵母拼合成音节，只是做了还原的工作。要使音节拼合得正确，还要把声母、韵母、声调自身的音值念准，并注意拼合方法。常见的毛病是：

---

① “甭”“哏”等少数字是阳平。

1. 没有把韵母作为一个整体念准、念熟，到了拼音时临时进行音素的拼合，或则丢头掉尾，顾此失彼，或则生硬拼合，韵头、韵腹、韵尾的强弱、长短念得不准确。

2. 不会念声母的本音，只会念声母的呼读音，拼读时呼读音中的元音成分影响到声母读音的准确度。要克服这种毛病最好是学会声母的本音读法，也可以把声母读得轻些、短些，把韵母读得重些、长些，拼合时速度要快些，中间不得停顿有间隙。“前音轻短后音重，两音相连猛一碰”的办法可以参考。

学习普通话语音的开头阶段，我们应该学会拼读音节的方法，避免走弯路。要进一步学好普通话，还要进一步熟练掌握普通话的音节，做到一见音节就能读出来，不用采取临时拼读的办法。

（二）音节的拼写

用汉语拼音字母拼写音节，有一些问题需要注意。下面把《汉语拼音方案》规定的主要拼写规则说明如下：

1. y、w 的用法

《汉语拼音方案》规定，i 行的韵母，前面没有声母的时候写成 yi、ya、ye、yao、you、yan、yin、yang、ying、yong；u 行的韵母前面没有声母的时候，写成 wu、wa、wo、wai、wei、wan、wen、wang、weng；ü 行的韵母，前面没有声母时，写成 yu、yue、yuan、yun，ü 上两点省略。

上述关于 i 行和 u 行韵母写法的规定，包括两类情况：

（1）原韵母有两个或两个以上元音的，自成音节时，i 改成 y，u 改成 w。如“压”ya、“要”yao、“烟”yan、“雍”yong 及“窝”wo、“威”wei、“汪”wang 等；

（2）原韵母只有一个元音的，自成音节时，i 前加上 y，u 前加上 w。如“衣”yi、“音”yin、“英”ying 及“乌”wu。

ü 行韵母自成音节时，ü 一律写成 yu。如“迂”yu、“约”yue、“冤”yuan、“晕”yun。

《汉语拼音方案》规定 y、w 的用法，目的是使按词连写的音节界限清楚。如 fani 可读作“发腻”，也可读作“翻译”。如果写成 fanyi 就明确表示它是 fan、yi 两个音节，不会理解成“发腻”了。

2. 隔音符号

《汉语拼音方案》规定，ɑ、o、e 开头的音节连接在其他音节后面的时候，如果音节界限发生混淆，可以用隔音符号(')隔开。例如“西安”写成 xi'ɑn，“方案”写成 fɑng'ɑn，否则，上面两例就可能理解为“线”和“反感”。

必须注意隔音符号(')的使用范围。汉语拼音方案规定，两个音节相连，只有当第二个音节开头的音素是 ɑ、o、e 时，才使用隔音符号。如果第二个音节的开头是辅音则不必使用。例如“气恼”(qinɑo)就不必写成 qi'nɑo。由于汉语里辅音大都出现在音节的开头，因此汉语拼音音节的连读习惯是：音节中的辅音字母靠后，不靠前。即一个辅音字母如果前后都有元音字母，这个辅音应当跟后面的元音字母连成音节；只有在辅音字母后面没有元音字母时才跟前面的元音字母连成音节。例如“山冈”(shɑngɑng)的第四个字母后面没有元音字母，因此 n 同前面的 ɑ 相连成为 shɑn 音节，而第五个字母 g 则靠后不靠前，是 gɑng 音节中的声母。

3. ü 上两点的省略

《汉语拼音方案》规定，ü 行的韵母跟声母 j、q、x 拼的时候，写成 ju(居)、qu(区)、xu(虚)，ü 上两点省略；但是跟声母 n、l 拼的时候，仍然写成 nǚ(女)、lǚ(吕)。ü 上两点省略了，会不会和韵母 u 相混呢？普通话声母和韵母的配合关系表明，声母 j、q、x 不跟合口呼韵母拼，而跟撮口呼韵母拼。因此 juɑn、que、xu 等音节里的 u 必定是 ü 而不是 u。

4. ẑ、ĉ、ŝ、ŋ 和 iu、ui、un

《汉语拼音方案》中，zh、ch、sh、ng 是用双字母表示一个音素的。这样，有的音节用拼音字母拼写时要写成五个字母或六个字母。如“冲”chong、“庄”zhuɑng。《汉语拼音方案》规定，在给汉字注音时，为了使拼式简短，zh、ch、sh 可以省作 ẑ、ĉ、ŝ，ng 可以省作 ŋ，这样，“冲”“庄”就可以写成 ĉoŋ 和 ẑuɑŋ 了。

《汉语拼音方案》还规定，iou、uei、uen 三个韵母前面加声母的时候，写成 iu、ui、un，如“秋”qiu，“推”tui，“村”cun。这样处理的结果，也缩短了拼式。

思考和练习

1. 快速认读下列音节，并给每个音节注上一个汉字：

(1) hūn　(2) dìng　(3) shuài
(4) suì　(5) liǎn　(6) liě
(7) guó　(8) zhuāng　(9) qiú
(10) měi　(11) yán　(12) yún
(13) quān　(14) wāi　(15) zǐ
(16) xū　(17) piě　(18) suǒ
(19) kuài　(20) héng

2. 快速认读下列词语，并注上汉字：

(1) gémìng xiānliè　(2) xióngxīn zhuàngzhì
(3) wúchǎn jiējí　(4) bǎi huā qí fàng
(5) chéng fēng pò làng　(6) kēxué jìshù
(7) bǎochí　(8) hé'ài
(9) jǐngtì　(10) āndìng

3. 快速认读下列句子，并注上汉字：

(1) Jīngjù shì Zhōngguó de chuántǒng xìjù。
(2) Fángjiān de qiángshang guàzhe Xiǎo Zhāng quánjiā de zhàopiānr。
(3) Rénrén dōu shuō tiāntáng měi，zěn bǐ wǒ Hónghú yúmǐxiāng。
(4) Rénlèi shèhuì de lìshǐ shǒuxiān shì shēngchǎn fāzhǎn de lìshǐ。

4. 分析下列各音节的结构成分：

(1) 光 guāng　(2) 勋 xūn　(3) 夜 yè
(4) 会 huì　(5) 尤 yóu　(6) 列 liè
(7) 喔 ō　(8) 活 huó　(9) 妙 miào
(10) 胆 dǎn

5. 下列音节形式都是错误的。请查阅附录《普通话声韵配合总表》，说明它们在声韵配合上的不对处，并加以改正：

(1) mòng(梦)　(2) puō(泼)　(3) tén(腾)
(4) luì(类)　(5) jāo(骄)　(6) giě(给)
(7) suāng(双)　(8) xàng(向)　(9) shiǒu(守)
(10) duēng(东)

6. 下列音节拼写上如有错误，请加以改正，并说明修改理由：

(1) īnuèi(因为)　(2) yǔjǔ(雨具)
(3) yōuliáng(优良)　(4) luénhuàn(轮换)
(5) xǐngù(醒悟)　(6) wuēiyián(威严)
(7) xiángluè(详略)　(8) ūyiā(乌鸦)
(9) üányiú(原油)　(10) qǘnzhòng(群众)

7. 拼写下列词语，注意拼写规则和标调位置。

(1) 喜悦　(2) 论文　(3) 微笑　(4) 邮局
(5) 延安　(6) 无畏　(7) 婴儿　(8) 渔业
(9) 外语　(10) 急剧　(11) 摇曳　(12) 义务
(13) 屈原　(14) 推求　(15) 饥饿

8. 有的人说普通话时把“抓”“吹”“双”读成[tɕya][tɕʻyei][ɕyaŋ]，指出它的错误何在。

9. 有的人分不清“鼻子—鞭子—辫子—被子—杯子”的普通话读音，试运用声母、韵母、声调的知识分析错误产生的原因。

10. 汉语拼音方案规定了 y、w 的用法，又规定隔音符号(')的用法，为什么要作这些规定？

11. 汉语拼音方案规定 ü 行韵母跟声母 j、q、x 拼的时候，ü 上两点省去，跟声母 n、l 拼的时候，ü 上两点不能省去。这样的处理同普通话声母、韵母的配合规律有何关系？

第六节　音　变

读书、说话不是孤立地发出一个个音素或音节，而是连续发出许多音素或音节形成语流的。在这过程中，音素之间或音节之间就相互影响，产生语音的变化。[1]

音变现象在中外语言中普遍存在，普通话也不例外。比如快读时把“广播”（guǎng bō）读成 guǎm bō，“嘴巴”（zuǐ bā）读成 zuǐbe 或者[tsuei bə]，“耳朵”（ěrduo）读成 ěrdo 或 ěrto 以及前面说过的把“什么”（shénme）读成 shém，“我们”（wǒmen）读成 wǒm 等，都是音素或音节之间相互影响的结果。由于这些变化比较细微，变化前和变化后词的意义大都没有发生变化，因此常常不为人们注意。但是，我们如果想把普通话学得既准确又纯熟，就该在掌握现代汉语语音的基本内容——声母、韵母、声调、音节的基础上进一步掌握普通话的音变规律，使语音水平更提高一步。

下面对普通话里几种主要的音变现象分别进行分析。

一　轻声

（一）性质和作用

普通话的每一个音节都有它的声调，可是在词或句子里许多音节常常失去原有的声调而读成一个较轻、较短的调子，这就是轻声。例如“头”，原来是阳平，可是在“木头”这个词中，失去了原来的声调，读得比“木”轻得多，成为一个轻声音节。普通话里读轻声的字大都有它原来的声调，在词句中总是轻读的轻声字很少，而且单说时也往往有个非轻声的读法。例如“们”在词句中总是读成轻声，可是单念时仍要念成阳平。因此，我们可以不必把轻声看作是一种独立的调类，而把它看作是连读时产生的一种音变现象。

轻声的性质跟一般的声调很不相同，一般声调的性质主要决定于音高，轻声则主要决定于音强。轻声的特点是发音时用力特别小，音强特别弱。

普通话里的轻声音节也有音高的差别。轻声音节的音高决定于它前面那个音节的声调。一般说，在上声之后音最高，阴平、阳平之后次之，去声之后最低。汉语拼音方案规定轻声不标调。用五度制声调表示法来反映轻声的音高，一般是在直线的左边加上小圆点：

---

[1] 另外有一种音变是由于历史的演变而造成的，不属于现代汉语语音的研究范围。

1. 阴平、阳平音节之后的轻声音节读中调[3 度·|]，例如“天上”“红的”。

2. 上声音节之后的轻声音节读半高调[4 度˙|]，例如“手上”“紫的”。

3. 去声音节之后的轻声音节读低调[1 度.|]，例如“地上”“绿的”。

普通话里有一些词或词组靠轻声音节与非轻声音节区别意义和词性。[1] 例如：

瞎子 xiāzi	虾子 xiā zǐ
舌头 shétou	蛇头 shé tóu
兄弟 xiōngdi（弟弟）	兄弟 xiōngdì（哥哥和弟弟）
是非 shìfei（纠纷）	是非 shìfēi（正确和错误）
对头 duìtou（冤家，名词）	对头 duìtóu（正确，形容词）
利害 lìhai（程度深或可怕，副词或形容词）	利害 lìhài（利和弊，名词）
练习 liànxi（动词）	练习 liànxí（名词）

（二）轻声音节的声母和韵母

轻声不仅引起音高的变化，还会引起音色的变化。

轻声有时对声母发生影响。例如轻声音节中的不送气清塞音 b、d、g 往往会变成浊塞音[b]、[d]、[g]，如“嘴巴”“我的”“五个”中的“巴”“的”“个”。如果念得特别轻，也可能失去声母。例如“五个”可以念成 wu'e。

轻声对韵母的影响更加明显。轻声音节的元音比较含混，往往向央元音靠近，有的变成了央元音[ə]（参见“元音舌位表”）。例如：

桌子　zhuōzi[tʂuotsɿ]→[tʂuotsə]

棉花　miánhua[mianxua]→[mianxuə]

---

① 靠轻声区别词义词性的词数量不多，占 4%左右（据《普通话轻声词汇编》提供的材料估计）。

回来　huílai[xueilai]→[xueilə]
出去　chūqu[tʂ‘utɕ‘y]→[tʂ‘utɕ‘iə]
听见　tīngjian[t‘iŋtɕian]→[t‘iŋtɕiə]

有的轻声音节甚至失去韵母，只剩下声母。例如：

意思　yìsi[isɿ]→[is]
豆腐　dòufu[toufu]→[touf]
我们　wǒmen[uomən]→[uom]

用汉语拼音方案拼写音节时，声母韵母的这些变化可以不必标出。

（三）变读轻声的规律

普通话里大多数轻声都同词汇、语法上的意义有密切的关系。例如下列一些成分在普通话里都读成轻声：

1. “吧、吗、呢、啊”等语气词。例如：
去吧　走吗　怎么呢　说啊
2. 助词“的、地、得、着、了、过、们”。例如：
我的　慢慢地　好得很　说着　走了　做过
同志们
3. 名词的后缀“子、儿、头”。例如：桌子　那儿　石头
4. 某些量词。例如：三个
5. 方位词或语素。例如：家里　桌上　地下　那边
6. 表示趋向的动词。例如：回来　出去　跑出来　走进去
7. 重叠动词的末一个音节。例如：看看　跑跑　写写说说
8. 作宾语的人称代词。例如：找我　请你　叫他

此外，还有一批口语中常用的双音词的第二个音节要读成轻声。例如：

爷爷　妈妈　哥哥　馍馍　大夫①　编辑　闺女
萝卜　葡萄　玻璃　窗户　扫帚　苍蝇　柴火

① 医生。

东西[1]	光景	晃荡	告诉	打听	溜达	明白
商量	忘记	扎实	清楚	迷惑	凉快	唠叨
阔气	规矩	仿佛	多么			

二 变调

除轻声这一种特殊的变调以外，普通话里最常见的变调现象还有上声的变调、去声的变调、“一、七、八、不”的变调以及重叠形容词的变调。

（一）上声的变调

两字连读使声调发生的变化大致有三种：第一种是从原有的甲调变成乙调，第二种是从单念时的调值变成另一个新的调值，第三种是从单念时的调值变成轻声。第三种变化“轻声”部分已述，这里所说的是第一、第二种情况。

上声字连读产生的变调现象有二：

1. 上声在非上声字前面变成半上，即由[214]变为[211]。例如：

在阴平字前：老师　首都　小说　普通　始终
在阳平字前：语言　小船　旅行　主持　改良
在去声字前：土地　晚饭　主见　感谢　老练
在轻声字前：手巾　脑袋　尾巴　里面　比方

2. 上声在上声字前面变得近乎阳平，即由[214]变为[24]。例如：

冷水　野草　水果　橄榄　友好　讲演　选举

这里必须注意，如果第一个字是上声，第二个字是由上声变来的轻声，那么第一个字就有两种不同的变法。有的变为“半上＋轻声”。例如：

---

① 指物件。

耳朵　马虎　椅子　奶奶　嫂嫂　姐姐

有的变为“近于阳平＋轻声”。例如：

小鬼　老虎　手里　脚手　打扫　可以

（二）去声的变调

去声在非去声字前一律不变。在去声字前则由全降变为半降，即由[51]变为[53]。例如：

木炭　电话　照相　化验　报废　扩大　正确

（三）“一、七、八、不”的变调

“一、七、八、不”四个古入声字的变调，是普通话里比较突出的现象，分别说明如下：

1. “一”的变调

“一”的本调是阴平。单念或在词句末尾念本调。例如：

三七二十一　　天下第一

“一”的变调有三种：在去声字前念阳平。例如：

一架　一个[①]　一样　二十一岁　一见如故

在非去声字前念去声。例如：

在阴平字前：一天　一根　一杯　一般化
在阳平字前：一头　一条　一年　一言为定
在上声字前：一碗　一尺　一本　一笔抹煞

① “个”由去声变读轻声，仍按去声看待。

夹在重叠动词当中念轻声。例如：

看一看　试一试　走一走　想一想

2.“七、八”的变调

“七、八”单念或在词句末尾念阴平，在非去声字前也念阴平。例如：

七　八　第七　第八　这是七　那是八

七斤　八斤　七年　八年　七亩　八亩

但在去声字前可以变阳平，也可以不变。例如“七万、八万”可以变调读成 qíwàn，báwàn，也可以不变。

3.“不”的变调

“不”单念或在词句末尾念去声，在非去声前也念去声。例如：

“不”“我不”

在阴平字前：不多　不高　不知道　不拘一格

在阳平字前：不成　不直　不同意　不求甚解

在上声字前：不少　不好　不朽　不可磨灭

“不”在去声字前由去声变成阳平。例如：

不去　不对　不是　不愿　不至于　不露声色

“不”夹在词语中间由去声变成轻声。例如：

差不多　用不着　挡不住　行不行　去不去

（四）重叠形容词的变调

单音节形容词重叠，重叠部分如果儿化，不管原来是什么声调，都要变阴平。例如“短短的”变读成 duǎnduānrde，“快快儿”变读成

kuàikuāir;重叠部分不儿化,则保持原调不变。

双音节形容词重叠,有时第一个音节重叠部分轻读,后一个音节及其重叠部分变成阴平。[①] 例如:

整整齐齐　zhěngzhěngqíqí→zhěngzhengqīqī

老老实实　lǎolǎoshíshí→lǎolaoshīshī

在汉语里,变调现象是普遍的。但是用汉语拼音方案拼写音节时,习惯上是一般不写变调,而标原声调。

三　语气词“啊”的音变

用在句尾的语气词“啊”(a),由于受到前面一个音节末尾音素的影响,常常发生“同化”“增音”等音变现象。规律如下:

1. 前面的音素是 i、ü 时读 ya,写成“呀”。例如:

① 你打哪儿来呀　(lái ya)!

② 会不会下雨呀　(yǔ ya)?

2. 前面的音素是 u(包括 ao、iao)时读 wa,写成“哇”。例如:

① 你在哪儿住哇　(zhù wa)?

② 写得多好哇　(hǎo wa)!

3. 前面的音素是 n 时读 na,写成“哪”。例如:

① 这花多鲜艳哪　(yàn na)!

② 真是个不知疲倦的人哪　(rénna)!

4. 前面的音素是 ng 时读 nga,仍写成“啊”。例如:

① 大家尽情地唱啊　(chàng nga)!

② 这样做行不行啊　(xíng nga)?

5. 前面的音素是-i[ʅ]时读 ra,仍写成“啊”。例如:

① 多么好的同志啊　(zhì ra)!

② 这究竟是怎么回事啊　(shì ra)?

6. 前面的音素是-i[ɿ]时读[za],仍写成“啊”。例如:

① 这是谁写的字啊　[tsɿza]?

② 你到北京去过几次啊[ts'ɿza]?

---

① 凡口头常说的重叠形容词,不变调。

以上几种都是把前一音节末尾的音素或近似音素加在“啊”(a)的前面。还有一种则是加上跟前一音节末尾音素并不相近的音素，前面的音素是 a、o(ao、iao 除外)、e、ê，就在语气词“啊”之前加上一个 i，成为 ya(写成“呀”)。例如：

① 我说的就是他呀 (tā ya)!

② 怎么给我这么多呀 (duō ya)!

③ 天气好热呀 (rè ya)!

④ 这里凝聚着他毕生的心血呀 (xuè ya)!

以上所述可以归纳成下表：

“啊”前面音节的韵母	“啊”前面音节末尾的音素	“啊”的音变	汉字写法
i、ai、uai、ei、uei、ü	i、ü	ya	呀
u(包括 ao、iao)、ou、iou	u	wa	哇
an、ian、uan、üan、en、in、uen、ün	n	na	哪
ang、iang、uang、eng、ing、ueng、ong、iong	ng	nga	啊
-i[ɿ]	-i[ɿ]	[za]	啊
-i[ʅ]	-i[ʅ]	ra	啊
a、ia、ua、o、uo、e、ie、üe	a、o、e、ê	ya	呀

学习普通话应该正确掌握语气词“啊”的音变规律。用汉语拼音方案拼写音节时，一般都是按照“啊”“呀”“哇”“哪”等汉字的读音来标写，不必一一写出音变情况。

四　儿化

(一) 性质和表示法

普通话里单独念“儿”韵的字很少，常用的只有“儿、而、尔、耳、二”等几个。“儿”这个音可以同其他韵母结合起来，变更原来韵母的音色，成为一种卷舌韵母，叫做“儿化韵”。原来的非儿化韵韵母可以叫做平舌韵。儿化韵里的“儿”不是一个单独的音节，而是在一个音节末尾音上附加的卷舌动作，使那个音节因儿化而发生音变。

普通话的韵母除 ê、er 以外都可以儿化。拼音方案规定在原韵母之后加上一个 r 来表示儿化。例如：

花　儿　　huār
鸟　儿　　niǎor
小猫儿　　xiǎo māor
心眼儿　　xīnyǎnr

（二）平舌韵变儿化韵的规律

各韵母儿化有不同的规律，大致可以分成以下六类：

1. 韵腹或韵尾是 a、o、e、ê、u 的韵母儿化，只要在原韵母之后加上卷舌动作。例如：

原韵母	例　词	儿化音变
a	哪儿	nǎr[na→nar]
ia	一下儿	yixiàr[ɕia→ɕiar]
ua	香瓜儿	xiāngguār[kua→kuar]
o	坡儿	pōr[p‘o→p‘or]
uo	大伙儿	dàhuǒr[xuo→xuor]
ao	熊猫儿	xióngmāor[mau→maur]
iao	鸟儿	niǎor[niau→niaur]
ou	豆儿	dòur[tou→tour]
iou	小妞儿	xiǎoniūr[niou→niour]
e	山歌儿	shāngēr[kɤ→kɤr]
ie	台阶儿	táijiēr[tɕiɛ→tɕiɛr]
üe	约儿	yuēr[yɛ→yɛr]
u	水珠儿	shuǐzhūr[tʂu→tʂur]

2. 韵尾是 i 的韵母儿化，失落韵尾，变成主要元音加上卷舌动作。例如：

原 韵 母	例　词	儿 化 音 变
ai	小孩儿	xiǎoháir[xai→xar]
ei	刀背儿	dāobèir[pei→pər][1]
uai	一块儿	yíkuàir[k'uai→k'uar]
uei	香味儿	xiāngwèir[uei→uər][2]

3. 收-n 的韵母儿化，失落韵尾-n，有些是主要元音加上卷舌动作，有些是主要元音后加上[ər]。例如：

原 韵 母	例　词	儿 化 音 变
an	脸蛋儿	liǎndànr[tan→tar]
ian	一点儿	yīdiǎnr[tian→tiar]
uan	弯儿	wānr[uan→uar]
üan	花园儿	huāyuánr[yan→yar]
en	树根儿	shùgēnr[kən→kər]
in	劲儿	jìnr[tɕin→tɕiər]
uen	嘴唇儿	zuǐchúnr[tʂ'uən→tʂ'uər]
ün	裙儿	qúnr[tɕ'yn→tɕ'yər]

4. 收-ng 的韵母儿化，-ng 韵尾同前面的主要元音合成鼻化元音，同时加上卷舌动作。例如：

原 韵 母	例　词	儿 化 音 变
ang	帮忙儿	bāngmángr[maŋ→mãr]
iang	亮儿	liàngr[liaŋ→liãr]
uang	蛋黄儿	dànhuángr[xuaŋ→xuãr]
eng	板凳儿	bǎndèngr[təŋ→tə̃r]

---

① 有一些韵母(如 ei、uei)主要元音加上卷舌作用后，元音的音色有所改变。
② 有一些韵母(如 ei、uei)主要元音加上卷舌作用后，元音的音色有所改变。

续表

原韵母	例　词	儿化音变
ing	瓶儿	píngr[p'iŋ→p'iə̃r]①
ueng	瓮儿	wèngr[uəŋ→uə̃r]
ong	胡同儿	hútongr[t'uŋ→t'ũr]
iong	小熊儿	xiǎoxióngr[ɕyŋ→ɕỹr]

5. i、ü两韵儿化，在原韵母之后加上[ər]音，i、ü仍保留。例如：

原韵母	例　词	儿化音变
i	小鸡儿	xiǎojīr[tɕi→tɕiər]
ü	小曲儿	xiǎoqǔr[tɕ'y→tɕ'yər]

6. -i[ɿ]-i[ʅ]两韵母儿化，[ɿ][ʅ]失落，变成[ər]。例如：

原韵母	例　词	儿化音变
-i[ɿ]	棋子儿	qízǐr[tsɿ→tsər]
-i[ʅ]	树枝儿	shùzhīr[tʂʅ→tʂər]

以上六种情况也可以根据韵母在儿化过程中的情况大致归并成四类：第一类可以简称为“原”，就是原韵母不变，直接加卷舌动作，前述的第一种属于此类；第二类可简称为“失”，就是原韵母中的韵尾失落，在主要元音上加卷舌动作，前述的第二种情况和第三种里的一部分属于此类；第三类简称为“换”，就是更换主要元音，并加卷舌动作，前述第四种和第六种属于此类；第四类简称为“加”，就是在原韵母后面加[ə]和卷舌动作，前述第五种以及第三种中的一部分属于此类。

儿化的基本性质是卷舌作用。韵母的发音动作如果同卷舌动作不冲突，儿化时就只要在韵尾上附加卷舌动作；如果同卷舌动作有冲突，就要在卷舌的同时变更原来韵母的音色，比如i和ü都是前高舌面

① 韵母ing儿化，-ng韵尾同前面增加出来的一个元音合成鼻化元音[ə̃]，同时加上卷舌动作。

元音，发音时前舌面同硬腭距离很近，而儿化要求把舌尖卷起来，这两种发音动作发生冲突，必须使舌位降低一些舌尖才能卷起，于是 i 儿化后变成了[iər]，ü 儿化后变成了[yər]。而发 u 的时候，可以同时卷舌，因此儿化后不必变成[uər]一类的音。又如韵尾-n 是舌尖辅音，发音时舌尖与上齿龈形成阻碍，这个动作与儿化的发音动作也有冲突，因此，儿化时失落韵尾-n。下面再从儿化韵出发看它们原来的平舌韵母。

儿化韵	原　韵　母	例　　字
[ar]	a，ai，an	把儿，盖儿，伴儿
[iar]	ia，ian	匣儿，尖儿
[uar]	ua，uai，uan	花儿，块儿，玩儿
[yar]	üan	圈儿
[or]	o	粉末儿
[uor]	uo	活儿
[aur]	ao	道儿
[iaur]	iao	票儿
[ər]	-i[ɿ]-i[ʅ]，ei，en	丝儿，汁儿，宝贝儿，根儿
[iər]	-i，-in	小鸡儿，今儿
[uər]	uei，uen	穗儿，棍儿
[yər]	ü，ün	毛驴儿，裙儿
[ɤr]	e	歌儿
[iɛr]	ie	叶儿
[yɛr]	üe	靴儿
[ur]	u	水珠儿
[our]	ou	兜儿
[iour]	iou	球儿
[ãr]	ang	茶缸儿
[iãr]	iang	亮儿

续表

儿化韵	原韵母	例字
[uãr]	uang	筐儿
[ə̃r]	eng	绳儿
[iə̃r]	ing	钉儿
[uə̃r]	ueng	瓮儿
[ũr]	ong	空儿
[ỹr]	iong	小熊儿

从上表可以看出，经过儿化有些原来不同的韵母变得相同了，普通话三十九个平舌韵母除 ê、er 以外，其余三十七个变成了二十六个儿化韵。

北方戏曲中儿化韵母也可合辙押韵。其韵辙有两大类，一般称为两道“小辙儿”，即“小言前儿”和“小人辰儿”。小言前儿包括普通话儿化韵中的 ar、iar、uar、air、uair、anr、ianr、uanr、üanr；小人辰儿包括韵母 er 和儿化韵中的 ir、-ir、ür、ier、üer、eir、uir（即 ueir）、ur、or、uor、er（指 e 的儿化韵）、enr、inr、unr（即 uenr）、ünr。至于儿化韵 aor、iaor、our、iur（即 iour）、angr、iangr、uangr、engr、ingr、uengr、ongr、iongr 一般分别与各自的平舌韵母所属韵辙相押。

（三）儿化的作用

北京话里的儿化词很多。许多儿化现象跟词的词汇意义、语法意义有密切的关系。儿化词的主要作用是：

1. 在有些词里有确定词性的作用。例如：

盖（动词）	盖儿（名词）
画（动词）	画儿（名词）
错（形容词）	错儿（名词）
尖（形容词）	尖儿（名词）
破烂（形容词）	破烂儿（名词）

2. 在有些词里有区别词义的作用。例如：

油票儿（不是“邮票”）　　眼儿（不是“眼”）
信儿（不是“信”）　　头儿（不是“头”）

此外，在有些词里儿化词还带有“小”“喜爱”“亲切”等感情色彩。例如：

小孩儿　　小曲儿　　粉末儿
头发丝儿　　苹果脸儿

儿化词在语言里有一定的作用，但是是否要广泛地把北京话里的儿化词吸收到普通话里来呢？这个问题在后面“语音规范化问题”一节中再进行讨论。

思考和练习

1. 什么叫轻声？轻声音节的音高是怎样的？
2. 什么是儿化韵？儿化韵在汉语里有什么作用？
3. 念准下列各对轻声和非轻声词语：
   （1）差使 chāishi 指工作，任务。
   　　差使 chāishǐ 差遣。
   （2）大方 dàfang 不拘束，不吝啬；不俗气。
   　　大方 dāfāng 专家、内行人，如贻笑大方。
   （3）大爷 dàye 伯父，年长的男子。
   　　大爷 dàyé 指不好好劳动，傲慢任性的男子。
   （4）地道 dìdao 真正的；纯粹的；实在的。
   　　地道 dìdào 地下坑道。
   （5）东西 dōngxi 泛指各样事物。
   　　东西 dōngxī ① 东边和西边；② 从东到西。
   （6）反正 fǎnzheng 副词。
   　　反正 fǎnzhèng 敌方的军队或人员投到己方。
   （7）合计 héji 盘算、商量。

合计 héjì 合在一起计算。

(8) 花费 huāfei 消耗的钱。

花费 huāfèi 因使用而消耗掉。

(9) 精神 jīngshen 表现出来的活力;活跃。

精神 jīngshén 指人的意识、思维活动和一般心理状态。

(10) 惊醒 jīngxing 睡眠时容易醒来。

惊醒 jīngxǐng 受惊动而醒来。

(11) 口音 kǒuyin 说话的声音,方音。

口音 kǒuyīn 发音时软腭上升,阻住鼻腔的通道,气流专从口腔出来的叫做口音。

(12) 拉手 lāshou 名词,门上的东西。

拉手 lāshǒu 握手。

(13) 女人 nǚren 妻子。

女人 nǚrén 成年女性。

(14) 人家 rénjia 代词。指自己或别人。

人家 rénjiā 住户;家庭。

(15) 特务 tèwu 参加国内或国外的反动组织,经过特殊训练,从事刺探情报、颠覆、破坏等活动的人。

特务 tèwù 军队中担任警卫、通讯、运输等特殊任务的,如特务员、特务连、特务营。

(16) 星星 xīngxing 星。

星星 xīngxīng 细小的点儿,如星星点点。

(17) 丈夫 zhàngfu 男女成婚后,男子是女子的丈夫。

丈夫 zhàngfū 成年的男子,如大丈夫。

(18) 照应 zhàoying 照料。

照应 zhàoyìng 配合;呼应。

(19) 自然 zìran 不勉强,不局促,不呆板,如态度很自然。

自然 zìrán ① 自然界;② 自由发展;③ 理所当然。

(20) 自在 zìzai 安闲舒适。

自在 zìzài 自由,不受拘束,如自由自在。

4. 下面一段文字中哪些音节应该念轻声?

……车站上的同志以为雷锋又是趁出差的机会，在这里为大家服务，问道：

“雷锋同志，春节还出差吗？”

“是啊，春节你们太忙了，我来出个公差。”

车站上的同志感动地说：“你辛苦了，休息休息吧。”

“做这点事累不着。”

雷锋就是这样永不停息地为人民做好事，难怪人们一见到为人民做好事的，就自然而然地想起了雷锋。

5. 按照音变规律，下面一些词语中的“一”“不”该怎么念？

七·一	一前一后	一尘不染	一去不复返
不折不扣	不声不响	不屈不挠	不冷不热
不怕苦	不为名	不管三七二十一	

6. 按照变调规律，下列各词语中带黑点的音节的声调该怎么念？

勇敢	写作	武装	水手	美满	展览
老练	首都	小说	鼓舞	感情	雨伞

7. 按照“啊”的音变规律，把下列短句末尾的语气词“啊”念准，并在括号里填上适当的方块汉字：

(1) 这花开得多美(　)！　(2) 真是个英雄(　)！

(3) 说下去(　)！　(4) 你来瞧(　)！

(5) 晚风吹拂着你的银发(　)！　(6) 好一个硬骨头(　)！

(7) 你会什么(　)？　(8) 无限的思念(　)！

8. 试用汉语拼音给下面一段曲艺的儿化词注音，并按照儿化的音变规律念准它。

解放军野营训练行军千里地儿，
昨夜晚宿营驻在杨家屯儿。
今天早上，小刘、小陈打扫完了院子挑完了水儿，
又到场院修理脱粒机的皮带轮儿。
突然间草堆里飞出来一只黑母鸡儿。
你看它翘着翅膀张着个嘴儿，
哏哏嘎，嘎嘎哏欢蹦乱跳就回了村儿。
他们俩在草堆里拣到了十个大鸡子儿，

这一下可给他俩出了难题儿。

9. 指出下列句子中带黑点的音节连读时会发生哪一种音变现象。

(1) 你怎么不认识我了，我就是您八年前的学生赵一飞呀！

(2) 快走吧！恐怕他们早到啦！

(3) 你快点儿找个地方坐下来歇一会儿吧！

(4) 这个人说起话来结结巴巴，做起事来倒是干净利落的。

10. 为什么韵母经过儿化以后韵类的数目减少了？试举例加以说明。

第七节 语调和朗读

我们说话，除了每个字音原有的声调以外，整个句子里还有抑扬顿挫的调子。句子里，有的字后面要有一个小小的停顿，有的字要读得特别重一些。有的句子音高逐渐地上升，有的句子音高逐渐地下降。这些现象都跟句子的意思和说话人的感情有直接的联系。例如“他喜欢唱歌”这句话，音高逐渐上升，就是问话；音高逐渐下降，这是一般的陈述。句子里这种用来表达意思和感情的抑扬顿挫的调子，叫做语调。

语调和声调不同。声调指单个字的调子，功用在于区别词义或语素义，也叫做“字调”；语调指贯串整个句子的调子，功用在于表达整句的意思和感情，也叫做“句调”。

语调的内容比较复杂，一般说来，它主要包括停顿、重音、升降三个方面。

一 停顿

停顿指语句或词语之间声音上的间歇。句子有长有短，短句子一口气可以说完，长句子有时候要分成几段来说，好让说话的人换换气，让听话的人思索听到的内容，更好地领会。

朗读和说话是靠声音传达内容的，要使内容传达得好，便于理解，必须注意停顿的位置。像下面这段文字：

我赞成他也赞成你怎么样

可以因停顿位置的差异而有不同的理解："我赞成他，也赞成你，怎么样？"或"我赞成，他也赞成，你怎么样？"又如贺敬之《雷锋之歌》中的一句：

来呵！让我们紧紧地挽住雷锋的这三条刀伤的手臂吧！

有人在"三条"之后略作停顿，就会给听众造成"三条手臂"的错觉，影响理解的正确性。

（一）语法停顿

语法停顿是反映一句话里面的语法关系的，在书面语言里就反映为标点。语法停顿时间的长短同标点大致相当。例如句号、问号、叹号后的停顿比分号、冒号长，分号、冒号后的停顿比逗号长，逗号后的停顿比顿号长，段落之间的停顿则长于句子停顿的时间。

（二）强调停顿

为了强调某一事物，突出某个语意或某种感情，而在书面语没有标点的地方作一停顿，或者在书面语有标点的地方作较长的停顿，这样的停顿可以称为强调停顿。例如：

白求恩同志毫不利己专门利人的精神，表现在他对工作的极端的负责任，对同志对人民的极端的热忱。

这一句的"表现在"和"他"后面往往需要一个小停顿，使"毫不利己专门利人的精神"在两方面的表现清楚地突现出来。又如《闪闪的红星》中吴修竹对宋大爹说的一段话：

"……让他（按：指小冬子）跟上你这个老师。在群众斗争这个学校里学习学习，摔打摔打，多长点知识。日后见了老潘，咱们得交给他个革命战士啊！"

在"革命战士"之前作一停顿，可以突出吴修竹他们对培养小冬子成为革命事业接班人的自觉性。

感情上的特殊需要（如惊呆、悲泣、迟疑等）往往也要运用停顿的语音手段，例如《为人民鞠躬尽瘁》中描写人们发现杨水才同志去世时的一段：

> 可是，早饭后还不见他起床，人们有点慌了，推开他的小门一看，一个个惊呆了。

在“一看”和“惊呆了”之后作较长的停顿，可以表现人们的惊讶和悲痛感情。

运用强调停顿要注意语法关系。一个词的内部一般不能停顿，大多数虚词也要同它前后关系密切的那个实词(或词组)连起来读。

(三) 节拍

停顿把一句话分成几个段落，这样的段落称为节拍、节拍群、音步或顿歇。

在散文里，一句话的节拍数可多可少，比较自由。朗读速度的不同，使节拍数量的伸缩性更大。韵文则要求各句的节拍数比较匀称、均衡，以加强节奏感。一般说来，五字句是二至三个节拍，七字句是三至四个节拍，十字句也是三至四个节拍。例如下面一些诗歌大致可以划分成如下的节拍：

彩　虹　谣

彩虹/长/，彩虹/高，
彩虹/悬在/蓝天腰，
彩虹/，彩虹/，你快落，
变成/一座/五彩桥。

这头/架在/天安门，
那头/挂在/台湾岛，
欢迎/台湾/小朋友，
来看/大陆/新面貌。

天上的街市

远远的/街灯/明了，

好像是/闪着/无数的/明星，
天上的/明星/现了，
好像是/点着/无数的/街灯。
……

教师之歌

曙光/刚划破/雾纱笼罩的/黎明，
春风/已奔来/把整个校园/闹醒。
盛大的/毕业典礼/将要/开始，
每个人心里/都像/过节一样/高兴。

你呀/，两鬓斑白的/老教师，
几乎失去了/平日的/镇静——
一支/多年没唱的/《教师之歌》，
唱得/如此深情/，如此动听。
……

现代诗歌格律不严，每句的节拍数，可以因语句的长短和内容、感情的需要而略有出入，但也要大致相近。节拍的划分既要考虑词和词组关系的疏密，又要照顾到整节节拍数的匀称，一般不宜根据字数机械地划分。朗读时，每个节拍所用时间的长短要根据内容的需要进行调节，除了快板等曲艺形式外，一般不要用数板方式。

二 重音

重音是指朗读、说话时句子里某些词语念得比较重的现象，一般用增加声音的强度来体现。

（一）语法重音

在不表示什么特殊的思想和感情的情况下，根据语法结构的特点而把句子的某些部分重读的，叫做语法重音。语法重音的主要规律有以下一些：

1. 一般短句子里谓语部分常念语法重音。如：

① 今天晴天。

② 他是北京人。

③ 人民大会堂十分雄伟壮丽。

2. 名词前面的定语常念语法重音。如：

① 你们的教材领来了。

② 白杨树是不平凡的树。

3. 动词或形容词前面的状语常念语法重音。如：

① 月亮慢慢地升起来了。

② 他轻轻地走出去了。

③ 天地渐渐地暖和起来了。

4. 动词后面由形容词、动词及部分词组充当的补语常念语法重音。如：

① 他普通话说得很流利。

② 房子收拾干净了。

③ 灯光照得满屋通红。

5. 有些代词要念语法重音。如：

① 谁来啦？

② 这是一本书。

③ 我什么也没有说。

语法重音的强度并不十分强，只是同语句的其他部分相比较，读得比较重一些罢了。

（二）强调重音

为了表示特殊的思想和感情而把句子的某些地方读得特别重的现象，可以叫做强调重音。[①] 强调重音的强度比语法重音更强些，因此能把需要强调的部分突出起来。

语句中什么地方该念强调重音没有固定的规律，而是受说话时的环境，说话人的特定要求和感情所支配的。例如在下面的几个句子里可以看出，同样的语言结构由于着重点不同，即有不同的强调重音。

---

① 有人称为“逻辑重音”或“感情重音”。

谁在读英语？——我在读英语。
你在读什么？——我在读英语。
你在干什么？——我在读英语。

我们在朗读别人的作品时，必须认真钻研作品，正确而深刻地领会作者的意图，才能正确掌握好强调重音。当然，语言中也有些地方通常总是读强调重音的，如对比性词语、比喻性词语、夸张性词语、表肯定词语等。认真钻研作品，正确理解作者意图，也就能较快地找准强调重音之所在。

请看《闪闪的红星》中的一段对话：

小冬子偎近爸爸："爸爸，这些年，你给我的红星，我一直放在身上。"

潘行义："后来，你吴大叔又帮你把红星戴到了军帽上，是不是？"

吴修竹："不，是他自己把这颗红星戴到了心头上！这些年里，闪闪的红星照耀着他，孩子可从来没有后退过一步啊！"

三个人都谈到红星的保存和佩戴，但是各人都还强调了不同的方面，因此除了"红星"一词外，同时也把"身上""军帽上""心头上"以及"我""吴大叔""他自己"等词语读作强调重音，就能较好地反映三个人的心情。

人们对某些事物有特殊的感情，有时也用重音来表现。例如：《生的伟大，死的光荣》一文中有两句国民党军阀阎锡山部下同刘胡兰的对话：

"小小年纪好嘴硬啊，你不怕死？"
"怕死不当共产党员！"

"怕死不当共产党员"，用饱含着强烈感情的重音来念，就能如金石掷地，反映出共产党人对革命忠贞不渝、宁死不屈的坚强决心。

三 升降

升降是指语句的高低升降。它既随着句子语气的不同而不同，又随着说话者特殊的感情需要而变化，有人称之为句调或语调。句子的升降是贯串着整个句子的，但是有时在句末的词上特别明显。普通话语调的两种最基本的类型是降调和升调。

降调是句尾降低的调子。陈述句、祈使句、感叹句一般用降调。例如：

① 他掌握两门外语。
② 大家不要打岔，让他说下去！
③ 这位同志真坚强！

升调是句尾升起的调子。部分疑问句用升调，一般句子中暂停的地方也用升调，例如：

① 你真的不去？
② 我是来工作的，不是来休息的。

语调的升降同思想感情的表达有密切关系，如果把特殊感情的变化包括在内，句子升降的类型实际上并不止两种。例如一个人同另一个人通电话，我们在旁边听见他说："á?（高升调）……ǎ?!（降升调）……à!（降抑调）"就可以推想到这个人开始时没听懂对方的话，接着表示惊讶（也许对方说了什么出乎他意料的事），再往后表示他完全明白了，或者还有"原来是这样"的意思。我们可以把这样的升降变化大致概括为四类：

（一）高升调　前低后高，语势上升。表示号召、鼓动、反问、设问、申斥等感情。例如：

① 正义的力量，团结起来！
② 中国劳动人民还有过去那一副奴隶相么？没有了，他们

做了主人了。

（二）降抑调　前高后低，语势渐降。表示坚决、自信、赞扬、祝愿、心情沉重等感情。例如：

① 我们的目的一定要达到。

② 白杨树实在是不平凡的，我赞美白杨树。

③ 伟大而光明的祖国啊，愿你永远“如日之升”！

（三）平直调　整句语势平直舒缓，没有显著变化。表示庄严、悲痛、冷淡等感情，不带特殊感情的叙述和说明也用平直调。例如：

①（“赶快将钱拿出来，不然就是一炸弹，把你炸死去”！）

“哼！你不要作出那难看的样子来吧！我确实一个铜板都没有存；想从我这里发洋财，是想错了。”我微笑淡淡地说。

② 我家的后面有一个很大的园，相传叫做百草园。

（四）曲折调　句子的高低有曲折变化。表示惊讶、怀疑、讽刺等感情的句子多用曲折调。例如：

① 惨象，已使我目不忍视了；流言，尤使我耳不忍闻。我还有什么话可说呢？

② 从一八四四年订约时算起，美国在这些事业上处心积虑地经营了一百零五年，据说都是为了加深“友谊”。

四　字调与语调的关系

语调同音长、音强、音高都有密切的关系。汉语每一个字都有它自己的声调，字调和语调的音高、音强或音长相结合，常常会发生一些变化。

字调同语调的音长相结合时情况比较简单，语调中某一个字音特别需要延长时，延长的或是这个字调最后的音高（例如去声的调值是[51]，把[1]延长，成为[511]），或是这个字调中最初的音高（例如去声的[51]，可以把[5]延长，成为[551]），而不是从头到尾把整个字调逐渐地延长。（阴平本就是平调，当然不存在这个问题。）

字调同语调的重音相结合时，也常常发生变化。大致阴平和去声读得比一般要高，阳平和上声读得比一般要低，整个的调型都没有显著的变化。试读下面四句里有着重号的字，先用正常的语调读，再用带有强调重音的语调读，就会发生字调的变化：

① 他是诗人。
② 他是敌人。
③ 他是好人。
④ 他是坏人。

字调同语调的升降相结合时，情况比较复杂。语调的升降在句尾那个音节上表现得特别显著，这样就会对句尾音节的声调发生影响。如果全句的升降同字调的升降不矛盾，就在原来字调的基础上稍扬或稍抑。如果全句是降调，句尾音节恰巧是升调，或者全句是升调，句尾音节恰巧是降调，这时就在原来字调的基础上，稍扬或稍抑，但是不能完全改变原来的字调。例如：

① 问：这里面是不是糖 （再稍扬）
② 答：是糖 （要下抑，但“糖”不能念成“汤”或“烫”。）
③ 你有事？ （要稍扬，但“事”不能念成“时”或“诗”。）
④ 我有事。 （再稍降）

一个音节的声调在语调中的变化是比较细致复杂的，这里不能详细分析。在学习普通话时，只要把每个字原来的声调读得正确，全句的语调读得正确，熟能生巧，对于字调变化也就自然能够掌握住了。

五 朗读

朗读是学习普通话语音，进行语文教学的重要环节，也是进行思想政治教育的有效方式。朗读不是机械地把文字变成声音，而是通过富有艺术感染力的声音把作品的内容准确、鲜明、形象地传达给听众。要朗读好一个作品，除了要具备一些基本条件（如能发普通话标准音，字音正确，念词完整，不读破句，吐字清楚，饱满等）以外，还要深入研究作品，准确理解作品的主题、重点、段意和各个句子、词语在作品中的作用，并恰当地运用语调各要素（停顿、重音、升降等）表达出来。

语调各要素是说话和朗读中最基本的几种声音要素在语调上的反映，前面已分别作了一些说明，这里再综合起来，谈谈朗读时运用这些要素要注意的地方。

（一）语调各要素是密切联系的，在特定的场合可以侧重于某一方面。比如在重读的词语或句子之前，有时伴随着或长或短的停顿；整个句子重读时，有时升降方面也会起变化，音高或者升高，或者降低等。朗读时不一定要面面俱到地照顾停顿、重音、升降等各个方面。像下面一段文字，朗读时就可以着重注意强调重音的运用。

> 刘胡兰屹立在刑场中间，像钢铁的巨人。她转过头来，望了望在西边的妇女，这里边有她的母亲和妹妹；又望了望东面，有她的父亲。她望了望所有的人，好像在和家人告别，和云周西村的乡亲们告别，嘱咐大家不要悲伤，告诉大家：革命的烈火是扑不灭的，胜利就要到来了。然后，她两眼狠狠瞪着匪军，大喝一声："我咋个死法？"张全宝凶恶地说："一个样！"
>
> 刘胡兰昂首挺胸，从六位烈士遗体前走过，踏着他们的鲜血，走到铡刀跟前……

其中，"像钢铁的巨人""昂首挺胸""走到铡刀跟前……""我咋个死法？""革命的烈火是扑不灭的，胜利就要到来了"这些语句集中表现了刘胡兰视死如归的革命精神和革命必胜的坚强信念，朗读时如果带着对刘胡兰的无限崇敬，注意加重音量，字字饱满，也就会连带着提高音调，使整个气氛高昂悲壮。

（二）运用语调各要素要紧扣作品实际，深刻体验作品中的有关情景，真切地、朴素地运用停顿、重音、升降等语音手段，切忌表面化地、形式化地套用停顿、重音、升降等规律。例如，有的人一碰到作品的重点性词句就一味放大音量，遇到感情激动之处就扯起嗓子喊。其实，有时突出重点也可以不用重读而运用轻读、慢读等手段。例如，《周总理办公室的灯光》中，两次出现下列语句：

> 夜啊，静悄悄……
>
> 　　静悄悄……

如果把其中的“静”按照一般处理重音的办法加以强调，就会破坏诗句所表达的夜的宁静的气氛。又如《骆驼和羊》中，

> 骆驼很高，羊很矮。

本来，“高”和“矮”都应读语法重音。但是因为骆驼和羊的形象完全不同，高和矮又是截然相反的两个概念，因此把前者读得高些强些，后者读得低些弱些，这样的效果会更好些。

（三）运用语调各要素要注意相对性，要有变化。句子停顿的长短，重音的轻重程度和升降的高低程度都是相对的。朗读时要根据作品有关段落的内容和情景确定感情的基调，再考虑恰当运用语调各要素。即使同一作品、同一段落或同样结构的句子，语调的选用也要根据具体情况有所变化，防止刻板划一。请看《壮丽的青春》中的四个自然段：

> 欧阳海箭步飞身，抢上道心，水淋淋的雨衣，噗拉拉地飘起，高高地扬向天空。他脸不变色，心不跳，拼出性命把战马推离了轨道。
>
> 列车停稳了，旅客的危险消除了！
>
> 副班长在染血的车轮下，抱起重伤的欧阳海，失声痛哭，呼唤

着班长的名字。

风停了，雨住了。雪白的云层里，射出了色彩缤纷的阳光。欧阳海慢慢地睁开眼睛，看看朝夕相处的战友，又看看转危为安的列车，嘴角上露出一丝微笑，安详地合上了眼帘。

第一自然段写欧阳海抢救列车时果断、敏捷的动作，由于情况紧急，必须用快速和高音朗读。其中“水淋淋”“噗啦啦”“高高地”都是定语或状语，应略重于“雨衣”“飘起”“扬向天空”。但是，描写雨衣目的是表现欧阳海动作的迅速、勇猛，而“拼出性命把战马推离了轨道……”则是抢救中更加关键的动作。因此，“水淋淋”等词语的音高和音量不要超过“拼出性命”和“推离了轨道”等词语。“列车停稳了”两句叙述欧阳海英勇抢险行为获得成功，险情排除，人们紧张的心情逐渐松缓，朗读的速度可以放慢些，音高也随之放低；但是读到“危险消除了”时，由于兴奋，音调仍要适当高些。写欧阳海受重伤和牺牲的两段，由于悲痛，应该用慢速、低调朗读。但是后一段为了表现欧阳海为人民利益英勇献身的革命乐观主义和自觉精神，为了使作品中运用环境描写烘托欧阳海思想光辉的手法充分发挥作用，朗读时，在痛苦之外，更需要创造宁静、安详、乐观的气氛。因此，景色描写的几句应该读得音略高些，情绪开朗，欧阳海合上眼帘前后的几句也应比上一个自然段读得高一些，快一些。

（四）朗读需要的语音手段是多种多样的，除了语调要素停顿、重音、升降外，快慢也是朗读时需要着重注意的语音手段。此外，如果能在必要时适当借用一些戏剧表演的技巧（如气音、颤音、喷口等），那就更能提高朗读的艺术效果。

思考和练习

1. 语法重音同强调重音有什么区别？试找出下面各句中读语法重音和强调重音的地方。

(1) 人的生命是有限的，可是，为人民服务是无限的。

(2) 夕阳把草原映得更加光辉灿烂。

(3) 一个晴朗的下午，我来到了向往已久的群山环抱的桑耳庄。

(4) 这太阳像负着什么重担似的，慢慢儿，一步一步地，努力向上面升起来，到了最后，终于冲破了云霞，完全跳出了海面。

2. 朗读下面一段文字，体会停顿同标点的关系哪些是一致的，哪些是不一致的。

正当我们返回的时候，天渐渐黑了。霎时间，四面八方，电灯明亮，就像万千颗珍珠飞上了天！这排排串串的珍珠使天上的银河失色，叫满湖碧水生辉。

3. 下列语句中标点所在处之外的停顿处理得是否恰当？不当之处请加以修改：

最使我得意的/地方是文字的浅明/简洁。有了《小坡的生日》，我才真明白了/白话的力量；我敢用最简单的话，几乎是儿童的话，描写一切了。我没有算过，《小坡的生日》中一共用了多少字；可是它给我一点信心，就是用平民千字课的/一千个字也能写出很好/的文章。我相信这个，因而越来越恨/“迷惘而苍凉的/沙漠般的故城哟”这种句子。有人批评我，说我的/文字缺乏书生气，太俗，太贫，近于车夫走卒的俗鄙；我一点也不以此为耻！

4. 朗读鲁迅的《药》一文中的几段文字，注意停顿、重音和升降的综合运用：

“喂！一手交钱，一手交货！”一个浑身黑色的人，站在老栓面前，眼光正像两把刀，刺得老栓缩小了一半。那人一只大手，向他摊着；一只手却撮着一个鲜红的馒头，那红的还是一点一点的往下滴。

老栓慌忙摸出洋钱，抖抖的想交给他，却又不敢去接他的东西。那人便焦急起来，嚷道：“怕什么？怎的不拿！”老栓还踌躇着；黑的人便抢过灯笼，一把扯下纸罩，裹了馒头，塞与老栓；一手抓过洋钱，捏一捏，转身去了。嘴里哼着说：“这老东西……。”

“这给谁治病的呀？”老栓也似乎听得有人问他，但他并不答应；他的精神，现在只在一个包上，仿佛抱着一个十世单传的婴儿，别的事情，都已置之度外了。他现在要将这包里的新的生命，移植到他家里，收获许多幸福。太阳也出来了；在他面前，显出一条大道，直到他家中，后面也照见丁字街头破匾上“古□亭口”这四个黯淡的金字。

第八节 语音规范问题

普通话的语音规范是以北京语音为标准的。北京语音的声、韵、调及它们之间的配合关系是比较明确和一致的，但是在具体的词或字的读音上，有的还存在一些分歧，方言区人学习普通话感到普通话语音的规范在某些方面还不够明确。例如轻声和儿化是北京语音的特点，对意义的表达有一定作用；但轻声和儿化是不是都要吸收到普通话里来，哪些应该吸收哪些不应该吸收，这些问题还没有得到圆满的解决。又如北京话里存在着一词两读的现象，方言区人学习普通话遇到这种现象时，就不知道应该以哪一个读音作为标准。此外，即使普通话语音的规范在很多方面是明确的，也还有一个如何推广和普及的问题。因此，语音规范化问题是一个需要进一步研究的重要课题。

一 轻声和儿化的规范问题

轻声和儿化是北京话里突出的语音现象，它们在语言的表达和区别部分同音词上有一定的作用，因此，应该在普通话语音系统中给予轻声和儿化以应有的地位。

北京话里的轻声和儿化现象虽然很普遍，分析起来大致不外下面几种情况：

1. 有区别意义的作用的。例如：“东西”和“东西”，“大意”和“大意”，“买卖”和“买卖”，读不读轻声，意义不同。又如“白面”（面粉）和“白面儿”（毒品），“一块”和“一块儿”，“摊”和“摊儿”，“个”和“个儿”，儿化不儿化，意义也不同。

2. 没有区别意义的作用的。例如：“西瓜”只读“西瓜”，“委曲”只读“委曲”，“上面”只读“上面”，“哥哥”只读“哥哥”。又如只说“村儿”“梗儿”“药膏儿”“打鸣儿”，不说“村”“梗”“药膏”“打鸣”。这些词都只有一种说法，没有区别意义的作用。

3. 两可的情况，没有一定的读法。例如“沙发”“干粮”“喜鹊”的第二个音节可以读轻声也可以不读轻声。又如可以说“正面儿”“冒烟儿”“帮忙儿”，也可以说“正面”“冒烟”“帮忙”，没有一定的说法。

根据这样的情况，可以认为，凡是有区别意义作用的，或者是已经被普遍采用的轻声词和儿化词，可吸收到普通话里来，以丰富语言的表达手段。至于那些没有区别意义的作用的，或是本来就是两可的，一般应作为北京话的方言土语成分看待，不必吸收到普通话里来，其中少数词也可以吸收，但是必须考虑它在全国范围的可接受性，从严掌握。

轻声和儿化的规范问题比较复杂，要完全得到解决还必须深入地进行调查研究，并且要同词汇语法的规范问题一起来考虑。

二　异读词的规范问题

异读词是指同一个词有几个不同的读音。例如“创造”可以念 chuàng zào，也可以念成 chuǎng zào。如果同一个汉字在不同的词内读音不同，或是不同的读音代表着不同的意义，这些都不算是一词两读，不属于异读词的范围。例如：

调和 tiáohé	调查 diàochá
首长 shǒuzhǎng	长短 chángduǎn
看守 kānshǒu	看见 kànjian
快乐 kuàilè	音乐 yīnyuè
投降 tóuxiáng	下降 xiàjiàng
重复 chóngfù	重量 zhòngliàng

北京话里的异读词，从语音的角度来分析，有声母不同、韵母不同和声调不同三种。举例如下：[①]

1. 声母不同的异读词

机械	xiè	jiè	波浪	bō	pō

① 下列各例中左边一行读音是普通话审音委员会初步审订的规范读音。

秘密	mì	bì	谬论	miù	niù
商埠	bù	fù	包括	kuò	guò
步骤	zhòu	zòu	森林	sēn	shēn
缔结	dì	tì	玩弄	nòng	lòng

2. 韵母不同的异读词

剥削	bōxuē	bāoxiāo	熟练	shú	shóu
厚薄	bó	báo	降落	luò	lào
收获	huò	hù	娇嫩	nèn	nùn
飘浮	fú	fóu	烙饼	lào	luò
琴弦	xián	xuán	跃进	yuè	yào

3. 声调不同的异读词

古迹	jì	jī	一会儿	huì	huǐ
复习	fù	fú	卑鄙	bǐ	bì
侵犯	qīn	qǐn	号召	zhào	zhāo
疾病	jí	jī	质量	zhì	zhǐ
比较	jiào	jiǎo	指导	dǎo	dào
特殊	shū	shú	伪装	wěi	wèi

4. 声、韵、调中有两项不同或三项都不同的异读词

卡片	kǎ	qiǎ	红色	sè	shǎi
暴露	bào	pù	供给	jǐ	gěi
傍晚	bàng	páng	矛盾	dùn	shǔn
僻静	pì	bèi	巷道	hàng	xiàng
奇数	jī	qí	贝壳	ké	qiào
五更	gēng	jīng			

对于这些异读词，要确定哪一个合乎语音的规范，就必须有一个审音标准。可是，异读词的来源是很复杂的，有的是受文言读音的影响（如“暴露”读 pùlù），有的是受方言读音的影响（如“揩油”读 kāyóu），有的是由于北京语音本身特殊的发展（如“微笑”读 wēixiào），因此审音的标准就不能定得太简单。

1956 年中国科学院成立了普通话审音委员会，专门审订异读词的读音，在确定审音的标准时，考虑了以下几项原则：

1. 一个字的读音在北京话里非常通行而不合北京语音的一般发展规律的，这个音还是可以采用，但是同时也要考虑到它在北方话里应用得是否广泛。例如在北京话里，“危”读 wēi，“期”读 qī，“帆”读“fān”，这些音不合一般发展规律而采用了它们，因为在北京话里非常通行，北方话里也大致通行。可是“酵”读 xiào，“诊”读 zhēn，这些不合规律的音就不加以采用，而把“酵”的音订为 jiào，“诊”的音订为 zhěn，因为这是符合一般发展规律并为北方话所通用的。

2. “开、齐、合、撮”的读法，原则上以符合语音发展规律为准。例如：“淋”采用 lín 的音，不采用 lún 或 lǘn。

3. 古代清音入声字在北京话的声调，凡是没有异读的，就采用北京已经通行的读法。凡是有异读的，则逐字考虑，采用比较通用的读法。

根据上项原则，审音委员会审订了北京话里常用异读词的读音，于 1957 年 10 月公布了《普通话异读词审音表初稿》和《本国地名审音表初稿》，[①]广泛征求意见。初稿发表以后，审音委员会又陆续搜集了第二批异读词五百余条，于 1959 年 7 月公布了《普通话异读词审音表初稿（续）》，[②]1962 年 12 月又发表了《普通话异读词审音表初稿》第三稿，[③]1963 年 1 月又把三次的审音表初稿辑录在一起发表。[④] 1982 年 6 月开始，重建的普通话审音委员会对审音表初稿再次进行了审定。

---

① 刊载在《中国语文》1959 年 10 月号，文字改革出版社印过单行本。
② 刊载在《中国语文》1959 年 7 月号，文字改革出版社印过单行本。
③ 刊载在《中国语文》1962 年 12 月号。
④ 刊载在《中国语文》1963 年 1 月号，文字改革出版社印过单行本。

修订稿经国家语言文字工作委员会、国家教育委员会、广播电视部审核通过，并且已于1985年12月以《普通话异读词审音表》的名称予以公布。异读词的审订对于语音规范化起了积极的作用，某些审订原则的运用和具体字音的规范还有些不同的意见，可以在进一步讨论的基础上统一认识，逐步解决。

三　克服误读

学习和掌握普通话语音规范，首先，要正确掌握普通话声、韵、调系统，克服字音的方音读法，这就是本章第二节至第七节所讲的内容。其次，要注意学习和掌握轻声词、儿化词和异读词的规范读法，掌握本节上述的内容。除了这两个方面，我们还可以从克服误读的角度谈谈掌握汉字的规范读音问题。

常见的误读有两种，一是不能正确掌握多音多义字的意义和读音，二是滥读半边字。我们要在学习和使用语言文字的过程中，逐步掌握多音多义字，注意防止读错别字。

（一）正确掌握多音多义字。普通话里常用字中有三四百个多音多义字。这些多音多义字字形同一，读音和意义、用法却不同，必须仔细分辨，认真掌握。

今天常用的多音字中有一部分是因词性不同而读多音的。例如：

量	liàng（名词）	质量、宽洪大量
	liáng（动词）	丈量、量体裁衣
号	hào（名词）	称号、号码
	háo（动词）	号叫
难	nán（形容词）	难字、困难
	nàn（名词）	灾难、苦难
为	wéi（动词）	人为的、大有可为
	wèi（介词）	为什么、为人民服务

有一部分多音多义字是由于读书音和口语音的不同而造成的。

例如：

血 xuè （读书音） 血压、血债、血海深仇、“我以我血荐轩辕”、“苍山如海，残阳如血”
xiě（口语音） “手碰破了，流了一点儿血”“这血，决不能白流”

薄 bó（读书音） 薄弱、轻薄、薄膜
báo（口语音） 薄饼、薄脆

嚼 jué（读书音） 咀嚼
jiáo（口语音） 咬文嚼字、味同嚼蜡

还有一部分多音多义字是由于普通用法和人名地名用法不同而造成的。例如：

单 dān 单一、单纯、名单、单方
chán 单于（古代匈奴的君主）
shàn 单（姓氏）、单县（地名）

番 fān 番茄、几次三番、下一番功夫
pān 番禺（地名）

翟 dí 墨翟（墨子）
zhái 翟（姓）

（二）要防止读错别字。方块汉字中有不少由偏旁合成的字，有些人常常误读半边，造成读错字音的现象。例如：

翱 错读成“皋” gāo
莠 错读成“秀” xiù
绽 错读成“定” dìng
宠 错读成“龙” lóng

有些人常常根据带某偏旁的一个字的读音进行类推，造成误读。

例如：

"批"读 pī，有的人就把"庇"(bì)、"毖"(bì)、"妣"(bǐ)都误读成 pī。

"拙"读 zhuō，有的人就把"咄"(duo)、"绌"(chù)、"黜"(chù)都误读成 zhuō。

"喘"读 chuǎn，有的人就把"湍"(tuān)、"揣"(chuǎi)都误读成 chuǎn。

此外，因字形相近而误读，如把"病入膏肓"的"肓"误读成"盲"，也是需要防止的。

汉字不是表音文字，字形与读音的联系很不紧密。因此，我们读字只有勤查字典，多辨音、义和用法，才能把字音读正确。

四　努力学习和推广普通话，促进语音规范化

方言区的人学习普通话语音，一方面，不能要求他们学得跟北京人完全一样。普通话以北京语音为标准音，并不是说每一个轻声字，每一个儿化词都非完全依照北京音来读不可。就是声、韵、调三方面要求发音正确，也是从语音类别上来说的，并不要求大家连音色上的极细微的变化也要掌握。

另一方面，也不能满足于学得"差不多"，叫人听得懂就行了。当然，凭着语言环境和上下文的帮助，有时不正确的发音也可以让人听懂，但是，不正确的地方太多，就会成为交际的障碍。同是一个不正确的发音(如 z，zh 不分)，在某些场合并不妨碍人们的了解；在另一些场合就可能引起误会或者叫人听不懂。因此，只要是发音不正确，妨碍人们了解的可能性就永远存在。学习普通话，不能降低学习上的要求。

推广普通话是当前语文工作的重要任务之一。通过语音课的学习，我们应该努力运用普通话语音知识指导自己学习普通话的实践，反复进行口耳训练，提高自己的普通话语音水平。同时我们还要积极推广普通话，促进语音规范化，为汉语语音的统一而努力。

思考和练习

1. 异读词的审音原则是什么？你对这些原则的认识怎样？
2. 查一查《普通话异读词审音表》或《现代汉语词典》，注明下列异读词的规范读法：

(1) 雌雄	(2) 哺乳	(3) 召集	(4) 闭塞
(5) 呆板	(6) 复习	(7) 堤岸	(8) 缔结
(9) 霉菌	(10) 揩油	(11) 娇嫩	(12) 逊色
(13) 血泊	(14) 相识	(15) 垃圾	(16) 咆哮

3. 查一查《普通话异读词审音表》，注明下列多音多义词的规范读法：

(1) 着手　着凉	(2) 切削　剥削
(3) 巷道　三家巷	(4) 家畜　畜牧
(5) 差别　参差	(6) 宝藏　躲藏
(7) 颤动　颤栗	(8) 玩弄　弄堂
(9) 塞音　活塞	(10) 强渡　强迫

4. 下列词语中带黑点的字读什么音？

(1) 造诣	(2) 唾弃	(3) 酗酒
(4) 桎梏	(5) 枢纽	(6) 抨击
(7) 绚丽	(8) 谄媚	(9) 酝酿
(10) 裹挟	(11) 倾斜	(12) 通缉
(13) 龋齿	(14) 绮丽	(15) 矩形
(16) 矜持	(17) 校勘	(18) 教诲
(19) 憧憬	(20) 刽子手	(21) 刚愎自用
(22) 面面相觑	(23) 揠苗助长	(24) 瞠目结舌
(25) 怙恶不悛	(26) 提纲挈领	(27) 负隅顽抗
(28) 叱咤风云	(29) 暴戾恣睢	(30) 魑魅魍魉

第二章　文　字

第一节　汉字的字体

一　汉字的形成

文字是记录语言的符号体系，是辅助语言起交际作用的工具。文字是在有声语言基础上产生，依附于语言而存在的。不记录语言单位的任何线条、图形、符号都不是文字。

文字是人类进入文明时代的标志。有了文字，就把语言的声音信息转化为视觉信息记录下来，使语言和被记录下来的内容传于异地异时，扩大了交际的范围，积累和保存了人类文化。

汉字和古埃及的圣书字、古美索不达米亚的楔形文字是世界上最古老的文字。圣书字和楔形文字早已不再使用，而汉字一直作为汉族的辅助交际工具使用到现在。

汉字产生的确切年代还不能断定。从近年考古研究的资料来看，汉字的历史可以远溯到五六千年前。在陕西省长安灵台、郃阳莘野村、西安半坡和临潼姜寨等地的原始社会晚期的仰韶文化遗址里，都曾经发现过刻划在陶器上的记号。以西安半坡发现的陶器上的刻划记号为例（图一），几乎全都刻在同一种陶器的同一部位，可能是具有文字性质的符号。半坡遗址的年代，据中国科学院考古研究所测定，距今有五六千年。[①]

---

① 郭沫若.古代文字之辩证的发展[J].考古学报，1972(1)；又郭沫若.中国史稿：第一册[M].北京：人民出版社，1976：65.

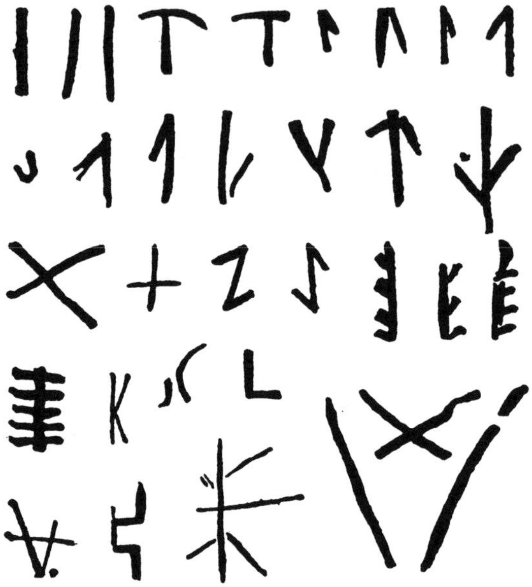

图一

山东省莒县原始社会晚期的大汶口文化的陵阳河遗址里，发现过一些刻在陶器同一部位的象形符号（图二）。它们和商代金文中表示族名的一些字十分相似，带有表意字性质。陵阳河遗址的年代，据推测距今约五千多年。①

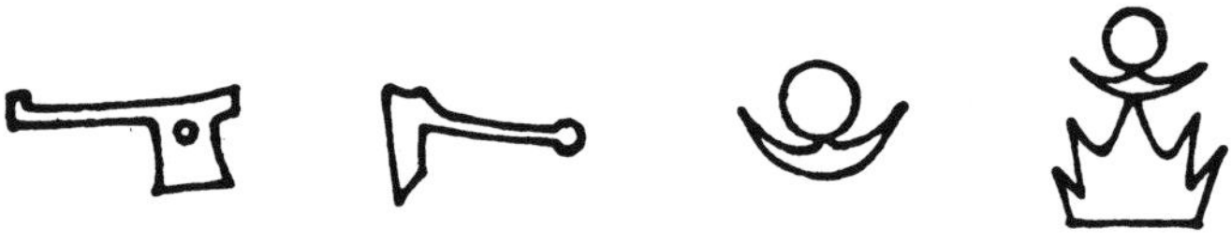

图二

现在能够看到的最古的成批的汉字资料，是距今三千多年前商代后期的甲骨卜辞和器物铭文中的文字，数目达到三千五百个左右。从文字结构来考察，不仅是象形，会意、形声、假借等方法都已经应用，可算是基本成熟的文字了。商代人已用毛笔写字，在一些甲骨和陶器上都可以看到毛笔书写的字迹。在汉字形成的历史过

① 裘锡圭.汉字形成问题的初步探索[J].中国语文，1978(3).

程中，从原始文字演变为商代的相当发达的文字，具体途径还有待于进一步研究。

二　汉字字体的演变

字体是文字符号的体式。由于书写工具和承载材料不同等原因，一种文字往往有多种不同的符号体式。这些不同的符号体式随着时代的发展而更迭，有的时候几种符号体式在同一时代并存，以一种为主要通行文字。文字符号体式的差异包括许多方面，例如笔画粗细、弯直的形状特征，字的整体形态，组字成分的组合、安排，等等。

汉字的字体演变，主要经历了甲骨文、金文、小篆、隶书、楷书、草书、行书等几个发展阶段。商代主要用甲骨文，周代用金文（又称钟鼎文），秦代主要用小篆，而以隶书为日用字体；汉代主要用隶书，而草书、行书也已流行；魏晋到现代，主要用楷书（即真书），而以行书为辅助字体。

字体的演变一般是缓慢的，渐进的。不是新的字体一出现，旧的字体就废除，而是经过一段新旧并存的时间，才由新体代替旧体。旧体基本上不用之后，也不是就此消灭，而是在某些场合仍旧在使用。例如汉魏两代，小篆已经不通行了，但《说文解字》仍用篆书，魏正始二年（公元 241 年）刻的石经，仍旧用篆书与隶书对照。隋唐两代，楷书早已通行，但在石刻上仍旧有人写隶书。直到现代，在写对联、刻印章、绘画题款等场合，还有人把篆书或隶书作为艺术性的字体来使用。这都说明汉字的字体是有继承性的，新的字体只是取代旧体而通行，不一定要以消灭旧的字体作为自己存在的条件。

下面按甲骨文、金文、小篆、隶书、楷书、草书、行书的次序来叙述字体的演变情况。

（一）甲骨文

甲骨文主要是商代王室刻在卜问用过的龟甲兽骨上的记录，是公元前一千三百多年到一千一百多年间的通行字体。由于刻划在龟甲兽骨上而称为甲骨文。公元 1899 年发现于河南省安阳县城西北五里的小屯村。

奴隶制时代的商王朝统治者是十分迷信的，每事必卜，每卜必至数次。刻在甲骨上的文字就是卜辞。根据不完全的统计，卜辞应用的字数大约有三千五百个。其中一半以上是可以认识的；不认识的字大多是人名、族名、地名等专用字。

右边是甲骨文的拓片（图三）。由于它是在甲骨上刻划的，因此字的大小不一，线条纤细，直笔居多，棱角鲜明，字形瘦削挺拔。

甲骨文已经是相当发达的文字，不带表音成分的字占绝大多数，带表音成分的字较少。假借字很多。

图三　甲骨文
商祭祀狩猎涂朱牛骨刻辞

甲骨文的结构还没有完全定型化，字的方向可以变换，偏旁可有可无，点数可多可少。例如：

 即　　 射

 遘　　 燎

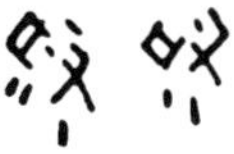 祭　　 康

（二）金文（附六国古文）

金文是铸在青铜器上的文字。铸在青铜器上的文辞称为铭文，文字称为金文。又因为古人用钟鼎来作为铜器的总名，所以金文又称为钟鼎文。下面是西周铜器上的金文拓片（图四）。金文的线条特点是有肥笔。周代成王、康王以后的金文点画圆浑，体势雍容。

战国时期秦国的文字变化较小，我们把秦以外的诸侯国的文字称

图四　金文　大盂鼎铭文　西周

为六国古文。六国古文实质上是汉字的区域性的异体字。今天看来，比较难以认识。

这一时期文字的变化，主要有两种情况：一是形声字大量增加，字在形体上的区别更细致了，例如不少表示国名的字加上“邑”旁；二是出现了很多简体字，存世的印玺、陶器、货币、兵器上的刻款，大多数是草率急就的简体字。

（三）小篆（附石鼓文）

春秋战国时期，秦国文字的字形结构大体上保持了西周的写法，只是变得更加整齐匀称，这种文字我们称之为“大篆”，可以用石鼓文来作代表（图五），这就是小篆的前身。

图五　石鼓文

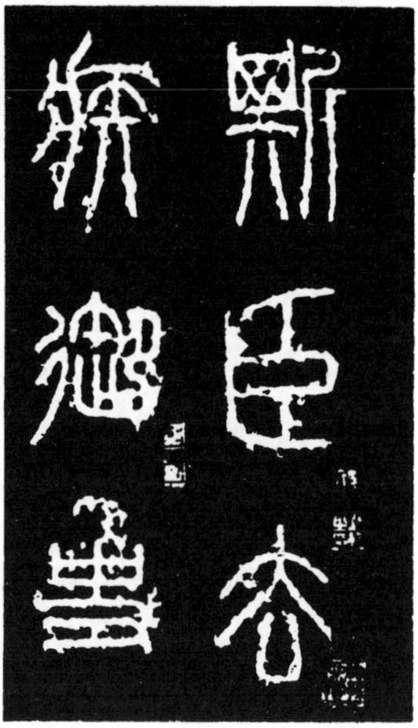

图六　小篆　秦　泰山刻石

秦始皇统一中国以后，进行了一系列的改革，其一就是统一文字，据说是在李斯主持下进行的。办法是把秦国原来使用的篆书酌加简化后，推行到全国，同时废除战国时期那些区域性的异体字——六国古文。这种经过整理的秦国文字就是小篆（图六）。

小篆是汉字第一次规范化的字体。小篆的线条带弧形，圆转而匀称的线条使字形略带椭圆，极其整齐。小篆把原来没有固定形式的各种偏旁统一起来，一个偏旁只有一个形体，为汉字组字成分的统一打下了很好的基础。小篆确定了每个偏旁在汉字形体中的位置，不能随意变动，每个字所用的偏旁固定为一种，不能用其他偏旁代替，减少了异体，每个字的书写笔数也基本固定，基本上做到了定型化。小篆把大篆中相同的组字成分作了改变，使字形结构简化了。

汉字到了小篆阶段，文字的符号性和规范性得到了很大的提高。

（四）隶书

秦代通行小篆的同时，还通行隶书。隶书是从草率的篆书变来的。

秦代的隶书究竟是怎样的，很难断言。1957 年在湖北省云梦县城西睡虎地第十一号秦墓出土的竹简上的汉字同泰山刻石、绎山刻石等匀整的小篆比较起来，大约接近秦代的隶书（图七）。

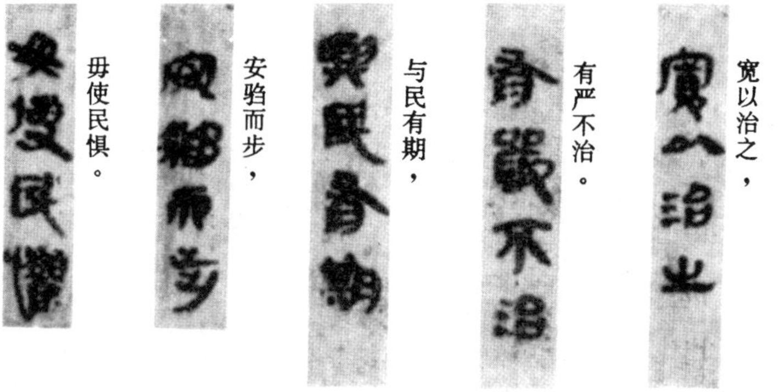

图七　秦隶　睡虎地秦墓竹简

图八　隶书　东汉　礼器碑

隶书在汉代是正式字体。早期的隶书，仍保留了一些篆书的风格，后期的隶书笔画趋于平直，后来更添了波势和挑法，字形也渐成扁方形了（图八）。

用点、横、竖、撇、捺等笔画转写篆书所发生的变化叫做“隶变”。隶变使汉字进一步变成纯粹符号性质的文字，同时也是汉字由繁趋简的演变现象。隶变改造偏旁，混同了小篆中形体不同的字，同时也分化了小篆中形体相同的字，使汉字形体发生了一次大变化。隶书可以说是由古汉字演变为现代汉字的一种过渡字体。

（五）楷书

楷书又叫真书，是现代通行的字

体。“楷”是法式、模范的意思。楷书是由隶书演变来的，是点、横、竖、撇、捺、钩等笔画进一步的发展。楷书的结构与隶书基本相同，只有少数地方略有改动。

楷书出现，汉字成为方块字就定型了。楷书汉字完全是由笔画组成的方块形符号，在摆脱古汉字的图形意味这一点上，比隶书又进了一步。

楷书萌芽于西汉，成熟于东汉末年，魏晋以后就大大流行，直到现在，楷书仍然是汉字的标准字体（图九、图十）。

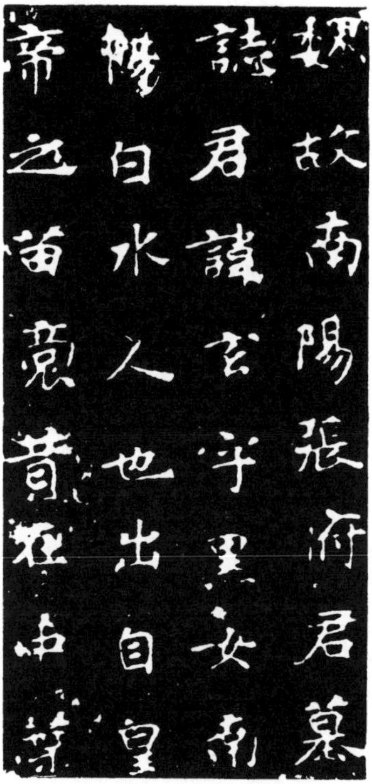

图九　北魏　张黑女碑

图十　唐　欧阳询　虞恭公温　彦博碑

楷书的印刷体常用的有三种：一是老宋体，又称宋体，是最通用的印刷体，特点是横细竖粗，笔画谨严，有装饰性点线。二是仿宋体，比老宋体秀丽，笔画不分粗细，顿笔讲究，常用于排印诗词的正文，一般文章的引文、序言和图版说明。仿宋体还有一种变形叫长仿宋，一般用于表格的题头，或用于排印诗词和正文中的夹注等。三是正楷体，同手写体接近，比仿宋体丰满，多数用来印通俗读物、小学课本和儿童读物。

印刷体中另有一种黑体，又称方头体、粗体，供表示着重用，作为文章的标题一般也用黑体字，很少全篇都用它来印刷的。印刷体根据字体大小编号，如“三号字”“五号字”等。

楷体印刷体字体和字号表：

	头号	二号	三号	四号	小四号	五号	小五号	六号
黑体	学	学	学	学	学	学	学	学
老宋	学	学	学	学	学	学	学	学
正楷	学	学	学	学	学	学	学	学
仿宋	学	学	学	学	学	学	学	学
长宋	学	学	学	学	学	学	学	学

（六）草书

广义地说，自有汉字以来，各种字体都有草率的写法。到了汉代，“草书”成为一种字体的专称，说明它已经发展成一种具有特色的字体了。

草书共有三种：章草、今草和狂草。章草是就隶书加以变化的，起于汉代（图十一）；今草是章草的继续，是楷书的快写体，从东汉末年流传至今（图十二）；狂草是在今草的基础上任意增减笔画，恣意连写，兴于唐代（图十三）。总起来说，章草是从隶书发展出来的。今草和狂草是从楷书发展出来的。当然也不能忽略今草是章草的直接演变、狂草是今草的直接演变这一情况。它们的发展过程有如下表：

隶书→楷书
↘　　↘
章草→今草→狂草

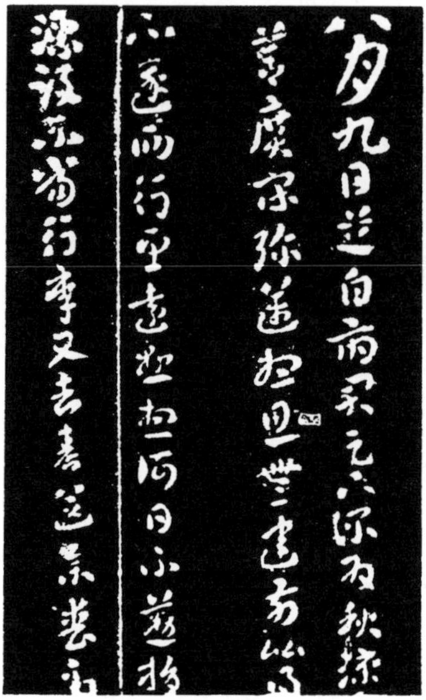

图十一　章　草
(传)汉　张芝　秋凉帖

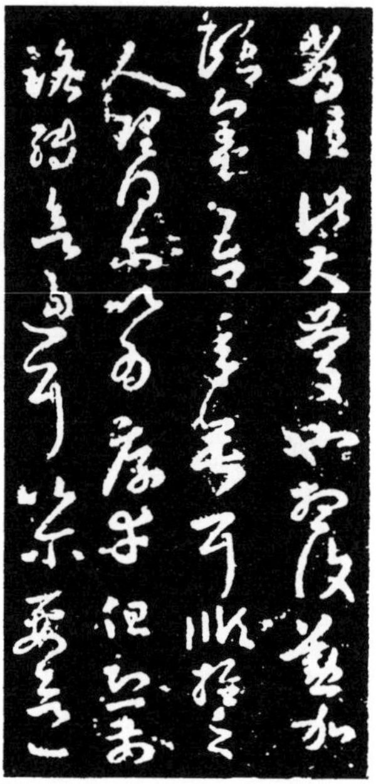

图十二　今　草
晋　王羲之　十七帖

草书打破了汉字的方块形体和结构系统，打破了楷书向四面八方用笔和不断起笔落笔的书写方法，而把许多原来的笔画和偏旁变成易于一笔连写的符号。有不少楷书是十几笔的字，草书只用两三笔就勾画出来了。这样把方块字的结构和写法高度简化，达到快写的目的，可以提高工作效率，有一定的进步意义。现在使用的简化字中，有一些就是采用草书而加以楷化的，如“东”“学”“为”等。不过唐代兴起的狂草，一些书法家混同偏旁，任意连书，难以辨认，只能当作书法艺术看待，实用价值是不大的。

（七）行书

行书是介于今草和楷书之间的一种字体，可以说是楷书的草化或草书的楷化。行书大约是在东汉末年今草和楷书盛行的时候产生的。它有两个特点：第一，近于楷书而不拘谨，近于今草而不放纵；第二，笔画连绵而各字独立，清晰易认，不像狂草那样连得难以认识（图十四）。

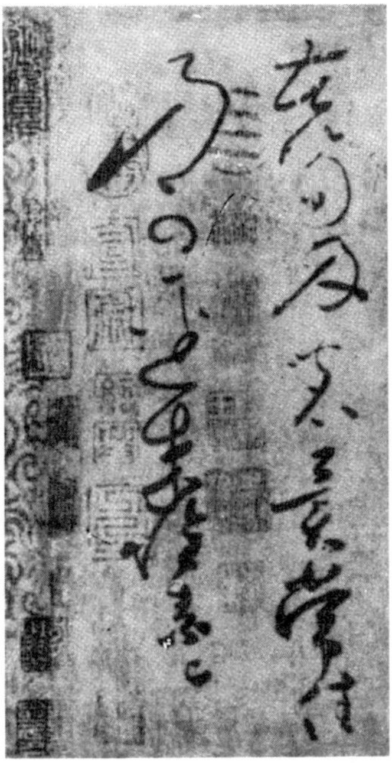

图十三　狂　草
唐　怀素　苦笋帖

图十四　行　书
晋　王羲之　兰亭序
（冯承素描本）

行书兼有楷书和草书的优点，字形清晰易识，书写效率较高，在实用方面差不多和楷书一样受到重视。魏晋时期，文人还只是写信用行书，后来则应用范围逐渐扩大，现在写信、记帐、起草稿、抄文件、作记录、写日记等，一般都用行书。行书成为楷书的主要辅助字体，实用价值不在楷书之下。

*　　　　*　　　　*

从上述汉字字体演变的历史来看，汉字发展的总趋势是简化。主要反映在同字异形减少，字的写法和结构趋简。汉字字体发展过程中，通用的字字形逐渐稳定，同字异形情况有所减少。肥笔改为瘦笔，弧形线条改为直线后，图画描绘性记录方式改为符号性记录方式，使书写快捷便利。另外，有些字的结构成分发生某些删并，有些字的结构方式作了某些调整，都使汉字日渐简化。当然，有时为了区别字义或注明字音，也有添加组字成分而使汉字繁复化的现象。不过，从总体来看，简化是汉字字体演变的主流。

汉字从甲骨文直到行书的字体演变是怎样发生的？是什么力量推动的？可以从两个方面进行分析：

第一，书写工具、书写方式方法和承载材料的变化是字体演变的客观因素。

龟甲兽骨坚硬，刻写工具尖利，因而甲骨文线条纤细，大小不匀。金文附着在青铜器上，需要浇铸，木模又可以雕琢加工，因而金文浑厚整齐，有肥笔道。毛笔柔软，富于弹性，才有可能产生篆书圆转、呈弧形的笔画、隶书有波磔的笔画和楷书的撇、捺等。

第二，写字者对汉字的简易要求和美观要求是字体演变的主观力量。

汉字从记录卜辞、记录帝王功绩到广泛记录人们各方面的活动，日益发展了它辅助汉语进行社会交际的功能。人们在日常使用中往往不满足于原来的字体，当一个时代一种法定的字体正在通行的时候，民间为了书写快捷简便，就已在孕育新的字体了。秦代以小篆为正式字体，隶书（被称为“秦隶”）却已经萌芽；汉代通行隶书，却已经产生了楷书和草书。一种新字体初产生时，往往只是旧字体的草率写法，因而与旧字体相去不远。后来经过书法家的美化，特征逐渐鲜明，字形和写法逐渐稳定，便很快通行，逐渐代替旧字体而成为正式字体。

三　异体和简体

汉字的形体，过去缺乏严格的规范，从来就有异体的存在；又由于字体演变的总趋势是简化，从来就有简体字存在。下面就叙述汉字字体演变中这两方面的情况。

（一）异体

甲骨文和金文的字体都没有完全定型化，同一个字有几个不同的形体，六国古文更是区域性的异体。小篆是经过整理的字体，基本上做到了统一和定型，但是仅就《说文解字》所收的字来看，还有不少异体字。例如：

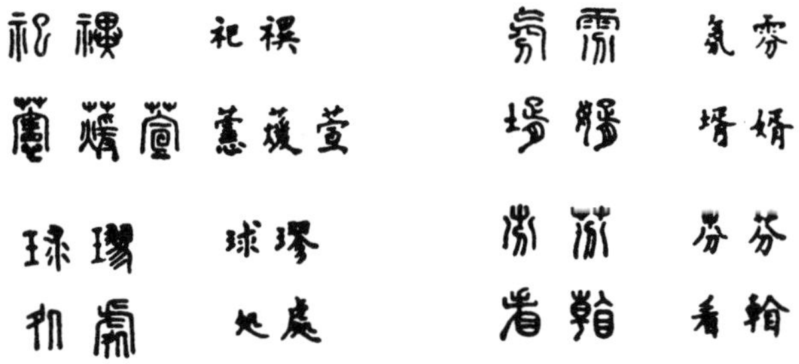

上边这些字，每组第一个在当时算是“正体”，后边的称为“或体”，也就是异体。

《说文解字》还有“正体”“俗体”之分，其实“俗体”也是一种异体，例如“褎”是正体，“袖”是俗体。

还有些字，《说文解字》分列在两个部首，不当作同一个字的异体，但是从读音和所表示的词的意义来看，也应当是同音同义的异体。例如：“盌”和“甇”（碗），“碎”和“瓶”。

《说文解字》里还在有的字下边收录了一些“籀文”和“古文”，“籀文”实际上就是大篆，“古文”是战国时秦以外六国文字，也是一些异体。

小篆演变为隶书，隶书演变为楷书，在这演变过程中，异体字的数量又增加了。下面是从魏晋以来的字书、韵书中摘录的一些例子：

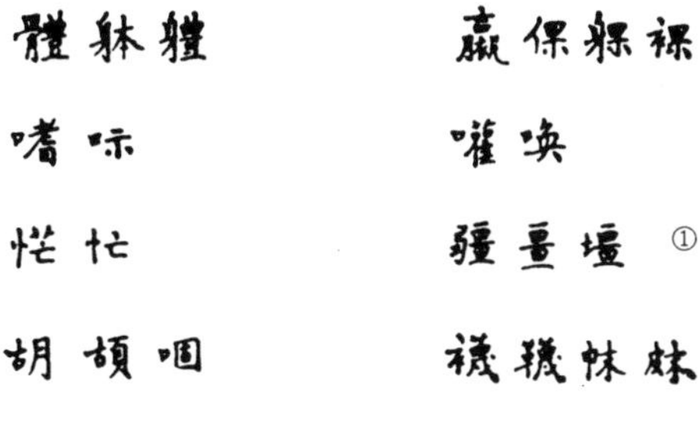
①

① 以上见唐写本《玉篇》。

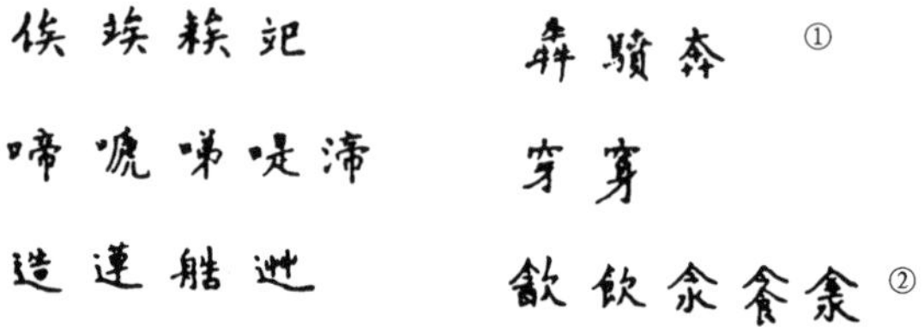

旧时的字书、韵书是具有一定程度的规范作用的，可是所收的异体字如此之多。有人从汉魏以后的碑志中，在宋元以来民间刊刻的小说唱本中，辑录了许多不见于字书、韵书的异体字[③]，可见汉字异体之多。在使用过程中有些异体被淘汰了，但是新的异体又会在人们的笔下产生出来。汉字结构复杂，汉字和汉语不能密切结合，是造成一字多体的根本原因。

异体字多，对于学习和掌握汉字是不利的，必须加以整理，精简字数。

（二）简体

简体字和异体字实际上是难以截然分开的。简体字是异体字中符合简化要求的一部分，流传下来的简体字是异体字中应当选用保留的一部分。

简体和繁体并存的现象在甲骨文里就有，例如：

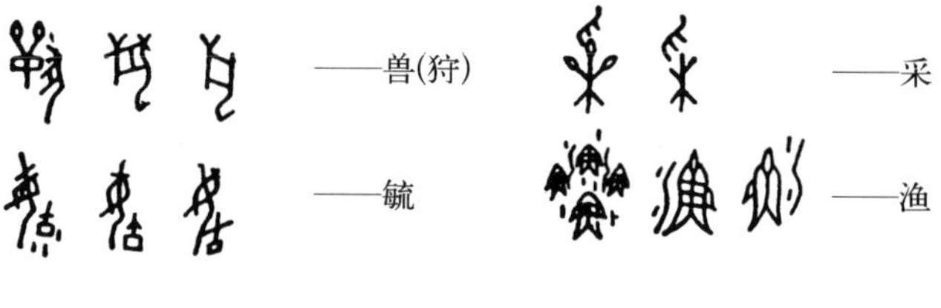

简体字的大量出现是在战国时期，当时的陶器、钱币、兵器上用简体字，甚至玺印和钟鼎这种比较郑重的器物上也用简体字。

---

① 以上见唐写本《一切经音义》。

② 以上见《集韵》。

③ 罗振鋆等《增订碑别字》，收集汉代以后碑版上所见而字书上不载的异体字。刘复、李家瑞《宋元以来俗字谱》，收集十二种宋至清的刻本中的“俗字”。这两部书是研究异体字、简体字的资料，1957 年文字改革出版社重印。

汉代通行隶书和草书，字体的简化主要向草书方面发展，但是隶书的简体字也是不少的，在碑刻和铜器铭文中都可以找到例子。

现代通用的简体字，有的可以追溯到很早的年代，这种演变历史很值得注意。下边以“为”“寿”二字为例来看简体字发展的大致情况。

（甲骨文）　（金文）　（小篆）　（隶书）　（楷书）

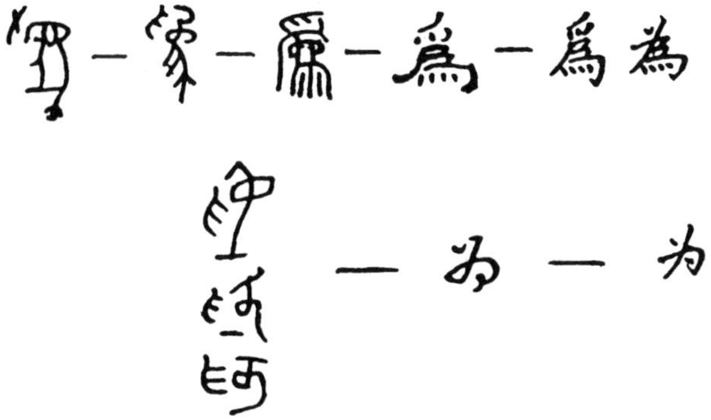

（战国简体）　（草书）　（现代通行简体）

（金文）　（小篆）　（隶书）　（楷书）

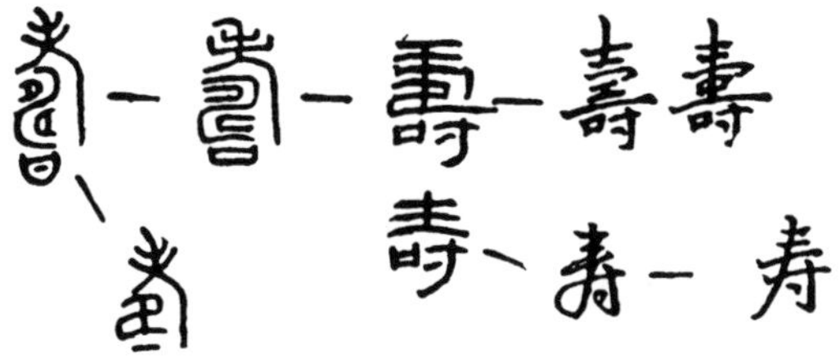

（战国简体）　（草书）　（现代通行简体）

魏晋以来的碑志、经卷上有所谓“俗字”，其中不少就是简体。宋元以后的民间刻本上，简体字更是广为流传。这些简体字是历代人民群众所创造的。

思考和练习

1. 汉字字体主要有哪几种？各种字体主要通行在什么朝代？

2. 小篆字体有什么特点？
3. 小篆和隶书在汉字字体的历史演变中有什么重要性？为什么？
4. 看下面的三组字，说明从篆书演变为隶书、楷书，在字的偏旁上的变化。

5. 下面这些字用作偏旁时，在手写的行书草书里与楷书字体略有不同，写出行书草书的写法。

争　木　女　角　韦　禾　米　文　各　雨

青　示　走　鸟　行　者　谷　每　至　章

之　车　革　聿　虫　舟　果　尊　弓　鹿

6. 为什么说汉字字体演变的总趋势是简化？
7. 从参考书上找些不同的汉字字体，看看它们各自的特点。
8. 下边是“边”字和“杂”字简化演变的大致次序，说一说其中各个字属于哪种字体。

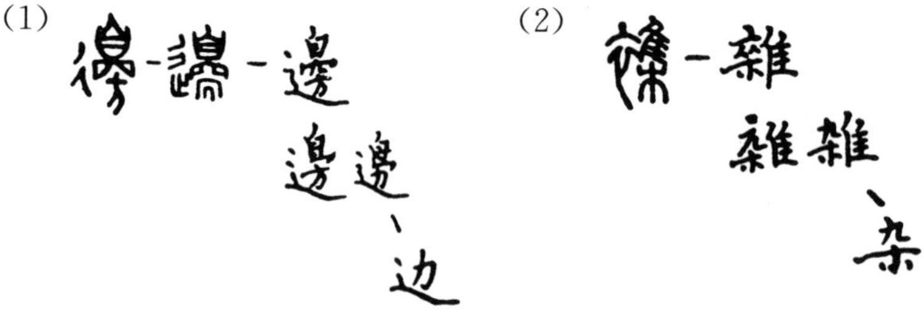

第二节　汉字的特点和结构

一　汉字的特点

汉字是世界通行的文字中历史悠久而又体制特殊的一种文字。拿汉字同世界上许多表音文字比较，有以下一些主要特点：

（一）汉字是表意性质的文字

表音文字是用字母把语言的音素或音节直接地显示出来的一种文字。汉字的情况不同。古汉字的字形同语言里的词或语素的意义有比较直接的联系。看到一个（木），人们往往能从字形估摸到一些字义，一个（休）字，也往往能启发人们从“人倚木上”想象开去，省悟字的意义。到了现代，经过隶变和楷化的汉字已经大大减弱了字形表意的直观程度，虽然占汉字极大比重的形声字的形旁似乎在表示字义的类属方面起着一定的作用。汉字记录语言里具有不同意义的同音词（或同音语素）时也力求在字的形体上表现出它们的区别，同音异义词的字形也各不相同。这些情况说明汉字记录语言的方式有其自身的特点。

但是，不能认为汉字是使人见形识义。见形识义是图画而不是文字。所谓象形，不过是造字的方法。“日”“月”等虽是象形字，然而人们并不是把它作为图画来识别的。汉字同汉语语音的联系不十分直接，用汉字写出来的书面材料，汉族不同方言地区的人可以按照自己的方言读出音来，汉族的后代也可以用现代语音阅读古代的典籍。不过，由于表意汉字不便于表音，所以不利于汉族人民的语音统一。

（二）汉字字形记录的语音单位是音节

文字是记录语言的，所以任何文字都记录一定的语言单位。从记录语音的角度看，许多拼音文字用字母代表语言的音素，一个字母或字母组合代表一个（或几个）音素。汉字的字形却不是和语言的音素相对应，而是和音节相对应，一个汉字代表语言里的一个音节，只有儿化中的“儿”字不代表完整的音节，是例外。例如“小鱼儿”（xiǎo yúr），汉字是三个字形，语言里却只有两个音节。过去，一些计量单位用字如“瓩”(qiānwǎ)、“浬”(hǎilǐ),“呎”(yīngchǐ)等,一个字代表两个音节。1977年7月,中国文字改革委员会、国家标准计量局发出通知,淘汰了这一类读成两个音节的计量单位用字,统一使用“千瓦”“海里”“英尺”等名称。

(三)汉字是平面型文字

世界上许多拼音文字记录一个词用一串字母作线性的排列,汉字不是这样。汉语的一个词(或一个语素、一个音节)往往用一个平面型方块来记录。平面型文字和线性文字有很大的不同。线性文字的字母之间像线条似的排列,自左向右或自右向左横向展开,或者自上而下纵向展开。汉字的构成成分则是横向和纵向同时展开,形成平面。这样,笔画的配合就可以比线性文字的字母排列方式复杂,字形也丰富多样了。以三横一竖为例,若按线性排列,三横一竖只能有---|、--|-、-|--、|--- 四种排列形式;若按平面形排列,两横一竖相互配搭,则至少可以有“王、主、干、丰、巨、彐、戸、彐、土、干、工、工”等多种组合形式,如果加上笔画距离的远近,笔画的长短等因素,组合形式将更加丰富多彩。汉字部件和字形复杂多样、特征鲜明的情况就是由平面型特点产生的,汉字部件和字形数量繁多的情况也同平面型特点有很大关系。

(四)汉字记录汉语不实行分词连写

用拼音文字作为语言的符号体系,绝大多数用空隙表明词的界限,即在词内连着写,词与词之间分开写。汉字记录汉语不用空隙表示词的界限,而表示语素的界限。拿一段不加标点的文章来看,只见一个个字等距离地挨次排列下去,词和词的中间没有明显的空隙。

汉字记录汉语不实行分词连写这个特点,对学习和阅读有些不便。书面语不显示词的界限,阅读时不容易掌握好句子里的停顿,有时甚至会误认词界,影响语意的理解。

二　汉字的结构

汉字的结构包括字的内部结构和外部结构两个方面。内部结构指一般所说的结构方式或造字法,是构造字形以记录汉语的方式、方法。分析内部结构要把字形同被记录的汉语单位的音义结合起来。

由于古汉字和现代汉字在字形同音义的关系上不全相同，这里把古汉字和现代汉字的结构方式分开来讨论。

（一）古汉字的结构方式

关于古代汉字的造字法，历来有所谓“六书”之说，指的是象形、指事、会意、形声、假借、转注。六书之中，真正的造字方法是象形、指事、会意和形声。

象形——比照事物的形体，描画实物的形状。例如：

火  像火焰向上的样子，有的字形上加两点是像火星四射之形。

首  像人头的形状。

贝  像海贝的形状。

燕  像燕子在飞的时候从背面看去的全形。

禾  像一株稻麦形，上面是谷穗。

门  像带门框的双扇门。

象形是描画客观事物的形状的，但文字只是记录语言的符号，不同于图画，不可能也不需要画得很细致，只要把某一类事物的特征表现出来就行了。所以象形字是一种形象符号，它是用字形同语言里某个词的意义取得联系的。在文字定型化以前，同一个象形字往往有多种写法。汉字里用象形方法造的字是不多的，因为这种造字方法本身有很大的局限性，有的事物描画不出来，可以描画出来的又不便书写。

指事——用抽象的符号组成，或者在象形符号上加指示性符号。例如：

上  用一根弧线作基准，弧线上面加一短横，以表示相对位置。

三  用三条线表示数目。

叕  意思是联缀，字形用几条弧线表示互相牵连。

本  在象形字“木”的根的部分加上符号。

至  在箭头下面画条线，象征地面，表示降落到地。

亦  古“腋”字。在正面人形的两臂之下加点，表示腋部。

刃  在刀口加点，指明刀口之所在。

汉字里用指事方法造的字是比较少的，因为用抽象符号来表示语言里某个词的意义，局限性很大。指事的两类结构方式也是不平衡的。纯粹用抽象符号的字很少，在象形字上增加符号这种方式用得较多，因为有象形字作基础，例如“立”“甘”“寸”等都是在象形字上加符号造成的指事字。

会意——用两个或两个以上的图形会合成字。例如：

从  一个人跟在另一个人后面。

北  原意“相背”，两个人背对着背。

兵  兵器，上面从“斤”，是一种斧子，下面是两只手。

看  手放在目的上方，挡住光，好远望。

益  上面从“水”，水溢出器皿。

寒  “宀”下有“人”，上盖下垫都是“茻”，底下还有冰。

友  两个“又”是两手相助，引申为朋友。

匠  木匠，“匚”是装工具之器，“斤”是斧子。

烦  “页”是人头形，从“火”，表示发热头痛。

休  “人”在“木”旁休息。

会意字同象形字一样，也是一种形象符号，不过象形字是“独体”，会意字是“合体”。会意字也是表示语言里某一个词的，是用几个象形符号的组合关系来和所表示的词义联系的。而用两个象形字或指事字会合成字，所“会”的“意”往往原来就是很牵强的，有时简直像猜谜。例如：“扇”原来的意思是门扇，门有两扇，鸟有双翅，所以从羽；“间”原来的意思是间隙，门中见月，以示有隙。这种解释不见得很确切。不过，会意字同象形字、指事字比起来，在造字方式方法上进了一步，汉字里会意字的字数也比较多。会意字的特点是有了偏旁，每个字至少有两个偏旁。会意字中的偏旁就是原来的象形字或指事字，例如人拿戈是“伐”，日在木上是“杲”，爪在木上是“采”。会意字的结构方式既是两个或两个以上的偏旁用各种各样方式组合起来，这就扩大了象形字作为书写符号的作用。例如“人”是像一个人侧立的象形字，可以同别的字构成“伐”“企”等会意字，也可以重复构成“从”“比”“众”等会意字。这种结构方式比较灵活，便于造出一个表示词义的复合的象形符号，这就是会意字多于象形字、指事字的道理。但是，会意字比起形声字来，数量显然少得多，甚至某一个词原来用会意字代表的，后来会变成用形声字来代表，例如“廾”变成“拱”，“凷”变成“塊”(块)。

形声——一个表意成分和一个表音成分合起来组成新字。例如：“江”的“氵”表示“江”的义类，“工”表示字音。“问”“郊”“霖”“翅”都有表意成分“口”“阝”“雨”“羽”，表音成分“门”“交”“林”“支”。

形声字的表意成分叫形旁(也叫意符)，表音成分叫声旁(也叫音符)。象形、指事、会意三种方法造的字，字形只与词(或语素)的意义相联系，形声字因为用了声旁与所记录的词(或语素、音节)的读音相联系①，这些词都可以根据读音而找到一定的声旁，因此形声字一产生，就有强大的生命力。甲骨文中形声字的数量还不多，汉代许慎编的《说文解字》里，形声字已占了70%以上。到了现代，比例进一步提高，达到百分之八九十以上。这种情况表明，文字一旦克服了纯粹表

---

① 有些形声字的声旁兼有表意作用。

意的局限，同语音有了联系，记录语言就会方便得多，这就是文字字形的表音化趋势。形声字虽然有了声旁，但是声旁的字形原不是为了表音而设置，它实际上是一千多个用象形、指事、会意、形声等方法造出来的表意汉字，只是在某些形声字中临时充当标音符号而已。此外，形声字还有表意成分。因此，就基本性质而言，形声字还是属于表意文字性质。

六书的另外两种是假借和转注。

假借是本无其字而根据被记录的词的读音，借用音同或音近的已有汉字来表示新词的一种方法。例如“自”原是“鼻”的象形字（象鼻之形），假借来记录“自己”的“自”。“莫”原是今天“暮”字的会意字（日在草莽中，以示太阳下山），借来表示否定副词“莫”。假借字出现很早，甲骨卜辞和器物铭文中就有不少。假借法撇开被借字原有的意义，把它当作标音的符号使用，从记录语言的方式看，这是与象形、指事、会意不同的另一条途径。但是，假借只是个别地利用原表意字来表音，没有形成固定的标音字母，也没有形成独立的标音系统，所以不是表音文字。

关于转注之法，学术界看法不一。有人认为：转注是指一对同部首的字，由于意义相近、声音相同或相近而互相注释。例如象形字（老），在异时异地由于语音发生变化而加注音符“丂”（又省略了“老”字的一部分），变成了（考）字，其中的原“老”字（被省去了一部分），则成了形旁，“老”和“考”就是一对转注字。

假借虽然能记录汉语，但是使用假借方法记录语言并未产生新的字形，转注虽然产生了新字形，但是用的是形声方法，所以从造字法类型的角度看，假借、转注都不是造字的方法，而是用字的方法。

（二）现代汉字的结构方式

现代的汉字大部分从古汉字演变而来，也有一些是现代新造的。从造字方法来看，现代和古代有些不同。现代造字已基本不用象形、指事的方法，百分之九十以上的现代字用的是形声的方法。例如：氚（chuān）、咚（dōng）、嗯（èn）、咖（gā，kā）、簕（lè）、趴（pā）、糌（zān）、猹（zhā）等。简化字里也有许多新形声字，例如：补、迟、灯、极。会意的方法还在继续使用，不过造的字不太多。和古汉字不同的是，古汉字是用象形的字形来会意，现代汉字则用楷书字形来会意。例如：耷(dā，大耳朵)、夯(hāng，砸地基的工具、砸地基)、籴(dí，买米)、汆(cuān，食物放在开水里稍煮一下)、凼(dàng，水塘)、掱(pa，掱手，从别人身上窃取财物的人)、尜(gá，两头小中间大的儿童玩具或食品)等。简化字"灭""泪""孙"等，用的也是会意法。

除了形声、会意之外，现代的造字方法还有一些。例如："巯"读音是 qiú，是"氢"和"硫"的合音，字义是有机化合物中含硫和氢的基，它的字形也是"氢"字和"硫"字的部分拼合。"朆"读音是 fēn，是吴语"勿"和"曾"两字的合音，字义是"不曾"，字形也由"勿"和"曾"合成。这一类字似乎可以称为合形合音合义字。又如"乒""乓""冇"等，字形从近音字"兵""有"变化而来，可以称为变形字。[①] 此外，简化字里还有一批用非音非意的符号("乂""又"等)同其他部件组合而成的字(如"区""赵""风""难""凤""圣""发""仅""戏""轰"等)以及草书楷化而成的字(如"书""农""为""长"等)。

（三）外部结构

现代汉字的外部结构指的是字的外形结构，包括两个方面：一是结构单位，二是结构关系。

1. 结构单位

现代汉字字形的结构单位有二：一是笔画，一是部件。笔画是字形的最小结构单位，部件是由笔画组合而成的、比笔画大的构字单位。如果换一个角度，也可以这样说，笔画是独体字的结构单位，部件是合体字的结构单位。

(1) 笔画

汉字的笔画是现代汉字成形的最小单位。书写时从落笔到笔提起，叫做"一笔"或"一画"。笔画是由点和线构成的，点和线的具体形状就叫做笔形。现代汉字的笔画基本上由直线(如"—""|")和斜线(如"/""\")构成。此外还有点"、"，点在某种意义上说也是斜线的变化。如"小"的左边一点属左斜线，右边一点属右斜线。现代汉字基本上没有圆弧形线条，它有利于形成方正的字形。这是现代汉字区别于

---

① 古汉字中也有少量这一类型的字，有人把它归作指事字的一类。

小篆等古代汉字的地方，也是现代汉字区别于许多拼音文字字母线条的地方。书写现代汉字时，笔画有先有后，书写时的这种笔画先后叫做笔顺。学习现代汉字，要正确掌握字形的各个笔画的笔形、笔画起讫的位置和笔画数，还要注意笔顺，这对于写好汉字、正确掌握汉字以及利用工具书查检汉字都是有重要意义的。

对现代汉字的笔形种类，各家归纳得有些差异。最粗略的归纳分为五类，可以叫做最基本的笔形，即横、竖（也叫“直”）、撇、点、折。此外还有三种，是在五种笔形的基础上作了一点变形，即挑（㇀，也叫“提”）、钩（㇖亅㇂㇟）、捺（～、㇏）。它们是把基本笔形的方向稍加改变，或者在改变方向之后再把笔提起，或带一个小钩。横、竖、撇、点、捺、挑、钩、折是构成汉字的八种主要笔形。书法上用“永”字作为代表来概括这八种主要笔形，因此有“永字八法”之说。

汉字的笔形由于在汉字中所处部位和比例的制约而有不同的变化，可称为变化笔形。变化笔形各家分类不一，现举要者如下。

笔形和名称			例字
横	㇐ 一	短横 长横	上末 丛且
竖	㇑ 丨 丨	悬针竖 短竖 长竖	甲中 兵足 相协
撇	㇒ ㇓ ㇒ ㇇ ㇜	平撇 竖撇 斜撇 横折撇 竖折撇	千手 甩胆 人入 又圣 专
点	丿 丶 丶 ㇛	左点 右点 长点 撇点	火办 六戈 爻难 好
捺	～ ㇏	平捺 斜捺	道之 人入
挑	㇀ ㇙ ㇊	平挑 竖挑 横折挑	级巧 比氏 话
钩	㇖ 亅 ㇂ ㇃ ㇁ ㇟ ㇆ ㇌ ㇉ ㇋ ㇈	横钩 竖钩 斜钩 卧钩 竖左弯钩 竖右弯钩 横折钩 横折折折钩 竖折折钩 横折左弯钩 横折右弯钩	冠欠 刘寸 戏戌 思 豕 毛见 同内 乃 与马 邻陈 九几
折	㇕ ㇗ ㇜	横折 竖横 撇折	皿口 巨区 么系

书写现代汉字，要熟练掌握各种主要笔形和变化笔形，然后联系整个字形揣摩它们在每个字里的位置和写法，才能写好。

(2) 部件

部件是汉字合体字中由一个以上笔画构成可以独立书写的组字单位。不过有时也包括某些合体字作一次切分而产生的笔画(例如“旦”“旧”可以切分成“日”“一”和“丨”“日”，其中的“一”“丨”有时也称为部件)。对字形有时可以进行多次切分，产生大小不一的部件。信息科学工作者往往把部件分为一级部件、二级部件、三级部件等。例如：“戆”，先切分出两个一级部件“赣”和“心”，上半部分又可以切分出两个二级部件“章”和“贛”，“章”可以切分出三级部件“立”和“早”，“贛”可以切分出三级部件“夂”和“贡”，“早”又可以切分出四级部件“曰”和“十”，“贡”可以切分出四级部件“工”和“贝”。

一般人分析汉字常常用“偏旁”这个概念，偏旁指的是合体字进行第一次切分而产生的两个部分。例如“戆”字的偏旁就是“赣”和“心”。“们”字的偏旁是“亻”和“门”，“国”字的偏旁是“囗”和“玉”(也有人谈到“偏旁”则是专指形声字的形旁，或字典里的部首，即字形中表意的那个成分)。其实，偏旁就是切分合体字而产生的一级部件。

下面谈谈“部首”这个概念。部首是字典中为了给汉字分类而确定的字类标目，是从分析字形结构而产生的。字典中的大多数部首都是由汉字中有表意作用的偏旁充当的，例如把从“日”的字编为一部，以“日”为首；从“木”的字编为一部，以“木”为首，“日”和“木”就是两个部首。可是独体字只能拆分出笔画，不能拆分出偏旁，为了分类方便，便把独体字的起笔笔形横、竖、撇、点、折也作为部首的一种。所以部首、偏旁和表意的偏旁是三个关系密切却并不全同的概念。

现代汉字中，除了几百个独体字以外，成千上万个合体汉字都是由几百个不同部件按照不同的方位关系逐层组合而成。分析和研究现代汉字的部件，无论对于汉字教学还是汉字的信息处理都是十分必要的。

2. 结构关系

汉字构字的成分是怎样组合成方块汉字的？这可以从空间关系和方位关系两方面进行分析。

(1) 空间关系

现代汉字的笔画与笔画之间以及部件与部件之间存在着三种空间关系。① 相离的关系。如“八”的两笔之间，“三”的三笔之间，“归”的“丨”“丿”和“彐”之间，“言”的“丶”“一”“一”“一”和“口”以及“轧”的“车”和“乚”，“品”的三个“口”之间都是相离的关系。② 相接的关系。如“上”的竖笔和两个横笔之间，“方”的“丶”和“一”、“一”和“丿”、“丿”和“𠃌”之间，“吊”的“口”和“巾”，“呆”的“口”和“木”之间都是相接的关系。③ 相交的关系。如“十”的两笔之间，“东”的“一”和“𠃋”、“𠃋”和“亅”之间，“艾”上半的横笔和两个竖笔、下半的撇笔和捺笔之间，“夷”的“一”和“人”、“弓”和“人”之间都是相交的关系。

(2) 方位关系

方位关系是指合体字中部件的方位和部件之间的组合关系。由于分析的粗细不同，对汉字方位关系的分类也有多与少的区别。最粗疏的分析，现代汉字有上下关系、左右关系和外内关系三种方位关系。如果作略为细致一些的分析，现代汉字的方位关系可以分为九种基本类型。如下图：

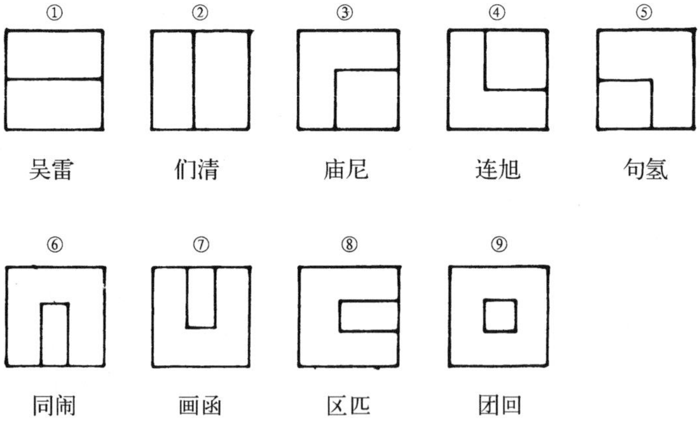

在九种方位关系中，人们统计，左右关系的字最多，约占百分之六十几，其次是上下关系的字，约占百分之二十多，⑤⑥⑦⑧几种关系的字数量较少。

思考和练习

1. 同拼音文字相比，汉字有哪些特点？
2. 什么是象形、指事和会意造字法？试举例说明。
3. 举例说明形声字和会意字的异同。
4. 形声造字法为什么成为汉字造字的主要方法？
5. 现代造新字基本不用象形造字法，会意造字法也用得不多，这是什么原因？
6. 什么是笔画？什么是笔形？掌握汉字的笔画和笔形有什么意义？
7. 偏旁和部首有什么联系？有什么区别？
8. 下列古汉字是用哪些造字法造出来的？比较它们的现代字形，看看哪些还能从现代的字形反映字义。

① 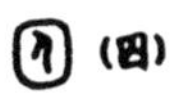　② 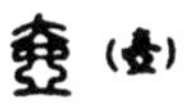　③ 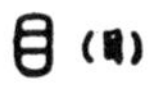

④ 　⑤ 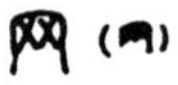　⑥ 

⑦ 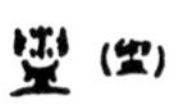　⑧ 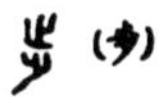　⑨ 

⑩ 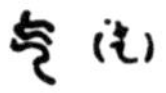

9. 找出下列各个形声字的形旁，说明应当怎样理解这些字的形旁。
镜　篇　财　精　轻　纲　题　鲸
桥　张

10. 下列各组形声字都包含着形体相近而读音不同的声旁，试再找一些用这几组声旁组成的形声字，注意这些字的形体和读音的差别。

{记 / 汜}　{蠢 / 预}　{疵 / 庇}　{沦 / 沧}　{狠 / 狼}

{矾 / 汛}　{杓 / 均}　{消 / 琐}　{锻 / 假}　{滔 / 陷}

第三节 汉字的现状

一 数量

(一) 汉字的总字量

要了解汉字究竟有多少,可以拿过去字书所收的字数作为参考。下面是现存的公元一世纪至八世纪主要字书的收字情况:

年代	字书	编者	收字数
公元 100年 东汉	说文解字	许慎	9 353
约 230年 魏	声类	李登	11 520
4世纪 晋	字林	吕忱	12 824
534年 南朝梁	玉篇	顾野王	22 726
1008年 宋	广韵	陈彭年等	26 194
1039年 宋	集韵	丁度等	53 525
1615年 明	字汇	梅膺祚	33 179
1716年 清	康熙字典	张玉书等	47 043

从表里可以看出,历代字书的收字数不断有所增加。这是不是说历代人们使用汉字的数目在不断增多呢?也不一定。因为过去字书收字主要不是以当时实际用字为根据,而是从古今文献中把不同的字形搜集拢来,虽然一般不收民间俗书里有的字,但数量比各时代实际使用的要多。宋代的《集韵》与别的字书有些不同。它既收别的字书都收的那些字,又收别的字书不收的一批接近唐宋口语的俗字,所以字数更多。当然,《集韵》所收的字中有大量的异体字,如果除去异体字,字数就不会那么多了。

(二) 现代通用汉字的数量

在当代使用的汉字中,除去专用汉字(包括人名、地名以及科技等专用字)之外的字,我们把它叫做通用汉字。当代的通用汉字有多少呢?需要作一番调查。请看几个用字单位的用字数和几本字典、词典的收字数见下页表。

字典或字表	收字数
新华字模厂 1960 年编《字模设备表》	12 875 个(其中基本字模 5 641 个,科技用字模 391 个,专业字模 6 843 个)
新华字模厂 1974 年编《字目表》	6 805 个(其中一般用字 6 310 个,添盘字 495 个)
科学院印刷厂《印刷字表》	9 353 个
邮电部 1974 年《标准电码本》	9 317 个(其中正编 7 921 个,补遗 1 396 个)
邮电部 1983 年《标准电码本》(修订本)	7 000 个左右(已删去异体字,补进简化字)
1932 年《国音常用字汇》	12 219 个(除去异体字、异读字,实收 9 920个)
1979 年《新华字典》	11 000 多个(除去繁体字、异体字约收 7 700 个)

从这些资料中,我们得到一个粗略的印象,现代实际使用的汉字数在六千多个至一万二千多个之间。如果除去各种专用字,一般用字大约是六七千个。

在初步调查的基础上,1965 年,文化部和中国文字改革委员会共同公布了《印刷通用汉字字形表》,共收字 6 196 个,这是对通用汉字数量研究的一个初步成果。据印刷部门反映,这个字表基本上能满足印刷厂排印一般报刊图书的需要。后来,北京新华字模厂和上海字模一厂又编印了《610 个添盘字》,提供专业印刷厂参考。1981 年,政府公布了国家标准 GB2312－80《信息交换用汉字编码字符集》(基本集),这是计算机汉字处理的一项重要标准。《基本集》收字 6 763 个,分为两级,一级字 3 755 个,二级字 3 008 个。

(三) 现代常用汉字的数量

汉字总字数很多,通用汉字的数量也不少,可是人们写作时经常使用的汉字数量却要少些。据统计,孙中山先生所著的《三民主义》,只使用了 2 134 个不同的字;《毛泽东选集》一至五卷共使用汉字 3 136 个。这反映了政论文章的用字情况。有关部门根据文艺作品、新闻通讯和杂志、口语材料、自然科学和技术、社会科学和哲学五个方面的材料作了抽样统计，发现用现代汉语写的文章用字比较集中。表示如下：

根据频序高低编的汉字序号	10	40	160	950	2 400	3 800	5 200
累计出现频率	11%	25%	50%	90%	99%	99.9%	99.99%

①

这就是说，如果一个人掌握了出现频率较高的 950 个字，那么，它们就能覆盖一般书报中 90%的字，掌握 3 800 个字，就能覆盖 99.9%的字。1985 年，北京语言学院语言教学研究所对 1979 年至 1980 年出版的全国通用的中小学语文课本中使用现代汉语书写的文章的词汇进行了统计，其中使用频率最高的 100 个字，能覆盖全部被统计材料用字的 44.33%，1 000 个字能覆盖全部被统计材料用字的 78.57%。②

汉语用字之所以如此集中，是同现代汉语词汇中大量语词都由常用的字作为构词成分而构成这一情况分不开的。根据中国人民大学语言文字研究所统计，构词能力最强的十个字，可构成 1 338 个词，50 个常用的字可构成 5 577 个词，100 个字可构成 9 250 个词，3 736 个字可构成四万五千多个词，占现代汉语总词数的 90%左右，4 990 个字则构成了《现代汉语词典》中几乎所有的词。③

汉字用字集中的情况给我们一个重要的启示，学习和掌握汉字，必须牢牢抓住出现频率高的那些常用字，这是汉字学习和使用的重点。1952 年，教育部公布过一个包括二千字的《常用字表》。1988 年国家语言文字工作委员会和国家教育委员会公布了《现代汉语常用字表》，分常用字（2 500 字）和次常用字（1 000 字）两部分。

二 字音

（一）汉字字音的特点

汉字字音有以下特点：

---

① 陈明远.数量统计在汉语研究中的应用[J].中国语文，1981(6).

② 北京语言学院语言教学研究所.常用字和常用词[M].北京：北京语言学院出版社，1985.

③ 同①.

1. 汉字是表意性质的文字，汉字的字形不能明显反映字音。形声字的声旁虽然是表音成分，却因作声旁的字数量多，没有音标化，加上声旁表音不够准确等原因，字音也不易认读和读准。要读准汉字字音，必须依靠别人口授或书面上的注音。

2. 汉字的一个字形囫囵地记录语音的一个音节，这同汉语里语素以单音节为主的情况基本适应。但是，由于汉字不能反映音节内部成分及其变化，当记录读音不稳定或语音变化较大的汉语象声词、语气词、助词、叹词以及音译外来词时，就比较笼统和凝滞。例如，在“嗳(āi)，你们看谁来了”“嗳(ǎi)，这不是我的家，是他的家”和“嗳(ài)，早知道这样，我就不去了”这样三句话里，叹词“嗳”应该分别是 āi、ǎi、ài 三种语调，由于用了同一个字来记录，就不容易准确而传神地反映句子的语气。

3. 汉字的形音关系有多种情况：

(1) 一形一音(单音字)　现代汉字里约有百分之九十的字是单音的，一个字形只有一个读音。

(2) 一形多音又多义(多音多义字)　据统计，《新华字典》里，约有百分之十的字是多音字，总字数有七百多个。例如“弄”有两个读音：㈠ nòng(玩弄)，㈡ lòng(里弄)；“漂”有三个读音：㈠ piāo(漂浮)，㈡ piǎo(漂白)，㈢ piào(漂亮)；“和”有五个读音：㈠ hé(和平)，㈡ hè(附和)，㈢ huó(和面)，㈣ huò(和药)，㈤ hú(打牌用语：和了)。一形多音字在不同的词中读音不同，意义也各异，需认真辨明、记清。

(3) 多形一音(同音字)　现代汉语音节的数量比汉字的数量少得多，分声调计算也只有一千二百个左右，这样，就有不少的同音字。在《新华字典》里，没有同音字的音节比较少见。b 字母的 63 个音节中，只有 8 个音节没有同音字；c 字母的 110 个音节中，也只有 18 个音节没有同音字。由于多形一音现象普遍存在，记录现代汉语口语时，必须认真选用正确的字形，防止写别字。

除了以上三种现象外，汉字形音关系的复杂性还表现在异体字和异读字上面。异体字也是多形一音字，但没有意义差别。异读字也是一形多音字，也没有意义差别。从用字的角度看，它们都是文字中的赘余部分，应该经过整理、审订，淘汰其中的一部分。

（二）多音多义字

一形多音又多义是汉字里相当突出的一种现象，社会上误读字音普遍存在，有很多是由于多音多义字掌握不好而产生。

多音多义字内部有不同的情况，下面列举一部分：

1. 因词性不同而有不同读音（包括声韵相同而声调不同的）。例如：

还	hái	副词：还好	会	huì	动词：会写
					名词：开会
	huán	动词：还你		kuài	名词：会计
背	bèi	名词：弯着背	行	xíng	动词：行走
	bēi	动词：背孩子		háng	名词：银行
没	méi	副词：没来	号	hào	名词：编号
	mò	动词：水没过了头		háo	动词：号叫

2. 字的通常读音和人名、地名、物名等特殊读音并行。例如：

济	jì	经济	盖	gài	覆盖
	jǐ	济南		gě	姓盖
蔓	màn	藤蔓	六	liù	第六
	mán	蔓菁（一种植物）		lù	六合
单	dān	单纯	术	shù	技术
	chán	单于		zhú	白术（一种药草）
	shàn	姓单　单县			

3. 通常读音和文言词语、成语中按古读类推的音形成多音。例如：

乘	chéng	乘车	否	fǒu	否定
	shèng	千乘之国		pǐ	否极泰来
读	dú	读物	识	shí	常识
	dòu	句读		zhì	博闻强识

4. 字的读书音和口语音（或者一般读音和个别口语词中读音）并行，形成多音。例如：

薄	bó	薄弱	血	xuè	血压
	báo	薄饼		xiě	流血

别	bié	别人	色	sè	白色
	biè	别扭		shǎi	套色
撮	cuò	撮合	亲	qīn	父亲
	zuǒ	一撮毛		qìn	亲家

5. 表记象声词、叹词、语气词等的字,由于语音不稳定或各人选字不同等原因而形成多音。例如:

嚓	chā	木头咯嚓一声断了	嗨	hāi	嗨,快来呀!
	cā	摩托车嚓的一声停了下来		hēi	嗨(又作"嘿"),你真好!
唉	āi	(应答的声音)	刺	cì	刺眼
	ài	唉,太可惜了		cī	刺刺地冒火星
吧	bā	吧的一声	吗	mǎ	吗啡
	ba	来吧		ma	来了吗

多音多义字是读字、用字的难点,人们希望通过整理,精简一些多音多义字。精简的办法主要有两种,一是适当合并读音。例如"叶公好龙"的"叶",旧字典按照古读注为 shè,现在的字典一般已经改从通常读音 yè。二是适当运用同音假借方法改换字形。例如"僮"过去有 tóng(书僮)、zhuàng(僮族)两读,现在把"僮族"的"僮"改成"壮"字,"僮"就成了只有一种读音(tóng)的单音字了。

三 查检

(一) 汉字排序的多样性

编写工具书、编制名册、档案、资料索引等都需要把汉字按照一定的次序进行排列,这就有个字的排序问题。

汉字排序有义序法、音序法和形序法三大类。

汉字的义序法就是按照字义把字分类,较早的《尔雅》《释名》《方言》等用过此法,1984 年出版的《同义词词林》也用此法。意义的分类难有一致的标准,读者查检不便,所以现在一般字典、词典很少用义序法。

音序法是以字音作为排检标准的一种方法。我国古代韵书的音序以声韵为标准,可以称做声韵法。声韵法的声指"平、上、去、入"四声，韵指韵部。例如《诗韵》分一百零六个韵部，其中上平声十五个韵部，下平声十五个韵部，上声二十九个韵部，去声三十个韵部，入声十七个韵部。

音序法中的注音字母法是按照注音字母的顺序排序的方法。《国语辞典》和它的简本《汉语词典》都采用了注音字母的音序排列法，后来的《同音字典》也采用这种音序法。

汉语拼音排序法是我国现在通行的音序法。又分两类：一类是单纯的字母序列法，以字母先后为排序依据，同音词也不依词首汉字的字形排列。《汉语拼音词汇》用的是这种排序法。另一类是音节·汉字·字母分层序列法，先以字母次序排列音节，同音节的又依汉字字形排列，第一个汉字相同的则以第二音节的字母先后排列，《新华字典》和《现代汉语词典》等以字头带词的字典、词典采用这种排序法。

由于汉字呈平面形，结构复杂，因此形序法有多种。笔画法是由笔数和笔形相结合而构成的查字法。一般是先依笔画数分类，同笔画的再据首笔笔形排先后，首笔相同的则看第二笔。也有以笔形为主，再看笔画数安排次序的。

（二）部首法排序的歧异

部首法是形序法中历史最久也最重要的排序法。

字典、词典的部首法目前存在着差异，差异主要表现在部首的数目和内容，以及具体字的归部上。

自从《说文解字》创建五百四十个部首之后，《字汇》《康熙字典》又建立了二百十四部的部首系统。后来又有《新华字典》的一百八十九部和《辞海》(1979 年版)的二百五十部。1983 年，由中国文字改革委员会召开的汉字部首排检法座谈会提出的《统一汉字部首表》(征求意见稿)[①]，提出了二百零一部的意见。最近编纂的《汉语大词典》和《汉语大字典》则采取二百部的分部法。部首的数目不同，部首的内容自然也有出入。例如《康熙字典》有“人”部，又有“入”部，《新华字典》和《辞海》则二者合一，为“人(入)”部；《辞海》设“𠂇”“𠂉”“乂”部，《康熙字典》《新华字典》则没有这几个部。

① 汉字部首排检法工作组.统一汉字部首表(征求意见稿)[J].文字改革，1983(11).

在具体字的归部上，各字典、词典也有差异，下表所列的字在不同的字典、词典里归属的部首就不同。

例　字	所　属　部　首			
	《说文解字》	《康熙字典》	《新华字典》“部首检字表”	《辞海》
弟	弟	弓	八(丷)	八(丷)
爽	㸚	爻	大	大
腾	(騰)馬	(騰)馬	月	月
哀	口	口	亠、口	亠
荣	(榮)木	(榮)木	木、艹	艹
翅	羽	羽	羽	支
所	斤	户	斤	斤
事	(事)史	亅	一	一

具体字的归部为什么有这么多分歧呢？原因在于归部的原则不尽相同。

部首排字法是东汉许慎首先创立的。许慎编纂《说文解字》的目的是根据汉字的小篆写法说明字形同字的义、音的关系。《说文解字》的五百四十个部首就是抽取 9 353 个字中相同的表意成分归纳而成的。这就是说，《说文解字》的建部原则是从义的。从明代梅膺祚《字汇》开始，后因《康熙字典》等的沿用而影响颇为深广的二百十四部分类法，则是在尊重楷书字形的前提下尽量利用《说文解字》按义取部成果的。可以说它基本上也是从义的原则，不过是在楷书字形前提下的从义。例如：“腾”“哀”“荣”三字，《康熙字典》就依《说文解字》列入“馬”“口”“木”部，因为三个字的本义分别是“强健的马”“哀伤”“桐木”。在由篆变楷字的结构发生变化的时候（例如“事”），《康熙字典》就依楷书字形的一个部件归部，这时，它的归部就不一定从义了。按从义原则编制的传统部首排序法适用于编排古代或古今混合的工具书，供有一定文字学知识的人使用。《新华字典》和《辞海》的部首查字法目的在于寻找一种供不具有文字学知识的人使用（或对被查字的字义一无所知时使用)的查字法。《新华字典》的有些字一字两属(如“荥”“衰”),《辞海》和《统一汉字部首表》为了使各字部首所在的位置规律化而调整了部首数目,制订了取部的条例,这些对传统的二百十四个部首进行改进的努力是有意义的,但是应该通过实践和理论探讨逐步求得完善和统一,以利读者使用。

(三)汉字编码

汉字编码是把一个个汉字变换成便于计算机使用的代码的设计。各代码字经过键盘输入计算机以后,在计算机内转换成二进位码,找到对应的数字化的字模,输出整个汉字。

汉字编码和汉字的字序排列法中的号码法有共通之处。例如电报用一组组四位数码代表一个个字,四角号码根据字的四角的形状编定各字的数码,这些都可以看作是汉字编码的前奏。

汉字编码种类很多。例如全拼音输入法中,有一种是以各个字的汉语拼音为各个字的编码(是拉丁字母组成的代码[①])。字形分解法也有多种分解方法,有的把汉字的形体分解成笔画,有的则分解成部件。笔画分解方案按横、竖、撇、点等把笔画分成若干类,每类用一个数字作代表,根据字的笔画类别把一个个字编成一组组数码。部件分解方案把汉字的部件归纳成一二百种,分配在几十个键位上,分拆每个字的部件,把这些部件转换成相应的数字或拉丁字母,就构成这个字的编码。形音结合输入法或者以字形码为主适当添加字音码,或者以拼音码为主适当添加字形码。整字输入法中的字表法则是把汉字按 x y 坐标形式排列在一张字表上,并将 x 轴各行和 y 轴各列编上号,各字的坐标号就是各字的编码(例如 x 25 行和 y 90 列交叉的字为“国”,“国”字的编码就是 2590)。目前汉字编码方案有几百种,在机器上实验或被采用的方案也有几十种。当前的任务是尽快进行优选,选出供不同用户需要使用的几种定型化的方案,这些方案应该无同码字,操作方便易学、输入和处理效率高、存储节省、传输可靠、设备经济实用,而又便于分清词的界限。

---

① 按照汉语拼音输入计算机的方案,有人不看作汉字编码方案,因为它不是根据汉字字形进行编码的。但是从较广的意义上说,它是按音编码方案中的一种。

四　形旁、声旁的作用

人们经常说，形声字的形旁表明字义的类属，声旁表明字音，这话大体不错。但是，对于这两句话，我们还应该作更加深入、细致的理解。

首先，对形旁的表意作用和声旁的表音作用不能作简单化的理解，我们说形声字的形旁表意，声旁表音，这主要是指形旁、声旁在造字时的作用。到了今天，人们认字时，形旁和声旁起作用的情况就不那么单纯了。

形声字的形旁是字形与语义发生联系的成分，人们通过形旁提供的视觉信号，产生一些联想或猜想，再通过字的读音而与语言里的某个词或语素、音节挂钩。例如“晴”的“日”暗示人们“晴”字的意义与太阳有关，字音 qíng 提醒人们去寻找语言里和 qíng 音有关的语词，把两者结合起来，才能确知“晴”这个字形就是指语言里“晴天”的“晴”，然后人们才有可能知道“晴”字的含义是指“出太阳、无云或少云的天气”。可见认字时，字义不是单靠形旁提供，而是同时靠字音，才能与语言里有关的词、语素联系起来。形旁提供的是有关“晴”字的笼统而模糊的义类。在认识这个字之前，它能够帮助认字者缩小联想的范围（例如当人们看到形旁“贝”“心”“宀”“广”的时候，能够联想到这些字与“财物”“心理”“建筑物或居处”有关），在认识这个字之后，形旁能帮助人们概括和类化字义，使字形和字义的联系巩固下来，容易记住。

形声字的声旁是字形与字音发生联系的成分。认字时，人们通过声旁提供的声音信号，想到生活中的那一类音节，又通过形旁缩小范围，最后与语言里某个词或语素挂上钩，使字义确定下来。例如“晴”字的“青”提供了音节信号，“日”提供了意义的范围，声旁、形旁相结合，把“晴”这个字形与“晴天”的“晴”这个词挂钩，字音 qíng 才得以明确。

其次，应该认识到，在现代汉字里，形声字的形旁已经不完全表示字义的类属，声旁不能准确表示字音了。

形声字形旁表示字义的类属，声旁表示字音，在造字时，情况基本如此（也有的字声旁只表示字的近似音）。但是，随着时间的推移，形声字形旁、声旁的表意、表音作用已经打了很大的折扣。

以形旁“纟”的组成字为例,《新华字典》里以“纟”为形旁的一百几十个字中,还能比较准确、直接地反映字义类属的字约只占一半左右,一半左右的字的“纟”旁已经与字的常用义关系不大。例如“红”“素”“纪”“统”“缅”“纯”“纳”“绝”“绍”“缓”“级”“练”“绥”“缘”等。像上述的形旁义与字义之间联系弱化或消失的情况在形声字中是相当普遍的。尤其是使用频率较高的常用字,字义的演变剧烈,它们的现代常用义往往不同于造字时的初义,因此,这些形声字形旁的表意作用往往更要弱些。

在现代,形声字声旁的实际表音作用则比形旁的表意情况更要差些。据统计,现代汉字中形声字声旁的读音与整个字音全同的只有四分之一左右。例如“塘”“搪”“糖”“溏”“醣”“瑭”“螗”“鄌”“耱”的字音和它们的声旁“唐”的读音完全相同,人们可以根据“唐”的读音类推“塘”“搪”等一系列字的读音。大量形声字的声旁只能表示字的近似音,或者只能表示声旁与字音有某种联系,例如“台”,现代音读 tái,“胎”则读 tāi,与“台”声韵相同(声调不同);“怠”读 dài,只有韵母与“台”的韵母相同,声母则与“台”的声母只有发音部位相同(发音方法不同,声调也不同)。至于“怡”读 yí,“治”读 zhì,在今天,它们与 tái 的读音已经没有共同之处了。有的时候,形声字的声旁不仅反映字音不准确,甚至差异很大。例如以“圭(guī)”为声旁的一些字就有多种不同的读法:

硅、鲑、闺、邽	guī	桂	guì
奎	kuí	跬	kuǐ
恚	huì		
街	jiē		
鞋	xié		
佳	jiā		
挂、诖、卦	guà		
洼、哇、蛙	wā	娃	wá
畦	qí		

由此可见，根据声旁的读音类推整个字音是行不通的。

形声字形旁、声旁不能准确表意表音的情况是怎样造成的呢？主要由于汉字在漫长的历史发展过程中形、音、义都发生了巨大的变化。就字形来说，不少形声字的古今形体不同。这种不同主要反映在三个方面：第一，有些字在造字时形旁或声旁被简省了一部分。例如“疫”字，声旁从役省，“珊”字，声旁从删省，“骞”字，声旁从寒省，“鲜”字，声旁从𩠐省等。第二，有些字隶变之后，声旁几乎消失。例如在“乔”“金”“急”“寺”四个字里，声旁“高”“今”“及”“之”很难辨认出来。第三，有些字的形旁、声旁的组合形式不规则或有变化。例如“颖”原是从禾顷声，“修”原是从彡攸声，“衷”原是从衣中声，“辫”原是从糸辡声，形旁都在字的某个角落。

再看字音的变化。古汉语和现代汉语的语音系统有不少差异，一些在古代有差别的音，现代变得相同了，在古代相同的音，现代却变得不同了。这些情况影响到今天形声字声旁的读音。例如“锥”“椎”“谁”“堆”“推”五个字用同一个声旁字“隹（zhuī）”组成。今天，前三个字的声母分别是 zh、ch、sh，后两个字的声母是 d 和 t，读音距离很大。其实，在上古时期，“锥”“椎”“谁”“堆”“推”的字音差别是不大的。到了中古时期，语音演变了，“锥”“椎”“谁”的声母变成了舌上音，今天读成 zh、ch、sh 声母，“堆”“推”的声母变成了舌头音，今天读成 d、t 声母。于是，同一个声旁的字读音有了差别。

字义也有变化。现代汉字形旁表意效率下降的主要原因是汉字字义发生了变化。前面说到一批“纟”作形旁的字，它们的字义和与形旁“纟”的义类不合，就是由于这些字的现代常用义已经不同于造字当初的本义。类似的例子还可举出一些。例如“骄”原指高大的马，“演”原是水名，后来分别假借为“骄傲”的“骄”，“表演”的“演”，字的假借义取代了本义，就和形旁“马”和“氵”无关了。又如“理”原指整理修琢玉石，“得”原指行有所得，后来词义扩大了，就同“王（玉）”和“彳”失去了联系。形旁表义效率下降还由于客观事物发生变化。例如“缸”“杯”“碗”“瓶”都属容器一类，分别用“缶”“木”“石”“瓦”为形旁，今天，这些器物的原料和质地都发生了变化，原来的形旁也就丧失了表示事物类别的准确性。

此外，形旁、声旁的实际效用还由于其他一些原因而有所削弱：比如形声字的组合方式和结构部件同会意字的组合方式、结构部件没有明显的差别，人们不易准确无误地判定形旁和声旁。又比如一部分形旁在字形中没有固定的位置（如土：坊、堡，木：柜、梨），影响人们对形旁、声旁的判定。

形旁、声旁的表意、表音作用在现代汉字中虽然有所弱化，却并未消失。尤其是形旁，能类化字义，提供想象的线索，以帮助认字和记忆，还能区分同音字，提高字形的区别率；声旁也能给猜读字音提供参考信息，给研究汉语语音史提供有益的材料。

思考和练习

1. 用现代汉语写的文章在用字的范围方面有什么特点？为什么会产生这种现象？
2. 列举十个容易误读的多音多义字和各自的词例，指出它们不同的读音。
3. 比较《康熙字典》和《辞海》的六画部首，指出两者的具体差异。
4. “餤”“玩”“磨”“鸿”“赢”五个字在《康熙字典》《新华字典》和《辞海》中归部有什么差异，这些差异是怎样产生的？
5. “订”“谊”“作”“借”“苟”“茂”六个字的形旁是什么？这些字的形旁显示哪些义类？和字义的关系是否密切？
6. 下列两组形声字以“皮”和“出”为声旁，给各字注上汉语拼音，看看哪些字的读音和声旁的读音相同。

   陂　披　坡　破　波　玻　跛　被

   彼　疲

   拙　咄　绌　屈　茁　黜
7. 下列各形声字都读 jì，分析这些字，看它们用了多少个不同的声旁字。

   忌　悸　暨　鲫　穄　髻　骥

   剂　觊　寄　技　寂　记　霁
8. 下列加黑点的字读什么音？能不能按它们的偏旁来读？

哺育　　瞅见　　傣族　　靛青　　恫吓
诽谤　　揪心　　澎湃　　水獭　　一丘之貉

第四节 汉字的整理、标准化和用字的规范化

文字是用于社会交际的书写系统，是信息的载体。随着社会的进步，交往的频繁，文化教育的普及，科学技术的发展，人们对文字提出了愈来愈高的要求。尤其是新技术革命迅猛发展的今天，语言文字规范化、标准化工作，提到了比以往任何时期都重要的地位。

一 汉字整理

汉字整理包括减少字的笔画，精简字数和整理字形等内容。

（一）精简笔画

建国以来，汉字整理工作是有组织地进行的。1956 年公布的《汉字简化方案》，经过多年试用后，1964 年编印成《简化字总表》，1986 年重新发表，作为社会使用简化字的规范。《简化字总表》共分三个表：第一表有 350 个不作偏旁用的简化字；第二表有 132 个可以作偏旁用的简化字和 14 个简化偏旁；第三表是 1 753[①] 个简化字，这类字是应用第二表的简化字和简化偏旁类推出来的。经过简化，这些字的笔画减省了将近一半，大大便利了学习和书写。

简化字是群众在使用汉字的实践中创造的，事先没有统一的简化方法。不过，把简化字和繁体字进行对照，可以发现简化字字形和繁体字字形之间有下面几种差异：

第一种　局部删除。有的删半边，如：務——务、號——号、廣——广、飛——飞；有的删大部分，如：豐——丰、蟲——虫、滅——灭、習——习；有的删小部分，如：婦——妇、標——标、墾——垦、隨——随。有的字局部删除之后，还有小的变形，如：麗——丽、處——处。

① 1986 年重新公布《简化字总表》时，对个别字作了调整，实际简化字字数是 2 235 个。

第二种　偏旁更换。有的把不太合理的结构变得比较合理，如：態——态、竊——窃、證——证、膠——胶；有的把难写的声旁换成易写的声旁，如：艦——舰、癱——瘫、犧——牺、歷——历；有的把难写、难称说的偏旁换成易写、易称说的偏旁，如：環——环、慶——庆、聯——联、對——对、難——难、鳳——凤、風——风、區——区。

第三种　全部更换。例如：萬——万、竈——灶、叢——丛、釁——衅、驚——惊、衆——众、體——体、靈——灵。

以上的分类是从繁、简字形的差别来看的。如果从别的角度，还可以提出另外一些简化方法。例如有些简化字是起用了古字的字形结构（如萬——万、禮——礼），有些字是利用同音而写法简单的字来代替，叫做同音替代（如“醜”用“丑”来替代，“穀物”的“穀”用“山谷”的“谷”来替代），还有些简化字是从原字的草书简化而来（如樂——乐、為——为、東——东、專——专）。用同音替代的办法简化汉字虽然减少了笔画，却使一形兼表两字，增加了学习的困难，有时还可能产生歧义，要谨慎使用。

简化字中，有一大批是根据某些简化字进行偏旁或部件类推而产生的。例如“龍”简化成“龙”，因此，“瓏”“攏”“聾”“壟”等也简化成“珑”“拢”“聋”“垄”。用这个办法，简化的幅度很大，记忆的负担也较轻。不过类推也不是无限制的，有一些同偏旁的繁体字有不同的简化形体，例如“盧”“瀘”“艫”“鱸”简化成“卢”“泸”“舻”“鲈”，但是“廬”“蘆”“爐”“驢”却简化成“庐”“芦”“炉”“驴”；“節”简化成“节”，“癤”却简化成“疖”；“鷄”简化成“鸡”，“溪”中的“奚”却不作“又”。使用类推方法时要注意这些情况。

精简字的笔画不仅能便利书写，对计算机处理汉字也有一定意义。汉字笔画太多，计算机用点阵输出汉字的技术要求就高，否则字迹不清楚。然而也不应走向另一个极端，认为汉字的笔画越少越好。笔画过少，字与字之间容易雷同，会影响阅读的效率。

（二）精简字数

汉字数量很多，即使是通用汉字、常用汉字，也还有几千个，一字多形（异体字）的情况严重，增加了学习和用字的困难。1955 年，中国文字改革委员会和文化部发表《第一批异体字整理表》，列出异体字 810 组，共 1 865 字，淘汰了重复多余的异体字 1 055 个①。1956 年到 1964 年经国务院批准，以常用字代替地名生僻字，更改了三十多个地名用字，废除了相应的生僻地名字。例如陕西省的盩厔县改为周至县，青海省的亹源改为门源，等等。另外，在《简化汉字总表》里，用同音替代的方法简化汉字的结果，也淘汰了一些繁体字。以上几项合起来，共精简了 1 189 个汉字。1988 年 3 月，国家公布《现代汉语通用字表》，被淘汰的异体字由 1955 年发表的 1 055 个减少为 1 027 个。

整理异体字，要根据从俗和从简相结合的原则进行，既要考虑选用通行得较广的字形，又要使选用字的笔画不要太多。如果从俗和从简的原则不能兼顾，或者繁简相去不远，就以从俗为主。例如：

选用的字	废除的字
辉	暉、煇
劫	刼、刦、刧
窗	𥦗、窓、窻、牕、牎
粳	稉、秔、粇
暖	煖、㬉、煗
泛	汎、氾

因为从俗符合文字本身的性质，从简符合文字发展的趋势，两相结合而以从俗为主，就能使汉字充分发挥辅助性交际工具的作用。由于移动部位和增减笔画造成的不同字形，则根据书写方便决定去留。例如：

选用的字	废除的字
鹅	鵞、䳘

① 1956 年 3 月 23 日，文化部和文改会发出补充通知，恢复两个异体字为选用字。这样，实际淘汰了异体字 1 053 个。

群	羣
峰	峯
叙	敍、敘
凄	淒
叫	呌

（三）字形整理

1965 年，中国文字改革委员会和文化部向出版印刷单位发布了《印刷通用汉字字形表》，规定了 6 196 个字的标准印刷字体，使印刷用的铅字字形尽量接近手写楷书，从而建立了汉字印刷字形的规范。习惯上，人们把《印刷通用汉字字形表》公布的标准字形称为新字形，把以前的印刷字形叫做旧字形。下面是新旧字形及笔画数对照举例：(字形后边的数字表示笔数)

新字形	旧字形	新字举例
艹③	艹④	花草
辶③	辶④	迪远
开④	幵⑥	研形
令⑤	令⑤	冷零
耒⑥	耒⑥	耕耘
攸⑥	攸⑦	修倏
𦍌⑥	𦍌⑦	差养
直⑧	直⑧	值殖
者⑧	者⑨	都著
普⑫	普⑬	谱氆

从对照表中，可以看出整理旧字形、建立新字形的几个要点：

1. 印刷体力求与手写体一致——宋体楷化。例如："罕""教"作"罕""教"，"平""半"作"平""半"。

2. 折笔改为直笔。例如："眞""吳"作"真""吴"。

3. 连接个别笔画结构。例如："奔""屏"作"奔""屏"等。

4. 删去可有可无的笔画。例如："寬""黃""呂"作"宽""黄""吕"等。

5. 精简偏旁、部件数量，加以规格化。例如"夂"（"夅""夆"所从）和"夊"（"夏""复"所从），统一作"夂"；"力"（"别"所从）和"力"（"男"所从），统一作"力"。

6. 适当使用按音分化原则。例如"柿""铈"从"市"（上面是一点），"肺""沛"从"巿"（中间是一竖）。

除了这些要点外，整理字形时还注意到使字形结构和笔势尽量适宜于横写。例如上下组合的"羣""峯"作左右组合的"群""峰"，"呈""屯"等字的平撇改为短横，作"呈""屯"等。

二　汉字标准化

现代化社会要求各项事物标准化，以提高使用效率，便于多方交流；信息化的发展推动图书情报、印刷排版、生产管理、办公室事务等广泛使用电子计算机，逐步实现自动化和现代化。为此，人们要求现代汉字有一个数量限制，要求汉字字形稳定而明确，要求字音按照规范的普通话确定标准读音，要求汉字字序规范化，统一字典的查字法。就是说，要求在对现代汉字进行全面、系统、科学的整理的基础上做到四定——定量、定形、定音、定序，以提高用字的规范。经过四定的汉字，将分别反映在现代汉字的各类字表中。

（一）定量

"定量"主要是规定现代汉语用字的总量。书写规范化的普通话要用多少汉字，要用哪些汉字，要通过现代汉语基本用字表反映出来。除了现代汉语基本用字表外，还要制订常用字表，为现代汉语用字、教育用字和扫盲用字确定规范。关于人名、地名用字，也要在调查研究的基础上逐步制订人名用字表、地名用字表，以便对人名、地名用字进行指导。

对现代汉字分别进行定量，不仅有利于汉字学习和汉字的一般使用，还有利于各种汉字机器和电子计算机的汉字处理。例如汉字电报打字机可以根据常用字表设计字键，另定罕用字的补充办法。电子计算机的中文语词处理机也可以根据计算机的用途储存一个或几个字表，必要时还可以制订和储存某个业务领域的专用字表，以供专业的需要。

（二）定形

汉字定形的工作已经由前一阶段的汉字简化工作打下了较好的基础。目前，现代汉字的平均笔画大大减少，字形的规范已经初步建立，应该使汉字字形在一个时期内相对稳定。今后，汉字简化应当格外慎重，可以结合制订现代汉语基本用字表的工作，继续对急需精简笔画的一部分字进行简化，并且继续进行异体字的整理。此外，关于汉字的书写笔顺、各种笔形的排列顺序、汉字的部件数量和结构模式的类别等各个方面，都要制订国家标准。

（三）定音

经过1957年到1962年分三次审定异读词，产生了《普通话异读词审音表初稿》后，1985年12月，国家语言文字工作委员会、国家教育委员会和广播电视部又审核通过，并公布了经过修订的《普通话异读词审音表》。这样，现代汉字读音的标准比过去更加明确了。这次修订是以符合普通话语音发展规律为原则，以便利广大群众学习普通话为着眼点，采取约定俗成、承认现实的态度，对《初稿》原订读音的改动，比较慎重。

今后，除了对异读词继续审订读音外，对儿化词、轻声词等也要逐步审订，以求统一。

（四）定序

定序主要指查字法的标准化。首先是部首法要标准化。部首的数量，字的归部原则要逐步一致，几个部件都是部首的字取部要规律化。笔画查字法标准化要解决笔画数相同的字怎样排列次序的问题。无论是部首法还是笔画法，都涉及计算笔画数的问题。一部分笔画数计算有分歧的字要尽快明确它们的笔顺和笔画数。此外，音序法、四角号码法等也都要标准化、统一化。

三　汉语拼音在辅助汉字使用方面的作用

汉语拼音方案在辅助汉字使用方面是有明显的作用的，特别是在某些特定的场合。除了一部分少数民族文字、盲文、聋哑人手指字母和旗语是在汉语拼音的基础上制订，产品代号、资料索引在汉语拼音的基础上编制以外，用汉语拼音给汉字注音，帮助学习普通话，已经在群众中产生了很好的影响。近些年来，在这方面，又有了新的创造。1982 年起，在黑龙江等省开展的“注音识字、提前读写”的实验中，儿童利用汉语拼音大量阅读书刊，在发展语言、发展智力的同时学习汉字、学习写作，促进了儿童智力的发展，提高了儿童读写的水平，也为小学语文教育的改革开辟了新路。汉语拼音在电子计算机的应用方面也有积极的意义。汉语拼音输入、自动转换成汉字的“中文语词处理机”(也叫拼音电脑)的试验成功，提高了汉字信息处理的能力，为我国普及和发展电子计算机创造了有利条件。中文语词处理机被广大非专业操作人员使用，能免去记忆编码规则的沉重负担，能进行盲打，边打边思考，有效地进行中文语词处理。这样的计算机更适应汉字信息处理各个方面的需要。

目前，汉语拼音方案同时也是国际上用罗马字母(即拉丁字母)拼写中文的标准。1977 年，联合国第三届地名标准化会议通过决定，采用汉语拼音方案作为中国地名罗马字母拼法的国际标准。1982 年，国际标准化组织(ISO)发出 ISO－7098 国际标准文件，规定《汉语拼音方案》作为文献工作中拼写汉语的国际标准。为了适应拼写汉语的要求，1984 年，中国文字改革委员会汉语拼音正词法委员会公布了《汉语拼音正词法基本规则》(试用稿)，以后还将制订实施细则和说明，修订出版《汉语拼音词汇》，拟订字母标调办法、同形词分化规则等一系列专用规则。汉语拼音方案将在各方面的实际使用中进一步完善化。

四　用字的规范化

使用汉字的规范化包括正确书写字形，不写错字、别字，不写被废止的繁体字、异体字，不写不合规范的简化字，不写旧字形等，也包括正确地读字音，不错读乱读字音等。

(一) 防止写错字、别字

错字是指不成字的字，如把“步”写成“步”，“袖”写成“袖”。别字是把甲字当作乙字来写，如把“成绩”写成“成积”，“积”虽有这个字，但是用在这儿不对。同错别字相对的是规范的正字。决定一个字是否规范，以正字为衡量的依据。

写错别字有主观方面的原因，也有客观方面的原因。主观原因是对正确写字的必要性缺乏足够的认识，认为写字是小事，一点一画不必斤斤计较；或者认为文字只要记音，形和义都无所谓，等等。这些看法都是错误的。还有的人没有仔细分辨字的形、音、义的细微差别，不注意字出现的不同环境，这样也容易写错别字。写错别字的客观原因是：汉字数量多，结构复杂，有些偏旁、部件或字形之间很相似，汉字的形、音、义三者的关系复杂，声旁不能准确表音等。实际上汉字尽管复杂，却仍有自身的规律，我们应该提高自觉性，刻苦学习，认真写字，使汉字在"四化"建设中发挥应有的作用。

写错字主要有三种情况：

1. 受相近偏旁、部件影响而错写偏旁、部件。例如：

"染"错成"⿱氿木"、"轨"错成"⿰车丸"，是受"熟"字中"丸"的影响。"策"错成"⿱⺮束"、"棘"错成"⿰束束"，是受"赖""喇"等字中"束"的影响。"癸"错成"⿱癶天"，是受"祭"字中"⺼"的影响。"侵"错成"⿰亻⿱⺕又"，是受"候""悠"等字中"亻"的影响。

2. 常常结合在一起的双音词中的一个字受另一个字偏旁的影响而误。例如：

模糊——模糊	鞠躬——躹躬
狭隘——狭⿰犭益	辉煌——辉⿰米皇
跋涉——跋踄	枢纽——枢杻
犹豫——犹⿰犭象	糟踏——糟⿰米沓

3. 弄错字的笔画，误写笔形。例如：

把"卑"字中从"白"字撇出的斜撇误分成竖、撇两笔，作"卑"，或者错把末笔的竖贯通"白"内作"卑"。把"刊"字的首笔误为短撇作"刊"，或者把首笔和第三笔都误成撇，作"刋"。

克服写错字除了学字时要认真弄清每个字的形、音、义外，尤其要注意辨明形体相似的偏旁或部件，弄明白有关的字究竟用的哪一个偏旁或部件。下面是一部分形似偏旁或部件，以及它们的一部分组成字：

廴：廷延诞建
辶：这辽巡迫

土：尘圭寺垦社
士：吉壮志声喜壶

リ：归帅师
丨丨：临坚紧监

丌：畀痹鼻
廾：弁异弃弄弊

㔾：犯范卷厄
巳：异导巷祀
己：记忌杞起配
已

儿：兜尧兄
几：机凭凫秃亮虎壳凳
凡：矾帆梵筑
卂：迅讯汛茕

弋：式忒式代鸢
戈：尧挠饶绕晓
戈：戊成戎贼戒战戏伐划
弋：武赋斌

写别字主要有两种情况：

1. 形近而误。例如：南辕北辙（误作撤、撤）、一窍（误作窃）不通、如火如荼（误作茶）、滥竽（误作芋）充数、戳（误作戮）穿、糜（误作靡）烂、姿（误作恣）态。

2. 义近而误。例如：直截（误作接）了当、阴谋诡（误作鬼）计、歪风邪（误作斜）气、倒行逆施（误作驶）、自力（误作立）更生、川（误作穿）流不息。

此外，还有些别字是由于方言语音中同音，写字人误用而造成。例如上海话中“有”和“又”，“都（dōu）”和“多”误用现象比较常见，北方话地区就比较少。

（二）不要写不合字形规范的字

这儿说的“不合字形规范的字”，是指国家规定在一般场合停止使用的繁体字、异体字和旧字形，以及不符合《简化字总表》规定的简化字；与之相对应的规范字形就是 1986 年新版《简化字总表》规定的简化字、《第一批异体字总表》规定的选用字，以及《印刷通用汉字字形表》规定的新字形。1977 年试用过的《第二次汉字简化方案（草案）》，国家有关部门已于 1986 年 6 月 24 日通知废止，这里面的简化字目前也是不合字形规范的。值得一提的是，对《简化字总表》中的简化字形，有些人尚未完全掌握，还需仔细学习一下。除了表中的正文，还要注意表中对某些有特殊情况、容易混淆的简化字所作的注解，这些注解的内容，归纳起来涉及十个方面：

1. 明确某些字的画数、笔顺、结构。例如“长”，四笔，笔顺是 ノ 𠃋 𠄌 长；“马”三笔，笔顺是 ㇆ 马 马；“无”，四笔，上从二，不可误作“旡”；“鸟”，五笔；“龟”，从⺈从电；“区”，不作“匚”等。

2. 指出某些字多了一点，某些字应当有点。例如：“庆”“厅”“庄”“尧”“杰”等都不能作“庆”“庁”“庒”“尧”“杰”；“缠”“压”不能作“缠”“圧”。

3. 说明有些简化字的字形是从原来繁体字结构里取出来而作了一些变动的，这些字往往容易写错。“将”“奖”“浆”“桨”“酱”的右上角从“夕”不从“夕”或“爫”；“县”上从“且”不从“且”；“丽”上从“一”不从两短横；“条”，上从“夂”（三笔），不从“攵”。

4. 说明有些字的偏旁很容易同另一些字的偏旁混淆。“蚕”，上从“天”不从“夭”；“临”，左从一短竖一长竖，不从“刂”。要注意“蚕”和“乔”（从“夭”），“临”和“帅”“师”“归”（从“刂”）的区别。

5. 说明有些字简化以后同其他字形相似，容易混淆。“坏”不作“坯”；“义”不作“叉”等。

6. 说明特殊简化的字。例如“赏”不可作“尝”；“尝”不是“赏”的简化字。

7. 说明某些部首合并。从“鬥”的字一般也从“门”，如“闹”“阄”“阋”，但“鬥争”简化作“斗争”。

8. 说明有一部分简化了的字，用在意义容易混淆的词句中不能简化。“凭藉”的“藉”简化为“借”，但是，“慰藉”“狼藉”等的“藉”仍用“藉”，“餘”简化为“余”，但是“馀年无多”的“馀”不简作“余”，而作“馀”。

9. 指出有两个读音的简化字，一部分两种读音都简化了；另一部分，一种读音可以简化，一种读音不可以简化。“仆”，作“僕”的简化字时读 pú，“前仆后继”中仍读 pū；“纤”，“縴”（读 qiàn）和“纖”（读 xiān）都简化为“纤”；“系”，“係”（读 xì）和“繫”（读 jì）都简化为“系”；“叶”，“叶韵”中仍读 xié；“吁”，“呼吁”中读 yù，“长吁短叹”中仍读 xū；以上是第一种情况。另一种情况：“乾”，读 gān 简化为“干”，读 qián 不简化（如“乾坤”）；“徵”，读 zhēng 简化为“征”，读 zhǐ 不简化（如“宫商角徵羽”）。

10. 规定简化字的字形同另一个罕用古字字形相同时的处理办法。“適”简化为“适”，但“适”古读 kuò，是另一个字，规定读 kuò 的作“适”；“麽”简化为“么”，同“么麽小丑”中的“么”（yāo）相混，规定读 yāo 的作“幺”；“寧”简化为“宁”，“宁”原读 zhù，是另一个字，规定读 zhù 的作“宀”。

（三）防止误读字音

读错字音有两种情况：一种是受方音影响而读错字音；另一种是对一些字的读音没有正确掌握，因而把甲字读成乙字的音，或者把多音字的甲音读成乙音。这里说的“误读”主要指后一种现象。

常见的误读大致有四种：一是对多音多义字的非常用音不能读正确。例如：把“传记”的“传”（zhuàn）误读成 chuán，“都是”的“都”（dōu）读成 dū，“可恶”的“恶”（wù）读成 è，“游说”的“说”（shuì）读成 shuō 等。二是任意读半边字或者根据熟悉的字的半边来类推字音。例如把“淀粉”的“淀”（diàn）读成 dìng，“桎梏”的“梏”（gù）读成 gào；根据“组”的音而把“沮丧”的“沮”（jǔ）读成 zǔ，根据“绕”的音而把“阻挠”的“挠”（nǎo）读成 rǎo 等。三是声调误读。如把“讹诈”的“讹”（é）读成 è，把“玫瑰”的“瑰”（guī）读成 guì，把“泥泞”的“泞”（nìng）读成 níng，把“残骸”的“骸”（hái）读成 hài 等。声调误读有时是受了方言声调的影响，有时由于普通话的声调不合古今语音演变规律，人们难于掌握。四是异读词未遵照审订后的读音念。例如把“质量”的“质”（zhì）读成 zhǐ 或 zhí，把“教室”的“室”（shì）读成 shǐ 或 shí，把“僻静”的“僻”（pì）读成 běi，把“倾向”的“倾”（qīng）读成 qǐng 等。

读字正确与否反映了一个人文化水平的高低，对于国家来说，则反映整个国家和民族文化素养的水准。我们应该充分利用字典的注音，提高读字的正确性，尤其要提高常用字读音的正确性。与此同时，还要学好普通话语音。

思考和练习

1. 简化字和繁体字相比，它们的差别主要有哪些方面，试举例说明。
2. 建国以来，在精简汉字的笔画和数量，整理汉字字形方面做了哪些工作？它们对汉字的标准化有什么意义？
3. 汉字标准化包括哪些内容？它们对汉字的社会使用有什么意义？
4. 错别字由哪些原因造成？应该怎样克服写错别字现象？
5. 改正下列各词中的错字，并归纳出错误的类型。

   怀念(　　)　庆祝(　　)　书写(　　)　茂盛(　　)
   种类(　　)　明显(　　)　印刷(　　)　喉咙(　　)
   警惕(　　)　雨伞(　　)　结束(　　)　汽车(　　)
   具体(　　)　和睦(　　)　直线(　　)　初步(　　)
   巧妙(　　)　告诉(　　)　衬衫(　　)　抵抗(　　)

6. 改正下列各词中的别字：

   敝开　喘气　斟察　坎烟　树哨　后选
   串插　泡制　职任　会味　草搞　胆心
   幸苦　疮伤　举列　忘想　粉粹　按排
   灯炮　清淅

7. 下面一对一对的字，分别指出它们的近似和区别所在：

   未末　要耍　崇祟　己巳　盲肓　享亨
   秃秀　差羞　哀衰　羸赢　徽徵　斑班
   隐稳　侵浸　缜慎　肄肆　贩败　折拆
   椿椿　形刑

8. 下列各字，为什么不合书写规范化的要求？

   阰(阶)　卩(部)　赆(购)　迗(进)　宀(家)
   丽(丽)　飛(飞)　兴(兴)　资(资)　邊(边)
   T(党)　铖(针)　烁(秋)　相(杨)　帝(帝国主义)

口(国) 九(韭) 枽(隶) d(的) 亽(人)

9. 下列各字怎样读,可以组成什么词语?

抨 屹 笞 绌 谄 黠 柩

斡 绽 叵 酗 掣 唾 莠

第三章　词　　汇

第一节　语素、词和词汇

一　语素和汉字

语素是最小的语音语义结合体，是最小的语言单位。例如“我们学习汉语”，可以分成三个单位：

我们|学习|汉语

但这不是最小的语言单位，还可以切分：

我|们|学|习|汉|语

这六个单位不能再分了；如果要分，分出来的就不是音义结合的语言单位，而是语音单位了。汉语的语素多数是单音节的，写下来就是一个汉字。口语中能单独说出来表达意思的单音节，就是语素。汉语语素还有双音节和多音节的，写下来是两个或更多的汉字。如“玫瑰”“莎士比亚”。要鉴定多音节语言单位是一个还是几个语素，可以使用“替代法”。例如要检验“汉语”，可以用已知语素进行双向替换：

汉	语	汉	语
英	语	汉	族
日	语	汉	人

口	语	汉	字

能这样进行双向替换，说明双音节语言单位是两个语素。再举个三音节的单位为例：

科学	家	科学	家
艺术	家	科学	书
思想	家	科学	城

这说明“家”是一个语素。“科学”是一个语素还是两个语素，可以再进行替换。替换的结果证明它是两个语素。

有些语言单位只能进行单向替换，那就得视为一个语素。例如“啤酒”是一个语素：

啤	酒	啤	酒
黄	酒	啤	?
白	酒	啤	?

但是，“啤”可以在别的语言单位中替换出来，证明它也是一个语素：

黄	啤	黄	啤
黑	啤	黄	酒
生	啤	黄	花

这就是说，“啤酒”是一个语素，“啤”也是一个语素。同样的理由，“蝴蝶”是一个语素，“蝶”也是一个语素。“骆驼”是一个语素，“驼”也是一个语素。替换情况如下：

蝴	蝶	蝴	蝶	粉	蝶
粉	蝶	蝴	?	粉	笔
幼	蝶	蝴	?	粉	末

彩	蝶	蝴	?	粉	刷

骆	驼	骆	驼	驼	毛	驼	毛
?	驼	骆	?	驼	峰	鸟	毛
?	驼	骆	?	驼	背	羊	毛
?	驼	骆	?	驼	绒	鸭	毛

语素是构词的单位，所以有人称之为词素。但是，词素是从词当中分离出来的，必须先确定词，然后才能分离出词素。事实上我们用替代法分析语素，不必先确认被替换的单位是不是词。

语素也是构成成语、熟语等固定词组的基础。例如“国泰民安”由四个语素构成，这四个语素在现代汉语里都不能独立成词。又如“丰衣足食”，其中的“丰”和“足”不成词，“衣”和“食”成词。可见许多语素古今都在使用。不过，其中不少语素在古代是词，在现代汉语里却不成为词了。当然，还有一些中间现象。例如：

叶　一般不单独使用。“一叶知秋”中的“叶”是语素，不是词。可是生物学中把“花”和“叶”并称，把它当作词使用。

金、石　一般须说“金子”“石头”，可是在矿物学里却作词使用。

此外，值得一提的是：在口语中，常用单音节语素作为简称代替相关的双音节词。例如：

医院领导	简称“院领导”
学校所办工厂	简称“校办工厂”
外交部所属机关	简称“部属机关”

不言而喻，这些简称只宜在特定的语境中使用。

上面说过，汉语语素的语音形式是音节，书面形式是汉字。一个汉字表示一个音节，多数汉字同汉语语素是一对一的关系，但是也有别的情况。音节、语素、汉字三者的相互关系比较复杂，下面是常见的几种情况：

（一）一个音节写成一个汉字，表示一个意义，或者表示几个意义，而这几个意义是联系得起来的，这是一个语素同一个汉字的关系。例如：

jīng——睛（眼珠）

gōng——工（工人，工作，工程，工业，技术和技术修养，长于，精巧……）

（二）一个音节写成不同的汉字，但只表示同样的意义，这是一个语素同几个异体字的关系。例如：

huí——回，囘，囬（曲折环绕，从别处到原处……）

yuán——園，园（种蔬菜、花果、树木的地方……）

（三）一个音节写成一个汉字，表示几个意义，而这些意义是联系不起来的，这是几个语素同一个汉字的关系。① 例如：

gōng——公
- （跟“私”相对，共同的，公开，公正，公事……）
- （公爵，对男子的尊称，丈夫的父亲，雄性的……）

（四）不同的音节写成同一个汉字，表示的是同一个语素，这是一个语素和多音字的关系。例如：

xiāo、xuē——削
- （削皮，削铅笔……）
- （削减，削足适履……）

ké、qiào——壳
- （蛋壳，子弹壳……）
- （地壳，金蝉脱壳……）

---

① 几个意义联系得起来还是联系不起来，这里是从现代汉语平面上看的。如果把古代汉语、现代汉语贯串起来看，有的一般以为联系不起来的几个意义也会联系起来，如书信的“信”和信任、信用的“信”，通过古书中可以单用的信使的“信”联系了起来，可以看作一个语素。又如快乐的“快”，快慢的“快”和表示锋利的“快”，几项语义联系得起来与否，还难于决定。为此，这里称呼为“多义字”，以区别于异形、异义的“同音字”。

（五）不同的音节写成同一个汉字，表示不同的意义，这是几个语素和一个多音多义字的关系。例如：

xíng }行{ (走，流通，做……)
háng }　{ (行列，行业，排行……)

shēn }　{ (人参，参商……)
cēn }参{ (参差，参错……)
cān }　{ (参加，参考，参拜……)

以上所说的音节、语素和汉字之间的五种关系，都是在一定程度上简单化了的。例外情况，疑难问题，在语言事实中是不少的。例如儿化音节，是在一个音节的末尾音附加卷舌动作，“儿”不是一个单独的音节。“gàir——盖儿”“wánr——玩儿”都是一个音节，写成两个汉字。从语素的角度看，“盖”“玩”都表示一个语素，“儿”也表示一个语素。这样，儿化音节成为一个音节写成两个汉字，代表两个语素的例外情况。又例如：

béng——甭（不用）　　fiào——嫑（不要）
liǎ——俩（两个）　　pǒ——叵（不可）
sā——仨（三个）　　sà——卅（三十）

有人认为这些都是一个音节、一个汉字代表两个语素；其实，它们各代表一个语素。如果“甭”是两个语素，那么，应该能把 béng 切分成两段，分别表示“不”和“用”的意义，这样才符合“语素是最小的语音语义结合体”这个定义。既然不能切分，它们当然是一个语素。

二　语素和词

词是比语素高一级的语言单位。语素是构成词的要素，也是构成成语一类固定词组的要素。有的语素可以独立成词，也可以同别的语素组合成词；有的语素不能独立成词，只能同别的语素组合成词。语素不能直接充当句法成分，语素构成词以后，才能充当句法成分。语素构成成语一类的固定词组，作用相当于词，也可以充当句法成分。

为了了解语素和词的关系，有必要给语素分类。分类的标准是：

(一) 音节的多少

一个音节的语素是单音节语素。两个或两个以上音节的语素是复音节语素。复音节语素又可分为双音节语素和多音节语素。举例说明如下：

1. 单音节语素

这是汉语语素的基本形式，读出来是一个音节，写下来是一个汉字。例如：

人	脚	学	去	我	你	大	冷
民	足	习	往	其	彼	巨	寒
很	却	虽	然	而	或		
自	于	以	把	对	被		
的	了	吗	呢	着	所		
子	儿	头	非	初	第		

单音节语素在汉语里活动能量大，具有很大的构词能力。

2. 双音节语素

读出来是两个音节，写下来是两个汉字，但是只表示一个意义。汉语的双音节语素主要有两种：

第一，联绵字(也叫联绵词)，这是古代汉语的遗留。从两个音节的构造来看，可以分成：

双声联绵字，例如：

秋千	蜘蛛	枇杷	蟾蜍
斟酌	流连	吩咐	游弋
犹豫	含胡	玲珑	慷慨

叠韵联绵字，例如：

橄榄　　葫芦　　玫瑰　　蜻蜓
徜徉　　怂恿　　徘徊　　彷徨
腼腆　　肮脏　　荒唐　　朦胧

非双声叠韵联绵字，例如：

鹌鹑　　蝙蝠　　珊瑚　　妯娌
嘀咕　　囫囵　　趔趄　　逶迤

第二，音译的外来词，例如：

葡萄　　苜蓿　　箜篌　　石榴
菩萨　　罗汉　　刹那　　佛陀
安培　　伏特　　卢布　　欧姆
咖啡　　沙发　　扑克　　拷贝
马达　　休克　　摩登　　幽默

3. 多音节语素

基本上是音译的外来词，例如：

巧克力　　白兰地　　婆罗门　　法西斯
尼古丁　　木乃伊　　马拉松　　迪斯科
伊斯兰　　穆斯林　　康拜因　　奥林匹克
歇斯底里　　可口可乐　　阿弥陀佛　　英特纳雄奈尔

双音节语素和多音节语素大都能独立成词，有的能同别的语素组合成词，例如：

蜘蛛网　　玫瑰红　　茉莉花　　葡萄酒
坦克车　　朦胧诗　　巧克力饼干
奥林匹克村

（二）自由和不自由

能够独立成词，也能够同别的语素组合成词的语素是自由语素。不能独立成词，只能同别的语素组合成词的语素是不自由语素。

（三）定位和不定位

一个语素同别的语素组合成词的时候，有一定位置（或前或后或居中）的是定位语素；没有一定位置的是不定位语素。

1. 不定位语素

胆　胆矾　胆管　胆碱　胆力　胆量
胆略　胆囊　胆瓶　胆怯　胆识
胆酸　胆小　胆汁　胆固醇　胆小鬼
胆大妄为　胆小如鼠　胆战心惊
大胆　斗胆　放胆　肝胆　孤胆
苦胆　瓶胆　球胆　丧胆　壮胆
龙胆紫　赤胆忠心　大胆泼辣　肝胆相照
心惊胆战　披肝沥胆　提心吊胆　卧薪尝胆

动　动人　动产　动词　动荡　动工
动火　动机　动静　动力　动量
动乱　动脉　动怒　动气　动情
动物园　动员令　动人心弦　动辄得咎
暴动　被动　变动　波动　搏动
策动　颤动　冲动　出动　传动
蠢动　地动　电动　调动　发动
别动队　不动产　劳动力　不动声色　大动干戈
半自动　惊天动地　惊心动魄　兴师动众
按兵不动　蠢蠢欲动　风吹草动　轻举妄动

习　习惯　习气　习俗　习题　习性
习作　习惯法　习非成是　习以为常
补习　传习　恶习　复习　积习
见习　教习　练习　陋习　实习
温习　学习　演习　预习　自习

袖	袖标	袖管	袖箭	袖口	袖筒
	袖章	袖珍	袖子	袖手旁观	
	拂袖	领袖	水袖	罩袖	长袖善舞
	两袖清风				

2. 定位语素①

位置在前的，例如：

第	第一	第二			
阿	阿爸	阿哥	阿Q		
老	老板	老虎	老师	老婆	老百姓

位置在后的，例如：

头	锄头	风头	骨头	号头	户头
	花头	话头	劲头	口头	指头
子	包子	杯子	痴子	垫子	面子
化	丑化	恶化	激化	净化	绿化
	美化	氧化	大众化	电气化	规范化
	现代化				

位置居中的，如"和""跟""同""与"。

有的不自由的定位语素和另一个自由的不定位语素写出来是同一个汉字，这就需要注意区别。例如上面举的"老师""老虎"等词里的"老"是不自由的定位语素，而"老人""老伴""老当益壮"等词语里的"老"却是自由的不定位语素。这两个"老"虽然读音和字形相同，但是意义不同，构词的情况也不同，应该是两个语素。再看下面两组词：

① 一般把不自由的定位语素称为"词缀"，把自由的或不自由的不定位语素都称为"词根"。

馒头 苗头 念头 苦头 甜头——位置在后的“头”是不自由的定位语素

船头 带头 灯头 黑头 头版 头巾 头领 头脑 大头针 回头路 出人头地——位置不定的“头”是自由的不定位语素

下图表示各种语素之间的关系。

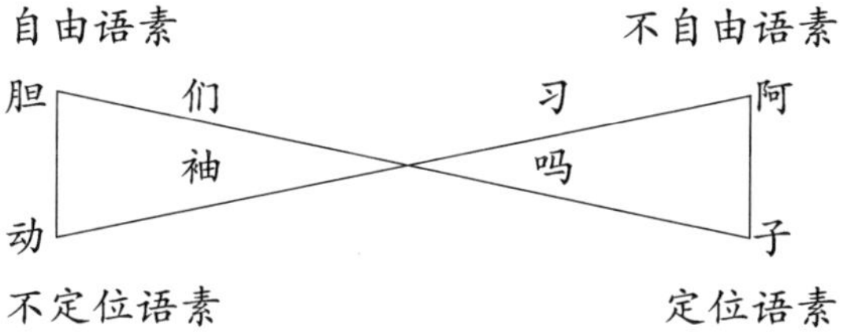

三 词和词汇

词是代表一定的意义、具有固定的语音形式、可以独立运用的最小的结构单位。通常说出来的一句句的话，都是运用词或者词组构成的。例如：

我应该感谢母亲，她教给我生产的知识和革命的意志，鼓励我以后走上革命的道路。

在这个句子里，可以把词分析出来：

我	应该	感谢	母亲	她	教给	我
生产	的	知识	和	革命	的	意志
鼓励	我	以后	走	上	革命	的
道路						

为什么要这样分析呢？这可以从词的意义、声音形式和语法功能

三方面来说明：

词可以分成“实词”和“虚词”两大类。实词主要是用来表示词汇意义的，这就是说，经常用来表示一个完整的、确定的和其他词相对立的概念，如“我”“应该”“感谢”“母亲”“革命”“知识”等。虚词主要是用来表示语法意义的，这就是说，经常用来表示实词和实词在语句组织中的相互关系，或者表示句子当中的语气的，如“的”“和”“吗”等。无论是实词还是虚词，在具体的句子组织中都有明确的意义。例如在这个句子里，“我”表示“自称”，“应该”表示“应当”，“感谢”表示“感恩”，“母亲”是指“有子女的妇女”等；“的”在这里表示偏正结构中的修饰关系，“和”表示联合结构中的并列关系等。这是从意义方面来分析词这个单位的。

词，一般都具有完整、固定的声音形式；同时，这样的语音结构，一般也只有在它的末尾才容许有个停顿。例如上面这个句子，在各个词之间才容许有这样的停顿：

我　　应该　　感谢　　母亲　　她……

而不应该有那样的停顿：

我应　　该感　　谢母　　亲她……

这是从语音结构的形式方面来分析词这个单位的。

在组织功能上，词可以作为句法成分。实词可以单独充当句法成分，虚词往往同实词一起充当句法成分。每一个实词都是作为最小的独立单位充当语句组织里的一个成分。例如在上面所举的句子里，“我”“应该”“感谢”“母亲”等都是这个句子所构成的要素。至于虚词，往往在结构里随着实词的组织而显示它的作用，例如“生产的知识”“革命的意志”“成功的道路”里的“的”，是用来表示这三个词组中的修饰关系的；“生产的知识和革命的意志”里的“和”，是用来表示这个词组中的并列关系的。这是从语法结构的功能方面来分析词这个单位的。

确定什么是词,最重要的是"可以独立运用的最小的结构单位"这一点。"独立运用",排斥了比词小的单位;"最小",排斥了比词大的单位。例如上面的例子里,"意志"如果拆成"意"和"志",在现代汉语里一般都不能独立运用;"生产"如果拆成"生"和"产","产"是不能独立运用的,"生"在单用的时候表示的意义与"生产"不一样。所以,"意志"、"生产"都是可以独立运用的最小的单位——词。

常用的确定词的方法是:

(一) 能够单用,能够单独回答问题的,是词。根据这个标准,上面例句中的"我""应该""感谢"等都是词。但是要注意两种情况。一种是有些由两个或几个语素组合成的单位不能单说或很少单说,例如例句中的"教给""以后",又如"人造""国际""越冬""多边""可控制"等,但是可以用来充当句法成分,所以它们也是词。在印欧语里,切分词容易,切分语素比较难。在汉语里,切分语素容易,切分词比较难。这是因为,虽然语素和词的基础存在于口语,但是人们是根据书面上的分写形式作为划分标准的。我们的书面语是分语素书写,而不是分词书写的,所以在划分词时往往有不同看法。

(二) 把一句话、一个句子中所有可以单说、可以充当句法成分的单位提开,剩下来不能单说而又不是一个词的组成部分的,是词。虚词就是用这个方法来确定的,例如上面例句中的"的""和"。

(三) 用扩展法来检查,某一个语言单位中间不能插入别的成分的是词。例如"白菜"不能扩展成"白的菜","铁路""挂图""信纸"等都是如此。这里要注意的是:扩展之后不能改变意义。例如"马路"不能扩展,如果说成"马走的路",意义就有了显著的改变,所以"马路"是词。

以上说的是词,下面说词汇。

词汇是语言的建筑材料,是语言中的词和词的等价物(固定词组)的集合体。词汇也可以指某一个人所掌握的或者某一部著作里所使用的词语的总和。语言里个别的词,不能叫作词汇。

研究词汇的学科叫"词汇学",是语言学的一个部门。现代汉语词汇学以现代汉语词汇为研究对象,一般地说,它研究现代汉语的词的性质,词的构成,词义的性质,词义之间的关系,词汇的构成和词典编纂，等等。

词汇学的研究重点是实词。

四 词和词组

词由语素构成，词组由词构成。词组又叫“短语”，是大于词的语言单位，是由两个或两个以上的实词构成而不成为句子的语言单位。词和词组的区别，可以从下列三方面来说明：

从意义方面来看，词组也是具有明确的概念的，如“感谢母亲”、“生产的知识”“革命的意志”等，但不是像词那样表示简单的概念，而是表示复合的概念。

从声音形式方面来看，词的内部不容许停顿，而词组内部可以停顿；比较一下作为词的“东西”（意思是指“物件”）和作为词组的“东西”（意思是指“东边和西边”）就可以明白了。词的“东西”（dōngxi）语音结构是固定的，“西”读轻声，只有在它的末尾才允许停顿；至于词组的“东西”，“西”不读轻声，语音结构不是很固定，中间允许停顿，也可以说成“dōng he xī”。

从语法功能方面来看，词是句法结构中最小的独立运用的单位；词组也是句法结构中的运用单位，但不是最小的，可以从中再分析为词的单位，例如“感谢母亲”，可以分析出动词和宾语；“生产的知识”，可以分析出定语和中心语。

把词和词组区别开来，对于语言的分析和运用都有重大的意义。由于现代汉语的词汇里，由两个不定位语素构成的合成词占绝大多数，其中有些语素独立起来也就是词；同时，它们的构成方式又同词组的构成方式很相近，这就使得有些词和词组很容易相混。例如：“黑板”和“白花”都是附加式的结构，“骨肉”和“血肉”、“心肠”和“胃肠”都是联合式的结构，“打场”和“打虎”都是支配式的结构，“头痛”（意思是指“伤脑筋”）和“手痛”都是陈述式的结构，如何确定哪些是词，哪些是词组呢？这也可以从概念内容、音节特点、结合关系这三方面来求得解决：

词和词组在概念的表达上有一定的差异。词所表达的概念，一般是比较单纯、固定的，因此合成词里语素所表示的意义是融合在一起的，不是简单的相加。例如“黑板”不等于“黑的板”，是词；“白花”却等于“白的花”，是词组；“骨肉”不等于“骨和肉”，是词；“血肉”却等于“血和肉”，是词组；“打场”不等于“打场地”，是词；“打虎”却等于“打老虎”，是词组；“头痛”不等于“头部疼痛”，是词；“手痛”却等于“手部疼痛”，是词组。这些都可以从意义上区别开来。

词的音节特点，也可以作为区别词和词组的参考条件。汉语的词多数是双音节的。因此双音节的形式，往往可以认为现代汉语里词的语音形式。但是，不能把这个特点看成是绝对的，因为并非一切双音节结构都是词，而词也不限于双音节结构。应用音节特点来区别词和词组，必须把它和其他方面的特点结合起来。

词和词组的区别，最重要的是在于它们各构成成分之间的不同结合关系。合成词的各个成分之间，结合关系是很紧密的，不容许随便拆开来，或随意加进什么成分。例如“长短”，意思是指“长度”“意外的变故”“是非”等，所以不能拆开来解释，也不能说成“长和短”；作为词组的“长短”就不同，可以拆开来解释，也可以加进另一些词。同样，作为一个词的“语言”，不能说成“语和言”；作为一个词的“水土”，不能说成“水和土”，等等。

词和词组有明显的区别，又有密切的联系。它们之间，经常可以互相转化。这可以分做下列两方面来考察：

（一）词组的缩减和凝结

现代汉语中有些词组，特别是表示事物意义的词组，可以抽出其中的几个成分构成简称，这往往就是词组缩减构成新词的过程。例如：

整顿作风→整风　　扫除文盲→扫盲

安全理事会→安理会　　中国语言文学系→中文系

简称的形式，常见的有以下几种：

1. 从全名中取中心成分。例如：

中国人民解放军→解放军

中华人民共和国国务院→国务院

2. 省减两个并列成分中的共同语素。例如：

中学小学→中小学　　工业农业→工农业
理科工科→理工科　　海军陆军空军→海陆空军

3. 抽取词组中某些成分。例如：

全国总工会→全总　　文化教育→文教
归国华侨→归侨　　人民代表大会→人大，人代会
经济委员会→经委，经委会　　五月四日→五四

4. 标数概括。例如：

初伏、中伏、末伏→三伏
身体好、学习好、工作好→三好
开口呼、齐齿呼、合口呼、撮口呼→四呼

词组的缩减和简称的构成，对于语言的表达有一定的方便。但是，必须按照需要和明确、约定俗成的原则来进行。不能只图个人方便而任意生造。例如把“马列主义基础”缩成“马基”、把“文化程度”缩成“文程”、“战斗英雄”缩成“战英”，都会增加表达和理解的困难，造成交际的麻烦和语言的混乱。从语言规范化的要求看，这是应该坚决反对的。

（二）词的拆散或分裂

某些合成词往往也可以拆开，在中间插进别的成分，例如：

理发→理一次发　革命→革保守派的命　鞠躬→鞠个躬
看见——看得见、看不见　　提高——提得高、提不高

把词拆散开来，插进别的成分构成词组，并不是词的本质特点，不是每一个词都可以这样拆散的。它的范围有限，只是少数的支配式和补充式的合成词才容许这样，而且插进去的词也有限制。正因为如此，必须坚决反对任意把词割裂开来，例如不能把“决议”说成“决个议”、“动员”说成“动一次员”、“立正”说成“立一下正”、“驾驶”说成“驾一次驶”，等等。

由于词和词组有这样密切的联系，它们之间经常可以互相转化，所以作为语言建筑材料的词汇，不但包括语言中所有的词，也包括一些固定词组，如成语、歇后语等。

思考和练习

1. 什么叫做语素、词和词组？这三者各有什么特点？
2. 下文中哪些结构单位是词组，哪些是词？

　　什么是宣传家？不但教员是宣传家，新闻记者是宣传家，文艺作者是宣传家，我们的一切工作干部也都是宣传家。比如军事指挥员，他们并不对外发宣言，但是他们要和士兵讲话，要和人民接洽，这不是宣传是什么？

3. 什么叫做自由的不定位语素、不自由的不定位语素和不自由的定位语素？在上题所引的一段文章中，哪些词是由哪一类语素构成的？
4. 现代汉语中，语素和汉字的关系是怎样的？
5. 词和词组的互相转化，可以从哪几个方面来考察？

第二节　词的构造

一　词的形式

（一）单音词和复音词

单音词就是由一个音节构成的词。例如：

天　地　人　牛　马　走　吃　大　红　一　二

复音词则是指由两个或两个以上的音节构成的词。例如：

艺术　讨论　问题　运动　见解　实际
出发　定义　语言学　候选人　人民性　喷气式
生产力　唯物主义　物理学家

在现代汉语的词汇中，双音节构成的词占多数。请看下面一段文章：

现实主义 文艺 在 中国 有 悠久 的 历史 和 很 高 的 成就，杜甫 的 诗，关汉卿 的 戏剧，曹雪芹 的 小说，都 是 代表 作品，在 文学史 上 已 占有 重要 的 位置。

在这段短短的由 34 个词组成的文章中，双音节的词就有 13 个，余下的，单音节的词 17 个，三个音节的词 3 个，四个音节的词 1 个。

如果从发展来看，现代汉语词汇的这一特点更为明显。在现代汉语的发展过程中，许多单音词都逐渐变为双音词；许多三个音节以上的词或词组也紧缩为双音词。例如：

民——人民　友——朋友　学——学习　信——相信
师——老师　石——石头　虽——虽然　但——但是

除了少数科技用语外，几乎不再产生单音词了，所以双音节词占优势乃是现代汉语词汇语音形式上的一个重要特点。

如果进一步研究现代汉语双音词的语音形式，可以发现它们中间有几种特殊的形式，就是叠音、双声和叠韵等。这些具有特殊形式的双音词，在语音表达上，往往能够使作品具有音乐美，从而达到更加良好的效果。

（二）单纯词和合成词

根据每个词的不同内部结构形式，可以把现代汉语的词分成单纯词和合成词两类。由一个语素构成的词叫做单纯词。例如：

人　　少　　向　　芙蓉　　疙瘩　　马达　　白脱
托拉斯　　法西斯

由几个语素组合构成的词叫做合成词。例如：

意义　　胖子　　拖拉机　　自行车　　社会主义

汉语里的合成词，多数由两个语素构成，也有是由两个以上的语素构成的。在由两个以上的语素构成的合成词中，各个语素之间的关系往往不同。弄清楚合成词中各个语素之间的关系，有助于正确理解词义，例如“老人家”不等于“老的人家”，“反现实主义”不等于“反对现实的主义”，等等。

单纯词和单音词、合成词和复音词是根据不同标准划分出来的，它们的关系可以用下表来表示：

单纯词{天、地、人、走————单音词
　　　{芙蓉、葡萄、托拉斯、奥林匹克}
　　　　　　　　　　　　　　　　　　}复音词
合成词{意义、语言、胖子、桌子、拖拉机}
　　　{逻辑学、法西斯主义

二　合成词的构成方式

现代汉语词汇中，合成词不仅在数量上占绝大多数，而且有多种多样的构成方式。其中最重要的有下列几种：

（一）不定位语素连接定位语素构成的合成词

这就是一般所说的派生词。它可分为三类：

1. 定位语素在前的

现代汉语有“老”“阿”“可”“反”“非”“泛”“超”“无”等。其中大部分既表示词汇意义，又表示语法意义。例如：

老鹰　老虎　老师　阿姨　阿爷　阿哥　可变　可靠
反封建　反法西斯　非党　非正式　非重点　泛神论
泛灵论　泛美主义　超时代　超声波　超音速　无常
无穷　无比

2. 定位语素在后的

定位语素在后的合成词在现代汉语中比较多，主要有“子”“儿”“头”“性”“者”“员”“家”“手”“化”等。其中有的单纯表示语法意义，有的既表示一定的词汇意义，又表示一定的语法意义。例如：

桌子　胖子　兔子　活儿　鸟儿
错儿　木头　听头　苦头
独立性　阶级性　创造性
学者　作者　劳动者　学员　职员　通讯员
作家　画家　思想家　旗手　歌手　坦克手
同化　异化　人格化　军事化

此外，汉语中还有一些经常位置在两个语素中间的不自由语素，即“里”“得”“不”等。用“里”构成的词含有贬义，如：

傻里傻气　土里土气　胡里胡涂　古里古怪

用“得”“不”构成的词，如：

吃不消　来不及　对不起
吃得消　来得及　对得起

这里，应该把这类词中的“得”和“不”同后补词组中的“得”和“不”区别开来。在后补词组中，“得”和“不”是词，例如“搞得好”“看得懂”“打不破""弄不坏"等词组,当中的"得""不"可以拿掉。上面的各个词中,"得"和"不"成了整个词的组成部分,把它们拿掉就不成词。

3. 在一个不定位语素的前后都有定位语素的

这类合成词现代汉语中并不多。如:"反法西斯主义者""可靠性"等。

以下几点很值得注意:

第一,现代汉语的定位语素大都是由过去的不定位语素变化而成的,是虚化的结果。由于它是一种处在发展中的现象,有的还在形成过程中,虚化程度各有不同,因此必须注意把它同一些并未虚化,而形式上同某些定位语素相同的词根区别开来。例如:

"老鹰"的"老"不等于"老调"的"老"
"绿化"的"化"不等于"变化"的"化"
"桌子"的"子"不等于"棋子"的"子"
"创造性"的"性"不等于"男性"的"性"
"木头"的"头"不等于"香烟头"的"头"

不定位语素同定位语素的区别在于:定位语素的意义比较抽象、概括,有时仅仅表示语法意义;而不定位语素的意义则比较具体,都表示一定的词汇意义。

第二,有些定位语素仍然带有一些词汇意义。例如"阿"经常带有亲热的感情色彩(试比较"姨妈""姨姨"和"阿姨","哥哥"和"阿哥")。

第三,定位语素在构词中经常具有类化的作用。例如凡是带有"头""子"的词,一般都是名词;凡是带有"化"的词,一般都是动词;凡是带有"性"的词,一般都是表示抽象意义的名词。

(二)不定位语素相互融合构成的合成词

由不同的不定位语素相互融合起来构成的合成词,就是一般所说的复合词。这类合成词是现代汉语中最主要的、最能产的构词格式,汉语的合成词绝大部分是由这一形式构成的。

按照这类合成词中语素结合方式的不同,可以把它分为如下的几个主要类型:

1. 联合式

由两个语素并列融合而成。根据两个语素的意义关系的不同,它可以分为两类。一类是同义语素的联合,一类是反义语素的联合。前者例如:

第一组

语言　智慧　思想　群众　树木　源泉　形态　真实
学习　生产　斗争　迷惑　舍弃　脱离　阅读　掩饰

第二组

江湖　手足　矛盾　线索　山水　笔墨　眉目　皮毛

第三组

国家　兄弟　干净　窗户

从意义上说,这一类词的两个语素的意义是并列的、平等的。但也有不同的情况,像第一组词的两个语素在意义上完全并列,可以互相说明、注释;第二组词则是由两个语素结合起来表示一种同它们的原义有关,但更抽象、概括的意义。这类词不能从语素义来解释;第三组词的意义则经常以其中的一个语素为基础,另一语素的意义或者完全消失,或者只起附加、衬托作用。

反义语素联合构成的词。例如:

高低　早晚　始终　东西　利害　往来　伸缩
长短　是非　反正　横竖　开关　收发　动静

这类词的意义一般都比较抽象,不能直接从语素义看出来。应用和理解上要注意避免望文生义。

2. 附加式

语素之间有附加修饰的关系。这一类词经常是用前一个语素来修饰、限制后一个语素,而在整个词义的构成上,则以后一个语素为主。例如：

红旗　草图　壁画　内部　驼毛　火车　单干　狂欢
粗心　热爱　笔谈　晚会　深入　春耕　秋收　四季

从意义上说，这类词的第一个语素可以从不同的角度来修饰、限制第二个语素。例如可以表示性质（“红旗”），领属（“驼毛”），状态（“狂欢”），方式（“单干”），数量（“四季”），程度（“深入”），时间（“春耕”）以及其他等。

3. 补充式

语素之间有补充说明的关系。这一类词经常是用后面的语素来补充说明前一语素，在整个词义的构成上，以第一个语素为主。例如：

认清　说明　改正　打倒　提高　抓紧　看透
降低　推翻　煽动　缩小　放大　打动　变成

这样的词都是动词，前一成分表示动作，后一成分表示动作的结果或趋向。它们中间的一些词在应用上往往可以插进“得”以表示可能，插进“不”以表示不可能。又如：

船只　枪支　房间　书本　物件　人口　花朵　马匹

这样的词，前一语素表示物件，后一语素原是物件的计量单位，也可以说这样的构造是一种补充式。因为后一表示计量单位的语素，可以说是用来补充说明前一表示物件的语素的。

不过，句法上只是动词、形容词后面可以带补语，而这里在构词上，却是名词性的语素后边带着补充的语素。这样由“名・量”的补充式所构成的词，也许可以用来代表造句法和构词法在构造方式上并不完全一致的现象。

4. 陈述式

语素之间有陈述和被陈述的关系。这类词的前一语素是被陈述的对象，后一语素则是陈述部分。例如：

眼花　心虚　胆怯　心细　性急　年轻

5. 支配式

语素之间有支配和被支配的关系。这类词的前一语素表示动作或行为，后一语素表示动作或行为所支配的对象。例如：

带头　动员　签名　耐劳　示威　举重　伤心　吹牛
知己　监工　司令

以上五种类型，是从最简单的、双音节的合成词进行分析所得的结果。由于现代汉语的双音节合成词占绝大部分，因此这五种形式的合成词也有其典型的意义。但是，在两个语素以上的复音节合成词中，词内部的各个成分之间的关系要复杂得多，它们往往是按多种方式逐层地构造起来的，可以说是一种“综合式”的合成词。对于这一类词，就必须按不同的结构关系逐层进行分析。例如：“试验田”一词，首先是由“试”和“验”两个语素结合构成联合式的复合语素，再同“田”结合构成附加式的合成词。“人造丝”一词，则是由“人”和“造”两个语素结合构成陈述式的复合语素，再同“丝”组合成附加式的合成词。我们必须按不同的构词格式逐层分析，才能弄清楚它们的结构层次关系。

思考和练习

1. 什么叫做单音词和复音词？现代汉语的词在音节结构上有什么特点？
2. 什么叫做叠音词、双声词和叠韵词？试各举五个例子加以说明。
3. 什么叫做单纯词和合成词？单纯词、合成词和单音词、复音词的关系怎样？

4. 现代汉语合成词的构成方式,主要有哪几种?
5. 上节第二思考题下面所引的一段文章中,哪些词是合成词?它们在构词上属于哪一类型?
6. 合成词的产生,常常要经过怎样的历史过程?

第三节 多义词和同音词

一 词的音义关系的矛盾性

词是由一定的语音形式和意义内容构成的一种语言单位,它的声音和意义是相互联系的、统一的。但是,就语言的本质来说,某一特定的语音形式同特定的意义内容之间并没有必然的联系,同一语音形式可以用来表示不同的意义内容,不同的语音形式也可以用来表示相同的意义内容,这种情况是由社会的习惯来决定的。因此,词的声音和意义是词的两个方面,它们是统一的,又是矛盾的。

词的语音形式和意义内容的这种矛盾性,就使它们相互之间构成了各种复杂的关系;同时在语言中造成了各种复杂的现象。用相同的语音形式表示不同的意义内容,就造成了词的多义现象和同音现象,即造成了多义词和同音词;用不同的语音形式表示相同的意义内容,则造成词的同义现象,产生了同义词。

多义词、同音词和同义词的存在,是一般语言的现象,在语言的历史发展过程中,它们往往会不断地发展、变化。分析和研究多义词、同音词和同义词,对于了解词的意义、掌握各种词的特点,具有重大的意义。

二 词的多义性

(一) 单义词、多义词和多义词产生的原因

每个词都具有一定的意义,一个词的意义可以是单一的,也可以是多种的。根据词所包含的意义多寡的不同,可以把词分为单义词和多义词两种。单义词包括两类,一类是常见的事物的名称,如:

桌子　茶杯　手表　菊花　眼镜　皮鞋　毛笔

另一类是科学术语和专有名称，如：

元音　电子　元素　函数　血压　针灸　黄河

词汇中还有很多的多义词。例如“头”这个词，主要有以下几种意义：

1. 人体最上部分或动物最前部，如“人头”、“牛头”；

2. 物体的顶端或末端，如“两头尖，中间大”；

3. 事情的起点或终点，如“做事要有头有尾”；“总算到了头了”；

4. 物品的残余部分，如“铅笔头”；

5. 头目，如“土匪头”“他是这一帮人的头儿”；

6. 方面，如“咱们这头人多”；

7. 第一，如“头等”“头号”；

8. 用在数量词组前面，表示次序在前的，如“头两本”“头几个”；

9. 用在“年”或“天”前面，表示在某个时间以前的，例如“头天”（上一天）、“头年”（上一年或去年）；

10. 量词，如“一头牛”“两头羊”“一头蒜”。

又如“打”“点”“代”“等”“白”“场面”“操纵”“问题”“手法”“特写”“同胞”“推进”等，也都有两种以上的意义。所以说，多义性是词义的特点之一。

词的多义性是语言历史发展的必然结果。一个词在新出现时一般是单义的。但是，由于语言中的词同客观事物比较起来，数量总是有限的，随着客观事物的发展和人们对客观事物认识的深化，不可避免地要用原有的一些词来表示有关的其他一些事物，这就造成了词的多义现象。也正因为如此，语言词汇中一些从古到今经常使用的词，其意义往往也就越多；而一些新造的词，其意义则常常是单一的。

附带要说明一下，分析多义词的不同意义，要注意分辨词义和语素义。在现代汉语里不能独立运用（不能单说，不能单独充当句法成分）的语素的意义是语素义。例如“危”有以下几个意义：

1. 不安全，如“危险”“居安思危”；

2. 损害，如“危害”“危及生命”；

3. 指人快要死，如“病危”“临危”；

4. 高，如“危楼百尺”；

5. 端正，如“正襟危坐”。

上边例子中的“危”在现代汉语中都不是词，它们的意义都是语素义，都是作为合成词或固定词组的构成成分使用的。又例如“手”有以下几个意义：

1. 人体上肢前端拿东西的部分；

2. 拿，如“人手一册”；

3. 小巧而便于拿的，如“手册”“手折”；

4. 亲手，如“手植”“手札”；

5. 量词，如“一手好字”；

6. 擅长某种技能或做某种事的人，如“能手”“拖拉机手”。

以上“手”的六个意义，只有 1 和 5 在现代汉语里是词义，2、3、4、6 都是语素义。这样，“手”这个语素，它能单独成词，表示某个意义，但在表示另外一些意义的时候，又只能同别的语素组合成词。我们讲词的多义性，不能不涉及语素义，因为在现代汉语的书面语里，有些还在单用，同时，不了解这些语素义，就难以理解由这些语素构成的合成词或固定词组的意义。下面一节讲同义词和反义词的时候，有些意义在现代汉语中也是语素义。

（二）基本意义和引申意义

从应用上来看，多义词的几个意义并不是完全相等的。其中有一个意义是最常用的、基本的，其他意义则是由这个意义转化、发展出来的。前一种意义叫做基本意义，后一种意义叫做引申意义。前面所举的例子中，表示动物躯体的头部这一意义是“头”这个词的基本意义，其他意义是它的引申意义。

词的基本意义往往就是它的最初的意义（本义），但这两者也有不一致的情况。例如“兵”这个词最初的意义是“兵器”，而其基本意义则是“兵士”；“走”最初的意义是“跑”，而其基本意义则是“步行”。因此，所谓基本意义，是就词的应用来说的，而不是就它的来源说的，这两者有联系，但不能混淆起来。

引申意义就是由基本意义直接发展引申出来的派生意义。例如“先生”这个词的引申意义有“老师”“丈夫”“医生”及对一般知识分子的称呼，等等，这些引申义，都是由这个词的基本意义“尊称”通过词义缩小的途径，直接引申出来的。[①] “老”这个词的引申义有“陈旧”“经常”“长久”“原来的”“历时久”“死亡”等；也是从它的基本意义“年岁大”直接孳生转化引申出来的。其他如“告”的引申意义有“控诉”“检举”“请求”“声明”“宣布”等；“化”的引申意义有“融化”“消除”“烧化”“死亡”等，也是由它们的基本意义“诉说”和“变化”直接引申出来的。这些引申意义和基本意义之间，或者引申意义和引申意义之间，存在着关联性的联系，例如整体和局部的联系，有关联的人和物、物和物的联系，行为和行为结果或行为的施动者的联系，某种性状和具有某种性状的人物的联系，某种性状和产生这种性状的行为的联系，等等。

有些词的引申意义，是通过词的比喻用法产生出来的，这种引申意义，也叫做“比喻意义”。比喻意义和一般的引申意义不同，它不是直接从基本意义转化而来，而是通过基本意义的借喻而形成的。例如“铁”的比喻义“坚硬”（如“铁拳”）、“确定不移”（如“铁的意志”）是由其基本意义“一种坚硬的金属”借喻转化而成的，“香”的比喻义“舒服”、“受欢迎”，“鬼”的转义“不光明”“不可告人的勾当”“恶劣”“机灵”，“花”的比喻义“种类错杂”“模糊迷乱”“不真实”“精华”“受的伤”，“包袱”的比喻义“负担”“思想负担”，“搁浅”的比喻义“停顿”，“酝酿”的比喻义“商量准备”，“覆没”的比喻义“溃败”，等等，也都是由借喻用法发展而成的。比喻意义和原来的意义之间，存在着相似性的联系，例如形状相似，性质相似，作用相似等。

这里，应该把词的比喻义和词在修辞上的比喻用法区别开来。比喻义是词的一种已经固定下来的意义，修辞上的比喻用法则是不确定的，在特定的上下文中间才应用的。例如“北京是中国的心脏”里的

---

① “先生”的较早意义：一指始生之子，《诗·大雅·生民》：“诞弥厥月，先生如达。”一指父兄，《论语·为政》：“有酒食，先生馔。”稍晚的意义指年长有学问的人，见《孟子·告子下》。后来常用为对年长者的尊称。

"心脏",就是修辞上的比喻,"心脏"并没有转化出固定的"首都"的新义。自然,这两者也有联系,比喻义在历史上是由比喻用法发展而来的,但也有区别,不能混淆。

一个词可以有多种的引申意义,包括比喻意义。同时一个引申意义,也可以通过引申和借喻再派生出其他的引申意义。因此在语言的发展过程中,词的派生意义往往会越来越多。

(三)词的单义性和多义性的关系

单独地看,一个词经常是多义的。但是在具体的运用中,一次却只能采用词的一种意义。因此,在具体的上下文中,每一个词则经常是单义的;只有在不同的场合,词才容许有多义性。

词在具体运用中的意义,可以靠具体的语言环境——上下文来确定。因此多义词的存在,一般并不影响对意思的准确表达和理解。例如"问题"这个多义词,在"我有两个问题要问你""你学习英文有没有问题"、"工作中存在许多问题"以及"时间有问题"等具体的句子中,意义都很明确,并不会产生误解。

在某些情况下,也可以在同一个地方应用一个词的数种意义,以达到一定的表达效果,这就是修辞上的双关。

三 词的同音现象

(一)同音词和同音词产生的原因

从词的语音形式上看,现代汉语中的许多词意义完全不同,而其语音形式(包括声、韵、调等各个方面)却完全相同。这样的词就叫做同音词。例如:

第一组

"别"bié(分别)——"别"bié(插挂)——"别"bié(不要)

"搪"táng(抵挡)——"搪"táng(涂抹)——"搪"táng(用搪床对机器零件的钻孔进行加工切削);

"管"guǎn(中空的圆柱体)——"管"guǎn(管理)——"管"guǎn(介词,把)。

第二组

"班"bān——"斑"bān

“娇气”jiāoqì——“骄气”jiāoqì

“仙人”xiānrén——“先人”xiānrén

“公式”gōngshì——“公事”gōngshì——“攻势”gōngshì——“工事”gōngshì

第一组词语音相同，书写形式也相同，是一种“同音同形词”；第二组词语音相同，书写形式不同，可称为“同音异形词”。另外有些词虽然书写形式相同，而语音却不相同，如“中”zhōng 和“中”zhòng、“好”hǎo 和“好”hào、“重”zhòng 和“重”chóng、“长”cháng 和“长”zhǎng，都不是同音词。

同音词在语言中，也是一般的现象。造成同音词的直接原因，有以下几点：

1. 造词时语音形式偶合

不同时代、不同地区、不同的人们在原有的语言基础上创造新词，很难避免所创造的词在语音形式上出现偶合现象。语言中绝大部分的同音词，都是这样造成的，如“骄气”和“娇气”、“油船”和“邮船”等。

2. 语音演变的结果

语音的演变和意义的变化是不平衡的。有些古代不是同音的词，由于语音的发展变化，到现代也变成了同音词。这类同音词，在现代汉语中比较古代的要多些，如“轻”和“清”，“青”和“清”，在以前都不是同音词(“轻”和“清”古代声母不同，“青”和“清”古代韵部不同)，而现在都变成同音词了。

3. 意义演变的结果

有些同音词是由意义演变的结果造成的。这些同音词在古代是一个词，只不过是一个多义词而已。后来，随着历史的发展，这个词的原来几个意义逐渐分化解体，失去了原有的联系，但它的语音形式却没有产生相应的变化，就造成了同音词。例如现代汉语的同音词“刻”(计时的单位)和“刻”(雕刻的刻)，在过去是一个词，现在却变成为没有意义联系的同音词了。“副”(正副的副)和“副”(量词)、“管”(中空的圆柱体)和“管”(管理的管)等，也都是由同样原因造成的。

4. 借用外来词的结果

汉语借用外来词，经常把外来词的语音形式汉化，这就使借词的语音形式同某些原有的汉语词的语音形式相同，造成了同音词。例如借蒙古语的“jam”这个词汉化成“站”（车站的站），就同原来的词“站”（站立的站）同音；借用英语的词“metre”汉化成“米”，就同“谷米”的“米”同音；其他如“瓦”（电的功率单位）和“瓦”（砖瓦的瓦），“听”（听子，也作计量单位）和“听”（动词）等等，也都是由同样原因造成的同音词。

（二）同音词在语言中的作用

同音词在语言中可以用来构成同音双关的修辞手法，加强语言的生动形象的表达能力。例如毛泽东所写的《蝶恋花》一词中：

我失骄杨君失柳，
杨柳轻飏，
直下重霄九
……

第二句的“杨柳”，表面上写的是轻轻飘扬、直上到九重云霄的杨花柳絮，实际上则是指杨开慧烈士和柳直荀烈士，说他们的忠魂升天，永垂不朽。这里就是运用同音双关的修辞手法，思想感情表达得非常含蓄，寓意深长。

但是，过多的同音词存在，有时会引起意义上的混淆，影响思想表达，甚至造成误解。例如，在谈到“邮船”和“油船”时，这两个同音词的存在就使人感到为难，教学上谈到“期中考试”和“期终考试”时，往往也不免要费唇舌来加以说明。

一般说来，这种情况终究还是很少的，并不是现代汉语中的普遍现象。因为绝大部分的同音词，在具体的言语中，其意义都可以靠上下文确定下来。例如，在“这地方 shùmù 很多”这个句子中，“shùmù”指的必然是“树木”，而不会是“数目”；“yùjiàn 了一位朋友”的“yùjiàn”也必然是“遇见”，不会是“预见”，像这些都不会造成表达的困难。

同时，从另外一方面说，如果碰到可能引起混淆的同音现象，现代汉语中也有许多方法可以补救：

第一，在现代汉语的发展过程中，许多单音节语素不再独立成词，而同另一个语素组合成双音节词，这样，就大大减少了容易引起混淆的同音现象。比如单音节的“优”“忧”发展成双音节的“优良”“忧愁”，就不是同音词了。

第二，汉语有丰富的意义相同的语素，可以在适当的情况下相互替代，这也可以帮助避开消极的同音现象。例如可以把“期终”改成“期末”以区别于“期中”，把“遇见”改成“遇到”或“碰见”以区别于“预见”，等等。

第三，汉语有丰富的同义词可以互相替代，以避免同音混淆。例如可以用“食用油”代替“食油”以区别于“石油”，用“海里”代替“浬”以区别于“里”，用“出口处”代替“出口”以区别于“(对外)出口”，等等。

由此可见，尽管就一个个的字的读音看来，汉语的同音现象似乎很多，实际上，现代汉语中真正的同音词并不多。在《汉语拼音词汇》(初稿)所收的 20 133 个词中，同音词只有 2 100 多个，占总数的 10%；再加上绝大部分的同音词的意义可以从上下文确定下来，造成意义混淆的同音现象就更少了。

四　同音词和多义词的界限

多义词和同音词，都是一种用同一语音形式来表示不同意义内容的语言现象，它们在性质上有一定的共同点，但相互之间也有很大的区别。这就是：多义词指的是一个词具有不同的意义，而同音词则是几个词具有相同的语音形式。因此，多义词的几个意义之间有明显的、必然的联系，它们都是从一个基本意义派生出来的，有共同的基础。而同音词则不然，它们相互之间虽然语音形式相同，但意义上缺乏联系，缺乏共同的基础。例如，在“打人”“打水”“打井”“打草鞋”这些语言结构中的“打”，虽然有些是表示不同的意义的，但它们的意义之间有联系，它们都是从“打击”这一基本意义上派生出来的，因此是一个多义词。而在“打今儿起”这样结构中的“打”，和上面的“打”，虽然语音形式上相同，意义上却没有联系，它们就不是一个词，而是两个同音词了。

自然，这两种语言现象也不是完全没有联系的。由于它们都是以同样的音来表示不同的意义的，在语言的历史发展过程中，它们相互之间有时可以转化。如前面所述，有些同音词就是多义词解体的结果。多义词的进一步发展，往往就构成同音词。因此，必须用历史观点来看待这两种现象。

又，以上所讲的同音词，都是指声音形式相类相同而在内容意义上没有类似、没有联系的，这是纯粹的同音词。汉语词汇当中，还有一些声音形式相类相同、同时在词义上又相近似、相联系的词，这样“音近义通”的词，语言学上叫做“同源词”。因为它们相互之间可以认为有同源关系，即认为由同一语源（代表相关意义的语素）派生出来的。例如：

空——孔 框——筐 糠——壳 广——旷

宽——阔 挟——夹 满——漫 矇——盲

溟——濛——茫 合——盍——阖

这些词或语素，在现代汉语里还是彼此之间读音相类相似，用来表示相类相关的意义，可以证明它们相互之间的同源关系。这种现象，不但在汉语词汇发展的历史上应当加以研究，在讲到现代同音词的种类时也应当加以分析。

思考和练习

1. 什么叫做多义词？为什么现代汉语的词许多都是多义的？
2. 什么叫做词的基本意义、引申意义和比喻意义？
3. 分析下列各词所包含的不同意义，并指出这些不同意义之间的相互关系。

   强 上 浓 长短 材料 气象
4. 什么叫做同音词？以下各组词是不是同音词？为什么？

   班—板 (部)长—(不)长 好(人)—好(客)

   中(间)—(打)中 重(量)—重(复)

打(球)—(一)打

5. 举例说明同音词产生的原因。

6. 同音词在语言中有什么作用,跟多义词有什么不同?试举例说明。

7. 现代汉语中同音词是不是特别多?是不是给表情达意带来困难?

第四节　同义词和反义词

一　什么是同义词

(一) 同义词的性质和范围

语言中用不同的语音形式来表示相同或相近的意义,就产生了词的同义现象。凡是意义相同或相近的词,就叫做同义词。例如:

第一组:

演讲——讲演　衣服——衣裳　肥皂——胰子

自行车——脚踏车　维他命——维生素

玉米——包米——包谷——棒子

第二组:

拿——取　赠——送　叫——喊　吃——食

企图——打算　繁华——繁荣　优良——优秀

骄傲——自豪——自满　关心——关怀——关注

迎合——逢迎——阿谀——奉承——谄媚——阿附

以上第一组同义词,意义几乎完全相同,在一般情况下可以任意互相替代,是一种完全的同义词(或称"等义词")。第二组同义词同第一组不同,它们虽然意义相同,但并不完全相等,有种种细微的差别,应用上也不能任意替换,是一种不完全的同义词(或称"近义词""条件同义词")。一般所说的同义词,包括上面这两种。

有一些词,它们在意义上虽然也有某种联系,应用时在一定条件下也可以互相替代,但所表示的概念并不相同,不能看做同义词。

例如：

牲口——马　　作家——诗人　　格律诗——旧诗
劳动——苦干　制服——军装　　文人——文豪

这些词，有的是分别代表相互联系的“种”概念和“类”概念，有的分别代表两个有联系的简单的概念和复杂的概念，有的则分别代表属于不同的社会制度的事物，都不是同义词。

在上述的两种同义词中，第一种同义词，即意义完全相同、应用上可以互相替换的等义词，为数是很少的。这种同义词有的是语言的累赘，是语言规范化工作的对象，应该限制它们的存在和发展。语言中更多的是第二种同义词。这种同义词的存在有其积极的意义和作用，是词汇学研究的重要对象。

（二）同义词在语言中的作用

上述的第二种同义词，即意义相同或相近、而有细微差别的同义词，可以帮助人们细致地区别客观事物或思想感情的细微差异，从而使思想表达得更加精确、严密，使语言更加明朗、显豁。它是人们思维长期发展的成果，也是语言发达、词汇丰富的重要标志。

汉语是世界上最发达的语言之一。它的无比丰富和高度发展，也具体地体现在它的数量极为众多的同义词上面。现代汉语中，同一个事物，同一个概念，往往可以用几个、十几个，以至于几十个同义词表现出来。例如表示“看”这一动作的，就有几十个同义词。其中有表示一般的看的，如“看”“瞧”“瞅”；表示已经看到的，如“见”“看到”“看见”“见到”“睹”；表示向远处看的，如“望”“眺”“眺望”“瞭望”“瞩”；表示向上看的，如“瞻仰”“仰视”“仰望”；表示向下看的，如“鸟瞰”“俯视”；表示回头看和向四方看的，如“顾”“张”“张望”；表示偷偷地看的，如“窥”；表示集中视线注意地看的，如“盯”“瞄”“注视”；表示张大眼睛、愤怒地看的，如“瞪”“瞠”；表示略略一看的，如“瞟”“瞥”“望”“流览”；表示仔细地看的，如“察”“观察”“相”“察看”；表示下级看上级的，如“觐”“省”；表示上级对下级看的，如“鉴”“视察”“检阅”；表示所看的对象场面大的，如“观”“观看”“阅”；表示看的对象是文字之类的，如“阅”

“阅览”“阅读”；表示亲自看到的，如“目击”等。再如，表示“拉”这一动作的，也有“拉”“牵”“拖”“拽”“抽”“扯”“揪”“拉扯”“牵引”“拖拉”“曳”“拔”等十几个不同的词。

丰富的同义词存在，对于交流思想、增强语言的表达能力，有相当大的积极作用。

第一，同义词能精细地反映出事物之间的细微差别，表达人们对客观事物的各种不同的感情态度。因此大量的同义词存在，就有助于选择最恰当的词语来表达思想感情。例如，作家老舍就曾谈及：

> 比方写一个长辈看到自己的一个晚辈有出息，当了干部回家来了，他拍着晚辈的肩说：“小伙子，‘搞’的不错呀！”这地方我就用“搞”，若不相信，你试用“做”，用“干”，保准没有用“搞”字恰当、亲切。假如是一个长辈夸奖他的子侄说：“这小伙子，做事真认真。”在这里我就用“做”字，你总不能说：“这小伙子，‘搞’事认真。”要是看见一个小伙子在那里劳动的非常卖力气，我就写：“这小伙子，真认真干。”像这三个字：“搞”“做”“干”都是现成的，并不谁比谁更通俗，只看你把它搁在哪里最恰当，最合适就是了。①

与此相反，如果同义词掌握得少了，就无法准确地表达思想，就会“语言无味，像个瘪三”。例如有的人说话，满口离不了个“搞”，“搞工作”“搞翻译”“搞数学”“搞语言”“搞文学”“搞尖端”“搞劳动”“搞食堂”“搞副食品”“搞恋爱”“搞小家庭”……，似乎在全部现代汉语词汇中，动词只有一个“搞”，这就无法区别各种“搞”法的不同了，舍弃丰富的词汇不用，只会使自己的词汇枯竭，语言干瘪无味。

第二，同义词可以帮助避免用词重复，从而使一篇作品的语言更加生动而富有变化，达到更好的修辞效果。例如下面的一段文章：

---

① 老舍《关于文学的语言问题》，见《题材、人物及其他》第124页。

> 我们以我们的祖国有这样的英雄而骄傲，我们以生在这个英雄的国度而自豪。

这里，“骄傲”和“自豪”就是同义词并用，如果一律改成“骄傲”或“自豪”，就显得重复了。再如，鲁迅的《故乡》：

> 这只是我的心情改变了，因为我这次回乡，本没有什么好心绪。

这里，“心情”和“心绪”也是同义词并用，如果改成一样，就会减色不少。

第三，同义词可以满足修辞上的讳饰、婉曲的需要，构成“委婉语”或“禁忌语”。例如“落后”和“后进”，“受伤”和“挂彩”，“死”和“去世”“升天”，“箸”和“筷”等都是同义词，在为了避免伤害对方的自尊心，或避免犯忌触讳的情况下，就可以用后面的一个词构成“委婉语”或“禁忌语”，这对思想圆满的表达，也有很大帮助。

第四，同义词连用可以加重口气，达到修辞上的强调的目的，有的则进而构成具有特殊色彩的成语。例如“家喻户晓”“东奔西走”“谨小慎微”“并驾齐驱”“轻描淡写”“流言蜚语”“摧枯拉朽”“左顾右盼”“花言巧语”等成语，都是这样形成的。

同义词在语言中的作用并不限于上述几个方面，在其他方面，如构成不同的语体风格、表达不同的感情色彩等，也经常起着积极的作用。

二　辨析同义词的方法

要掌握更多的同义词来丰富个人的词汇，首先必须学会辨析各个同义词之间的细微差别，这才能真正发挥同义词的积极作用。一般说来，可以从以下几个方面来辨析同义词：

（一）从词义的性质和范围上来辨析

1. 感情色彩不同

某些同义词所包含的基本意义相同，而其感情色彩则不同。有的词表达了说话者对该事物的肯定赞许的感情，含有褒义；有的词则表达了说话者对同一事物的否定贬斥的感情，含有贬义；有些词不表示说话者对该事物的褒贬，则是一种中性词。例如“顽强”“坚定”“顽固”“固执”和“坚持”这一组同义词，所表示的都是“坚持不变”这一概念，而“坚定”则含有褒义，指的是对正确的信念或正义事业的坚持不变的态度；“顽固”和“固执”则含有贬义，表示所坚持的是不正确的、错误的东西；“顽强”和“坚持”则是个中性词，没有明显的感情意味。类似的例子如：

鼓动——煽动　　果断——武断　　保护——庇护
成果——后果　　含蓄——含混　　依靠——依赖
抵抗——抗拒　　团结——勾结　　技巧——伎俩

以上这些成对的词都有不同的感情色彩。应该注意的是，这里所举的是比较典型的，实际上每一组中，不管是褒义词或贬义词，都可以不止一个，在一系列褒义词中或贬义词中，褒贬的程度也有差别。同时，并不是每一组同义词都有褒义、贬义和中性词三种，有的可能只有褒义词和中性词，如“教诲”和“教训”，有的则只有贬义词和中性词，如“效尤”和“效法”。

除了上面所说的词义的褒贬之外，同义词还有其他感情色彩上的差别。因为人们的感情是多种多样的，这种差别也就有各种不同的情况，如“生日”和“诞辰”“寿辰”，“客人”和“来宾”“宾客”，“死”和“逝世”是一般的感情色彩和庄重的感情色彩之分；“人”和“家伙”、“漂亮”和“时髦”是一般感情色彩和轻蔑色彩之分；“肥”用来指人时，有讽刺、诙谐的意味，“胖”没有这种意味。

2. 语意轻重不同

有些同义词的细微差别表现在语意的轻重上面。它们所表示的事物概念虽然相同，但在表现其某种特征或程度方面，则有轻重的差别。例如“损坏”“毁坏”“破坏”所表示的是同一行为动作，而“损坏”的语意轻些，“毁坏”“破坏”重些，说一个人“损坏公物”“毁坏公物”或“破坏公物”显然有程度上的差别。类似的例子如：

优良——优异	揭发——揭穿	固执——顽固
爱好——嗜好	鄙视——蔑视	请求——恳求

3. 范围大小不同

有些同义词所指的虽然是同一种事物，但其中有的所指范围大，有的范围小，各不相同。例如“性质”和“品质”所代表的都是“属性”这一概念，但“性质”可以指一切事物的属性，“品质”则仅指人的一种精神修养上的特性，范围大小各不相同。类似的例子如：

事情——事件——事故	房屋——房子——屋子
时期——期间——时间	灾难——灾荒
战争——战役	局面——场面

4. 具体与概括的区别

有些同义词虽然都是指同样的事物，但某些词所指的是具体的、个别的，有的则专指概括的或集体的。例如，“树木”和“树”指的是同一种事物，但“树木”所指的是概括的、一切的树（如“这地方树木很多”），“树”指的则往往是具体的、个别的（如“苹果树”或“这棵树”）。类似的例子如：

河流——河	书籍——书	花卉——花
湖泊——湖	马匹——马	信件——信
船只——船	纸张——纸	布匹——布

5. 适应对象不同

有些同义词，虽然所代表的概念相同，但其适应的对象，却有上、下，内、外等之分。也就是说它们往往同说话者所处的地位有关。例如“爱护”和“爱戴”所表示的基本概念相同，但“爱戴”只适用于对上，“爱护”则适用于对下。“表达”和“传达”基本意义也相同，但“表达”往往适用于对自己（如“表达自己的思想感情”），“传达”则适用于对他人。类似的例子如：“改正”用于对消极的事物，“改进”则往往用于对积极的事物，“保护”的对象是一般的事物，“保卫”的对象则是重大的事物。“充足”多用于说明具体事物，“充分”则多用于说明比较抽象的事物；“热诚”多用于对人，“热心”则既用于对人，亦用于对事；“侵蚀”多用于由外及里的过程，“腐蚀”则可用于由里及外的过程，等等。

（二）从词的用法上来辨析

1. 词的配合关系不同

这一类同义词，虽然所表示的意义相同，但在具体运用中，有些词往往只能同固定的某些词配搭，其他的词则经常同另一些词配搭，不允许混淆。例如“维持”和“保持”的基本意义相同，但“维持”经常同“生活”“秩序”“状况”“状态”等词配搭，“保持”则常与“清洁”“卫生”“健康”“传统”“记录”“光荣”等词配搭。其他的例子如：

交换——意见、礼物
交流——思想、经验

担任——工作、职务
担负——责任、任务

侵占——土地、财产
侵犯——主权、利益、领空

履行——条约、诺言、义务
执行——命令、任务

改善——关系、生活
改正——缺点、错误

应该指出，这种区别并不是绝对的，随着事物的发展，原来不能配搭在一起的一些词语，也可能变成可以配搭的。

2. 词性和句法功能不同

有的同义词虽然意义相同，但词性或句法功能也不相同。例如“充分”和“充满”，前者是形容词，后者是动词；“刚毅”和“毅力”，前者是形容词，后者是名词；“勇敢”和“勇气”，前者是形容词，后者是名词。这是词性不同。有的虽然词性相同，句法功能却不一致，如“艰苦”和“艰难”都是形容词，前者却经常用来做定语（如“艰苦的生活”）；后者则常用作谓语（如“生活艰难”）；等等。这些，在应用上也是必须区别的。

（三）从语体风格上来辨析

表现不同的语体风格，也是同义词的作用之一。因此某些同义词之间的细微差别，可以从语体风格上来辨析。有的同义词只适应于某一种语体风格，有的同义词则适用于另一种语体风格，各不相同。例如“夫人”“妻子”“老婆”这组同义词，“夫人”适合于比较庄重的场合，“老婆”则适用于比较土俗的场合，“妻子”适用于一般的场合，它们的语体风格色彩各不相同。

现代汉语的语体风格很多，因而同义词的语体风格上的差别也各式各样。这里，仅就较常见的几种举例说明如下：

1. 口语和书面语的不同

有些词多适用于口语，同时带有通俗的语体色彩；另一些词则适用于书面语，同时带有庄重的风格色彩。例如：

爸爸——父亲	妈妈——母亲	吓唬——恐吓
溜达——散步	剃头——理发	怎么——如何
走——步行	信——函	在——于

自然，这两者的界限并不是绝对的，口语中的词也可用于书面语，但有些书面语中的词在口语中则很少用。

2. 普通用语和特殊用语的不同

有些词往往只适用于某一种语体，别的语体中不用，这就构成了普通用语和特殊用语的区别。下列这些词，是普通用语和文艺作品的特殊用语不同的例子：

飞——飞翔	走——行走	心——心灵
静——寂静	光亮——晶莹	半夜——子夜
寂寞——寂寥	好——美好	好意——美意

有的是属于普通用语和公文特殊用语的不同，例如：

给——给予　　现在——兹　　办法——措施
安排——部署　　私下——擅自　　这——此

其他如“黎明”和“拂晓”、“爬行”和“匍匐”，则是普通用语和军事特殊用语的不同。

除此之外，语体风格的特点还表现在普通话语词和方言语词、专业语词和一般语词等的差别上面。

辨析同义词，除了上述的几种从各个词本身的意义、用法和语体风格的特点来进行之外，还应该注意到各组同义词和其他一些多义词和反义词的交叉关系，从它们和这些词的关系来确定其精确的意义。

三　反义词及其在语言中的作用

（一）反义词的性质和范围

语言中词汇意义互相矛盾、对立的词，就是反义词。反义词在意义上经常是互相排斥、互相对立的。例如：

大——小　长——短　高——低　好——坏
浪费——节约　　吝啬——慷慨　　拥护——反对
痛苦——快乐　　谦虚——骄傲　　平坦——崎岖

反义词的存在，是客观事物矛盾对立的反映。但是，反义词是一种语言现象，并非一切矛盾对立的事物、概念都通过反义词表现出来。反义词的成立，还必须有语言习惯的基础。因此，像“晴天”和“雨天”、“飞机”和“高射炮”这一类意义上相对立的词就不是反义词。相反地，有一些词，其意义并没有严格的矛盾对立关系，但在语言中却经常并举对比的，也属反义词。如“春”与“秋”、“黑”与“白”等。这都是由语言习惯来决定的。

（二）反义词在句子中的作用

反义词所表达的是成对的相互矛盾对立的概念，经常能够更鲜明地揭示出矛盾事物的两个对立面，更清楚地暴露矛盾事物的对立性，因此在语言表达上，常有其特殊的修辞功能。

在句子中，反义词经常被用作修辞上对比、映衬的手段，从而使文章具有更加鲜明的色彩和更加强烈的说服力。例如：

虚心使人进步，骄傲使人落后，我们应当永远记住这个真理。

一切只顾个人不顾社会，只顾局部不顾全体，只顾眼前不顾将来，只顾权利不顾义务，只顾消费不顾生产的观点和行为，都是必须反对的。

我们的痈疽，是它们的宝贝，那么，它们的敌人，当然是我们朋友了。

真的、善的、美的东西总是去同假的、恶的、丑的东西相比较而存在，相斗争而发展的。

事物的发展规律总是由小到大，由低级到高级，由普及到提高。

旧社会把人逼成鬼，新社会将鬼变成人。

这些，都是利用反义词构成对比，从而使所论述的真理更加清楚、明朗，更有说服力。我国过去的一些谚语或格言中，常常用反义词或反义语素来做它的表现手段。例如：

失败为成功之母。

满招损，谦受益。

学如逆水行舟，不进则退。

人无远虑，必有近忧。

其次，在句子中，反义词连用，往往可以构成一种表面上矛盾，实际上含着更深刻的哲理的语句，这种语句表现得更加含蓄，同时也更富有感染力。例如：

世界上最快而又最慢，最久而又最短，最易被人忽视而又最易令人后悔的，就是时间。

后方的前线（篇名）

平凡的伟大(篇名)

典型形象——熟悉的陌生人(篇名)

再次,由于反义词现象的存在,在特定的语言环境中,就允许利用类比新创一个反义词,构成一种特殊的修辞手法,这种表现方法往往带有幽默、嘲弄的意味。例如:

读者定会觉得这是一条“新闻”吧,其实却是一条旧闻。

最后,由于反义词现象的存在,在文章中还可以利用其意义的矛盾对立,来构成“反话”的修辞手段。例如用含有贬义的反义词来代替原来相应的褒义词,往往能表示更加亲昵、深刻的感情意味。比如,过去用“薄情”“可憎”来称呼所爱的情人,用“小丫头”“小鬼头”来称呼所喜爱的小孩子,就要比用“多情”“可爱”“小宝贝”等更富有表情意味。相反地,如果用含有褒义的反义词来代替原来的贬义词,则构成一种更深刻的否定和讥讽的感情意味。例如:

请问那些仁慈的打手们,可否把你们的拿手好戏当众再表演一番呢?

也有解散辫子,盘得平的,除下帽来,油光可鉴,宛如小姑娘的发髻一般,还要将脖子扭几扭。实在标致极了。

这里,“仁慈”“标致”两个词,实际上所取的都是它们的反义。这样应用构成的“反话”,显然含有更深刻的意味,具有更生动、鲜明的表现力。

(三)反义词在成语中的作用

某些反义词在成语中连用,表意上往往比单用的更丰富。例如:

深入浅出　　弃暗投明　　取长补短　　厚今薄古

此起彼伏　　悲欢离合　　无独有偶　　苦尽甘来

另一些成语,由反义词和同义词交叉复合构成,表意极为丰富、生动。例如:

横冲直撞　　生离死别　　东摇西摆　　长吁短叹
博古通今　　争长论短　　瞻前顾后　　天昏地暗

四　词义的交叉现象及其在辨析词义中的作用

在现代汉语中，词的多义现象、同义现象和反义现象经常是同时并存的。大量的多义词、同义词和反义词的存在，构成了现代汉语词汇系统中复杂的词义交叉现象。由于一个词经常是多义的，它可以有一系列不同的同义词，同时也可以有不同的反义词；反过来说，由于许多词经常在其某一意义上是相同的，因此一个词可以是许多词的同义词，同时又是许多词的反义词。词汇系统中的每一个词，经常就处在一个复杂的意义关系之中，同其他许多词的意义相互联系、相互制约。

举个例说，现代汉语中"深"这个词，当它指的是由上到下的距离大时，它的同义词就是"高"（比较"高山深谷"中的"高"和"深"）；当它指的是由里到外或由此到彼的距离大时，同义词是"远"（如"深远""深入沙漠几十公里"等）；当它指的是颜色深时，同义词是"浓"；当它指的是感情深时，同义词是"厚"；而当它作为状语表示程度时，其同义词则又是"很""十分"。这样，同是"深"这个词，在其不同的意义上，就有"高""远""浓""厚""很""十分"等不同的同义词，同时，与此相应地，它也可以在各种不同的意义上和"浅""近""淡""薄"等构成反义词。这样，在这复杂的词义交叉关系中，"深"这个词也跟一系列不同的词联系起来，构成不同的关系了。

词义的这种交叉关系，对于辨析每个词的意义有很大帮助。确定词义，可利用以下几种方法。

第一，利用同义词来确定多义词的不同意义。多义词的意义不易准确掌握。如果把它的不同的同义词联系起来看就较清楚了。例如了解到"开"这个词有"打开""发动""操纵""开拔""开办""开始""举行""发付""沸腾"等同义词，就不难了解"开"的各种用法和意义了。

第二，利用反义词来确定多义词的不同意义。多义词的不同意义，常有不同的反义词和它相应，因此利用不同的反义词，也可以确定多义词的不同意义。例如了解到“薄”这个词可以和“厚”“肥沃”“浓”“深”等构成反义词，就能确定它的各种不同意义。当说“酒太薄”时，它的反义词是“浓”，这里的“薄”是“淡”的意思；说“地太薄”时，它的反义词是“肥”或“肥沃”，它在这里的意思是“贫瘠”等。

第三，利用反义词来确定同义词词义上的细微差别。许多同义词虽然在其相同的意义上有相同的反义词，但在其意义的细微差别的基础上，也可以有不同的反义词。因此，借助于不同的反义词，也可以看出同义词之间的细微差别来。例如“果断”和“武断”是同义词，但“果断”可以同“迟疑”构成反义词；而“武断”则可以同“审慎”构成反义词；从“迟疑”和“审慎”的意义上的差别，也可以看出“果断”和“武断”这组同义词的细微差别。

由此可见，在语言词汇中，词和词之间、词义和词义之间是互相联系、互相制约的，它们的关系也是复杂的。这种复杂的相互关系就使词汇构成一个完整的系统。因此，要准确地确定词的意义、功能和用法，就必须把它放在同其他词的联系中来考察。

思考和练习

1. 什么叫同义词？
2. 为什么说同义词的存在是语言词汇丰富的重要标志？同义词在语言中有什么作用？
3. 同义词的细微差别表现在哪些方面？如何辨析？
4. 说明以下各组同义词的同异。

广阔——宽阔——辽阔　　厌恶——讨厌——厌烦

铲除——拔除——根除　　帮助——赞助——援助

接受——接收　　鼓励——怂恿　　纠正——改正

夸大——夸张　　摧毁——摧残　　商量——商榷

5. 下列句子中哪些词用得不妥当？指出并加以说明、改正。

(1) 他带着繁重的思想包袱来出席小组的讨论。

(2) 今天天气很开朗，大家的心情也都很舒服。

（3）大家决心继续发挥艰苦朴素的作风，努力攻克困难，争夺更大的成就。

（4）运动员踏着强健的脚步，举着五彩缤纷的旗子，穿过检阅台。

（5）我筹划明天早上把作业做完，免得受到同志们的训斥。

6. 列举十组同义词，并说明各组中各个词之间意义上的细微差别。

7. 什么叫做反义词？反义词在语言中有什么特殊作用？

8. 为什么说词汇系统中每一个词经常都处在一个复杂的意义关系之中？如何利用词义的交叉关系来辨析词的意义？

第五节　词汇的构成部分

一　基本词汇和一般词汇

普通话词汇的构成部分，依据不同的性质和作用，可以分做基本词汇和一般词汇。一般词汇的成分，除了由古代语言继承下来的非基本词外，依据不同的来源，又可以分为新造词、古语词、方言词，以及来自别的民族语言及社会习惯语中的词。

（一）基本词汇

普通话词汇里，有些词是全民族使用得最多的，一般的生活当中最必需的，意义最明确，为一般人所共同理解，几乎用不着什么解释的。这样的词是词汇当中最主要的成分，叫做基本词。基本词的集合体叫做基本词汇，是词汇的基础。例如：

关于自然界的事物的词："地""山""水""天空""太阳""树木""牛""羊"等。

关于人体各部分的词："人""手""头""身体""脑子""牙齿"等。

关于亲属关系的词："爸爸""妈妈""姐姐""哥哥""丈夫""妻子"等。

关于劳动工具及生活用品的词："刀""锄头""笔""房屋""门""窗子""饭""菜"等。

关于方位、处所和时间的词："上面""外头""东边""今天""去年""上午""秋天""以前"等。

关于一般的行动和变化的词:“走”“说”“吃”“喝”“打”“来”“起来”“变化”“喜欢”等。

关于一般的性质和状态的词:“好”“高”“小”“轻”“红”“美丽”“勇敢”“快乐”“辛苦”等。

关于数量的词:“一”“三”“十”“千”“个”“只”“斤”“尺”“次”等。

关于指称和代替的词:“我”“他”“你们”“这”“哪儿”“谁”“什么”等。

关于表示程度、范围、关联、语气及情感作用等的词:“最”“很”“都”“太”“和”“跟”“或者”“因为”“吗”“了”“呢”“呀”“啊”等。

这些基本词,有的是实词,有的是虚词,都是一般人所共同理解,实际生活中所必不可缺少的,在普通话里使用最频繁,占着常用词汇的主要部分。语言的词汇中的主要部分就是基本词汇,其中一些构词能力强的成为它的核心。基本词汇比语言的词汇窄小得多,可是它的生命却长久得多,它在千百年的长时期中生存着,并且为构成新词提供基础。这些基本词的性质,可以从全民性、稳固性、作为构造新词的基础三个方面来考察。

凡是要用汉民族共同语来进行交际的人,都必须掌握普通话里的基本词;不论是哪个阶层,哪种行业,总不能不经常使用这些在生活中必需的、在语言组织中不可缺少的词。这就是基本词的全民性。

全民性并不等于常用性,所以基本词汇也不等于常用词汇。在基本词当中固然大部分是常用词,但是,第一,有些常用词还没有在语言历史中经过考验,还缺乏稳固性,因此不能看作基本词,如“牛蛙”“微波”;第二,有些基本词在古代汉语中能够单用,在现代汉语中通常不当作独立的词来使用,变成具有构词能力的语素了,但仍为一般人所共同理解,如“父”“母”“口”“耳”等。

许多基本词所表明的事物,不但在一般生活中极端重要,而且在社会和语言的历史上有长时期的稳定性。这些事物本身的稳定性,就使得表明它们的基本词也在千百年长时期中生存着。普通话的基本词汇里,存在着一些古老的词。像“火”“山”“地”“人”“马”“牛”“大”“小”“上”“下”“走”“在”等,是从古代汉语继承下来而成为现代普通话词汇中的主要成分。从来源说,它们是很古老的,可是在实际运用中,一般人毫不觉得它们是古老的东西。因此，这种自古相传的基本词，同那些现代汉语中很少用而在古代书面语里见到的古语词，显然有区别。这就是基本词的稳固性。当然，稳固性并不是固定不变，基本词汇也是有发展变化的。

普通话词汇里，由于反映社会的发展和需要，不断地产生许多新词。新词的构造，常常用这些原有的基本词来做构词成分。例如用“人”来做语素，把它同别的语素结合起来，就造出“人民”“人类”“人物”“人口”“人才”“人力”“人生”“人权”“人道”“人事”“人工”“工人”“新人”“生人”“熟人”等词。用“地”来做语素，把它同别的语素结合起来，就造出“土地”“地方”“地理”“地势”“地基”“地球”“地震”“地雷”“地平线”“地下室”等词。这就是基本词作为构造新词的基础。

有许多构词能力很强的基本词，它们本身是独立的词，同时又经常作为各种合成词的语素，如“人”“地”“工”“大”“打”等。普通话里用这些既能单用又能构词的语素做核心，又带动和吸收其他的许多成分，随着社会的发展和需要，构造出许多新词，并且逐渐积累起来。结果在纷繁、丰富的汉语词汇里，产生一族一族的环绕在这些既能单用又能构词的语素周围的许许多多合成词，同时也就形成了一个以这些既能单用又能构词的语素来做核心的完整的词汇系统。

这三种性质是相互联系的。基本词的构词能力，实际是由于它的全民性和稳固性而产生的，当然也要随着社会的条件而变化。例如“党”这个词，过去是不属于基本词汇的。到了现代具有一种特殊的新意义，就成为我们生活上必需的词，有了显著的全民性，同时它的构词能力也显著地加强了。如“党风”“党性”“党龄”“党课”“党校”“党费”“党委”“党员”等，都是由“党”这个语素构成的。因此，在现代普通话词汇里，“党”不但应当归入基本词汇，而且已经进入基本词汇核心了。这是社会发展的结果。

以基本词为基础构造出来的许多新词，也有一些进入基本词汇。例如“民主”“工厂”“机器”“飞机”“轮船”“火车”“汽车”“铁路”“公路”等，都是在现代进入普通话基本词汇的合成词。又如“原子”“电气”

“拖拉机”等，也逐渐成为一般人经常使用的词了。普通话的基本词汇是有发展变化的。

（二）一般词汇

词汇里基本词汇以外的词语构成一般词汇。

一般词汇和基本词汇的关系是：

1. 一般词汇对于社会的发展变化反应非常敏感。随着社会的发展，科学技术、文化教育的进步，人类认识能力的提高，新词不断地产生。以基本词为基础构造出来的新词，大部分首先成为一般通用的词。例如上面举出的用“人”和“地”构成的合成词，都属于一般词汇。

2. 一般词汇中有些词，随着社会生活的发展，它们所表示的事物和概念在长时期中同人们的生活关系非常密切，具有全民性、稳固性、作为构造新词的基础三个特点，就进入了基本词汇。例如上面举出的“党”。又如“原子”，是物理学上的专业词，随着现代科学技术的发展，科学知识的普及，原子对人们的生活有了巨大的影响，成为一般通用词。再看“原子”的构词能力，已经有“原子弹”“原子尘”“原子核”“原子价”“原子量”“原子能”“原子团”“原子武器”“原子反应堆”等以“原子”为基础构成的词语，“原子”这个词很有可能进入基本词汇。

3. 原来属于基本词汇的某些词，随着社会的发展，它们所表示的事物和概念在人们的社会生活中已经变得不很重要，甚至变成了过时的东西，这些词就退出基本词汇，变成一般词汇中的词。例如“君”和“臣”，在封建社会里可以说是属于基本词汇的，但是在现代显然只能列入一般词汇了。

基本词汇是词汇的基础，一般词汇又可以充实和丰富基本词汇。由于语言是不断地发展变化的，因此，基本词汇和一般词汇的界限不是一成不变的。

基本词汇和一般词汇是词汇系统里很重要的分类。词汇的系统性就表现在基本词汇和一般词汇的内在联系上，二者既有构词上的联系，又有词义上的联系。

二　新造词

（一）新造词的性质

词汇的不断丰富，主要是表现在一般词汇上边。丰富词汇的主要途径是创造新词。

新造词主要是利用原有的语言材料，按照原有的构词方法构成的。新造词表示的事物和概念是新的，它的形式也是新的。

新造词，除了一部分进入基本词汇外，都是进入一般词汇的。

近年来，普通话里出现了大量的新词。这些新词的产生，不仅反映了我国人民政治、经济、文化生活的迅速发展，同时也扩大并丰富了语言的词汇，增强了语言的表现力。例如：

关于政治和思想方面的："人代会""供给制""动员""组织性""整风""评比""岗位责任制"等。

关于农业方面的："套种""农药""高产田""商品粮""责任制""专业户""水库""饲养员"等。

关于工业方面的："青工""切削""机电""真空泵"、"生产线"等。

关于科学技术方面的："火箭""肿瘤""导弹""太阳能""半导体""喷气式""宇宙飞船""针刺麻醉""人造胰岛素"等。

关于生活及娱乐方面的："文化宫""居民组""旅游""公关""度假村""流行色""吉祥物""卡拉 OK""全息摄影"等。

（二）怎样创造新词

这种新造的合成词，必定是以一些基本词来作为它们产生的基础的。它们的构造，不但要应用原有的材料，而且必须符合现代汉语的构词规律。这就是新词构成的要素。至于新词的产生和成立，必须根据语言词汇规范化的原则，这就是：第一，为一般人所普遍使用的。新词不断地产生，一定要通行开来，才能算成立。第二，适应社会实际的需要，反映当前社会的发展。第三，能够明确地表达意义，为一般人所懂得的。

随着新词大量的产生，近年来在书面语里也有滥造新词的现象，所谓滥造新词，就是任意凑合语素来生造合成词。这种生造的词，由于汉语词汇双音化的发展趋势，多数也是双音节的。例如"盖罩""丰奢”“葱茂”“头额”“鸣响”“疑思”“积淀”等，都是由近义的双音词里各取一个语素硬凑起来，或者由两个单音语素硬凑成双音词的。这种硬凑起来的合成词，事实上并没有使用开来，也不是表达上所需要的，而且意义很不明确，它们没有具备新词产生和成立的条件。为了维护祖国语言的纯洁和健康，必须反对滥造新词。

语言词汇的日益丰富与纷繁，一方面是由于不断地制造新词，另一方面又是由于不断地吸收古语词、方言词、别的民族语言及社会习惯语中的词语。

三　古语词

（一）古语词的性质

古语词是指现代汉语中少用而多见于古代文献的词。因为它们是从许多文言文中流传下来的，是古代汉语的书面语词。

古语词大多数是代表历史上的事物的，到了现代只是在一些叙述历史事实的作品里偶尔用到，可以叫做历史词语。例如“庶人”“天子”“诸侯”“丞相”“太守”“朝廷”“宗庙”“社稷”“单于”“可汗”“干戈”“弓矢”“庭燎”“虎贲”“鼎”等。这些词语，同现代社会生活很少联系，在日常交际中是很少用到的。

又有些古语词，在形式上或者在内容意义上，已经不适合于现代社会的应用，如果不通过修辞的手段而就用到普通话里，显然觉得陈旧过时了的，例如“众庶”“黎民”“冠盖”“缙绅”“俸禄”“廪食”“鄙夫”“稼穑”“不佞”“稽首”等。这些词很少有现代生活的气息，在普通话里也是很少用到的。

有些古语词，例如“余”“吾”“尔”“汝”“甚”“俾”“焉”“哉”“乎”“也”“邂逅”“契阔”“惆怅”“贲临”“拨冗”“迎迓”“盘桓”等，除了在书面语里为了表达上的特殊需要偶尔运用外，在普通话的口语中一般也是不用的。

由此可见，古语词是过时的，陈旧的，一般只见于书面语中，同现代普通话口语里的词相对立的。但是书面语一方面服从于口语，一方面又对口语产生很大的影响。由于古典文学和文言作品传播的影响，现代普通话常把古语词吸收进来，并且利用古语成分作为构词的材料。所以我们要学习古人语言中有生命的东西，要继承古代语里好的仍然有用的东西，应该有选择地从古典作品和文言作品中去研究，去吸收。

（二）怎样吸收古语词

现代汉语吸收古语词的方式，是多种多样的。这里举出下列的几种来说：

1. 采取古语词来丰富现代语的同义词

古语词的吸收，常常使得现代普通话词汇增加很多意义相近而有细微差别的同义词来反映客观现实当中各种特殊的情况。例如同“早晨”意义相近而有差别的，有“黎明”“拂晓”；同“准备”“制造”意义相近而有差别的，有“酝酿”；同“希望”“期待”意义相近而有差别的，有“企图”“觊觎”等。吸收古语词的结果，就使同义词丰富起来了。

2. 利用古语词来表示讽刺、庄严等意义

现代普通话常常采用一些历史词语或陈旧的词来表示讽刺的意义。例如“土皇帝”“小朝廷”“老爷式”“钦差大臣”“衙门”“钦定”“御用”“公子”“绅士”等，用到现代语里，都带有讽刺的意义。

现代普通话又常常采用一些古语词来表示庄重、严肃的感情色彩。例如“诞辰”“晋谒”“衷诚”“铭记”“遵循”“典范”“陵寝”“逝世”“哀悼”“志哀”等，用到现代语里，都表示庄严的意义。

值得注意的是，古语词与文言词是不同的概念。古语词是指曾经隐匿了现在又出现在语言中的词。文言词是一个较大的概念，它包括古语词和一直在口语中沿用的带有文言色彩的词，例如“父母”“子女”。讲“父子关系”“母女关系”比讲“爸爸和儿子的关系”“妈妈和女儿的关系”更为常见。此外，一些文言虚词如“之”“而”“其”“以”等，口语中也常用，它们是文言词，但不属古语词。

3. 利用古语词作为构成新词的材料

古代语里的基本词，有很多到现代语里不是独立运用的词，而只作为构成新词的语素。例如“砍伐”“伐木场”的“伐”，在古代语里是独立的词，在现代语里只是作为构词成分。又如古代语的“民”“首”“目”“非”“无”等，到了现代语里，都不是独立运用的词，而只作为语素来构成一些新词，如“民主”“公民”“首先”“首都”“目录”“目标”“非常”“非法”“非卖品”“无故”“无效”等。这样利用古语成分来作为构词的材料，也是继承古代语言的一种重要方式。

4. 应用古话或熟语中的古代词语来构成新词

一些由古话或熟语中流传下来的古语词，经过一定时期的结合使用，有很多构成了现代语里很通行的新词。例如“琢磨”(《诗经》“如琢如磨”)、“一贯”(《论语》“一以贯之”)、“启发”(《论语》“不愤不启，不悱不发”)、“矛盾”(《韩非子》“以子之矛，攻子之盾”)等，都是由一些古话或熟语中的古语词结合起来的。在流传很广的古话或熟语中所包含的古语词，也往往随着这种古话或熟语保存到现代语里。例如：“一失足成千古恨”中的“失足”，“饮水不忘掘井人”中的“饮水”“掘井”等。

从上面列举的现代语吸收古语词的种种方式来看，可以了解现代语词汇对于古代语的继承性，书面语在词汇发展当中对于口语的反影响，以及现代普通话词汇怎样继续不断地吸收古语词来充实和丰富自己。同时，又必须认清现代语和古代语的区别，必须合理地利用古代语中一些具有生命力和表现力的词语，坚决反对滥用已经死去的陈旧词语。所以吸收古语词是有条件的。

四 方言词

(一) 方言词的性质

方言词是指流行在方言地区而没有在普通话里普遍通行的词。方言的地区有大有小，有很狭小的地区里所使用的方言词，也叫做土语词，例如上海话的“白相”(玩)，福州话的“目睭”(眼睛)、广州话的“靓”(漂亮)等。方言词或土语词，有地区的限制，没有全民族的共同性，是同普通话的词相对立的。不同的方言地区在使用词语方面，常常有分歧的现象。例如：

“太阳”，很多地方叫“日头”，湖北某地叫“日亮”，北京土话里也有叫“老爷儿”的。

“月亮”，广州话、客家话都叫“月光”，福州话叫“月”。

“下雨”，上海话、广州话、厦门话都说成“落雨”，福州话说成“坠雨”，客家话说成“落水”。

“厨房”，福州话叫“灶前”，吴语方言里一般叫“镬灶间”“灶头间”或“灶间”。

“煤油”，上海话叫“火油”，福州话叫“洋油”，广州话叫“火水”。

“肥皂”，福州话叫“胰皂”，广州话叫“番枧”，客家话里有些地方叫“洋碱”。

“他”，广州话说成“佢”，上海话、福州话、厦门话都说成“伊”，客家话说成“其”。

“什么”，上海话说成“啥”，广州话说成“乜(mie)野”，客家话说成“乜介”。

普通话以北方话为基础。北方话词汇也有分歧的现象，普通话词汇采取的是北方话中最通行的词。例如：普通话里说“他”，不说“伊”“佢”“其”；说“做什么”，不说“做啥子”“做啥”；说“今天”“明天”不说“今旦”“明旦”，“今朝”“明朝”；说“公鸡”“母鸡”，不说“雄鸡”“雌鸡”“鸡公”“鸡婆”，等等。普通话词汇从北方话里接受了许多主要成分，因而扩大了它自己的共同性。可是，同时又从其他方言土语当中吸收了许多适用的和需要的成分来充实和丰富自己。

（二）怎样吸收方言词

普通话词汇以北方话的方言词汇为基础，又以其他方言词汇作为它的滋养源泉，在它形成和发展的过程中，吸收了许多方言词。吸收的方式，大致有下列的几种：

1. 集合各地的方言词作为意义相近而有细微差别的同义词

例如：有些地方只说“行”，不说“走”，如广州话；有些地方只说“跳”，不说“跑”，如浙东一些方言；普通话里把“行”“走”“跑”“跳”集合起来，作为有细微差别的同义词：“行军”用行，“走路”用“走”，“跑马”用“跑”，“跳绳”用“跳”。又如有些地方只说“困”，不说“睡”，有些地方又只说“鼾”，不说“眠”；普通话里把“睡”“眠”“困”“鼾”集合起来以表示有细微差别的意义：“入睡”用“睡”，“失眠”用“眠”，“困倦”用“困”，“鼾声大作”用“鼾”。这样集合方言词来作为有差别的同义词，是吸收方言词的一种方式。

2. 吸收方言中表示某些特殊意义的词

例如：“搞”“垮”“坍台”“把戏”“搭档”“瘪三”“名堂”“陌生”“蹩脚”

“别扭”等，它们所表示的那些特殊的意义，在普通话里没有适当的词语来表示，所以把这些方言词吸收进来以补充语言词汇。这又是一种方式。

3. 吸收方言中表示人物的生动形象或地方性事物的特征的词

有些意义，虽然普通话里有适当的词语可以表达，但没有像方言词那样表达得形象生动、切合实际，这时也须要使用方言词。有时为了传达人或事物的地方性的特征，也须要应用方言词。例如“不带劲”“门儿”“门道”“比画”(做手势)等等，这些词首先在文艺语言中应用，逐渐通行开来，就进到普通话词汇里了。这也是吸收方言词的一种方式。

4. 吸收方言词作为构词成分

有些方言词，普通话不作为独立的词而只作为构词的成分来吸收，例如“台”(枱)，吴语方言里用来叫“桌子”；普通话没有单独地说“台”或“台子”的，只说“台布”“台面”“台球”“写字台”等。这种现象一方面也是吸收古语词。因为古语词有很多保存在方言土语中，现代普通话利用了这些古语词来作为构造新词的材料，实际也就是吸收了一些保存古语的方言词。例如厦门话把“没有”说成“无”，把“站着”说成“企”；广州话把“喝”说成“饮”，把“刀很快”说成“刀很利”；普通话里没有把“无”“企”“饮”“利”作为独立的词来吸收，而把它们作为构词的成分来利用，如“无线电”“企望”“饮料”“锋利”等。这样在构词的材料上，一方面利用古语词，另一方面也是吸收方言词。这又是一种方式。

由此可见，不断吸收方言词是使普通话词汇丰富、严密而具有极强的表现力的原因之一。但是，普通话对于方言词的吸收不是毫无限制的，而是有适当的标准的。在文艺作品里，也必须防止滥用方言土语，以免缩小作品的影响范围。

五　外来词

(一) 外来词的性质

外来词是指本民族语言从外国或其他民族语言里吸收过来的词。由于不同的民族互相交际，本民族语言往往要从别的民族语言的词汇里借用过来一些需要的成分。所以外来词的吸收，也叫做词语的借用。外来词也叫做借词。现代汉语里借用进来的外来词，主要的有三种形式：

1. 音译的外来词

借用外国或不同民族语言的词，按照它们的声音形式翻译过来，这叫做音译。在进行音译的时候，由于语音系统的不同，不可能翻译得同原来词语的声音一模一样，常常只用一些近似的形式来代替。例如“奥林匹克”“托拉斯”“歇斯底里”“马达”“沙发”“柠檬”“扑克”“普特”“加仑”“卢布”“磅”“吨”“哈达”“戈壁”“喇嘛”等。

2. 音译兼表义的外来词

音译词当中，也有兼表意义的，这是音义双关的音译词。例如“俱乐部”“引擎”“幽默”“逻辑”“乌托邦”“维他命”等。还有在音译词上增加表义成分的，这是音译兼表义的一种最通行的形式，例如“拖拉机”“卡片”“卡车”“啤酒”“冰淇淋”“芭蕾舞”“霓虹灯”“法兰绒”“卡宾枪”“沙丁鱼”“道林纸”“香槟酒”“新西兰”“南斯拉夫”“白俄罗斯”等。

3. 从日本文中吸收过来的借词

近代日本文里，有很多用汉字书写的新造或意译的词，汉语就按照汉字的形式把这样的词借来应用，这是一种从日本来的借词。例如“场合”“服务”“克服”“集团”“积极”“消极”“目的”“手段”“具体”“抽象”“手续”“景气”等，都是直接从日本文当中借来的。这些词的内部结构不能比照一般合成词进行分析。

至于纯粹用意译方法来仿造别种民族语言的新词，虽然代表着新的概念，但仍用汉语的构词成分和构词方法造出来的，因此不是真正的外来词。例如“飞机”“马力”“蜜月”“自由港”“劳动日”“地中海”“冰岛”“好望角”“备忘录”“最后通牒”“集体农庄”等。在汉语词汇的发展上有一个特点，就是当外来词输进来以后，往往开始产生借词，后来另造新词来代替借词。例如“习明纳尔”后来改成“课堂讨论”，“哀的美敦书”改成“最后通牒”，“瓦斯弹”改成“毒气弹”，“康拜因”改成“联合收割机”，“麦克风”改成“扩音机”等。

（二）怎样吸收外来词

外来词进到汉语里来，往往受汉语的融化，逐渐变成接近汉语的词语形式，就是适合于普通话的语音系统和词汇双音化的趋势。有些借词改变成为仿译词，也是由于繁复音节的双音化的结果；例如“德谟克拉西”改变成“民主”、“烟士披里纯”改变成“灵感”等。有些双音的借词就没有改变成为相当的仿译词，如“沙发”“马达”“逻辑”等。

外来词是由于汉语同别的民族语言相互接触而产生的，它使得普通话词汇更加充实和丰富起来。毛泽东曾经说过：“要从外国语言中吸收我们所需要的成分。我们不是硬搬或滥用外国语言，是要吸收外国语言中的好东西，于我们适用的东西。”①如果某些事物在我们语言里已经有适当的词语来代表，就不必搬用别的民族语言的成分了。硬搬或滥用外国语言，是会损害我们祖国语言而造成混乱的。所以吸收外来词，一方面要求词语形式的调和，另一方面又必须根据语言规范化的原则。

六 社会习惯语

（一）社会习惯语的性质

社会习惯语包括专门术语和行业语等。

专门术语是科学技术上应用的术语，作为科学研究和讨论的重要工具，各门科学都有一些特别应用的术语。例如：

天文学上的术语，如“行星”“光年”“回归线”等。

地理学、气象学上的术语，如“海拔”“盆地”“纬度”“雨量”“气压”等。

数学、物理学上的术语，如“微积分”“短波”“共鸣”“原子能”等。

化学上的术语，如“氧化”“饱和”“元素”等。

生物学上的术语，如“宿主”“温床”“变种”“年轮”等。

医学、生理学上的术语，如“抗生素”“血型”“网膜”等。

哲学和各种社会科学上的术语，如“一元论”“世界观”“政体”“通

---

① 毛泽东.毛泽东选集：第三卷[M].北京：人民出版社，1966：794.

货”“仲裁”“照会”“编年体”“通史”“元音”“辅音”“传奇”“乐府”“旋律”“素描”“浮雕”等。

行业语是各种行业上应用的词语，是各种职业和某些特殊生活的专门用语。职业性的行业语，很多是在进行生产斗争当中产生的。例如：

工业上的用语，如“成品”“废品”“加工”等。

农业上的用语，如“调茬(轮作)”“保墒”“疏株”等。

商业、银行业上的用语，如“市场”“销路”“破关”“出笼”等。

铁路上的用语，如“车皮”“正点”“误点”等。

此外，还有特殊生活中所产生的用语，如宗教生活中宗教用语，特殊阶级所用的阶级同行语，秘密团体所用的各种秘密语，也都属于社会习惯语。

行业语及其他用语同科技上的专门术语是有区别的。专门术语有全民族的共同性，有些更是国际性的，通行于全世界。行业语及其他用语大抵为一定的集团服务，不是全民性的。不过有些职业性的行业语，是由生产斗争当中产生的，往往变成为科技上的术语。例如“平炉”“加工”等，在科学论文中也常常用到。

行业语和专门术语也有相同的性质。它们都跟方言词不同，因为专门术语是具有普遍性的，不受地区的限制，行业语也有超地域性，不同地区可以有某种共同的行业语。术语和行业语又都是依附于民族共同语而存在的，都不能发展成为独立的语言。术语和行业语又都是专门性的，每一个词语总有一个特定的意义，它们都跟一般词语的多义性不同，而趋向于单义性。

(二) 怎样使用社会习惯语

社会习惯语，由于具有单义性的特点，必须精确地了解它们的意义，才可以使用。在各门科学技术和各种行业的系统内，每个术语或用语都有严格规定的意义。但在一般语言中，常把它们作为一般的词语来使用，往往又具有一种意义推广的用法。因此，社会习惯语又可以逐渐变成为一般的词语。例如：

“麻痹”“感染”“瘫痪”“消化”等，原来是医学、生理上的术语，在一般语言里也用来说明思想、行为、知识等方面的情况。

“进军”“看齐”“突击”“掉队”“战线”“基地”等，原来是军事上的专门用语，一般也常用来说明行动、工作、思想、政策等方面的情况。

“加工”“提炼”“规格”等，原来是工业上的用语；“讨价”“还价”“市场”等，原来是商业上的用语；“前台”“后台”“道具”“闭幕”等，原来是戏剧界中的用语；这些在一般语言里都有意义推广的用法。

“比重”“偏重”“水平”“反射”“顶点”等，原来是物理学上的术语，“渗透”“腐蚀”“反应”“化合”等，原来是化学上的术语；这些在一般语言里也都有意义推广的用法。

这种意义推广的用法，使得专门性的变成一般性的词语。因此，社会习惯语也是普通话词汇丰富化的一个源泉。但是在一般语言里使用专门性的术语或用语，必须防止混乱和误用，也必须根据语言词汇规范化的原则。

七　词汇吸收各种成分的原则

（一）普遍性的原则

古语词的进入现代语，方言词的进入民族共同语，外国语词或别的民族语词的借入汉语，以及专门性的术语或用语一般化，都使得普通话词汇更加丰富起来。但是普通话词汇吸收和采用古语、方言、别的民族语、社会习惯语的各种成分是有标准的，有条件的。这正跟新词的创造一样，必须根据词汇规范化的原则。

首先是根据普遍性的原则。

普遍的使用或逐渐的普遍化，这是现代语采用古语词的一个重要条件，如果一些古语词在现代社会生活中能够通行开来，它们就逐渐脱去陈旧的和书面的性质，进到普通话的口语里来了。反之，如果通行不开来，它们就是死的、没有生气的东西。例如：采用“老百姓”，不用“黎民”；采用“拂晓”“黎明”，不用“昧爽”；采用“琢磨”，不用“切磋”等等。

方言词的采用，也应该以它的普遍性来作重要的标准。例如“搞”“垮”“尴尬”等，用来表示某些特殊的意义，又有普遍使用的事实和趋势，所以成为普通话的词。在北方话的区域当中，有时使用几个意义完全相同的词语，普通话里也只采取其中一个普遍通行的，而不取偏僻的或者过于土俗的。例如：取“馒头”，而不取“馍馍”“蒸馍”；取“蚜虫”，而不取“腻虫”“蚁虫”“蜜虫”“油虫”“旱虫”等。北京土话的“老爷儿”（太阳）、“肉杠”（猪肉铺）、“格涩”（与人不同）等，也由于过于土俗而没有被采用。其他方言区里不很通行的方言词，没有特殊必要，更不应该采用。

一个借词而有几种不同形式的，没有重复的必要，就可以选择一种来作规范。选择的主要标准之一，就是要看哪一种使用的普遍性最大。例如：取“水泥”，不取“洋灰”、“水门汀”；取“保险”，不取“燕梳”；取“汽水”，不取“荷兰水”；取“邮票”，不取“士坦”；取“商标”，不取“唛”；取“暖气管”，不取“水汀”等等。又如：取“米”，不取“密达”、“米突”、“米达”；取“尼龙”，不取“呢隆”；取“法兰绒”，不取“佛兰绒”；取“巧克力”，不取“巧古力”“巧格力”“朱古力”等。

至于社会习惯语，无论是作为专门性的术语或用语，或者在一般语言中的意义推广的用法，都要使用一般最普遍地通行的，以求术语或用语的统一。

（二）需要的原则

其次是根据需要的原则。

适当地运用古语词，是为了表示特殊意义的需要，像在表示有差别的意义、庄严或讽刺的意义以及叙述历史的事实的时候那样，并不是为提倡复古而采用古语词的。有些人喜欢用“抵京”“莅校”“购物”“从事”等，而不用“到京”“来校”“买东西”“进行（做）”等，这样，在表意方面不但没有必要，反而使得意义晦涩了。

一切作品，除了专门为着特殊地区人民的需要来写作的方言文学以外，总应当使用普通话的词语来写。普通话里吸收方言词，是为了表示特殊的、有差别的意义的需要。例如普通话词汇里，吸收了上海土话“瘪三”“噱”“拆烂污”“像煞有介事”等词语；而不取“白相”（玩）、“打烊”（商店休息）、“辰光”（时候）、“淴浴”（洗澡）、“写字间”（办公室）等，因为这些意义在普通话里已经有适当确切的词来表达，就没有使用方言词的必要了。

从别的民族语言、外国语言里吸收我们所需要的成分，吸收对于我们适用的东西，这是完全必要的。但是必须坚决反对硬搬和滥用外语词。例如“喔开”(行、好)、“派司”(通行证)、“司的克”(手杖)、“乃木温”(第一号,工头)、“刚伯度”(买办)、“赛因斯”(科学)、“拉司卡”(末班车)、“曲奇”(甜饼)、“克力架”(薄脆饼干)等等,如果让这样的借词充塞在语言中,就会败坏我们的语言,所以必须加以清洗。只有确实需要的,而且往往是在某种程度内已经成了国际性的词,才允许进入我们的语言中。例如“逻辑”“威士忌”“奥林匹克”等。总之,应该不应该吸收,要看需要的情况来决定。

至于专门性的术语和用语,除了经过意义推广的用法而转变成为一般的词语以外,在一般语言中应当在必要的时候才使用。

(三)意义明确的原则

第三是根据意义明确的原则。

普通话里普遍使用的古语词,常常是意义明显,为一般人所了解的;反之,很生僻的古语词,例如“璀璨”“葳蕤”“嶒嶝”“夭夭”等,意义不明显,一般人难以理解,不宜采用。

普通话采用方言词,一定要求意义明确。为了避免误解和混乱,不应当采取意义不明显、不确切的方言词。例如:采取“电车”,不取方言词的“磨电”;采取“轮船”,不取方言词的“火船”“电船”“车船”等。

汉语中对于别的民族语词的吸收,往往原来是借词,后来另造新词,这虽然有一部分是由于受汉字的影响,但主要原因还是在要求词义表达的明确。如果没有适当的新词,或者新词的表义不很确切,那么还是采用借词;例如:用“逻辑”,不用“论理学”“名学”;用“托拉斯”,不用“企业公司”等。又新词当中,含有生僻字的,往往改用熟悉的和意义明显的字;例如:用“清漆”,不用“凡立司”;用“燃烧弹”不用“烧夷弹”等。

至于专门性的术语和用语,当然要准确理解它们的意义,才能适当地使用。

八 熟语

(一)熟语的范围和惯用语的性质

词汇当中,除了许多独立运用的词以外,还有一些固定词组为一般人所经常使用的,也作为语言的建筑材料和词汇的组成部分,这些总称熟语。熟语的范围相当广，包括惯用语、成语、歇后语、谚语、格言等，其中以惯用语和成语的用法最值得注意。

惯用语是一般人所熟悉的现成的固定词组，常常作为完整的意义单位来运用。但是有些可以拆散开来，插进一些别的词语，它们的固定性并不很强。例如“碰钉子”“打游击”“咬耳朵”“磨洋工”“钻空子”“开倒车”“触霉头”“拆墙脚”，等等。它们的结构并不很紧密，如“碰钉子”可以说成“碰了一个大钉子”，“钻空子”，可以说成“钻我们的空子”。惯用语有很大的精练性，多数是表义准确、形象生动的。例如“磨洋工”用来表示“拖延或浪费时间”；“开倒车”，用来表示“向后倒退”等。总之，对于惯用语的使用，也必须根据语言规范化的原则。方言性过强的或有庸俗意味的，应该少用或不用。

（二）成语的性质和构造

成语是一种固定词组，同惯用语的性质相近，常常作为完整的意义单位来运用，而比惯用语更为稳固。一般成语，结构紧密，不能任意更换其中的成分，也不像惯用语那样可以拆散开来插进一些成分。成语又不同于那些作为事物名称的固定词组，如“学生会主席”“复旦大学中文系”“作家协会”“青春之歌”等。作为名称的固定词组，是反映社会发展当中所产生的事物的，虽然也不能任意拆散和随便换字，但不是现成的话，所以跟成语有区别。成语多半是有典故性的，在社会习惯上有深厚的基础，可是又不同于那些有典故性的合成词。例如“自相矛盾”是个成语，而“矛盾”是个词；“一字推敲”是个成语，而“推敲”是个词。成语虽然结构紧密，在运用上作为词的等价物来看待，但是还没有凝结成为词，还是一种固定词组。

成语的来源是多种多样的，主要可以分做从书面上得来的和从口头上传下来的两大类：

从书面上得来的。例如“完璧归赵”“负荆请罪”“破釜沉舟”“草木皆兵”等，是从古代历史事实中得来的；“刻舟求剑”“渔翁得利”“滥竽充数”“望洋兴叹”等，是从古代寓言中得来的；“一鼓作气”“未雨绸缪”“水落石出”“山穷水尽”“隔靴搔痒”“虎头蛇尾”“胶柱鼓瑟”“叠床架屋”“粉身碎骨”“赴汤蹈火”“前仆后继”“奴颜婢膝”等，是从古典作品及古代流传的辞句中得来的。

从口头上传下来的，例如“七手八脚”“改头换面”“南腔北调”“得过且过”“一不做二不休”等。还有很多是群众按照成语构造的规律制造出来的，例如“呆头呆脑”“昏头昏脑”“东摇西摆”“东拼西凑”“欢天喜地”“咒天骂地”“有条有理”“无知无识”等。

无论是从书面上或口头上传下来的，成语总是有很强的固定性，但也不是一成不变的。有些成语，由于其中包含生僻或晦涩的字，一般人不容易懂得，就可以变换一下。例如原来的“屡戒不悛”，改变成为“屡戒不改”；原来的“揠苗助长”，改变成为“拔苗助长”等。为了修辞的需要，原有的成语也可以翻新和改造，用来表示新意义。例如“走马观花”，改做“下马观花”；“知难而退”，改做“知难而进”；“能者多劳”，改做“劳者多能”；“举一反三”改做“举一反十”等。同时，随着社会的发展和形势的要求，许多词组也有成为新成语的趋势；例如“又红又专”“百花齐放”“求同存异”“分秒必争”“虚实并举”“两条腿走路”等。成语的创造，也是词汇丰富的一个源泉。

成语的构造也是多种多样的，可以分做联合式和非联合式两大类：

联合式的成语是多种多样的，大致又可以分做陈述的联合式、支配的联合式、附加的联合式三类：

陈述的联合式，就是由两个陈述式的词语联合而成的，例如“天翻地覆”“烟消云散”“兴高采烈”“风平浪静”“瓜熟蒂落”“苦尽甘来”等。支配的联合式，就是由两个支配式的词语联合而成，例如“提纲挈领”“耀武扬威”“发号施令”“指天画地”“有条有理”“贪小失大”“弃暗投明”“避重就轻”“畏首畏尾”“患得患失”“惩前毖后”等。附加的联合式，就是由两个附加式的词语联合而成，例如“深谋远虑”“暴风骤雨”“左顾右盼”“前思后想”“一暴十寒”“千山万水”“四分五裂”“四通八达”“千秋万岁”“昏天黑地”“半生半熟”“昏头昏脑”“粗枝大叶”“七手八脚”等。此外，还有四个语素并列的联合式，例如：“青红皂白”“生老病死”“魑魅魍魉”等。

非联合式的成语也是多种多样的。例如：“胸有成竹”“名副其实”“狐假虎威”“人心大快”“笑容可掬”“坐立不安”“啼笑皆非”“左右为难”“老少无欺”等，都是属于陈述式的结构。“好为人师”“视为畏途”“别开生面”“饱经风霜”“莫衷一是”“莫名其妙”等，都是属于支配式的结构。“勃然大怒”“恍然大悟”“百折不挠”“层出不穷”“一孔之见”“一得之愚”“不劳而获”“不约而同”等，都是属于附加式的结构。“嫁祸于人”“问道于盲”等，都是属于补充式的结构。此外还有一些其他结构的成语，例如“利令智昏”“请君入瓮”“引狼入室”“指鹿为马”等。

从成语的构造来看，可以知道汉语中的成语具有两个特点：第一，汉语中的成语有多种多样的类型，而绝大多数都是由四个字组成的，也就是采取四个音节的形式，叫做“四字格”。用四个单音语素或两个双音语素，就组成这种四个音节的整齐形式。词汇里，词的双音化和成语四音化，正是汉语词汇的一种特色。第二，成语类型的丰富多采，正是说明汉语词汇是极其丰富的，汉语里的修辞手段也是极丰富和发达的。

（三）怎样运用成语

运用成语是一种重要的修辞手段，因为成语具有极强的表现力，有许多成语原来是用比喻、形容、夸张等修辞手段来构成的，它们本身就具有准确性、鲜明性、生动性。例如：用“雪中送炭”和“锦上添花”来说明文化“普及”和“提高”两种工作的关系，用“闭门造车”和“自作聪明”来说明“主观主义”的作风，等等。运用成语，可以使语言经济，一个简单的词组就可以表现出丰富复杂的意义。例如“装腔作势，借以吓人”这句话里的“装腔作势”，充分表达出“内心怕人家来批驳，装样子来吓人，故意夸耀自己来欺骗人家，只要把人家一时骗过去，吓住了，就算成功”的意义。成语的形式有较强的固定性，所以跟惯用语的效用相同，往往同样的意义，用一般词组表示出来的，远不如用成语形式来表示的给人家印象深刻。例如说“眼界很狭”，不如说“一孔之见”来得鲜明、生动；说“极端的辛苦”和“奇怪的形状”，也不如说“千辛万苦”和“奇形怪状”使人印象深刻。

成语是群众集体智慧创造出来的一种语言财富，必须根据语言规范化的原则采取一般人喜闻乐见的形式来使用。成语中绝大部分是生动活泼的，应当大量吸收。有些已死的典故和粗俗的成语，例如：“二三其德”（三心二意）、“杀头便冠”（削足适履）、“望衡对宇”（居处相邻近)、“管窥蠡测”(所见很狭小)等,陈腐冷僻、词义深奥。用了会使人难以理解。还有一些很粗俗的成语,如“狗不吃屎”(无此事实)、“屁滚尿流”(急迫万状)等,也应当避免使用。

在运用成语时,还必须注意下列几点:

首先必须理解成语的意义。要了解成语的意义,就应当分析其结构,并且推究其来源以及意义的变化。例如“满城风雨”和“水落石出”,原来在古典作品里是描写秋天和冬天的景色的,后来作为成语,一般用来表示“闹得人人皆知”和“终于真相大白”,意义上有了扩大和变化。

其次必须了解成语的用法。有些成语字面上相差不多,可是在意义上和感情色彩上却有很大的区别,例如“无微不至”和“无所不至”、“无孔不入”,意义和感情色彩是截然相反的。“无微不至”,指“爱护照顾的周到”;“无所不至”同“无所不为”相近,表示“什么都干得出来”;“无孔不入”,表示“什么空子都要钻”。此外,如“相顾失色”和“相形见绌”,“红光满面”和“面红耳赤”等,都不能相混互用。

又其次必须采用成语的一般通行的形式。在运用成语时,必须注意它的定型性,采用合于规范的形式,不能任意地加以拆散和变动。例如:“弄假成真”,不能说成“弄伪成真”;“眼明手快”,不能说成“眼精手快”;“排难解纷”,不能说成“排难解非”;“佳话频传”和“废话连篇”,不能凑合成为“佳话连篇”等。

最后还必须注意成语的写法。要规范地运用成语,还必须把其中的每个字写得正确,以避免引起误会或闹笑话。例如:把“变本加厉”里的“厉”写做“利”,“提纲挈领”里的“挈”写成“结”,“焕然一新”里的“焕”写做“换”,“滥竽充数”里的“竽”写做“芋”,“病入膏肓”里的“肓”写做“盲”等等。这些都是错误地调换了构成这个成语的一个语素,都是不对的,必须审慎辨清,正确使用。

(四)关于其他熟语的应用

同成语性质相近的是歇后语,可以说是另一种形式的成语。把一个成语的意义分做前后两部分说出来,前一部分是个比喻或隐语,后一部分是意义的解释。平常说话时,可以把它的前一部分比喻或隐语单独说出,而把后一部分解释省去,让人家去体会、猜测,所以叫做歇后语。依据修辞的方法来分，歇后语主要有比喻的和双关的两类。比喻的例子：

老鼠过街——人人喊打。
懒婆娘的裹脚——又长又臭。
千里送鹅毛——礼轻情意重。
猫哭老鼠——假慈悲。
黄鼠狼给鸡拜年——没安好心。
茶壶里煮饺子——肚里有，嘴上倒不出。
热锅上的蚂蚁——走投无路。

双关的例子：

四两棉花——弹(谈)不上。
孔夫子搬家——净是书(输)。
老鼠爬秤钩——自己秤(称)自己。
外甥打灯笼——照舅(旧)。

歇后语往往很形象，用得恰当，就能使人感到生动有趣，但用得太滥，也会使人讨厌。有些歇后语，带着封建意味、迷信色彩、庸俗的低级趣味，应当剔除不用。还有一些地方色彩过于浓厚的，也应当根据语言规范化的原则来选择使用。

惯用语、歇后语和成语，在实际语言中，一般都作为语言的建筑材料，充当句法成分，不成为独立的句子。熟语当中，成为独立的句子来说明一种意思的，就是谚语和格言。谚语是一般人在口头上流传的通俗的话；格言，同谚语的形式没有多大区别，也是一般人所流传使用而又作为行为的规范，多数是有教育意义的。谚语和格言中，有很多是劳动人民的精练语言。例如：

人心齐，泰山移。
人心坚，石山穿。

单丝不成线，独木不成林。
穿靠棉，吃靠田。
滴水凑成河，粒米凑成箩。
勤耕苦作般般有，好吃懒做样样无。
只与人家赛种田，莫与人家比过年。
吃不穷，穿不穷，不会打算一世穷。
生产好似摇钱树，节约犹如聚宝盆。

还有一部分是反映封建思想和落后意识的，如“命里穷，总是穷，拾着黄金要变铜”等，应该废弃不用。

思考和练习

1. 找出一篇短文里的基本词。
2. 近年来，普通话词汇里出现了大批的新词，对它们应当采取怎样的态度？
3. 吸收古代语汇，为什么既要有继承，又要有变革？
4. 书面语和口语在词汇上有没有差异？它们相互之间的关系和影响怎样？
5. 北方话和普通话在词汇上的关系怎么样？
6. 现代普通话词汇对于方言词的吸收和对于古语词的继承，这两方面有没有相互交叉的现象？
7. 就汉语词汇的情况来看，外来词有没有地区性的？它跟方言词的关系怎么样？
8. 社会习惯语对于丰富一般词汇有什么作用？
9. 举例说明外来词同专门术语的相互关系。
10. 试分析下列成语的结构：

百花齐放	取长补短	可歌可泣	克勤克俭
开门见山	闭门造车	巧夺天工	水到渠成
包罗万象	百废俱兴	按劳分配	足智多谋

第六节　词典和字典

一　词典和字典的分别

一般人在学习过程中，觉得有一些字和词的读音、写法、意义不大清楚，需要查考词典或字典，把正确的读音、写法、意义弄明白。所以词典或字典都是学习文化和进行语言规范化的必要工具书。从总的体例来说，词典和字典是把语言中的词和所用的字，按照一定的原则，有系统地编纂起来，并逐条加以注释和说明的。因此，关于词典、字典的编纂法，有选目的问题，排检的问题，注释和说明的问题等。

由于汉字的特性，字和词之间有矛盾，因而字典和词典各有其使用价值。字典以字为收集的对象，主要的功用是为了查字，所以注释的重点在讲明各字的读法、写法、意义和用法。词典以词语为收集的对象，主要的功用是为了查考词语。

一般使用的语文词典，实际是兼有字典性质的。因为其中所收集的不管一个字是不是单音词，先列出来作为“领头字”，再把有关的词语列在下面。所以使用词典的，同时也在使用字典。

我国文化悠久，语言文字学发达很早，字典和词典的种类特别丰富、繁多，编排的方法也是多种多样的。大致可以分做三大类：

过去“义书”、“类书”的编排，很多依据于“义类”。第一部“义书”《尔雅》，前三篇是解释一般的实词、虚词，叫“释诂”“释言”“释训”，其余十六篇：《释亲》《释宫》《释器》《释乐》《释天》《释地》《释丘》《释山》《释水》《释草》《释木》《释虫》《释鱼》《释鸟》《释兽》《释畜》，共十九篇。它的用意是指许多实物和现象可以依据“义类”来分析。后代义书、类书的编制，大都是按事目分成“天文”“地理”“帝王”“职官”“人事”“动植”等大类，逐类汇列各项材料编纂而成。

“字书”，是依照汉字的形体结构来排列的，注释也侧重于字形的分析。第一部“字书”《说文解字》首创“部首制”，用五百四十个“部首”字来统摄九千多字。到了明、清时代，把五百多个部首合并成二百十四个。

“音书”，是依照字或词的读音来排列的。我国最初的音书是“韵书”，就是根据字音的韵部来编排的。宋代的《广韵》，用平、上、去、入分别二百〇六个韵部，再用二百〇六部来统摄二万六千多字。到金、元年间，这二百〇六部又合并成《平水诗韵》的一百〇六部。

这里，把现代几种通行的字典简单地介绍如下：

《康熙字典》 这是清朝康熙年间张玉书、张廷敬等人奉命编纂的。1710 年到 1716 年间编成。全书分十二集，按子、丑、寅、卯等为序，每集分上、中、下三卷。共收约四万七千字，[①]依据部首及笔划来编排，分列二百十四个部首。每字下注唐宋以来所定的反切，解释字义并引证古代文献。一般字典中不易查到的字往往此书中可以查到。但错误及遗漏甚多，清道光时，王引之作《字典考证》改正其中的错误有 2 588 条之多。

《中华大字典》 徐元诰、欧阳溥存等人编纂。1915 年，中华书局出版，共收字四万六千八百六十七个。[②] 编排亦用部首制，也是二百十四个部首。《中华大字典》比《康熙字典》晚出二百年，增收了近代方言和翻译作品中的字，删去了《康熙字典》中的一些字。字用反切注音，对字形相同而音义都不同的字都分列条目，释义较为详尽，引用古代文献以为说明，对于阅读古典作品、理解词义有相当帮助。

《新华字典》 新华辞书社编纂。1953 年人民教育出版社初版，1957 年根据汉语拼音方案重新修订；1959 年及 1971 年又修订重版，由商务印书馆印行。主要是供一般具有初中文化程度的学生和干部使用。收字包括异体字在内共八千多个，用音序编排。附有部首检字表。两种检字法配合使用，读者称便。

收字最多的《汉语大字典》集汉字的大成，主要任务是解释汉字的音、形、义，分八卷出版。

---

① 《康熙字典》所收字数，据中华书局 1962 年影印本的“出版说明”为 47 035 字，但《中国语文通讯》1981 年第 3 期第 23 页载为 46 975 字。

② 据《辞书研究》1979 年第 1 期，第 99 页。

二　词典的种类

从不同的用途来分，词典有语文词典和专科词典两大类。专科词典，也叫专业或专门词典，收集专有名词和学术上的专门术语，以供研究、学习某些专业知识的查考。专科词典和语文词典，不仅收集的词目不同，即在同一词目下，解释的意义也有区别。例如“直线”这个词，在语文词典中，可以解作“平直、不弯曲的线段”，如果在数理科学的术语词典中，就须要给以一个精确的定义。

专科词典，又依据其所包括科学技术的门类多少，大致分为单科词典和百科词典两类。单科词典只收集某一科学、技术部门或某一专门活动范围的用语，例如《宗教词典》《法学词典》《中国名胜词典》《地质词典》《气象学词典》等。百科词典是包罗各种学科用语的综合辞书，不但收集自然科学、哲学、社会科学中经常应用的术语，还包括习见的词语和人、地、朝代、著作等的专名，既可供专业工作者的参考，又为一般读者学习文化的工具。例如《辞海》就是给读者以关于各科的必需的基本的知识。此外，还有一种叫做百科全书，例如《中国大百科全书》，是大型的各科知识系统的汇编，给读者以各科精深的全面的知识。

语文词典，供学习、研究语文的应用；又依据其学习、研究的对象，大致分为单语言词典和多语言词典两类。一般的对译词典，即属于多语言词典，就是以某一种语言的词作标准，来解释别一种或几种语言的词，例如《英汉大辞典》等，大都是供学习外国语文的应用的。单语言词典，大都就本民族语言的词语来相互解释。依据解释的方法，又可分为历史的和描写的两种不同性质的词典。历史的语文词典，以供查考古语和词源为主；描写的语文词典，有的只供查考现代词语，有的不仅是供查考，还有指明语文规范的作用。

这里，把几种比较通行的词典简单地评介如下：

(一)《现代汉语词典》

《现代汉语词典》(中国社会科学院语言研究所词典编辑室编，商务印书馆 1978 年版)是一部以记录现代汉语普通话词汇为主的中型词典，是为推广普通话、促进汉语规范化服务的。收录普通话一般词汇，也收了一些常见的方言词语、方言意义，不久以前还使用的旧词语、旧意义，书面上通用的文言词语，以及某些习见的专门术语。此外还收了一些用于地名、人名、姓氏名等方面的字和一些现代不很常用的字。词典中所收条目，包括字、词、词组、熟语等，共约五万六千条。它在现代汉语词语的词形、注音、释义方面都给人们以准确而有用的知识，使人们有所依据和遵循。

它采用了音序编排法，单字条目按汉语拼音字母次序排列。单字条目之下所列的多字条目不止一条的，依第二字的拼音字母次序排列。第二字相同的，依第三字排列，以下类推。轻声字一般紧接在同形的非轻声字的后面，因此它是一部纯粹按照汉语拼音字母次序编排的词典。它在注音方面，详尽地注明了词的异读、两读、重读和轻读、儿化音。这对汉语普通话的语音有着规范化的作用。

值得注意的是《现代汉语词典》中多字条目的注音，它采取分词连写的办法来区分这一多字条目是一个词还是一个词组。如果是多音词，注音的几个音节就连写，如果是词组或成语，注音的音节就按词分写。有些合成词的构成成分结构比较松，就在中间加短横来表示，例如“单口相声 dānkǒu-xiàng · sheng”（小圆点后的音节念轻声）。有些支配关系的两个语素合成的词，有时在两个语素之间可以插入其他成分，注音时就在可以插入的地方加斜的双短横，例如“洗澡 xǐ//zǎo”。这就不仅仅是注音，而且告诉读者有关词汇的知识。

《现代汉语词典》各条条目的意义分析，突出地注意了现代共时性这一平面，比较严格地以现代汉语为准，不详列古义。对现代汉语词汇中的口语词、书面上的文言词、方言词，用〈口〉、〈书〉、〈方〉这些标记标明。各条条目的意义项目分析细致，表述明确，基本意义和引申意义之间的关系从排列次序中反映，解释用语力求准确精练。对一组意义上互有关联的条目，是以条为主，详细解释，把其他有关条目串联起来，释义简略而能突出其特点。例如“公历”和“格里历”“阳历”三条是一主二副。

有些条目还附有注意一项，提示有关读音词义、用法等方面应该注意的问题。有些实词和一些常用虚词条目的提示用法的内容，对于准确地理解和运用这些词是很有用的。

（二）《辞海》

《辞海》(上海辞书出版社 1979 年版，三卷本，1980 年版缩印一卷本)是一部兼有语文词典和百科词典性质的综合性辞书。共收单字 14 872个，选收条目 91 706 条，包括成语、典故、人物、著作、历史事件、古今地名、团体组织以及各学科的名词术语等。《辞海》里的语词条目约占全部条目的 33%，百科条目约占 67%。

由于形势的发展和读者的需要，1982 年又分别出版了《语词增补本》和《百科增补本》各一册，增补了词语14 320条，各学科名词术语 2 509条。

《辞海》是按部首编排的。它的部首共二百五十个，不同于《康熙字典》的部首。另附"笔画查字表"，可以不管部首而按照一个字的全部画数去查检；还有《汉语拼音索引》，凡是知道普通话读音的字可以按音序查检这个索引，比按部首按画数查检方便。

《辞海》的语词部分，虽然是新旧兼收，实际上是侧重古代语词的。如果把它单行的《语词分册》和《语词增补本》合起来，略加调整就是一部实用性很强的中型古汉语词典。《辞海》的语词条目，在解释意义之后，一般都引出例证，详列书名、篇名，帮助读者领会意义和查核原书。

《辞海》的百科条目，包括哲学、经济、政治、法律、军事、国际、历史、地理、文学、艺术、教育、心理、民族、宗教、语言文字、文化、体育、理科、生物、农业、医药卫生、工程技术等学科的系统的基础知识。解释一般是叙述的方式，清楚明晰，平易可读。

（三）《辞源》

《辞源》(修订本，商务印书馆 1983 年版，四卷本)是一部以语词为主、兼收有关词章典故以及史地文物制度等百科条目的古汉语辞书。共收单字 12 890 个，连同所带词语共 97 024 条。《辞源》全书都用繁体字，按照二百十四个部首编排。这是适应阅读古籍的需要的。查检《辞源》，要熟悉繁体字和二百十四个部首。也可以用每卷后附的《四角号码检字索引》去查。第四卷后附有《汉语拼音索引》，也可利用。

《辞源》所收的单字，是作为古代汉语的单音词或语素收列的，因此，某一个字的现代、意义和用法，一般是不收的。单字之下，用汉语拼音字母注明现代读音，再加注这个字在《广韵》里的反切、声调、韵部和声纽，以表示这个字（词或语素）在汉语中古音里的音韵地位。有些字是《广韵》没有收的，就用《集韵》的音切。这可以说是在语音方面起了溯源的作用。

《辞源》的古代汉语语词条目，注意各项意义的解释和排列次序，并提供目前见到的最早或较早的例证；对成语典故，注意出处源流，并且交代用法。《辞源》的百科条目，注意说清始末原由和发展演变，如有不同说法，也作出交代；其中大量的人名、书名、地名、事物名、职官名条目，大都写得言简意赅，考证翔实，给读者以比较完整的知识。

（四）其他语文词典

大型的《汉语大词典》共十三卷，收列古今汉语词语三十七万条，按部首编排。

语文词典中有一些是专门解释某一方面的词语的，例如《辞通》《诗词曲语辞汇释》《现代汉语八百词》《汉语外来词词典》《汉语成语词典》《常用典故词典》《同义词词林》等，都是近年来重版或新出版的。这些词典，顾名思义，都各有特色，能帮助读者解决某一方面的问题。

三　词典的释义

（一）释义的基本要求

词典所收列的词语的意义是怎么来的？又是怎样解释的呢？

词典编写者要对某一个词作出准确的解释，首先要收集有关这个词的丰富的用例，作为资料。掌握了比较丰富的资料，才能进行分析，比较异同，再逐步归纳，看看能够确立几项意义。在这个过程中，也是有所取舍的，取舍的标准主要决定于词典的性质。我们查检各部词典的时候，会发现同一个词，所解释的意义有多有少，这是原因之一。还有一些词的临时活用的意义，词典里也是不收录的。

确定了一个词有哪些意义，对这些意义进行解释的时候，要注意用正确的观点来解释词义。语言本身和语言的词汇是没有阶级性的，使用某一种语言的人可能属于不同的阶级，但是他们对这种语言的词的基本意义的理解是大体上一致的，否则就不能用这种语言来进行交际了。可是人们解释某些词的意义有时要受到时代和阶级的限制，受到认识的限制。例如旧词典中对“地主”的解释是“土地所有者”，这是不全面的。1989年版的《辞海》对“地主”条增加了“占有土地，自己不劳动，或只有附带的劳动，而靠剥削农民为生的人”。

解释一个词的意义还要力求准确、贴切和全面，具有高度的概括性。例如《现代汉语词典》解释“桌子”是“家具，上有平面，下有支柱，在上面放东西或做事情。”这样解释，可以概括方的、圆的、木头的、石头的、四只脚的、一根支柱的、吃饭用的、办公用的各种各样的桌子，而不是专指某一张或某一种桌子。如果把“上有平面”说成“上有木板”，那么石头面料的桌子就包括不进去了。如果把“下有支柱”说成“下有四只脚”，那么有更多的脚的或只有一根支柱的桌子就包括不进去了。如果不说“下有支柱”，就不成其为桌子而只是一块板了。有时候，释义超出了范围，也是一种不够准确、不够贴切的毛病。例如“别致”这个词，如果解释为“跟平常不同，新奇可喜”，这里的“可喜”就应当删掉，因为“别致”并不一定包含“可喜”的意思。“别致”的基本意义就是“新奇，与众不同”，在某种特定场合（也就是在一定的上下文中），可能含有“可喜”的附加色彩，而在另外的特定场合，“别致”可能含有委婉的讥评的意思，这是要根据具体的语境确定的。

用正确的观点为指导，力求准确、贴切和全面，这可以说是词语解释的基本要求。

（二）释义的方式

解释词义的方式，大体上有以下几种：

1. 用同义词、反义词或词组来解释。一个同义词如果还不足以说明，可以用两个同义词来相互补充，或者用同义词再加以限制。没有适当的同义词，可以用词组来解释。例如（例子引自《现代汉语词典》，下同）：

〔柴扉〕〈书〉柴门。

〔猖狂〕狂妄而放肆。

〔拆除〕拆掉（建筑物等）。

〔拆穿〕揭露；揭穿。

〔长生〕永远不死。

〔尅〕kēi〈口〉打；骂；申斥。

这是解释词义最常用的方式，适用条件是相同的或相近似的事物、现象或抽象概念可以用不同的词语来表示，同时在语言的词汇系统中也存在着意义相同、相近或相反的词。通常是用常见的词语解释生僻的词语,用普通话词解释方言词,用现代词解释古代词。用同义词来释义的时候,要注意选用感情色彩、语体色彩、使用范围等方面差异较小的。反义词加否定的方式有时只能用作一种补充手段。用同义词解释,不可能绝对准确和贴切,因此,用两个或两个以上的同义词来注释,利用词义交叉关系来作补充或加以限制,可以求得比较准确而贴切的释义。例如上面所举口语词"尅",用"打;骂;申斥"三个词来解释,互相补充,又互相限制。又如"拆除",用注明拆除的对象是"建筑物等"的办法来限制其使用范围,增加了释义的准确性。

2. 用描写、说明的方式。这种方式是具体说明或描述词所指的内容或词的意义特点。例如:

〔走〕人或鸟兽的脚交互向前移动。

〔搀假〕把假的搀在真的里面或把质量差的搀在质量好的里面。

〔长〕两端之间的距离大(跟"短"相对)。

这种方式适用于解释非名物词,也可以用来解释虚词,也就是说明或描述虚词的语法功能。例如:

〔虽然〕连词,用在上半句,下半句往往有"可是、但是"等跟它呼应,表示承认甲事的事实,但乙事并不因为甲事而不成立。

〔对于〕介词,引进对象或事物的关系者。

〔嘛〕助词,表示道理显而易见。

有的词常用的是引申意义,也可以用说明或描述的方式来解释。例如:

〔柴米〕柴和米是做饭必不可少的东西,泛指最必需的生活资料。

〔幕后〕舞台帐幕的后面，多用于比喻(贬义)。

3. 用逻辑上为概念下定义的方式。这种方式要指出释义对象的类及其属差。例如：

〔鼎〕古代煮东西用的器物，三足两耳。

〔圆〕圆周所包围的平面；像夏历十五或十六的月亮的形状。

这种方式着重从科学认识方面去说明词义的本质特征，要用一连串的语句来确切说明词义的内涵。有的词语除了下定义以外，还可以和描写的方式结合运用。上面举的“圆”的释义的后半段就是用比喻来描写“圆”的形状，以增强释义的通俗性。也有的词因为内容比较复杂而需要下了定义再加比较详细的叙述和说明。例如：

〔科举〕从隋唐到清代的封建王朝分科考选文武官吏后备人员的制度。唐代文科的科目很多，每年举行。明清两代文科只设进士一科，考八股文，武科考骑射、举重等武艺，每三年举行一次。

〔电视〕① 利用无线电波传送物体运动的影像的装置。由发射台把实物的影像变成电能信号传播出去。电视机把收到的信号再变成影像映在荧光屏上。电视除了用在文化娱乐和教育方面外，也广泛地用在其他技术和军事方面。②（略）

这种方式适用于哲学、社会科学、自然科学方面的名词术语，释文往往带有专科性质。用下定义的方式来解释词义，好处是比较准确，缺点是有些词很难下定义，甚至要加以说明或描写也不太容易，例如：“粗俗”这个词，与其勉勉强强下定义，还不如用同义词、反义词来解释为“(谈吐、举止)不文雅；粗野庸俗”。

4. 解释意义并且指明出处。这种方式适用于成语典故。例如：

〔患得患失〕《论语·阳货》：“其未得之也，患得之；既得之，患失之。”指对于个人的利害得失斤斤计较。

〔目无全牛〕一个杀牛的人最初杀牛,眼睛看见的是整个的牛(全牛),三年以后,技术纯熟了,动刀时只看到皮骨间隙,而看不到全牛(见于《庄子·养生主》)。用来形容技艺已达到十分纯熟的地步。

上面“患得患失”例直接引用了《论语》原文来交代出处,“目无全牛”是概括叙述寓言的内容而不直引原文,用注明书名篇名的办法来交代出处。这是根据所释的词语内容、词典性质等因素考虑采用不同的写法的。

以上所说的是解释词义的四种基本方式,是词典编纂工作中常用的。事实上,各种方式可以根据需要综合运用,以求达到尽可能解释得准确、贴切、全面的目的。

思考和练习

1. 试就几本字典和词典中的几个条目的注解,相互比较一下,评论其得失。
2. 就现在通行的几部词典找出其中的几条,看看它们是用什么方式释义的,知识性怎样。
3. 一部现代汉语词典的选目、注音、释义,同词汇规范化工作有什么关系?
4. 分词连写规则对于词典里确定词形有什么作用?

第四章　语　　法

第一节　语法和语法体系

一　语法是语言结构的规律

语法是语言要素之一。理解一个句子，不但要懂得每个词所表示的意义，还要了解词和词之间所发生的关系。比如，“天气”和“好”这两个词有不同的意义，它们组合在一起，可以成为“天气好”，也可以成为“好天气”，结构方式不同，意义也有差别。这种差别不是由于词义的改变而产生，而是由不同的结构方式所赋予，又是由语法手段来表达的。语言要表达意义，不能没有词汇，也不能没有语法。然而语法所表达的意义不同于词的词汇意义。词义所反映的是客观事物及其联系，它以一定的客观事物为概括的对象，语法所反映的是语言单位（语素、词、词组、句子）之间的各种关系，它以语言结构为概括的对象。

人们都掌握了成千上万的词，这些词的意义各不相同。我们可以说“写文章”，也可以说“选文章”“读文章”“改文章”，还可以说“写小说”“写对联”“写隶书”……。从具体意义来看，换了一个词，表达的意思就不同了。但是从词和词的组合能力来看，“写”“选”“读”“改”有共同的特点，“文章”“小说”“对联”“隶书”也有共同的特点。因此，用的词尽管更换了，词和词的关系并没有改变。

表达词和词之间的关系可以用各种不同的语法手段。“天气好”和“好天气”的不同，是依靠词的顺序来表示的，这是一种手段。借助虚词来表示词和词之间的关系，也是一种手段。这两种手段都是汉语中最常见的。比如，“写文章”是一种意思，“写的文章”是另一种意思；

因为有了虚词“的”,“写”和“文章”的关系就改变了。“写的文章”中“写”和“文章”的关系,同“好天气”中“好”和“天气”的关系倒是相同的,但是表达的手段不一样。总之,词和词组合起来,可以有各种不同的关系,各种关系又可以用不同的手段来表达。

我们平日说话,句子数目多得难以计算,但是句子的类型却是有限的。学习语言,单词得一个一个地记住,学会了“桌子”这个词,不能类推出“椅子”“凳子”这些词来。但是,把学会的词组合成句子却可以类推。比如学会了“哥哥来了”,可以类推出“爸爸来了”“叔叔来了”等句子。其所以能够类推,是因为掌握了句型,掌握了词和词的组合规则。词和词组合成比词大的单位——词组,词或词组作为建筑材料构成说话的单位——句子,当中都有规律可寻。语法研究的就是这种结构的规律。

语法这个术语,也用在另外一个意义上,它指的是研究语言结构规律的科学即语法学。

任何语言都有它的结构规律。一种语言的结构规律的总和叫语法构造,这种语法构造在很早很早就出现了。可以推想,现代语言的要素还在奴隶时代以前的远古时期就已奠下基础了。那时语言是不复杂的,基本词汇是很贫乏的,但是有它的语法构造,虽然这种构造是很原始的,但总算是语法构造。人类要运用语言作为交际工具,就必须遵守这种共同规则,当然,在运用的时候,往往是不自觉的。

要想从不自觉到自觉,人们就必须对语言的语法事实加以分析研究,总结其规律,用以指导语言实践。所谓语法学,就是语法学家自觉地对语言的结构规律加以研究的结果。人们有时候用“语法”这个名称代表语言的语法构造本身,有时候又用它代表语法学,因此有必要分清这两个概念。现代语言学的某些学者(例如乔姆斯基)把语法这个术语用于更广泛的含义上面,它包括语音学和语义学,而把通常讲的语法称之为句法。

二　语法体系和语法学体系

任何语言都有它的语法构造。语言的语法构造具有鲜明的系统性,它是作为一个体系而存在的。

那么，什么是语法体系呢？所谓体系，包括两层意思：第一，它不是单一的东西，是由许多较小的单位组成的；第二，这些单位不是孤立的，它们互相联系，处于一定的关系之中。语法构造的单位如语素、词、词组、句子等，它们之间的关系是有规律可寻的。总之，不仅语言本身是一种体系，语法本身也是一种体系。

语法体系这个术语，也可以用在另外一个意义上，那就是指"语法学家对于语法现象的观点，及其根据这些观点作出的一切阐述。"[①]当然，这种阐述必须具备一定的系统性、科学性，这是不言而喻的。当两种意义对举的时候，人们也叫它"语法学体系"。语法体系和语法学体系的关系尽管十分密切，但毕竟不是同一的概念。

语法体系是客观地存在着的。它是人类思维长期的、抽象化的工作的成果，是思维的巨大成就的标志，它是社会的产物，为群众所创造而又为群众所使用。它的发展和变化有自己的内部规律作为依据，人们只能按照它的内部规律推动它的发展，不能离开它的内部规律企图改变它的面貌。语法学体系则是语法学家根据客观存在的语法体系所作出的描写，它是个人或少数人科学研究的成果。语法学家在研究的过程中，搜集材料的范围，观察问题的角度，分析问题的方法，都不可能取得完全一致，对同一语言事实有不同的看法是不可避免的事。因此，客观存在的语法体系只有一个，而描写它的语法学体系往往不止一个。分歧的看法在深入地研究的过程中，在广泛地讨论与争辩的过程中会逐步地接近起来。但是在一定时期中，多种体系并存的局面并不足以令人惊讶和担忧，一切科学的研究都要经过这个过程。假如在条件成熟之前，就主观地、片面地强求统一，或者利用行政力量推行一种体系，不仅对科学的发展没有好处，而且也是不现实的。

三 语法学的种类

一门学科的分科的建立，总是同它的研究目的、研究方法等方面密切联系着的，语法学也不例外。由于研究目的的不同，语法学有历史语法学、比较语法学、描写语法学之分。

---

① 王力.语法和语法教学[M].北京：人民教育出版社，1980：42.

用历史观点来研究某一语言的语法构造的发展、演变的学问叫做历史语法学。我们知道：任何语言的语法构造都具有很大的稳固性，甚至于比基本词汇的稳固性还要大；任何语言的语法构造的基础在很长时期内保存着它的本质上的特点。虽然如此，它却不是始终不变，而是在语言的历史过程中变化着，发展着的。举例来说，语序是我们语言的重要表意手段；可是，它也并非固定不变的。章炳麟说："上世国语亦有次第颠倒者，若云'室于怒'，'市于色'，'野于饮食'，汉魏已来，涤除殆尽。"①又如古代疑问句用疑问代词作宾语的，代词放在动词之前，"我谁欺？欺天乎？"现在已经不这样说了。历史语法学的目的，就在于追溯语言的历史发展，语法构造的演变规律；它把语言看作变化的范畴，并从变化中去研究。这样，就使得语言发展的内部规律有可能被发现。

比较语法有广狭二义。广义的比较语法包括多种形式的比较，如汉语语法跟日语语法或英语语法的比较，古汉语语法跟现代汉语语法的比较。普通话语法跟方言语法的比较，等等。狭义的比较语法指历史比较语法，或称为比较历史语法，指的是有亲属关系的语言之间的语法比较，例如将汉语跟藏语比较，汉语跟缅甸语比较，等等。历史比较语法的目的不在描写语法规则，而在解释语法现象。非亲属语言的比较，能使人了解母语与外语的差异，可以帮助人们学习外语。亲属语言的比较研究，可以探出某种语言产生和发展的历史过程，有助于明了它的真实面貌。由于汉字掩盖了汉语的一些真相，研究古代汉语语法常常会遇到一些困难。单纯依靠上古的书面语言材料往往不能解决问题。古代汉语的一些语法现象，在现代汉语里找不到的，在亲属语言中却可能找到。

研究某一语言在发展中一定时期的语法构造的学问，叫做描写语法学。描写语法学不问这种语言的语法同亲属语言的语法有什么关系，也不管这种语言的语法在发展过程中有什么变化，它只是对语言体系作断面的、静态的描写。这种研究和描写，在建立语法学体系上是很必要的，同时它也是历史语法学必要的出发点之一。语言历史的

---

①　胡以鲁.国语学草创[M].北京：商务印书馆，1923：2.

研究可以从两个方面出发，一方面是从现今的状态出发而转向以往事实的探讨，另一方面是从早期的某一时代出发而根究后来的变化。在建立体系和给语言沟通历史道路的作用上，描写语法学的重要性是无可怀疑的。自然，在进行语言体系的描写分析时，我们还得依靠历史的帮助。研究描写语法学是不能没有历史观点的。

由于研究方法的不同，语法学有传统语法、结构主义语法、转换生成语法之分。

传统语法　这是从十八世纪直到今天还在应用的语法，它把语法看成是一套规则，这些规则告诉人们应该怎么说，怎么写，所以又称为规范语法。它来源于拉丁语法，主要内容可以用下列公式表示：

形态——范畴——体系

这就是说，根据词的形态归纳范畴（即类别），包括词法范畴（词类）和句法范畴（句子成分），然后指明词类和句法成分的关系，于是构成体系。这种方法本是用来描写有词形变化的语言的，有些语言（比如现代英语）虽然有词形变化，但形态并不十分丰富，也比照拉丁语的语法框架加以描写。至于像汉语这样缺乏形态的语言，如何套用传统语法的公式，是许多年来一直在探索的问题。早期的汉语语法，人们用词的意义代替形态，作为区分词类的标准，并依据逻辑分析句子。因为不能反映汉语语法的特点，所以遭到非议。近四十多年来，许多学者认为形态只不过是功能的标志，没有形态的语言可以根据功能给词分类；又认为词类与句子成分之间没有印欧语言那样的对当关系。

传统语法历史悠久，人们比较熟悉。由于强调规范，便于教学，所以一直被广泛采用。

结构主义语法　目的在描写语言结构。传统语法也是描写性的，它描写的是人们熟知的语法，结构主义语法主要描写的是陌生的语言。它不像传统语法那样，把已知的语言事实纳入拉丁语的框架，使之系统化。结构主义语法是二十世纪三十年代兴起的，它适应当时世界战争的需要，要用一套方法描写陌生的语言，发现其中的规律。结构主义语法以美国描写语言学为代表，所以人们也称它为描写语言学。常用的方法有四种：(1) 替换法，把语段切分成若干单位，使用这种方法，主要用来切分语素。(2) 分布分析法，即根据语言单位出现的语境(包括上下文)加以归类。(3) 直接成分分析法，又称层次分析法，即切分语段的层次。分布分析法考察语言单位的外部关系，直接成分分析法考察语言单位的内部结构。这种分析法可以从大到小，层层切分，也可以先确定单位(语素或词)，层层归纳。(4) 变换分析法，用来说明语句之间的关系，如主动句与被动句的关系，陈述句与疑问句之间的关系，等等。也可以用来说明形式相同而实际上有差异的语句。此外，还有一些其他的分析方法，如把词组分为向心结构和离心结构。向心结构中至少有一个直接成分跟整个词组的功能相同，如"新书""很好"；离心结构中所有的直接成分跟整个词组的功能都不相同，如"今天晴天"。这种分析可以用来区分同形结构。例如"出租汽车"代表两种不同的向心结构，一种是以"汽车"为核心(即通常所说的偏正结构)，一种是以"出租"为核心(即通常所说的动宾结构)。正因为单划分层次还不能完全说明词组之间的内部关系，所以要区分向心结构和离心结构，同时又认为向心结构的核心可以有不同位置。

转换生成语法　目的不在描写语言的结构规律，而在解释语言现象；但是它不像历史比较语法那样解释某些具体的语法事实，而在解释人类的语言能力。尽管这种语法的术语和方法在不断更新，尽管有些语法并不叫做转换生成语法(如"格语法")，其基本观点是一致的，即认为各种语言有共同的逻辑基础，即所谓深层结构，差别在于表层结构。由深层转换成表层，不同的语言有不同的规则，而表层改写为深层，则有统一的方式。这种语法的创始人乔姆斯基曾经说，它并不是为教学设计的。在人工智能的开发方面，这种语法显示了它的功用。

思考和练习

1. 有人以为不学语法照样能把文章写好，有人认为学了语法才能把文章写好，这些想法你认为对吗？为什么？
2. 语序和虚词是汉语中两种主要的语法手段，几个词放在一起，由于顺序不同,或者用了不同的虚词,表达的意思很不一样,请举例说明。

3. 有人说,目前我国语法学界意见分歧,语法体系未能定于一,是由于语法学家的无能,或者是由于语法学家的标新立异。这种说法是否正确,试评论之。
4. 举例说明语法构造的稳固性。
5. 说明传统语法学的特点。

第二节 词的分类(上)

一 词的语法功能

给词分类,可以用不同的标准。不同的标准决定于不同的目的。比如,为了编辑类书,可以按照词的意义把词分为天文类、地理类、动物类、植物类等等;为了研究词汇,可以按照词的来源把词分为外来词、方言词、古语词等等。语法上的词类显然不指这些,它指的是词在语言结构中表现出来的类别。语法上区分词类的目的是为了指明词的外部结构关系,说明语言的组织规律,因此,分类的基本根据是词的语法功能。

词的语法功能首先表现在能不能单独充当句法成分上边。能够单独充当句法成分的是实词,不能单独充当句法成分的是虚词。汉语里大部分词,如“山”“水”“工人”“学生”“走”“看”“讨论”“考虑”“长久”“生动”“整齐”等是实词,“的”“了”“吗”“吧”“虽然”“但是”等是虚词。实词和虚词是词的基本类别。

有了实词,我们就可以造一些简单的句子了。单用虚词不能造句,虚词必须依附实词才能进入语句结构。如“他认识你”“你不认识他”是用实词造成的两个句子,里边不包含虚词。有了虚词,我们就可以在这个基础上表达更多的意思。第一句加上虚词以后,说成“他认识你的”“他认识你了”“他认识你吗”“他认识你吧”,意思各不相同。有了虚词,我们还可以把两个分句连接在一起,使它们发生特定的关系,如“他虽然认识你,但是你不认识他”。总之,用上了虚词,句子的变化就多了，表达的意思也更丰富了。

实词的不同语法功能表现在词和词的组合能力上边。哪些词可以同哪些词组合，怎样组合，组合起来表示什么关系；哪些词不能同哪些词组合：这里表示出实词的不同类别。

虚词的不同语法功能表现在它同实词或词组的关系上边，能同哪些实词或词组发生关系，发生什么样的关系：这里表示出虚词的不同类别。

二　各类实词及其特点

（一）名词　例如：

人　山　报纸　文章　同志　理由　和平　任务　积极性

名词有下列语法特点：

1. 能用数量词组修饰。名词中有可以计量的名词，有不能计量的名词，两者都可以用数量词组修饰。前者常用定量的数量词组修饰，如“五架飞机”“一位工人”。后者常用不定量的数量词组修饰，如“一些纸张”“一种理想”“一点积极性”。

2. 不能用“不”修饰。

3. 能用在介词后边，组成介词结构。如“在上海”“对于同志”“关于和平”。

4. 经常用作主语和宾语。

名词中比较特殊的是表示时间、处所、方位的名词。

时间名词如：“今天”“去年”“从前”。

处所名词如：“近郊”“北京”“两侧”。

方位词包括单纯的和合成的：单纯的方位词有“上、下、前、后、东、西、南、北、左、右、里、外、中、内、间、旁”。在单纯的方位词前边加“以”（以上、以下），加“之”（之前、之后），就构成了合成的方位词。方位词附着在别的词语之后，当中不能插入“的”。处所名词与别的词语组成偏正词组，当中能插入“的”。如“阵地（的）前边”“屋子（的）南面”“上海（的）近郊”。

时间名词、处所名词、方位词虽然有名词的特点(如能跟介词组成介词结构),但是它们经常修饰动词,这是它们不同于一般名词的地方。方位词还经常附着在别的词或词组上边,组成表示时间或处所的名词或词组,如“屋里”“国外”“长江边”“开会前”“假期当中”“太平洋以东”“长江与黄河之间”“他出国以后”。

(二)动词　例如:

走　跑　读　想　研究　完成　保卫　实现　有　是

动词有下列语法特点:

1. 能用副词“不”或“没有(没)”修饰,如“不研究问题”“没有来”。

2. 大部分动词能带宾语,如:“挑重担”“帮别人”“树立典型”“发扬民主”。少数动词不能带宾语,但是能用在名词后边构成主谓词组,如“干部带头”“全厂动手”“病号休息”。

3. 动词常常用加“了”“着”“过”“起来”“下去”或重叠的方式表示“时态”。“说了”是完成态,“说着”是进行态,“说过”是经验态,“说起来”是开始态,“说下去”是继续态,“说说”是尝试态。

用重叠方式表示尝试态的动词,单音的重叠之后第二个音节读轻声,双音的用 ABAB 的方式重叠,如“锻炼锻炼”“研究研究”。尝试态有时引申出时间短暂的意味,有的书也叫它短时态。

4. 经常用作谓语。

动词中比较特殊的是表示趋向和表示可能的动词以及表示判断的动词。表示趋向的动词简称趋向动词,如:

第一组:来　去

第二组:上　下　进　出　过　回　开　起

第三组:上来　下去　进来　出去　过来　回去

第一组单用时以人的位置为着眼点,第二组以人以外的事物或位置为着眼点,第三组兼有一二两组的特点。例如单说“来”,是叫对方向说话人的位置移动。说“进来”,除了表示移动的方向是向着说话的人之外,还包含叫对方进入某一处所的意思。表示趋向的动词的引申用法则不包含这些意思。

趋向动词除了有一般动词的特点之外，它们还经常用在别的动词或形容词后边，充当这个动词或形容词的补语，如“寄来”“脱下”“说出”“拿过来”“热起来”“暗下去”。

表示可能的动词叫助动词，如：

第一组：能　能够　可　可能　可以　会

第二组：该　应该　应当　要　敢　肯

第一组表示可能之类的意思，第二组表示应该、愿意之类的意思。

助动词常用来修饰动词或形容词（这一点跟副词相同），有时单独充当谓语（这一点区别于副词）。

助动词能用“不”否定（这一点与动词相同），大都能用在“不×不”这个格式中，表示强调或委婉的口气。第二组助动词用在这个格式中有强调的意味，如“你不应该不去”比“你应该去”强调一些。第一组助动词用在这个格式中有委婉的意味，如“不能不相信”不等于“能相信”，而是“应该相信”的意思，不过口气委婉一些。“不可不注意”也不等于“可以注意”，而是说“应该注意”，口气也稍微委婉些。

表示判断的“是”称为判断动词。

（三）形容词　例如：

大　小　高　低　正确　伟大　仔细　生动　艰巨　严格

形容词有下列语法特点：

1. 一般能用副词“不”和“很”修饰，如“不冷”“不骄傲”“不马虎”“很热”“很虚心”“很认真”。少数形容词，如“雪白”“冰凉”“绿油油”之类，不能用“不”和“很”修饰。

有些形容词能够重叠，重叠的形容词用来修饰动词的时候，表示程度的加强，例如“高高地举了起来”“细细地看了一遍”；用来修饰名词的时候，不但没有加重、强调的意味，反而表示一种轻微的程度，例如“短短的头发”“大大的眼睛”。

单音节形容词重叠之后，第二个字不读轻声。双音节形容词重叠的形式一般是 AABB，如“干干净净”“仔仔细细”。

2. 能修饰名词，如“新书”“大个子”“虚心的人”。

3. 有些形容词能修饰动词，如“大嚷大叫”“快装快卸”。

形容词和动词在语法上有很多共同点，特别是能够直接做句子的谓语。可是，也有一部分形容词不能做谓语，可以叫做非谓形容词。例如：

大型 初级 多项 巨额 特等 慢性

共同 个别 主要 多年生 无记名

这一类形容词不能用“不”否定，有的可以用“非”来否定。

（四）数词 例如：

零 半 一 二 两 五 八 十 百 千 万 亿

数词是用来表示数目的。数目可以用一个数词表示，如“一”“五”，也可以用数词词组表示，如“一千三百五十七”“四分之一”。数词或数词词组前边可以加上助词“第”“初”表示次序，如“第十五（排）”“第一二（名）”“初九”“初三四”，“初”后边的数词限于一至十。数词或数词词组后边加上助词“多”“把”或加上方位词“以上”“以下”表示概数。如“一百五十多（块钱）”“百把（个人）”“五十（岁）以上”“三（公尺）以下”。

数词和量词的组合称为数量词组。数量词组常与别的词语组合在一起，形成偏正、补充等关系。

（五）量词 例如：

第一组：尺 寸 斤 两 公斤 克 亩 公顷 点 些

第二组：个 只 件 条 根 架 堆 队 双 副

第三组：下 次 遍 趟 场 回 番 阵

第一组能用在名词或形容词前边（“一尺布”“两公斤油”“一尺长”“两公斤重”），要求同名词或形容词配合。第二组专门用在名词前边，要求同名词配合。这两组合称“物量词”。第三组经常用在动词后边（“看一下”“说一遍”），要求同动词配合，叫“动量词”。哪些量词能跟哪些名词或动词配合,有一定的习惯,在这方面普通话同方言之间有显著的差别。普通话说“一把刀”,广州话说“一张刀”;普通话说“一辆车”,长沙话说“一把车子”;普通话说“一头牛”,上海话说“一只牛”。我们应该采取规范的说法。

能跟同一个名词或动词配合的常常不止一个量词,不同的量词适应不同的要求。如“解释一番”不同于“解释一下”,解释的内容有多少之别;“解释一番”也不同于“解释一遍”,“一遍”含有“从头到尾”的意思,“一番”不包含这个意思。

数词“一”和量词组合之后,可以重叠成为“一 AA”或“一 A 一 A”的形式。这些重叠形式有时表示“每一”,如“一个个身强力壮”;有时表示“逐一”,如“一本本看过去”“一件一件仔细检查”;有时表示“多”,如“造起了一幢幢新房子”“收到一批一批来信”。

数量词组修饰名词,一般放在名词的前边,但是在下列情况下通常放在名词后边。一是被说明的词语比较复杂,如“父子两个”“大小房间一百多间”。二是量词本身比较复杂,如“每天出动飞机三十架次”。三是数目比较复杂,如“每月消耗原材料五十吨至六十吨不等”。此外,记帐或者列举的时候,数量词组也放在名词的后边。如“白菜三斤,肉一斤”。

(六)副词

副词的基本用途是修饰动词或形容词,包括:

1. 表示程度的,如“很”“十分”“非常”“最”“太”“极”“更加”“比较”“稍微”“过于”“越发”“格外”等。

2. 表示情状的,如“亲自”“互相”“肆意”“竭力”“大力”“大肆”“相继”“陆续”“悄悄”“赶紧”等。

3. 表示时间、频率的,如“立刻”“正在”“马上”“已经”“曾经”“常常”“刚”“永远”“渐渐”“忽然”“才”“便”“就”“又”“再三”“顿时”“暂且”“仍旧”“依然”“终于”“一直”“一向”“始终”等。

4. 表示范围的,如“都”“总”“统统”“也”“仅仅”“只”“一共”“全都”“总共”等。

5. 表示否定的,如“不”“没”“没有”“未”“别”等。

6. 表示语气的,如“难道”“究竟”“也许”“偏偏”“莫非”“岂”“大概”等。

副词的主要语法功能是修饰动词或形容词，但不能修饰作主宾语的名词（这一点区别于形容词）。程度副词主要用来修饰形容词，有时也修饰动词，如“对他很了解”。情状副词用来修饰动词。语气副词常用来作全句的修饰语。其余的或用来修饰动词，或用来修饰形容词，大多兼有这两种功能。

有些副词有关联作用，能够把动词、形容词或者词组、句子组合在一起。如“越做越好”“又酸又苦”“既有现代化工业，又有现代化农业”。

（七）代词

代词代替实词或词组。这里所说的“代替”是按其总的作用来说的。仔细一点讲，有些代词的主要作用是代替，有些代词的主要作用是疑问，有些代词的主要作用是指点。

按照不同的作用，我们把代词分成三小类：人称代词、疑问代词、指示代词。

人称代词如：“我”“你”“他”“自己”“别人”“大家”“人家”等。

疑问代词如：“谁”“哪”“哪儿”“多会儿”“几”“几时”“多少”“怎么”“怎样”“怎么样”等。

指示代词如：“这”“那”“那儿”“这会儿”“那会儿”“这么些”“那么些”“这样”“这么样”“那么样”等。

这三类代词的关系，可以用下表来说明：

<table>
<tr><th></th><th>疑问代词</th><th colspan="2">指示代词</th><th>人称代词</th></tr>
<tr><td>人或事物</td><td>谁、什么哪</td><td>这、那</td><td rowspan="5">各
某</td><td>我、你、他……</td></tr>
<tr><td>处所</td><td>哪儿、什么
（地方）</td><td>这儿、那儿</td><td></td></tr>
<tr><td>时间</td><td>多会儿、几时
什么（时候）</td><td>这会儿、那会儿
这（时候）、那（时候）</td><td></td></tr>
<tr><td>数量</td><td>几、多少</td><td>这么些、那么些</td><td></td></tr>
<tr><td>性质状态
方式程度</td><td>怎么、怎样
怎么样</td><td>这么、那么、这样、那样
这么样、那么样</td><td></td></tr>
</table>

值得注意的是三类代词都可以活用,这就是代词的虚指用法。“你一言,我一语”“你望着我,我望着你”,这里的“你”和“我”不指特定的人,是人称代词的虚指用法。“看看这,瞧瞧那”“问这问那”,这里的“这”和“那”也不是定指,是指示代词的虚指用法。疑问代词的虚指用法更为常见。例如:

(1) 有了朋友们的帮助,什么也难不倒我们。

(2) 这些话,我记得谁说过来着。

(3) 哪儿都可以去吗?

这几个句子的疑问代词都不表疑问。例(1)的“什么”含有“任何困难、任何敌人、任何东西”的意思。例(2)的“谁”是不能确定的某一个人。例(3)虽是疑问句,但句中的“哪儿”并非疑点,只是“任何地方”的意思。

此外,像“跳他一个痛快”“吃他一个饱”中的“他”也是虚指,这种虚指已经是无所指称,只剩下增加语势的作用了。

思考和练习

1. 1898 年成书的《马氏文通》,是我国第一部系统的汉语语法著作。书中认为有解者为实字,无解者为虚字(实字和虚字指的就是实词和虚词),你认为恰当吗? 为什么?
2. 名词能受数量词组修饰,这是不是等于说能受数量词组修饰的都是名词?
3. 根据语法功能把下边这些词分成名词、动词、形容词三组。(先用副词“不”鉴定出名词与非名词,再用能不能带宾语鉴定出动词,然后用能不能加“很”鉴定出形容词。不能加“很”又不能带宾语的,可以用副词“没有”来鉴定,能受“没有”修饰的是动词,否则是形容词。)

   进步　进行　进展　放心　放映　放假

   充裕　充满　充电　同意　同感　同样

   明朗　明了　明天　效能　见效　效法
4. 名词不能用副词修饰。我们语言中有“山不山,水不水”“最前线”“最下层”“昨天已经中秋了”“今天才星期三”之类的说法,应该如何解释?

5. 方位词加在别的词或词组上边，组成表示时间或处所的名词或词组。在这里，词和词组的界限有人主张根据音节的多少来确定，你的意见怎样？
6. “二”和“两”都是数词，它们的用法有什么区别？
7. “俩”(liǎ)是“两个”，“仨”(sā)是“三个”，下边句子中的“仨”和“俩”用得对不对？为什么？

   (1) 他们仨个人担负起五个人的工作。

   (2) 今晚他们俩口都在家。
8. 举例说明下列各组代词的区别。

   (1) 那、哪　(2) 你、您　(3) 他、它　(4) 我们、咱们
9. 区别下列名词和副词(可以根据能不能加介词来鉴别)。

   早上　平时　向来　时常　马上　现在

   目前　即将　最近　立刻　刚刚
10. 修改下列句子，并说明理由。

    (1) 农民军以惊人的迅速紧了肚带，先把重伤号扶上战马，跟着全上了马……

    (2) 一盏盏灯光闪耀。

    (3) 我国的文言散文，受孕于先秦诸子的历史散文和哲理散文，胚胎于两汉的历史经传，因而一开始就具有密切联系实际、忠实反映现实的现实主义精神。

    (4) 陶渊明在《桃花源诗并记》中，理想一个和平、宁静、没有一切矛盾斗争的极乐世界。

    (5) 我拎了行李刚下汽车，就你拿提包，我背棉被，一下子就两手空空了。面对着这一切，我只觉得一股暖流直涌心头。

第三节　词的分类(下)

一　虚词的作用和类别

汉语的词缺少印欧语言那样的形态变化，许多语法意义靠虚词来表示。虚词跟词的形态变化相比，它的用法没有那么固定。“工人和

农民”也可以说成“工人农民”，这里的“和”似乎可有可无。“我们已经发表了意见了”，第一个“了”删掉，意思并没有改变。这样就给人们一种感觉：汉语虚词的使用是灵活的，用与不用主要不是由于语法结构上的需要，而是根据修辞上的选择。其实，汉语虚词的用法，有灵活的一面，也有固定的一面。讲语法，主要是讲明后一种情况。比如在“工厂、商店和农场、牧场”中，“和”起了分组的作用，就不是可有可无的。又如在“吃了饭开会”当中，“了”不能省，省了“了”，结构改变，意思也就两样了。

虚词的数目虽然不多，但是出现的频率很大。要掌握和使用虚词，必须了解各类虚词的语法特点：它们同哪些实词（包括词组）发生关系，发生什么样的关系。此外，还须了解每个虚词的具体用法。

虚词的基本作用是连接和附着，被连接或附着的是各类实词或词组。根据虚词和实词之间的不同关系，可以分成下列各类。

（一）连词

连词的作用是连接。从连接的成分来看，有的是词或词组，有的是分句。从连接的方式来看，有的表示联合关系，有的表示偏正关系。每个连词必定连接一定的成分并表示一定的关系。下面把常见的列成一表。

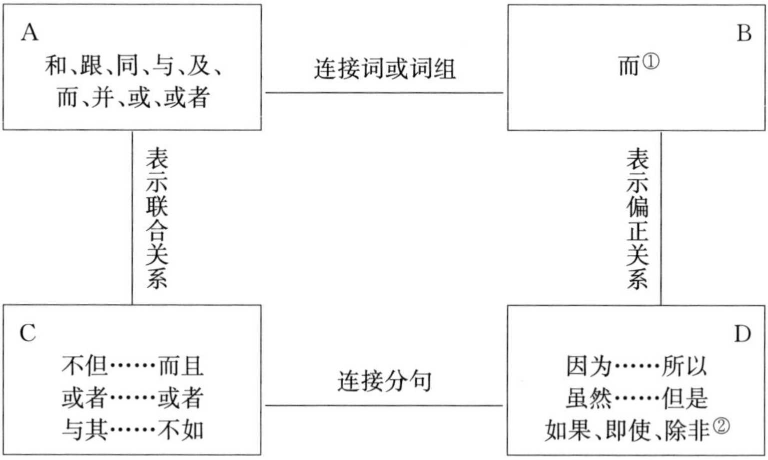

① 这个“而”没有“而且”的意义，跟A组的“而”不同。还有些“而”是连接分句的，那是“反而”（属C组）或“然而”（属D组）的简略形式。

② C组和D组的词有些偶尔也用来连接词或词组，参看第九节。

从上表可以看出：A组跟C组不同，B组跟D组不同，它们连接的成分不一样。A组跟B组不同，C组跟D组不同，它们表示的关系有区别。如A组的“和”，可以用在“李白和杜甫”中，它连接的是两个名词；也可以用在“目前的形势和我们的任务”中，它连接的是两个词组。表示的都是联合关系。如D组的“因为……所以”，可以用在“因为天气冷，所以河水结了冰”之中，它们连接的两个分句之间有偏正关系。同一个连词也有兼属两组的，如“聪明而勇敢”的“而”属A组，“为推广普通话而努力”的“而”属B组。

在同一组中的连词，用法上还有区别。以A组为例，“和”“跟”“同”“与”“及”一般连接名词，“并”“并且”一般连接动词，“而”“而且”一般连接形容词或动词。“或”“或者”能连接各类词，表示联合成分之间有选择关系。

“和”“跟”“同”口语色彩比较浓；“与”带一些文言色彩，常用于比较郑重的场合。“及”连接的成分虽然也是并列，但表达的意思上有轻重的分别。所以“××及其他”中用“及”不用“和”。

“而”连接形容词时常表示单纯的联合，如“简单而朴素”。连接动词还可以含有先后的意味，如“分而食之”“一哄而散”；有时连接正反两面的意思，如“公而忘私”。“而”连接动词的用法是文言格式的遗留。

（二）介词

常见的介词有：

1. 表示对象、范围的，如“对”“对于”“关于”“让”“教”“比”“同”“给”“为”等。

2. 表示依据的，如“在”“根据”“依照”“凭”“遵照”等。

3. 表示目的、手段、方式的，如“为”“为了”“为着”“按照”“以”“通过”等。

4. 表示时间、处所的，如“自”“从”“自从”“当”“往”“朝”“沿”“在”“向”“于”“顺着”“沿着”“由”等。

介词有下列语法特点：

1. 不能单独充当谓语，即使带上名词也不能充当谓语，这是它跟动词的区别。例如“去”是动词，“我去北京”可以成句。“从”是介词，

“我从北京”则不能成句，必须说成“我从北京来”之类，才算是把话说完整了。现代汉语里的介词大多是从古代的动词演变而来的，有些词还兼有动词和介词两种功能。例如：

	动　词	介　词
在	他今天不在家。	我在黑板上写了几个字。
为	我为谁？为大家。	大家为此表示高兴。
比	我们比比看。	你比我高。
到	火车到站了。	他到半夜才睡觉。

2. 介词经常附着在名词、代词、动词（主要是名词）前边，组成介词结构。介词结构的用途是作动词或形容词的修饰语。例如：“为人民服务”中的“为人民”是介词结构，修饰“服务”；“通过锻炼有了进步”中的“通过锻炼”是介词结构，修饰“有了进步”。

介词结构直接用来修饰名词的比较少。修饰名词的介词结构后边要用助词“的”，如“对于天体的认识”。

3. “在”“向”“于”“到”“给”“自”等可以直接附着在动词或其他词语后边，构成一个整体，相当于一个动词。如“落在我们的肩上”“好在大家都知道”“走向胜利”“习惯于这样做”“勇于实践”“走到了目的地”“献给人民”“来自五大洲”。

（三）助词

助词的共同特点是附着在词或词组上边，表示一定的附加意义。助词大都念轻声。

“的”“地”“得”是结构助词，在口语里都念“de”。“的”附着在词或词组之后，表示它前边的词或词组是定语，如“人民的中国”“推广普通话的经验”。“地”附着在词或词组之后，表示它前边的词或词组是状语，如“迅速地前进”“仔仔细细地调查”“异乎寻常地热烈”。“得”附着在动词或形容词之后，表示它后边的词或词组是补语，如“干得起劲”“说得清清楚楚”“红得十分可爱”。

助词“的”也可以附着在词或词组后边，合起来成为具有名词功能的“的”字结构。例如：

(1) 岸上的田里，乌油油的便都是结实的罗汉豆。

(2) 触目的是一张旧照片，很不调和地和这些精致东西放在一起。

“的”有时还附着在联合词组之后，表示“等等”“之类”的意思，如“弄点糖儿豆儿的”“买些文具什么的”。

“着”“了”“过”是时态助词，它们的主要作用是附着在动词之后，表示时态。“着”表示进行态，指明动作在进行，如“他大声地说着话”；或指明动作的结果在持续，如“屋里点着灯”。“了”表示完成态，指明动作已经完成，如“他到了北京”。“过”表示经验态，如“他到过北京”。

此外，还有一些助词，如“们”“所”“似的”“来”“把”“初”“第”等。

“们”经常附着在指人的名词(一般是双音节名词)后边，表示“群”的意义。“群”是不计算数量的多数，同它相对的格式是计算数量的多数。如“同志们”和“×位同志”相对。因此，用了“们”，前边就不能再用上表示定数的数词和量词了。我们可以说“全体同学们”，但是不能说“三个学生们”。“们”附着在人称代词后边，表示的也是“群”的意思。

“所”经常附着在动词前边，组成“所”字结构，相当于一个名词，如“所见”“所闻”。有些“所”字结构只用来修饰别的名词，这个名词在意念上是前边动词支配的对象，如“所读的书”“所提的意见”。

“似的”经常附着在词或词组后边，使这个词或词组具有描写的作用。如“花园似的城市”“石头似的站在那儿”“那小孩像野马似的”。

助词“来”和“把”经常附着在数词或量词之后，表示概数。如“五里来路”“二十来人”“百来斤米”“斤把米”“千把人”。用“把”，前边只能出现“百”“千”等数词。“十多个人”的“多”也是助词。

助词“第”附着在数词或数词词组之前，“初”附着在数词一至十之前，表示次序。

(四) 语气词　例如：

的　了　吗　呢　吧　啊

语气词的作用是附着在整个句子的末了，表示语气。后边有专节讨论。

（五）叹词

叹词包括表示感叹和应答的词，如“唉”“呀”“哟”“哎哟”“喂”“嗯”“唔”等。这些词在句子当中的位置比较灵活，通常不同其他实词发生特定的关系，也不充当一般的句法成分，但是它们能独立成句，所以是一种特殊的词类。

（六）象声词

摹拟声音的词，如“乒乓”“哗啦”“叮当”等。

二 词类和词性

分类是以全体词作对象的，得出来的结果是词类；归类是以个别词作对象的，得出来的结果是词性。

从分类的角度看，各类词都有自己的特点，类和类之间的区别是明显的。从归类的角度说，有些词经常具备两类或两类以上的语法功能，这就是词的兼类。例如：“代表”，在“代表们”“三位代表”中是名词，在“代表着广大人民的利益”中是动词，它兼属名词和动词两类。又如“声音很低”的“低”是形容词，“他低着头走进来”的“低”却是动词了。

关于各类词的语法特点，我们应该认清：

第一，语法书上讲的某类词的特点，指的是它的主要特点，并不是它的全部特点。

第二，就每一个具体的词而言，并不一定具备某类词的全部特点，一般地说，它具备该类词的某些主要特点。

第三，词的语法特点是指词在全部活动范围内的特点，不是指它在某一具体句子中的语法特点。事实是：在具体句子中的词只能体现它的部分特点。比如“说”是动词，能加“了”“着”“过”“起来”“下去”等，但是在“请你再说一遍”当中，这些词都加不上了。

第四，所谓兼类，并不是指某个词在具体语句中同时具备甲类和乙类的特点，恰恰相反，指的是某个词在某一场合具备甲类词的特点而不具备乙类词的特点；在另一场合具备乙类词的特点而不具备甲类词的特点。例如“丰富”“方便”“繁荣”是形容词兼属动词。因为是形容词，所以它们前边能加程度副词“很”，但是一经加“很”，后边就不能带宾语了。又因为它们是动词，所以能带上宾语，如“丰富生活”“方便群众”“繁荣创作”。既然带上宾语，它们前边就不能加“很”了。

第五，必须把兼类现象与同音词现象区别开来。例如：“白纸”的“白”和“白吃”的“白”，“光头”的“光”和“光说不做”的“光”，都是同音词，不算兼类。

甲类词在特定的条件下，为了修辞上的需要，偶尔用作乙类词，这是活用。例如鲁迅的一篇杂文《中华民国的新“堂·吉诃德”们》中有“这一切等等，确是十分堂·吉诃德的了。”“堂·吉诃德”是名词，这里活用作形容词。活用不属兼类，也不改变原来的词性。

思考和练习

1. “和”用来连接名词，有时也用来连接动词或形容词。比较下列句子，看哪些地方能用“和”，哪些地方不能用“和”。
   (1) 他们的品质纯洁(而、和)高尚。
   (2) 他们的品质是那样地纯洁(而、和)高尚。
   (3) 我们继承了革命的优良传统(并、和)发扬了它。
   (4) 我们要继承(并、和)发扬革命的优良传统。
   研究一下用“和”连接并列的动词或形容词有什么条件。
2. “和”“跟”“同”“与”兼属连词和介词。请比较一下，下边句子当中的“和”“跟”，哪些是连词，哪些是介词。(可以看一看前后两个有关部分能不能互换，能互换的是连词。还可以看一看“和”“跟”前边能不能加状语，能加状语的是介词。)
   (1) 小王和小张一起在灯下读语法书。
   (2) 我们要和他们讲清楚操作的程序。
   (3) 张师傅跟李师傅都在开会。
   (4) 上次没来得及跟你多说，今天我们仔细谈谈。
3. 在同一篇文章里，特别是同一个句子里，如果既要用上连词“和(同)”，又要用上介词“和(同)”，那么，为了使意思明确，可以让它们有一定的分工。一般的习惯是让“和”作连词，“同”作介词。请在下边的句子当中选择用“和”或“同”。

(1) 我国政府领导人民(和、同)不法分子(和、同)犯罪分子进行了长期的斗争，终于获得了胜利。

(2) 赵武灵王敢于发布“胡服骑射”的命令，实质上就是(和、同)最顽固的传统习惯(和、同)保守思想宣战。

4. 我们可以说“五十多公尺”，不能说“十五多公尺”；可以说“万把块钱”，不能说“三万把块钱”。这当中有规律可寻吗？

5. 指出下列句子中“的”的用法。

(1) 这本书是图书馆的。

(2) 这本书是图书馆的书。

(3) 关于科技方面的书，我们图书馆收藏的有几万册。

(4) 昨天我去过图书馆的。

6. 比较下边三句话中的“在”，指出它们的词性。

(1) 这件事在方式上还可以研究。

(2) 他在教室，我在寝室。

(3) 他在看书，不要打扰他。

7. “的”可以连接定语和中心语，“地”可以连接状语和中心语，“得”可以连接中心语和补语。它们都有连接作用，为什么不归入连词？

8. 修改下列句子，并说明理由。

(1) 胡萝卜有许多优点，它的适应性强，病虫害少和便于贮运。其次是含有多种营养，食用方法多。

(2) 记录的数字必须准确无误，任意扩大和缩小数字，都会使生产受到损失。

(3) 这样繁重的制造工作，对于平常只是修修配配的车间，是否能完成任务，这是一个严峻的考验。

(4) 对古代文学遗产应该运用历史唯物主义的观点和阶级分析的方法，剔除其封建的糟粕，批判地吸收了对我们有用的东西。

(5) 预计在今年年底以前，将有五十多万万千瓦左右的发电设备陆续投入生产。

9. 我们谈到兼类时说：“丰富”是形容词兼属动词。因为是形容词，所以它前边能加“很”，但一经加“很”，后边就不能带宾语了。又因为它是动词，所以能带上宾语（丰富生活），既带上宾语，它前边就不能加“很”了。可是“了解”“想念”的情况不同，我们能说“很了解”“了解他”，也能说“很了解他”，“想念”也是一样。那么，“了解”“想念”是不是兼类词？为什么？

第四节　词组和句法分析

一　词组的结构类型

从广义说，词和词的组合都可以叫做词组。但是，词和词的组合，可以是实词和实词的组合，也可以是实词和虚词各为一方的组合。我们这里所讲的词组是狭义的，即专指实词与实词依靠一定的语法手段（如“虚词”“语序”）组合起来的语言单位。

按照内部的不同结构方式，词组主要有下列各类：

（一）偏正词组

由两个部分组成，前一部分是定语或状语，后一部分是中心语。两个部分之间有修饰和被修饰的关系。例如：

英雄气概
群众的智慧
十分热烈
紧张地劳动

（二）后补词组

由两个部分组成，后一部分补充说明前一部分。例如：

干得好
听不明白
去一趟
高兴得跳起来

（三）动宾词组

由两个部分组成，它们之间有支配和被支配等关系。例如：

读书
讨论问题
是朋友
来了一个人

（四）主谓词组

由两个部分组成，它们之间有陈述和被陈述的关系。例如：

鸡叫
大家讨论
意志坚强
笑容满面

（五）联合词组

由两个或更多的部分组成，组成部分之间的关系，有的是并列的，有的是选择的。例如：

调查研究
伟大而质朴
今天或明天
北京、上海和广州

（六）同位词组

两个部分叠用，指同一事物。例如：

中国的首都北京
他们俩

（七）连动词组

两个以上的动词连用，它们之间没有主谓、联合、动宾、偏正、补充等关系。例如：

拿笔写字

走过去开门

（八）兼语词组

一个动宾词组和一个主谓词组套在一起，动宾词组的宾语兼作主谓词组的主语。例如：

让我走

使他相信

除了上述八种之外，还有其他一些词组，例如数量词组和方位词组等。数量词组由数词和量词组成，如“三个”“一百零八条”。这类词组有时还加上指示代词或形容词，如“这三位”“这一大块”。方位词组如“西湖边”“开会前”“长江与黄河之间”。

一个实词能与某些实词组合，而不能与另一些实词组合，这是因为它们之间有选择性。“吃”能与“饭”组合，不能与“床”组合，“甜”能与“饼”组合，不能与“星”组合，是因为受词汇意义的限制。也就是说，这里的选择性是语义上的。动词能与名词组合表示动宾关系，形容词能与名词组合表示偏正关系，名词能与动词或形容词组合表示主谓关系，这是句法上的选择。句法上的选择，具体体现在各类实词的次范畴的搭配关系上。比如，形容词可以分为一般形容词和非谓形容词，一般形容词用在名词后边可以构成主谓关系，而非谓形容词则不能。又如量词可以分为物量词和动量词，物量词构成的数量词组用在动词后边可以构成动宾关系（吃一碗，喝两杯），动量词构成的数量词组用在动词后边则构成后补关系（跑一趟，读一遍）。诸如此类的次范畴之间的选择关系，在汉语的句法中占重要地位。

具有选择关系的两个实词，依照一定的次序排列在一起，常常能表示不相同的关系。在这里，必须区别三种不同的语序：语义的、语用的、句法的。在“名＋名”(偏正关系)这个格式里，可以代入许多不同的名词。“玻璃窗户”和“窗户玻璃”都属于这一格式。它们的意义不同，是由于功能相同的词的替换的结果。再举个例子：“你看我”和“我看你”的含义不同，是由于在“A 看 B”的格式中代入了不同的词，句法关系并没有改变。这里的语序改变是语义上的。“你哥哥来了吗？”和“来了吗，你哥哥？”有不同的色彩，后者是因为说话的人的情绪比较紧张，行为的本身最先浮现在意识里，所以先说出来。这种语序的差别是语用上的，是为了在交际过程中适应具体环境的需要而产生的。只有像“客来了”和“来客了”，“雨下了”和“下雨了”的差别，才属于句法上的。这里由“名＋动”(主谓关系)变成了“动＋名”(动宾关系)了。

虚词也是表达句法关系常用的手段。偏正词组当中有时用上“的”或“地”，后补词组当中有时用上“得”，动词和宾语之间有时用上“了”，联合词组的组成部分之间有时用上“和”“或”“而”等。

二　偏正词组和结构助词“的”

“的”是最常见的表示词组结构类型的虚词。

名词与定语之间用不用“的”，似乎有灵活性，但是这种灵活性要受一定条件的限制。比如，单音节形容词修饰名词，可以用“的”，也可以不用。“高山”可以说成“高的山”，“好天气”可以说成“好的天气”。但是“大的衣服”一般不说成“大衣服”，“好性子”一般不说成“好的性子”。如果形容词前边带上状语，“的”就非用不可，如“很高的山”“非常好的天气”。动词修饰名词，用不用“的”，有时也有灵活性，如“学习的时间”可以说成“学习时间”，“办公的制度”可以说成“办公制度”。但是“读的书”不能说成“读书”，“画的图画”不能说成“画图画”。从句法角度讲，当然应该注重用与不用在结构和意义上的区别。例如：

第一组(名＋名)：

父亲母亲→父亲的母亲
生物历史→生物的历史

第二组(动＋名)：

写文章→写的文章
讨论问题→讨论的问题

第三组(代＋名)：

我们学生→我们的学生
我们文艺工作者→我们的文艺工作者

第一组是名词与名词的组合，用了“的”区别偏正关系和联合关系，因为在“名＋名”的格式里经常出现的是偏正关系和联合关系。第二组是动词与名词的组合，用了“的”区别偏正关系和动宾关系，因为在“动＋名”的格式里经常出现的是偏正关系和动宾关系。第三组是代词与名词的组合，用不用“的”明白表示偏正关系和同位关系，因为在这类格式里经常出现的是偏正关系和同位关系。当然，这不等于说凡是这几类组合必须用“的”才能表示偏正关系。下边的例子说明另一种情况：

第四组(名＋名)：

历史事实→历史的事实
木头房子→木头的房子

第五组(动＋名)：

斗争经验→斗争的经验
广播节目→广播的节目

第六组(代＋名)：

我们国家→我们的国家

他哥哥→他的哥哥

在这些例子里，用“的”和不用“的”同样表示偏正关系。一般地说，不用“的”，整个词组结合得非常紧密；用上了“的”，前边词语的修饰性就更加明显了。此外，在“名＋名”的格式里，“的”还可以区别领属关系和非领属关系，例如“朝鲜的朋友”不同于“朝鲜朋友”，“孩子的脾气”不同于“孩子脾气”。[①] 总之，“的”的作用主要表现在两个方面：一是区别偏正关系与其他关系，一是强调前边词语的修饰性或领属性。

区别偏正关系和非偏正关系，必须有相对的格式。如果没有相对的格式，也就谈不上区别作用。强调修饰性或领属性，必须有平行的格式。没有平行的格式，也就显不出强调的作用。在没有相对格式和平行格式的情况下，只有非用不可或不能用的规律了。比如主谓词组作名词的定语必须用“的”（麦子黄了的时节），表数量的数量词组（不重叠的）作定语不能用“的”（一本书），等等。

三　联合词组和连词“并”“而”“和”“或”

动词的联合，可以用“并”连接，如“讨论并通过”。形容词的联合，可以用“而”连接，如“光荣而艰巨”。名词的联合，可以用“和”（跟、同、与）连接；但是“和”并不限于连接名词，也可以连接动词或形容词。例如：

（1）我们要积极地宣传和贯彻教育方针。

（2）这件工作的意义十分伟大和深远。

“和”连接动词，一般须共管一个宾语，或者有共同的状语。连接形容词，一般需有共同的状语。

---

① 通常的情况是：表示领属关系时，必须用“的”；表示非领属关系时，有用“的”与不用“的”两种格式。遇到“××的××”，要判断它是不是表示领属关系，就须看它有没有平行的格式。因此，并不是在一切场合“的”都能区别领属关系和非领属关系。例如“讨论曹操的问题”，可以是“关于曹操的问题”，也可以是“曹操自己的问题”。

并列的两项之间有时也可以不用“和”。如果不用“和”容易引起误解，那就非用不可。例如：“平日有重要活动，不但跟学生商量，还征求家长的意见。在毕业分配时，也多次召集学生家长共同学习教育方针，一起研究班上的问题。”原意是“学生和家长”，省略了“和”，容易使人误解为“学生的家长”。

并列成分不止两项，习惯上只用一个“和”，放在末两项之间，如“工人、农民和知识分子”。如果并列的几项是可以分组的，让“和”与顿号连用来表明分组并列的关系。例如“工厂、商店和农场、牧场”，“真和假、善和恶、美和丑”。

“或”能连接名词，也能连接动词形容词。“或”作连词用是“两件里头有一件”的意思，表示的是选择的关系。

“和”“跟”“同”都是现代口语里的词，用法相同。“跟”字在北京话里用得比“和”更多，“同”字流行在华中一带，“和”字在文章里最常见。

四　词组的功能类别

根据句法功能，词组可以分为名词性词组和非名词性词组等类型。

名词性词组一般不充当谓语。有些名词性词组，如“三条腿”“黄头发”“大眼睛”等，也可以充当谓语，例如“这张桌子三条腿”“那个人黄头发，大眼睛”。这些名词性词组是封闭性的，即不能扩展的。这种性质的偏正词组，定语和中心语之间不能加“的”。

以名词为中心的偏正词组都是名词性的；有些以动词或形容词为中心的偏正词组，它们以名词或人称代词作定语，这样的词组也是名词性的，如“会议的召开”“动作的敏捷”“他的到来”。数词与物量词的组合也是名词性的，如“三本”“五个”。

名词性偏正词组中的修饰语叫做定语。

非名词性词组的特点是能充当谓语。常见的以动词或形容词为中心的偏正词组是动词性词组，动宾词组、后补词组以及一般的主谓词组也是动词性的。

动词性偏正词组中的修饰语叫做状语。

此外，还有一种修饰性的词组，它的特点是不充当主语或谓语，但可以充当定语或状语。例如“有生以来”“无时无刻”“一个劲儿”等等。很多固定词组也是修饰性的，如“排山倒海”“经年累月”“挨门逐户”“苦口婆心”。这类词组大都是联合结构。

五　复杂词组和层次分析

上述各种词组，可以同“的”字结构、介词结构，[①]套在一起，成为比较复杂的词组。复杂的词组，是一层套一层的，因此可以不断切分，找出其中词语之间的层次和关系。这种逐层的切分，可以用下列图形来表示：

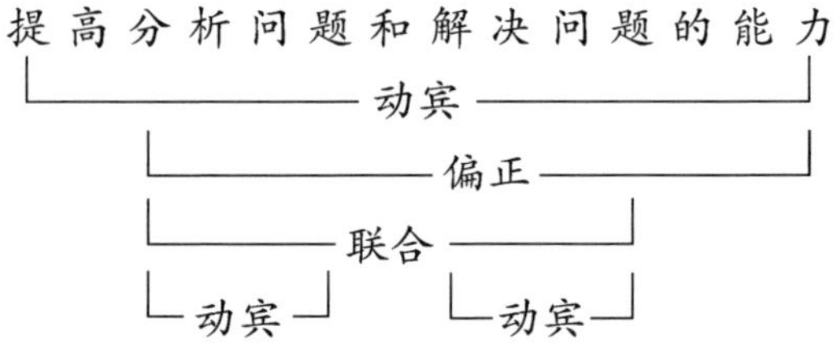

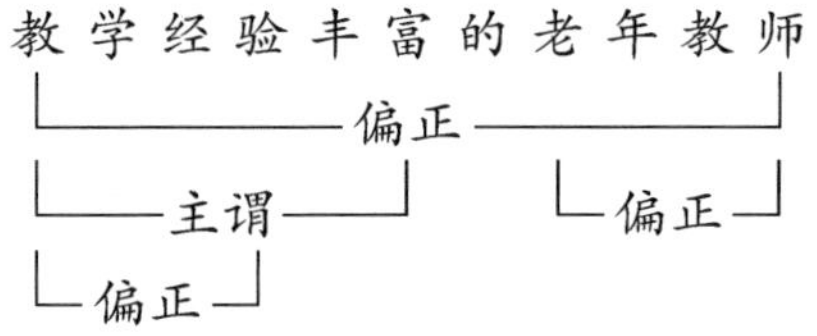

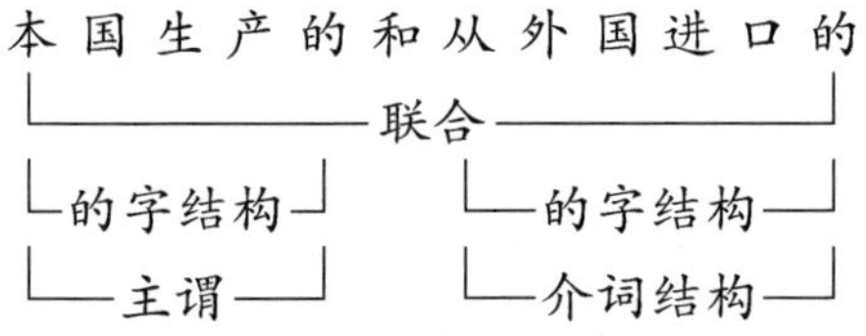

从上边的分析中可以看出，有些词语的组合关系是直接的，有些词语的组合关系不是直接的。切分时先从总体上认清它们的结构，把直接成分找出来。一般的情况是不断二分，只有如联合关系等词组包含的直接成分不止两项时才多分。这种按层次切分的方法叫层次分

① 这里的结构，指实词和虚词各为一方的组合。

析法，这种分析就是句法分析。

值得注意的是在某些偏正词组中，修饰语比较复杂，修饰语与修饰语之间，修饰语与中心语之间可以有不同的关系。一种情况如“伟大的、光荣的祖国”，在这里，“伟大的”“光荣的”之间的关系是并列的，这种关系既可以看作整个词组修饰中心语，也可以看作两个并列成分分别修饰中心语，即“祖国”分别接受“伟大的”“光荣的”的修饰。

另一种情况如“一位工人的建议”和“一项工人的建议”。前者是“一位”修饰“工人”，“一位工人”修饰“建议”；后者是“工人”修饰“建议”，“一项”修饰“工人的建议”。

我们如果用 A、B……代表修饰语和被修饰语的各项，用＞表示修饰关系，那么上边词组的结构可以用符号表示如下：

(A＋B＋C)＞D(或 A＞D＋B＞D＋C＞D)

(A＞B)＞C

A＞(B＞C)

在实际语言中，这些不同的关系还可以交错在一起。例如：

世界上一切善良的爱好和平的人民的优秀之花

“优秀”修饰“花”，“善良的”“爱好和平的”修饰“人民”，“一切”修饰“善良的爱好和平的人民”，“世界上”修饰“一切善良的爱好和平的人民”，然后组合起来修饰“优秀之花”。

六　多义和歧义

形式上是一个词组，实际上是两个或两个以上不同类型的词组交叉在一起，这个词组就是多义的。多义性是词的特点，单义词在词汇中是少数。词组的情况不同一些，一般是单义，但也有多义的。例如“学习文件”“研究计划”“出口商品”是偏正词组和动宾词组的交叉。多义词组同多义词一样，在具体的上下文当中通常只表示一种意义。“我们下午学习文件”中的“学习文件”只能是动宾词组，“这是一份学习文件”中的“学习文件”只能是偏正词组。但是在某些句子当中也有两可的情况，例如“我们要学习文件”，这就是所谓歧义现象了。

“学习文件”之类是动宾关系和偏正关系的交叉，这是汉语中比较常见的多义词组类型。此外还有一些类型的多义词组，例如：

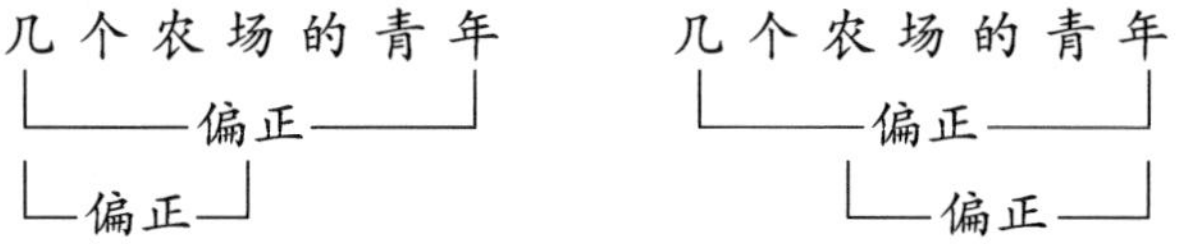

按照前一种分析，说的是“几个农场”的青年；按照后一种分析，说的是农场的几个青年。为了避免歧义，如果是前一种意思，可以说成“几个农场的一些青年”；如果是后一种意思，可以说成“农场的几个青年”。

上述两种情况，又常常结合在一起。就是说，由于词与词之间的结构关系不同，由于词组内部的结构层次不同，因此产生了多义现象。例如：

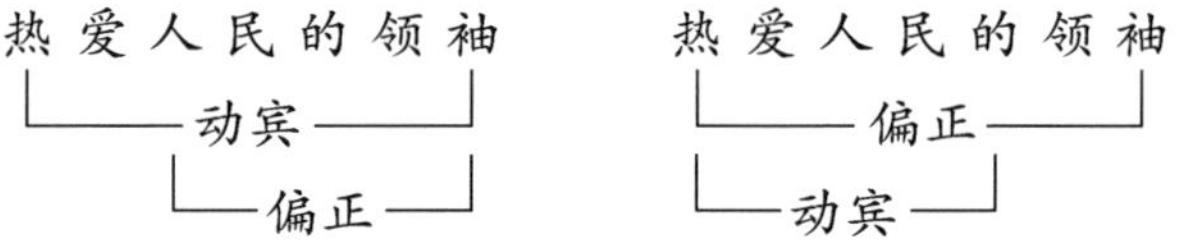

应该指出：上面的分析，有些是拿书面材料作对象的，如果以口语为分析材料，情况就不一样了。当人们说到“几个农场的青年”的时候，如果在“几个”后边有较明显的停顿（或延长），或者在“青年”前边有较明显的停顿，都不会发生误解。又如“拿了五块钱出来”，说话的时候让“出来”念轻声，意思相当于“拿出来了五块钱”，属于动宾结构。如果“出来”的“出”不念轻声，整个结构就是连动结构了。“我想起来了”也是如此。这就是说，有些“歧义”的例子事实上只是写下来有歧义，说起来并没有歧义。

思考和练习

1. 把下边并列的词语中的两项改为结构相同的词组。

（1）（这篇文章）有内容，说理透。

(2) (防止)遇水、潮湿。

(3) (小组里)政治空气浓,团结得很好。

(4) 站立山巅,面向四方。

2. 运用层次分析法分析下列词组。

(1) 革命战争年代的火热斗争生活。

(2) 依靠群众的智慧和力量。

(3) 研究高血压病人的饮食问题。

(4) 朝着四个现代化的宏伟目标前进。

3. 分析下列词组,看它们是不是有几种意义。

(1) 我们三个一组。

(2) 一个工人的建议。

(3) 江苏和浙江的部分地区。

(4) 关于批判继承问题的讨论。

4. 有人认为名词的修饰语,如果带结构助词,带"的"不带"地":动词和形容词的修饰语,如果带结构助词,带"地"不带"的"。你认为这种说法正确吗?为什么?

5. "他走了一个钟头了"这句话有两种解释:一是指他在路上已经有一个钟头,一是指他离开某地已经有一个钟头。这里的歧义是不是由于词组的多义造成的?

6. 分析下列句子中有黑点的部分,指出表达上的问题。

　　青海省汽车运输公司成立了支援农业货运办公室,调查支农货源和流向,制订支农计划和措施……有力地支援了农业生产。

7. 下列句子中词语的次序有安排得不妥的地方,请加以改正。

(1) 妇女也参加了积肥的紧张劳动。

(2) 在社会主义建设事业中,他们发挥了无穷蕴藏着的力量。

(3) 这个问题在领导和群众中广泛引起了议论。

(4) 这是一个无疑的英明决策。

(5) 我们一到学校,高年级的同学首先带领我们参观图书馆,然后参观他们的实验室。

(6) 神农、黄帝、尧、舜都是夏朝以前传说中的古代帝王。

(7) 美国火山爆发,后果严重,山顶削减二百米,气流扩散四千公里。爆发能量相当于投在广岛的二千五百颗原子弹。

第五节　句子和句子分析(上)

一　什么是句子

什么是句子？简单的回答是：句子是语言的基本运用单位。在交际和交流思想的过程中，词和词组只能表示一个简单或复杂的概念，句子才可以表达一个完整的意思。正因为有了句子，人类的思维活动的结果、认识活动的成果才能记载下来、巩固起来，使人类社会中思想交流成为可能。

词和词组不就是句子，但是词或词组都可以成为句子。尽管这样，词、词组同句子还是有很大的差别的。在词典里，可以找到“有”这个词，教师点名时，我们也常常听到同学们回答“有!”，可是这两个“有”并不一样，前者是词而后者是句子。“禁止吸烟”是一个词组，它出现在公共场所的墙壁上时却是一个句子。可见词、词组同句子的区别不在“量”的上边，而在它们的性质不同。句子的特点在于它是人们用来交流思想的语言的基本运用单位。

一个句子不仅具有一定的结构成分和结构方式，为了适应具体环境中的交际需要，它还必须有特定的语调。因为有了语调，才能使句子中词语所叙述的内容同现实发生特定联系。这种联系是多方面的，如“鸡在叫”这个句子，指出“鸡叫”这件事情的现实性，“鸡会叫”指出“鸡叫”这件事情的可能性。“天亮了”指出“天亮”这件事情属于已然，“天该亮了”指出主观对客观现实的一种反应。总之，它们都对具体环境有所说明。如果有人一开口就说“鸡叫”或“天亮”，没有从任何方面表达特定对象的内容，那就都不成一句话。如果我们问“什么东西在叫”，有人回答“鸡叫”，回答的却是一个句子了。为什么同是一个“鸡叫”，有时成为句子有时又不能呢？分别就在同现实有没有特定的联系上。因为句子同现实有了特定的联系，具有特定的内容，所以才能作为语言的基本运用单位。我们说话的时候，每个句子都带有特定的语调，表示某种语气；句子和句子之间有较大的停顿。这些都由交流思想的需要来决定。

二　什么是句子分析

句子可以从不同的角度进行分析。按照句子的语气,可以分成陈述句、疑问句、祈使句、感叹句,一般称之为句类。按照句子的结构和格局,可以分为单句、复句,主谓句、非主谓句等等,一般称之为句型。句类和句型是两个不同的概念,同一句型可以是不同的句类;同一句类也可以是不同的句型。例如:

(1) 这是一首很好的诗。　　(陈述句)
(2) 谁写的?　　(疑问句)
(3) 你先念一遍吧。　　(祈使句)
(4) 这首诗写得真不错!　　(感叹句)

以上四个句子分属于不同的句类,但它们是同一句型,即主谓句。显而易见,当说第一句是陈述句,第二句是疑问句……的时候,我们是以语气为标准的;当说这四个句子是主谓句的时候,我们是以词语之间的结构关系为标准的。关于句类的内容,后面有专节说明。

句子的结构分析的终极目的,是为了确定句型。

句型是从许多句子中归纳出来的,不同的句子可以归入同一句型。例如:"他动身了。""他动身了?"是不同的句子,但是属于同一句型,因为表示语气的成分对句型不发生影响。"你读书。""他看报。""我写文章。"这三个句子也属于同一句型,因为句子中功能相同的词的替换对句型也不发生影响。"天气就要热起来了"和"天气看起来就要热起来了"属于同一句型,句子当中增添独立成分不影响句型。"他想起来了"和"慢慢地他想起来了"属于同一句型,扩展(增加修饰语)不影响句型。"你哥哥走了吗?"和"走了吗,你哥哥?"属于同一句型,语用变换也不影响句型。

确定句型可以采用如下的方法:

第一,从上位句型到下位句型,依次确定。拿来一个句子,先看它是单句还是复句,如果是单句,再看它是主谓句还是非主谓句。如果是主谓句，则根据谓语的结构确定其类型。

第二，由于扩展不影响句型，所以句子头上的修饰语不作为确定句型的依据。例如：

(5) 关于种植棉花，我没有经验。
(6) 在我国，北方还是冰天雪地，南方已经开始播种了。

上边两个句子，从整体上看，都属于偏正结构。确定句型时，我们把(5)归入单句中的主谓句，把(6)归入复句。因为(5)可以看作主谓句的扩展形式，(6)可以看作复句的扩展形式。

这种办法可以推广到主谓句的下位类型的确定。例如：

(7) 我已经读完了一年级课程。
(8) 他比我唱得好。
(9) 你别光着头出去。
(10) 大家先让他谈谈。
(11) 这本书的确内容丰富。

这些句子的谓语都是偏正结构，但排除了扩展的成分，我们确定(7)是动宾谓语句，(8)是后补谓语句，(9)是连动谓语句，(10)是兼语谓语句，(11)是主谓谓语句。

三　非主谓句

单句中不能分析出主语和谓语的句子叫做非主谓句。非主谓句有名词性的和非名词性的。

名词性的如：

(1) 小王！　　(称呼)
(2) 票！　　(售票员向乘客打的招呼)
(3) 好热的天气！　　(感受)
(4) 一九七九年的春天。　　(文艺作品的背景说明)

动词性的如：

(5) 出太阳了。　　　　　　(说明自然现象)
(6) 忽然响起了钟声。　　　(说明出现的情况)
(7) 不许攀折花木。　　　　(表示一般的要求)

形容词性的如：

(8) 好极了！
(9) 真热！

此外，叹词、象声词也可以构成非主谓句。

上边这些非主谓句，有的是一个词，有的是一个偏正词组或动宾词组，结构都比较简单。非主谓句不同于省略句，省略句是由于语言环境(包括上下文)的帮助因而省略了某些成分。例如祈使句就经常省略主语，这个主语是确定的，如果要补上就可以准确地说出来。对话中的祈使句如"别抽烟"，隐含着第二人称主语，在具体环境中人们总是加上"你"或"你们"去理解。至于公共场所的招贴如"禁止抽烟"，它本身就是完整的，人们不需要添上主语去理解。所以，前者是主谓句的省略形式，后者是非主谓句。

四　主语和谓语

主语和谓语是组成主谓句的直接成分，主谓句是句子的典型。

语法学家对主语有三种不同的理解：一是认为主语对谓语动词而言。例如在英语语法中，subject 是对 predicate verb 说的，谓语动词的形态必须跟着主语变化，主语和谓语之间有一致关系。二是认为主语指陈述的对象。主语是被陈述的，谓语则对主语加以陈述。在这里，主语和谓语都是指"完全"的，即主语以外的部分是谓语，谓语以外的部分是主语，不管它们是词还是词组。三是认为主语指话题(topic)。话题是个广泛的概念，凡是句子叙述的起点，几乎都可以看作话题。

用不同的概念来确定主语，分析某些句子，其结果可以完全一样；但分析另一些句子，其结果则很有差异。例如：

(1) 中国又爆炸了一颗原子弹。

(2) 老王，我昨天还见到他。

分析例(1)，采取第一种观点，确定“中国”是主语，“爆炸了”是谓语。采取第二种观点，则认为“又爆炸了一颗原子弹”是谓语。分析例(2)，采取第一种观点和第二种观点，都不能把“老王”看作主语，但是采用第三种观点，则可以把“老王”看作主语。

我们讲的句子的主语和谓语，主要采取第二种观点，即认为它们的关系是陈述和被陈述的关系，对某些句子也采取第三种看法，即认为主语是“话题”。

在汉语里，一般的情况是主语出现在谓语的前边。例如：

(3) 太阳‖从东方升起。

(4) 东方‖升起了红太阳。

名词、人称代词、名词性词组充当的主语是最常见的。时间名词、处所名词有双重性质：一是事物性，一是时地性。体现事物性的时间名词、处所名词用作主语时，谓语说明时间或处所本身怎么样，或者说明时间或处所是行为的对象。例如：

(5) 一九七六年‖是难忘的一年。

(6) 北京‖我没有到过。

体现时地性的时间名词、处所名词指明事情发生或事实存在的时间或处所，它们也可以作主语。例如：

(7) 去年‖发生了几件大事。

(8) 这里‖有一些新书。

如果这种时间名词、处所名词放在别的主语之前，它们就成了全句的修饰语了。例如：

(9) (去年)世界上‖发生了几件大事。

(10) (这里)我们‖有一些新书。

当然，像“屋里坐吧”之类，因为是省略句，“屋里”不是主语。至于句子头上连接出现时间名词和处所名词的句子，如例(9)，首先应该让处所名词作主语，即使说成“世界上去年发生了几件大事”，主语仍旧是“世界上”。动词前边如果有几个名词性成分，须选择其中一个作为主语。选择的顺序是施事、工具、受事、处所、时间。但是，“在世界上去年发生了几件大事”当中的主语则是“去年”。这是因为在汉语里，介词结构不能充当主语。此外，别的实词(副词及助动词除外)、各种词组以及“的”字结构也可以用作主语。数词单独作主语多半用在表示数目计算的句子里，量词单独作主语，限于它的重叠形式。数量词组作主语，它指称的事物一般是上文已经出现过的。例如：

(11) 九十‖是三十的三倍。

(12) (他对我讲了许多话，)句句‖都铭刻在我的心上。

(13) (我国古代通往西域的大路有两条，)一条‖是从玉门出发的北路。

动词、形容词作主语，谓语一般是形容词，或者是不表示动作的动词(如“是”“使”“有”等)构成的动宾谓语、兼语谓语。例如：

(14) 说说‖容易。

(15) 辱骂和恐吓‖决不是战斗。

(16) 勤劳‖使人聪明。

动宾词组、主谓词组、“的”字结构也经常作主语。例如：

(17) 提高产量‖靠采用先进技术。
(18) 群众教育群众‖是一个好办法。
(19) 放光的‖不都是金子。

动词或形容词带上名词或人称代词充当的定语,整个词组就是名词性的了。这种名词性词组也常用作主语。例如:

(20) 会议的如期召开‖是大家努力的结果。
(21) 教师的高明‖在于能使学生超过自己。

五 主谓句的下位类型

主谓句的下位类型是根据谓语的结构来划分的,基本的类型是名词性谓语、动词性谓语、形容词性谓语。

(一) 名词性谓语

名词性谓语比较短,口语里用得较多。例如:

(1) 明天‖晴天。(谓语是名词)
(2) 这个人‖好本领。(谓语是以名词为中心的偏正词组)
(3) 这些书‖图书馆的。(谓语是"的"字结构)
(4) 每人‖一本。(谓语是数量词组,也可以加上适当的名词)

名词性谓语的主要作用是说明或判断,而且是从肯定方面对主语加以说明或判断的,如例(1)(3)(4)。有时也用来描写主语,这种起描写作用的名词性谓语,大都是以名词为中心的偏正词组构成的,如例(2)。

(二) 动词性谓语

动词性谓语的主要作用是叙述。例如:

(5) 大会‖开始了。　　　(谓语是动词)

(6) 主席‖作工作报告。　(谓语是动宾词组)
(7) 同志们‖举手表决。　(谓语是连动词组)
(8) 大家‖选他当代表。　(谓语是兼语词组)

动词谓语也有用来描写主语的。例如：

(9) 会议‖进行得十分顺利。　(谓语是后补词组)
(10) 任务‖能够完成。　(谓语中有助动词作状语)

用动词“是”及其宾语组成的谓语，作用是说明或判断。例如

(11) 冬至‖是北半球白天最短的一天。
(12) 熊猫‖是熊。
(13) 阳历七月‖是最热的天气。

这种句子可以用“A 是 B”来表示。例(11)，A 和 B 指的是同一事物；例(12)，A 和 B 所指的事物属于同类；例(13)，B 表示 A 的一些特征。

(三) 形容词性谓语

形容词性谓语的主要作用是描写。在多数句子里，形容词前边都带有状语。例如：

(14) 他的学问‖比我好。(谓语是以形容词为中心的偏正词组)
(15) 灯光‖亮得使人们的眼睛都睁不开来。(谓语是后补词组)

(四) 主谓谓语

汉语里有一种特殊的句子，即所谓主谓谓语句。主谓谓语句是由一般的主谓句转换而形成的，主要有三种类型。一种是把主谓句中某一动词的宾语或宾语的某一部分提到句首。试比较：

A
(1) 我没有听到过这个故事。
(2) 知道这件事的人不多。
(3) 我认为这个问题可以讨论。

B
(1) 这个故事我没有听到过。
(2) 这件事知道的人不多。
(3) 这个问题我认为可以讨论。

A组是一般的主谓句,B组是主谓谓语句。例(1)是把“听到过”的宾语“这个故事”提到句首,例(2)是把“知道”的宾语“这件事”提到句首。例(3)是把“认为”的宾语“这个问题可以讨论”中的“这个问题”提到句首,于是都形成了主谓谓语句。原句的谓语是叙述性的,变成了主谓谓语之后,谓语的作用就是说明或判断的了。

另一种主谓谓语句也有相对应的非主谓谓语的句子。试比较:

A
大家的斗志昂扬。
他的身体健康。

B
大家斗志昂扬。
他身体健康。

A组是形容词性谓语句,B组是主谓谓语句,它们的谓语都是描写性的。在B组里,“大家斗志”“他身体”不构成偏正词组,就是说,“斗志”是与“昂扬”直接联系的,“身体”是与“健康”直接联系的。又因为“大家”和“他”是主语,所以后边可以用上“的确”“也许”之类副词作状语。

此外还有一种主谓谓语句,是由全句的修饰语中减去介词“关于”“对于”等构成的。试比较:

A
关于田间管理,他的经验很丰富。
对于这个问题,我们有不同看法。

B
田间管理,他的经验很丰富。
这个问题,我们有不同看法。

A组是非主谓谓语句,B组是主谓谓语句。B组的主语表示的仍旧是范围、对象或关涉的事物；谓语虽然含有判断意味，但不直接说明主语怎么样。

从以上的例句看来，主谓谓语句的主语大都是说话的起点，含有话题的性质，这种性质在上述第三种主谓谓语句上边最为明显。这种话题主语，虽然属于一个句子(分句)，但是在连续的话语之中，它往往是居于显要地位的。试比较：

(1) 她年纪小，胖胖的，穿着一身毛线衣裤，正在登上竹凳，想去拿桌上的苹果。

(2) 她只有八九岁光景，眼睛溜圆，脸色红润，头发很短。

(3) 她只有八九岁光景，胖胖的，眼睛溜圆，脸色红润，头发很短，穿着一身毛线衣裤，正在登上竹凳，想去拿桌上的苹果。

这里是三个复句。例(1)，分句的主语都是“她”。例(2)，第一分句的主语是“她”，后边各分句有不同的主语，但是就整个复句看，不妨把所有的分句的主语都看作是“她”。这样一来，后边三个分句都属于主谓谓语句了。例(3)是例(1)和例(2)的综合，对于主语的确定，可以有不同看法。但是，在理解这些句子时，“她”是贯穿整个复句的。如果认为例(2)中各分句的主语不同，至少又得承认第一分句的主语“她”是居于显要地位的。这就是我们所说的主谓谓语句中的主语具有话题性质的根据。话题主语，在意念上往往不只影响一个句子，尽管在结构上往往是属于一个句子(分句)的。

把一般的主谓句改成主谓谓语句，常常是为了适应表达上的需要。例如：“我去过那个地方，你也去过那个地方，那儿的风景真不错。”如果认为“那个地方”是说话焦点，可以改写成：“那个地方我去过，你也去过，风景真不错。”

思考和练习

1. 一般语法书上说：“具备主语和谓语这两个部分的是句子。”有人评论说，这个定义很有用，可惜不周密。你是否同意这个评价？

2. 分析下列句子,指出它们所属的类型。

(1) 前进!(班长向战士发出的口令)

(2) 十一点了。

(3) 忽然传来一阵欢呼声。

(4) 从今天起我们收听日语广播。

(5) 在这个问题上,你不能说服我,我也不能说服你。

3. 分析下列各句的谓语,指出它们所属的类型。

(1) 科学技术是人类共同创造的财富。

(2) 在人类文明发展史上,我们中华民族曾经有过杰出的贡献。

(3) 我们历来认为科学技术是一种在历史上起推动作用的革命力量。

(4) 迎面送来的雪山寒气,立刻使人感到秋天似的凉爽。

(5) 领导和群众心连着心。

4. 把下边的句子改写成主谓谓语句。

(1) 科教战线的形势喜人。

(2) 他在学习方面很认真。

(3) 我们青年一代要完成历史赋予的重任。

5. 形容词带上了表示趋向的补语,如"起来""下去"之类用作谓语时,谓语叙述主语的变化,如"天气热起来了""光线暗下去了"。请找些例子比较一下,看看用"起来"和"下去"有什么区别。

6. 修改下列句子,并说明理由。(注意:介词结构不单独充当主语或谓语)

(1) 从历史的和现实的斗争中,使我们深深体会到舆论工作的重要性。

(2) 对于书评小组的成员,由于分散在各个班级,集中起来开会不很容易。

(3) 我们自从听了他的先进事迹的介绍以后,我们这个班级的面貌迅速地改变了。

(4) 参加这个工程的工人和技术人员,在指挥部的领导下,在兄弟单位的大力支援下,经过三个月的紧张劳动,一台自己设计的精密车床试制成功了。

(5) 有了水肥，有了良种，如果还按照过去宽行大垄的种植方法，增产的潜力也是不大的。

(6) 在碰到许多具体问题上，大家的看法并不完全相同。

(7) 只要我们沿着正确的前进方向，任何困难都是可以克服的。

(8) 我在工作的时候，常常想起许多同志在平凡的岗位上，他们踏踏实实地为祖国建设加砖添瓦的生动事迹。

(9) 内容正确是衡量文章好坏的首要标准。

(10) 在敌人实行了惨无人道的“三光政策”下，金山卫镇曾遭到空前的浩劫。

(11) 在听了他们的经验介绍以后，对我们有很大启发。

(12) 在我离开学校走向工作岗位的时候，没有考虑继续提高科学文化水平的问题。

(13) 有一天，门市部在出售五十斤小白米虾时，营业员从中拣掉九十多条小河豚鱼，避免了中毒事故的发生。

(14) 这个公司有些同志原来订计划关门算帐，感到困难重重，在参加局办的学习班以后，公司领导带领业务干部去光学精密仪器厂开现场交流会，亲眼看到这个厂工人群众大干、巧干和苦干的革命精神，受到了深刻的教育。

第六节　句子和句子分析(下)

从谓语的结构方式上看，动词性谓语最为复杂。除了一般的动词谓语(带状语或不带状语)之外，还有动宾谓语、动补谓语、连动谓语、兼语谓语等。

一　动宾谓语

动宾谓语是一个复杂的类型，它的复杂性首先表现在动词的特点和所带宾语的特点上边。

汉语的动词有的必须带宾语，如“成为”“懒得”“属于”，这类动词的数量最少。有的不能带宾语，如“休息”“播音”“失败”“点名”“退却”“防疫”，这类动词比较多一些，它们的内部结构大都是支配式的。还有一类动词数量最多，它们一般要求带宾语，但是在具体语句里不一定带上宾语。如“学习”，可以用在“我们学习政治”当中，也可以用在“今天下午我们学习”当中。

能带宾语的动词中，有一部分可以带双宾语，常见的有：

给　送　赔　输　教　交　还　告诉
拿　赚　赢　问　借　欠

在“他送了我一本书”中，“我”和“一本书”都是“送”的宾语；“我教了他一个好方法”中，“他”和“一个好方法”都是“教”的宾语。这样的宾语，前一个大都指人，后一个大都指物。前一个宾语虽然靠近动词，后一个宾语倒是更基本的。①

能带宾语的动词中，多数要求带名词性宾语，而不能带非名词性宾语（即动词性或形容词性宾语），这类动词很常见，用不着举例。有些动词要求带非名词性宾语。例如：

主张　禁止　感到　严加　予以　加以　觉得　渴望

少数动词兼有上边两种动词的特性，就是说，它们既可以带名词性宾语，又可以带非名词性宾语。例如：

爱　怕　喜欢　研究　讨论　开始　停止　有

“爱、怕、喜欢”这一类表示心理活动的动词，带哪一类宾语是无条件的。我们既可以说“爱科学、不怕鬼”，也可以说“爱游泳、不怕苦”。

“研究、讨论”这一类与上一类有相似之处，不过它们带非名词性宾语时必须伴随着疑问代词。比如我们不能说“研究干、讨论吃”，但是可以说“研究怎么干、讨论吃什么”。

“开始、停止”这一类动词，虽然也能带一般的动词宾语（开始做、

① “送我一本书”作层次分析时可以分析为〔(送＋我)＋一本书〕。

停止写)，但是它们经常带的宾语是兼类词，如“工作、比赛、分析”之类。由于这些词兼属名词和动词，有人就在它们前边加上定语(开始深入的讨论、停止一天的工作)，有人则在它们前边加上状语(开始认真地分析、停止广泛地讨论)。就是说，有人把它们看作名词，有人把它们看作动词。比较起来，把它们看作名词的人多些。

“有”这个动词也可以带两种宾语，当它带形容词宾语时，宾语前边常有(但不一定有)表示程度的状语。比如“有点儿冷、有他那么高”。“有”也常拿兼类词作宾语，如“有希望、有影响、有危险、有困难”。

动宾谓语的复杂性，还表现在动词和宾语的关系上边。如果动词表示具体动作，宾语表示具体事物，两者之间的关系比较容易掌握，不大会弄错。比如，“打鼓”“弹琴”“吹箫”，这里的搭配都以具体的事实作依据，不能任意组合，也没有人说“弹鼓”“打箫”。但是，问题不这么简单。一方面，动词不一定表示看得见的动作行为；另一方面，宾语也不一定表示动作行为支配的具体事物。例如“打”，不但可以说“打鼓”“打球”，还可以说“打鱼”“打粮食”“打交道”“打折扣”“打主意”“打游击”“打电话”“打草稿”“打比方”等。因此，我们不能把动宾关系仅仅理解为动作与对象的关系。从意义上看，宾语除了表示动作的对象以外，还可以表示动作的结果(如“写文章”)，动作的处所(如“写黑板”)，动作的工具(如“写毛笔”)，动作的方式(如“写草字”)，动作的原因(如“心疼什么”“担心出事”)，动作的施事(如“来了客”)等。动宾关系虽然复杂，但还是可以概括成若干类型的。

在现代汉语中，宾语主要有三种类型。一是受事宾语。例如：

(1) 我们必须克服困难，我们必须学会自己不懂的东西。
(2) 他写了一篇论文。
(3) 你写钢笔，我写毛笔。
(4) 他母亲来上海，他已经去北京，两人没见着。

这类宾语和动词的关系，总的说来是支配和被支配的关系。

二是施事宾语。宾语所表示的人或物往往是不确定的，因此常带有不定指(如“一个”“几位”)的定语。宾语前边的动词大都是“坐”

“站”“来”“走”之类，一般要求带助词或表示趋向的动词，这种句子有的语法书管它叫“存现句”。例如：

(5) 屋里坐着十多个人。
(6) 桥脚上站着一个人，却是我的母亲。
(7) 外面走进来一个四十来岁的汉子。
(8) 在斜对门豆腐店里确乎终日坐着一个杨二嫂。

例(8)的杨二嫂是个专有名词，但也要加上“一个”，使它在形式上转化为无定的。施事宾语不能出现在动词的前边。

三是关系宾语。宾语既非施事，又非受事。例如：

(9) 他们确实是最可爱的人！
(10) 年轻人的心好像春天的泥土，撒什么种，发什么芽。
(11) 我曾在这里的学校里当过一年教员。
(12) 二孔明也叫二诸葛，原来叫刘修德。

这类宾语前边的动词，除了例句中所举的以外，还有“有”“在”“变成”“变为”“成为”“做”“算”“算作”“当作”“姓”等。这些动词都是非动作动词，对主语起说明作用而不起叙述作用。

不能带宾语的动词和能带施事宾语的动词，通常叫不及物动词；能带受事宾语或关系宾语的动词，通常叫及物动词。当然，就某个具体动词来说，它可以兼有及物和不及物的两种方法。例如“笑”，在“哈哈大笑”中是不及物动词，在“他笑我”中是及物动词。

二　动补谓语

动词性谓语中，最常见的是动宾谓语，其次是动补谓语。动宾谓语中的宾语，不但有不同类型，而且有不同的位置；动补谓语中的补语则只有一种位置，但有不同的类型。

动补谓语有三种类型：不能用“得”的，必须用“得”的，用“得”(不)与不用“得”(不)构成平行格式的。

不能用“得”的补语主要是数量补语。[①] 数量补语一般表明动作的次数或动作延续的时间。例如：

(1) 他用手把门敲了三下。
(2) 我昨晚足足睡了八小时。

必须用“得”的补语是情态补语。情态补语是说明与动作有关事物的状态的。例如：

(3) 他洗了许多件衣服，洗得满头大汗。
(4) 他把衣服洗得干干净净。
(5) 他洗得遍地是水。

例(3)的“满头大汗”是说明“他”的，例(4)的“干干净净”是说明“衣服”的，例(5)的“遍地是水”是说明周围的环境的。

用“得”(不)与不用“得”(不)构成平行格式的补语包括结果补语和趋向补语。我们把不用“得”(不)的形式称为基本式，把用“得”(不)的形式称为可能式。下边列表说明：

	基本式	可能式	
结果补语	听懂	听得懂	听不懂
结果补语	做到	做得到	做不到
结果补语		解决得了	解决不了
结果补语		吃得	吃不得
趋向补语	上来	上得来	上不来
趋向补语	走回去	走得回去	走不回去

有两点值得注意：第一，有些语言单位，如“说明”“改进”“认定”等，没有加“得”(不)的可能式，它们是词。又如“巴不得”之类也是词，

① 程度补语也有不用“得”的，它属于形容词的补语，如“热极了”“糟透了”。

不是可能式的词组。第二，表中“解决得了”“吃不得”只有可能式，没有基本式。“吃得”是“吃得得”语音归并的结果。现今江苏南通方言中尚有“吃得得”的说法。

情态补语必须用“得”，结果补语的可能式的肯定形式也用“得”，但是它们的否定形式不一样。试比较：

表情态：跑得快、跑得不快——回答“跑得快不快”

表可能：跑得快、跑不快——回答“跑得快跑不快”

在这里，表情态和表可能的肯定形式一样，但是在一定的上下文里（如回答问题），只能有一种理解。

动词和形容词的后边都可以带补语，形容词不能带宾语，所以形容词谓语句没有宾语和补语纠缠的问题。动词后边是宾语还是补语，一般也不难区分。名词或名词性词组只充当宾语，不充当补语；表示动量的数量词组只充当补语，不充当宾语；表示物量的数量词组只充当宾语，不充当补语。只有表示时间量的数量词组，有时充当宾语，有时充当补语。例如：

（6）时间已经过去了两三年了。

（7）这个小组成立了两三年了。

例（6）的“过去了两三年”可以转换为“两三年过去了”，“两三年”是宾语。例（7）不能这样转换，“两三年”是补语。

“我笑痛了肚皮”“他找到了多年不见的朋友”，谓语的结构是“（动＋补）＋宾”，应属动宾谓语。“他找了我三次”，“我看了他一眼”，谓语的结构是“（动＋宾）＋补”，应属动补谓语。

三　连动谓语和兼语谓语

（一）连动词组和连动式

连动词组像其他词组一样，可以作为造句的材料。例如：

(1) 团结起来走共同富裕的道路是大家的愿望。

(2) 那些都是赶来参观的人。

(3) 我举双手赞成。

连动词组充当谓语的句子(如例(3))叫“连动式”。从结构上看,连动关系很接近联合关系,因为它可以多分,我们用Ⅰ、Ⅱ、Ⅲ……来表示。例如:

(4) 老李‖站起身来轻轻地拉开门走了出去。
Ⅰ　Ⅱ　Ⅲ

(5) 黄参谋‖拿起笔来写好报告交给旁边的通讯员。
Ⅰ　Ⅱ　Ⅲ

(6) 许光发‖站起来迎接他们。
Ⅰ　Ⅱ

(7) 这些东西‖炒着吃。
Ⅰ　Ⅱ

(8) 大家‖扛着锄头跑来了。
Ⅰ　Ⅱ

(9) 南方的人‖过冬不穿棉衣。
Ⅰ　Ⅱ

(10) 他的病假单‖一直揣在口袋里没有交出来。
Ⅰ　Ⅱ

这些句子都是连动式,谓语当中各节的意念关系并不完全相同。例(4)和例(5)中的Ⅰ、Ⅱ和Ⅲ表示先后的动作。例(6)和例(7)中的Ⅰ和Ⅱ有先后的关系,同时Ⅰ是Ⅱ的方式或手段,Ⅱ是Ⅰ的目的。例(8)的Ⅰ和Ⅱ没有先后关系,仅仅表明Ⅰ是Ⅱ的方式。例(9)的Ⅰ和Ⅱ也没有先后关系,Ⅱ是Ⅰ的方式。例(10)又不同一些,Ⅰ和Ⅱ既没有先后关系,也没有方式、手段和目的的关系,Ⅰ和Ⅱ从正反两面说明主语,它们有互相补充的作用。

“他倒杯茶喝”这种句子也可以归入连动式,作为连动式的一种特殊格式。“倒”表明“喝”的方式,“喝”表示“倒”的目的,而“倒”和“喝”又同属于一个主语“他”,这是跟一般连动式相同的地方。跟一般连动式不同的是:这类句子的前一动词的宾语同时是后一动词所代表的动作的对象,第二个动词不能有宾语。

（二）兼语词组和兼语式

兼语词组也像其他词组一样,可以作为造句的材料。例如:

(1) 让他去承担这一任务是很合适的。

(2) 这真是令人高兴的事。

(3) 我请你写一篇文章。

兼语词组充当谓语的句子(如例(3))叫“兼语式”。兼语式的谓语可以分析成三个部分:Ⅰ,动词;Ⅱ,兼语;Ⅲ,兼语的陈说部分。例如:

(4) 这件事‖使我非常着急。
　　　　　　　Ⅰ Ⅱ └─Ⅲ─┘

(5) 你‖(为什么不)叫他马上来?
　　　　　　　　　　　Ⅰ Ⅱ └Ⅲ┘

兼语式的特点是:

1. 动词大都含有使令、促成的意义,常用的是:“使”“叫”“让”“请”“命令”“派”“禁止”等。①

2. 动词所表示的动作,多半是兼语陈说部分的原因,而兼语陈说部分则是动作要达到的目的或要产生的结果。如例(5),“叫”是“马上来”的原因,而“马上来”是“叫”的目的。

3. 兼语和兼语陈说部分有陈述和被陈述的关系。

根据以上特点,我们可以区分兼语式和非兼语式。例如主谓词组作宾语的句子跟兼语式在形式上很相似,但是,实际上并不相同。试比较:

---

① “我们要保护眼睛不受损害”“上级指定他作代表”之类的句子,隐含使动意味,也可以归入兼语式。

(6) 我‖希望大家来。

(7) 我‖请大家来。

两句的谓语都是"动词＋人称代词＋动词"，但是它们有下列区别：

第一，"希望"不含使令意义，"请"含有使令意义。

第二，"希望"和"来"没有因果关系，大家来不来不是希望不希望的结果。"请"和"来"有因果关系，因为请，所以才来。

第三，用可能的语音停顿来辨别。如"我希望——大家来"，是主谓词组作宾语；"我请大家——来"则是兼语式。

第四，例(6)可以改说成"我希望的是大家来"或"大家来是我希望的"，例(7)不能这么改变说法，可见两句的结构关系不一样。

兼语式中可以套用连动词组，例如：

(8) 那次战役中，有不少人去野战医院做护理工作。

(9) 老魏叫董事留下来开董事会。

同样，连动式中也可以套用兼语词组，例如：

(10) 他站起来腾出一把椅子请我坐下。

(11) 营业员跑过来从书架上取下一本小说让小李看。

(三) 前一动词是"有"(没有)的连动式或兼语式

"有"可以单独充当谓语，这样用时主语多半是表示存在的事物，如"老的有，小的也有"。在多数句子里，"有"与别的词语组成动宾谓语，如"他有经验""他有说有笑""他有五尺高"。"有"带的宾语，可以是名词性的，也可以是非名词性的，但是，前一动词是"有"的连动式或兼语式，"有"带的宾语总是名词性的。

用"有"组成的连动式如：

(1) 公民对于任何违法失职的国家机关和企业、事业单位的工作人员，有权向各级国家机关提出控告。

(2) 在工作十分繁忙的情况下，他没有心思再去考虑个人的事情了。

上边句子中的“有”表示的是领属关系。值得注意的是“我有一点儿不舒服”“他没有你那么高”之类，是动词谓语句而不是连动谓语句。“有”在这里表示估量，宾语是估量的结果。单说“有不舒服”“有高”不行，因为没有说出估量的结果来。“一点儿不舒服”“你那么高”都表示估量的结果，是形容词性词组充当“有”的宾语。

用“有”组成的兼语式如：

(3) 有个村子叫张家庄。

(4) 会场里有些人在发表意见。

(5) 我们班级有两位同学懂得好几种外语。

(6) 他有个朋友住在杭州。

例(3)是非主谓句，其余几句是主谓句。例(3)和例(4)的“有”表示的是存在，“有”后边的词语是存在的事物。例(5)和例(6)的“有”表示的是领属，“有”后边的事物属于前边的主语。这种兼语式中的兼语通常是无定的，所以“有”后边一般不接专有名词。我们只说“有人在发表意见”，不说“有张三在发表意见”。正因为这样，“有”后边的兼语不用“这个”“那个”修饰，只用“一个”“几位”“好些”等修饰。

“大家有事做”之类可以归入连动式，因为“有”和“做”是陈述同一个主语“大家”的。

四 “把”字句和“被”字句

“把”字句和“被”字句是动词性谓语句中的两种比较特殊的句式。①

---

① 句型是以语言中全体句子作对象加以归纳的结果，也就是说，出现任何一个句子，必定能归入某一句型。句式是以语言中部分句子为对象加以描述的结果。“把”字句有的属动补谓语句，有的属动宾谓语句，有的属一般动词谓语句。

（一）“把”字句

介词“把”的作用，是把动词支配的对象提到动词前边，以强调动作的结果。例如“我们打败了敌人”，改用“把”字句就说成“我们把敌人打败了”。一般地说，“把”字句中的动词是能带受事宾语的，这个动词能管得着“把”字后边的词语。“把敌人”是介词结构，修饰“打败”，但在意念上动词“打败”仍然以“敌人”作为支配的对象。由于“把”字句有强调动作的结果的作用，因此动词前后通常总要带一些别的词语，不能光是一个词，除非这个词带有结果意味。

有强调作用的“把”字句，一般应有不用“把”的相对的格式。“打败了敌人”和“把敌人打败了”，后者明显地令人有强调的感觉。有一些“把”字句，或者是动词后边紧接着补语，不允许宾语将它跟动词隔开；或者是两个宾语都比较长，放在一起嫌累赘，因而习惯上都采用“把”字的句式。这些句子就没有什么强调的意味。例如：

(1) 半天的工夫，我就把那本书看了两遍。

(2) 他把刚才的话又说了一遍。

(3) 他把衣服洗得干干净净。

(4) 会后，我把学生热爱祖国的感情告诉了他们。

使用“把”字句应该注意的是：

1. 一般地说，“把”字句中的动词，应该是能带受事宾语的，这个动词在意念上须管得着“把”后边的词语。①

2. “把”字句里，动词的前后通常总有一些别的词语。例如我们可以说“我把信读了一遍”“我把信仔细地读了”，但不能说“我把信读”。②

3. “把”字后边的词语跟相关的动词应该尽量靠近，尤其不宜用否

---

① 有的“把”字句情况特殊，如“把这个问题加以研究”，“加以”管不着“把”字后边的“这个问题”。这是因为“加以”“进行”“予以”等是一种特殊动词。至于“我把书放在桌上”之类，“放在”相当于一个动词，但是“书”在意念上仍旧是让“放”管着的。

② “把楼上”“把话拉”之类的说法，通常只用在戏曲或诗歌里。少数含有处置结果意味的双音动词的前后，有时也可以不带别的词语。如“坚决把它克服”“一定把这个问题解决”。

定副词或助动词把它们隔开。例如我们可以说“大家不应该把这个经验看作一成不变的东西”，而不宜说“大家把这个经验不应该看作一成不变的东西”。

以上谈的是“把”的一般用法，是常见的“把”字句。“把”还可以构成另一种句式，即“把甲当(当作、作为、说成、看作……)乙”。例如：

(5) 他们在草原上把天当作被，把地当作床。

(6) 我们应该把获得的成绩作为新的起点。

这种句式要求“把”字后面的词语(甲)与“当作”之类的后边的词语(乙)意思上属于同一性质，同一范畴。

同“把”字作用相同的，还有一个“将”，它是早期白话遗留下来的，书面语中有时还用。

(二) “被”字句

以“被……”作状语的句子，用介词“被”引进施事(主动者)，同时指明主语是受事(被动者)。例如“阵地被我们攻占了”一句中，“阵地”是攻占的对象，即受事；“我们”是“攻占”这个动作的发出者，即施事，这是“被”字句的典型格式。

在口语里，常用“叫(教)……”或“让……”代替“被……”。例如：

(7) 可惜他不在村里了，叫人家撵跑了。

(8) 什么事让他知道了，还不跟上了广播一样。

值得注意的是，“叫”和“让”有时并不表示被动，例如“我不能叫(让)他欺负你。”句中的“欺负”另有对象，和主语无关，这个句子是兼语式。表示被动的时候，“叫”和“让”同一意义，构成兼语式的时候，“叫”相当于“使”，“让”相当于“任凭”。

“为……所”是文言里常用的格式。例如“卫太子为江充所败”，这个格式今天书面语里还沿用。也有把“为”改作“被”，构成“被……所”的格式的。例如：

(9) 我们不能被表面现象所迷惑。

在现代汉语里,用了“被”,有时还须用“所”,常常是由于音节上的需要。在古汉语里有“为天下笑”的说法,在现代汉语里只能说“为人所笑”“被人所败”,不能说“为人笑”“被人败”。

“被……”修饰的中心语有时是一个动宾结构。例如:

(10) 在那次战斗中,他被敌人打断了一条腿。
(11) 这些人被事实打开了眼界。

这些句子有一个共同的特点:句子的主语和动词的宾语在意念上有领属关系。

有时候,“被”不引进施事,只是直接用在谓语动词前边,与动词结合在一起,指明动作的方向。例如:

(12) 老教授的眼镜,已经被打碎,他那肥大的棉袍已经被扯烂。

作用与“被”相同的“叫”和“让”没有直接附着在动词前边的用法。

思考和练习

1. 根据下列句子中谓语动词的性质来考察它们所带的宾语是不是合适。
   (1) 如果离开了现实生活的基础,或者受真人真事的局限,就难以达到典型地反映生活的本质。
   (2) 他完全沉浸在回忆过去画蓝图,下工地,与工人们一起参加施工的紧张生活。
   (3) 她们多么渴望一个学习的机会啊!
   (4) 多年来,这个厂的工人不甘心生产的落后面貌,大搞技术革新,使全厂石棉瓦生产初步实现半机械化。

2. 下列句子中动词和宾语的搭配有没有问题？如有问题，请指明并予以改正。

(1) 眺望窗外夜空，满天繁星，相映万顷灯海。

(2) 农业现代化的开展，有力地促进了农业的发展，促进了农田水利基本建设的高潮。

(3) 这里到处洋溢着和呈现出令人振奋的建设景象和高昂的劳动激情。

3. “点”和“些”都是表示不定量的量词，为什么我们可以说“我一点也不知道”，不说“我一些也不知道”？

4. 修改下列句子，并说明理由。

(1) 有些坏人散布种种谬论，要把青少年培养成文盲加流氓，使他们头上长角，身上长刺。

(2) 我们在教学上一定要提倡普通话。

(3) 他能密切联系和关心群众的痛痒，把群众的困难当作自己的困难。

(4) 同学们都发扬了互助友爱的精神和虚心学习的态度。

(5) 他们的豪情壮志和新的规划得到了上级的批准和群众的赞扬。

(6) 为了摸清发病规律，我们医院挂钩了几个单位，经常进行调查研究。

(7) 同学们把每天发现红铃虫的情况告诉老师，由老师指导同学们进行各种措施。

(8) 她刚到养猪场时，嫌猪粪臭，总是把手帕捂得紧紧的，现在却成为养猪能手了。

5. 下列句子，哪些是连动式？哪些是兼语式？哪些是这两种句式的套用？哪些不属于这两种句式？为什么？

(1) 刘勋苍坐在炕里边摆弄着他的大战刀。

(2) 请同志们摸一下这家公司用钱的底。

(3) 她飞快地回到屋里叫醒正在睡觉的小李。

(4) 前天，在威海市的附近，我又看到一派更令人喜爱的秋色。

(5) 战士秦发愤背着背包跨过铁轨走过来。

(6) 他索性把枪往怀里一揣，就地横倒身躯，沿着山坡滚下山去。

(7) 他拿一份材料叫小李仔细看看。

(8) 冯有梅还要求咱们支援点技术力量。

(9) 我们坚信人民群众有无限的创造力。

(10) 我们有决心和信心攀登世界科学文化的高峰。

(11) 小王请求我们允许他来这儿参加工作。

(12) 章易之心情复杂地看着他。

(13) 燕燕笑了笑没答话。

(14) 你快去请个假回来赶上个驴到临河镇接你舅舅去。

(15) 李林同志，我可不可以再要求首长让我到班里去锻炼锻炼？

6. “他们来听报告”是连动式，“来”是动词。“正月里来是新春”不是连动式，“来”是助词。“我们去听报告”是连动式，“去”是动词，“我们向前走去”不是连动式，“去”是“走”的补语。下列句子哪些是连动式？哪些不是？

(1) 他用正确的观点和方法来分析问题。

(2) 他拿来一本书。

(3) 我来拿一本书。

7. 有些含有“使令”“促成”意味的动词，如“帮助”“领导”“激励”“鼓舞”之类，既可以作一般动宾谓语中的动词，又可以作兼语式中的第一个动词。看看下边句子中的“鼓舞”和“帮助”，哪些构成了兼语式？哪些不属兼语式？

(1) 他的英雄事迹鼓舞了我们的斗志。

(2) 他帮助了我们。

(3) 这种自强不息的精神过去鼓舞我们走过漫长的斗争路程，今后也能帮助我们克服前进道路上的困难。

8. 在某些方言里，用“把”代替“使”，这种用法目前在书面语中也可以见到。你能找出几个例子来吗？

9. 下列“把”字句用得对不对？为什么？

(1) 班里的老师在新同学进校以后，先把外地的同学一一谈心。

(2) 何师傅把解放前自己的遭遇启发同学们的阶级觉悟。

(3) 如果把正确的工作态度不放在第一位，我们的工作就不可能搞好。

(4) 各部门把新的政策应该很好地贯彻下去。

(5) 请大家把这个问题考虑,以后再抽时间讨论。

(6) 现在不刻苦学习,将来怎么能把生活重担挑?

(7) 我们要把这次访问当作磨炼意志的战场。

(8) 他们把我们像对待自己人一样,我们一定要答谢他们。

10. “叫”是一个动词,它除了作“叫喊”“称呼”讲之外,还可以作“使”“令”讲。“叫”有时是一个介词,相当于“被”。“让”是一个动词,它除了作“谦让”“躲开”讲之外,还可以作“使”“令”讲。“让”有时也是一个介词,相当于“被”。请指出下列句子中“叫”和“让”的词性和用法。

(1) 你叫什么名字?

(2) 这件事真叫我为难。

(3) 我们能叫困难吓倒吗?

(4) 请你让让!

(5) 还是让我去吧!

(6) 困难让大伙儿克服了。

11. 下列句子中的“被”,有的是滥用的,有的是误用的(误用“被”表现在谓语动词管不着有关词语)。请分别指出,并加以修改。

(1) 经过大家讨论,一份切实可行的计划终于被拟好了。

(2) 这些彩旗都被悬挂在高空,迎风飘扬。

(3) 小沈被当选为小组长。

(4) 不管敌人玩弄什么花招,都逃脱不了被彻底灭亡的命运。

(5) 由于清朝政府的破坏,使馆被义和团围攻了五十六天,西什库教堂被围攻了六十三天,都没能攻下。

第七节 句子的特殊成分

句子的特殊成分,是指全句的修饰语、提示成分、独立成分而言。这三者的特点是:附丽于句,不能离句而独立,但又不是句子所由组成的直接成分,所以管它叫句子的特殊成分。

一　全句的修饰语及其作用

主谓句有时带有全句的修饰语，这种修饰语在句首出现，也可以算作一种句首状语。例如：

(1) 除了少数人之外，大家都赞成这个方案。
(2) 关于这件事，我们已经讨论过了。

介词结构常常用在句首，充当全句的修饰语。除了用“关于”“对于(对)”以及“在……以后”“在……方面”“在……时”组成的介词结构之外，全句的修饰语还经常用“在……上”“在……下”“在……中”这几个介词结构。这几个介词结构原来是用来表示方位、处所或时间的，如“在桌子上”“在灯光下”“在春节中”。后来引申来表示条件、范围，如“在他的领导下”“在生产上”“在调查研究中”。值得注意的是用“在……上”“在……下”时，当中不能插入“主—谓(动宾)”这类结构形式。我们可以说“在学习上”“在大家的帮助下”，但不能说“在我们学习外语上”“在大家帮助我们下”。

表示时间的名词或词组，也常常充当全句的修饰语。例如：

(3) 下午我们开小组会。
(4) 三天之后，风力会加强，气温会下降。

副词、形容词、表示处所的名词或词组，有时也充当全句的修饰语。例如：

(5) 忽然人们发出了一阵笑声。
(6) 慢慢地，他惊奇地发现，随着一封封信的往来，他和老人的心在一天天靠近……
(7) 津浦路上，他遇到一位多年不见的朋友。

谓语当中的修饰成分，特别是表示时间的，常常可以移到句首，作为全句的修饰语。这种修饰成分的性质的改变,往往是为了表达上的需要。或者为了突出时间,或者为了衔接上文,或者为了使语言精练,等等。突出时间的例子如:

(8) 夏天,他坚持锻炼;冬天,他仍旧坚持锻炼。

衔接上文的例子如:

(9) (他接连锻炼了三个月,)那时候,骄阳如火,别人都想歇一歇,他却能坚持。

当然,不是所有的谓语当中的修饰成分都能移到句首作为全句的修饰语。即使是表示时间的修饰语,能够移动的也多半限于时间名词。副词和形容词大多不能移动,特别是单音节的。比如"我早上就知道了"可以说成"早上我就知道了"。"我早就知道了"不能说成"早我就知道了",但可以说"很早我就知道了"。

反过来看,全句的修饰语也并不是都可以移到谓语当中作为修饰成分的。例如用"关于""至于"组成的介词结构作全句的修饰语,就不大能移动。表示时间的词语,位置虽然比较灵活,但是像下边这类句子,就只宜保留全句的修饰语:

(10) 在1986年9月22日,新疆部分地区可以看到日全食,上海什么也看不到。

有些修饰语,可以放在句首,也可以放在句中,但表达的意思不一样。例如:

(11) 幸而他来了,要不然我们要迷路的。

(12) 他幸而来了,要不然他一个人要迷路的。

二　提示成分及其作用

两个词或词组指的是同一事物，它们组合起来成为一个语言单位，例如“五一节那天”“中国的首都北京”“中朝两国”“雷锋同志”“你老王”，这就是前边讲到过的同位词组。又如“反封建的旗帜”“先进集体的光荣称号”，这些偏正词组的组成部分也有同一关系，前者的“的”可改为“这面”，后者的“的”可改为“这个”。诸如此类的同一性组合，都是作为一个单位来使用的。如果两个词或词组指的是同一事物，一个用在句子当中作为句子的一个部分，另一个用在句子头上或末尾，不属于主语或谓语的组成部分，句子头上或末尾的这个部分就叫提示成分。提示成分有下列两类：

（一）称代式提示成分

称代式提示成分一般用在句首，句中用代词来指称它，提示成分之后，有明显的停顿，书面上常用逗号或破折号来表示。例如：

(1) 国家的统一，人民的团结，国内各民族的团结，这是我们的事业必定要胜利的基本保证。

(2) 母亲——这是多么亲切、多么伟大的名字啊！

称代式提示成分偶尔也有倒装在句子后边的。例如：

(3) 我们常常想念他，敬爱的胡老师。

（二）总分式提示成分

在句首的提示成分是一个总说部分，句中同它相应的是分说部分，分说的部分作为分句的主语，这就是总分式提示成分。这种提示成分后边一般有语音停顿，书面上用逗号或冒号表示，常用“的”字结构或“一个”之类来分说。例如：

(4) 全村农民，有的在割麦，有的在插秧，有的在从事别的劳动。

(5) 姚志兰和吴天宝,一个是电话员,一个是火车司机。

(6) 婆媳二人,儿媳顶个全劳动力,婆婆一日不闲。

有些句子的分说部分只出现一项。例如:

(7) 参加这项科研工作的人,年纪轻的占百分之七十。

还有些句子的提示成分是分说部分,出现在句末,句中同分说部分相应的是总说部分。例如:

(8) 文科有五个系:中文、历史、哲学、经济、新闻。

(9) 这里有三种人:同意的、反对的、中立的。

"××说"出现在句群之首,也是一种提示成分。

提示成分的主要作用是使句子的条理清楚。由于它前边有语音停顿,句中又有代词或其他相应的词来复指,因而它所表示的事物往往显得突出些。有时也因为采用了这种句式而显得语气活泼,意思显豁,如例(2)。有些句子采用这种句式是为了避免拖沓、累赘。

为了使意思表达得准确、周密,有时需要较长的修饰语,但是修饰语过长或过于复杂,句子就显得拖沓,因此,在一定条件下,用提示成分来代替长修饰语是比较好的办法。例如:

(10) 你怎么能随随便便把农民辛辛苦苦种出来的粮食糟踏了呢?

这个句子不如改为"农民辛辛苦苦种出来的粮食,你怎么能随随便便把它糟踏了呢?"

提示成分不能是主谓词组,否则就成为复句中的一个分句了。例如:

(11) 新生的必然代替腐朽的,这是自然界发展的规律,也是社会发展的规律。

(12) 调查有两种方法,一种是走马看花,一种是下马看花。

三 独立成分及其作用

句子中有一些词语,不同别的成分发生结构关系,位置一般比较灵活,这就是独立成分。例如:

(1) 身体怎么样,老朋友?

(2) 看样子电话已经修通了。

例(1)中的"老朋友"和例(2)中的"看样子"都是独立成分。

独立成分在结构上不是非有不可,但在表意上它却不是可有可无的。独立成分主要有以下一些作用:

(一) 表示招呼、应答或感叹

常用名词、叹词等表示。例如:

(3) 昌林哥,玉翠嫂子,你们两位同意不?

(4) 好,就这样决定!

(5) 啊呀,天,你长得多结实啊!

(二) 引起对方注意

一般用"你看、你瞧、你想、你听"等词语来表示。例如:

(6) 你看,你看,这不是又一批新砍的毛竹滑下山来了吗?

(7) 朋友们,你们想,我怎么会让老金因为我一个病得这样的人无代价地牺牲呢?

(8) 你听,这些孩子的嘴多巧!

从形式上看,这些句子中的"你看、你们想、你听"很像分句,其实不是。因为它们的位置是不固定的，可以在句首，也可以在句末，有的还可以在句中，同时它们不与别的分句发生事理或逻辑上的联系。一般的分句就不是这样。

（三）表示对情况的推测和估计

表示对情况推测的含有保留口气，常用"看来、看起来、想来、看样子、说不定"等词语表示。表示对情况估计的，有的是往"大、多"等方面估计，有的是往"小、少"等方面估计。常用"充其量、大不了、少说、往少里说、少说一点"等词语来表示。例如：

(9) 看起来，我们有些同学，对于语言和言语的分别，还不理解。

(10) 从前安徒生写过一篇故事，叫《皇帝的新衣》，想来看过的人很不少。

(11) 大婶，说不定我们这几天就要开到开封前线去。

(12) 就算这么做，那充其量也只能使出三十部犁呗，三十部犁又挡什么事？

(13) 我看樱花，往少里说，也有几十次了。

（四）表示特定的口气

特定的口气，这里主要指肯定、强调的口气。常用"毫无疑问、没问题、不用说、不可否认、说真的、说实在的、老实说、不错"等词语来表示。例如：

(14) 毫无疑问，我们应当批评各种各样的错误思想。

(15) 不用说两个人的劲头都绷得像梆子戏上的琴弦。

(16) 说实在的，这些成绩全是大家的。

(17) 老实说，她还更瞧不起昌林。

(18) 不错，八股文章中国有，外国也有，可见是通病。

(19) 这种埋头做事、不动脑筋的人，简直是——说得不客气一点——跟牛马一样。

（五）表示某一消息或情况的来源

常用“听说、据说、相传、据报道”等词语来表示。例如：

（20）听说现在有一些省有这样的情况：一切事情，省长或县长一个人说了就算数。

（21）据说她还在计划写一部关于原子弹的小说。

（六）表示总括

常用“总之、总而言之、总的说来、一句话”等词语来表示，它们在句中有承上启下的作用。例如：

（22）姐姐叫他用功点，他照样偷懒；哥哥叫他交友小心，他照样滥交：总之，家里人的耐心劝告，他都当做耳边风，好像是故意和他作对似的。

（23）解决人民内部矛盾，不能用咒骂，也不能用拳头，更不能用刀枪，只能用讨论的方法，说理的方法，批评和自我批评的方法，一句话，只能用民主的方法，让群众讲话的方法。

（七）表示对某一问题的意见和看法

常用“我想、我看、依我看”等词语来表示。例如：

（24）我们提出向外国学习的口号，我想是提得对的。

（25）我看一个人平均三亩地太多了，将来只要几分地就尽够吃。

独立成分和提示成分在形式上和表意上的差别比较明显，它们同全句修饰语也有分别：提示成分一般是名词性的，全句的修饰语，除了时间、处所名词外，是非名词性的；全句修饰语是修饰全句的，独立成分没有修饰作用。

思考和练习

1. 有些修饰语，放在句首或句中在表意上没有什么差别；有些修饰语，放在句首或句中表达的意思不同。请各举两个例子，并加以说明。
2. 全句修饰语中，常见的有“在……中(上、下)”的形式，这些是用来表示空间和时间的，但也有引申的用法。请分别举例说明。
3. 指出下列句子中的提示成分和独立成分，并说明它们的作用。
   (1) 好讲这种空洞理论的人，应该伸出一个指头向他刮脸皮。
   (2) 任何犯错误的人，只要他不讳疾忌医，不固执错误，以至于达到不可救药的地步，而是老老实实，真正愿意医治，愿意改正，我们就要欢迎他，把他的毛病治好，使他变为一个好同志。
   (3) 老大娘，说不定咱们还是乡亲哩！
   (4) 他说的这两件事，有人说它是真的，有人说它是假的。
   (5) 批评和自我批评，这是我们内部的有力的战斗武器。
   (6) 对这些人，毫无疑问，我们只能采取说服教育的方法。
   (7) 这个道理，不瞒你说，我一时还弄不清楚。
   (8) 总之，前途是光明的，道路是曲折的。
   (9) 据说这是几十年前，冰河流动，在岩石上擦过的痕迹。
   (10) 你看，咱们连队上的这些同志，他们浑身是胆，在危险面前连眼也不眨。
4. 用称代式提示成分改写下列句子。
   (1) 这篇作品以生动的艺术形象有力地讽刺了互相勾结、权倾中外、无恶不作的“太后党”一伙。
   (2) 明代马中锡的《中山狼传》塑造了为花言巧语所迷惑，跟凶恶的野兽讲仁慈、谈信义，差点儿连自己的性命也丢掉的迂腐软弱的东郭先生这样一个典型。
5. 使用“对……”这个介词结构，必须注意“谁对谁”的问题。例如“我对这本书很感兴趣”不能说成“这本书对我很感兴趣”。但是，我们可以说“这本书对我来说是很有趣的”。这里的“对我来说”是独立成分，不是介词结构作状语。在下列句子中的括弧里选择一种正确的说法。

(1) 这座县城(对于我,对我来说)是陌生的,没别的熟人,没别的可落脚的地方。

(2) 处理好个人和集体的关系,(对于这些同志,对于这些同志来说)是能够做到的。

第八节　句式的变换及其应用

一　句式的变换

句子是语言的基本运用单位。在交际和交流思想的过程中,说话的人可以根据需要将句子加以变化。这种变化,并不改变句子的基本格局,但是增加了若干色彩,这种变化是属于句子的,在词组里不可能找到。例如主谓词组,总是主语在前谓语在后,但是主谓句有时有相反的语序。例如:

(1) 写得多好啊,这篇文章!

(2) 都读了吗,你们?

这两个句子的主语都在后边出现。例(1)是为了表达强烈的感情,例(2)是为了强调谓语。在口头表达时,这类句子当中有个明显的停顿,书面上用逗号来表示。

修饰语一般用在中心语的前边,可是句中的修饰语有时出现在中心语的后边。例如:

(3) 我们曾经抵制过那些坏作品,色情的和暴力描写的。

(4) 学生们都跑来了,从操场上,从教室里,从学校的每个角落。

在动宾词组中,动词在前,宾语在后,次序也是固定的。在一定条件下，动宾谓语句中的宾语也可以出现在动词的前边。常见情况是：

（一）宾语是个疑问代词，常同副词“都”“也”等配合。例如：

(5) 我哪儿都不去。

(6) 他什么都会，真是一个能干的人。

（二）宾语前边有“一”，后边有表示否定的副词“不”或“没、没有”，构成“一……不(没有)”的格式。例如：

(7) 我一个人都不认得。

(8) 山上一户人家也没有。

（三）有些宾语不是疑问代词，但全句是列举的形式，分句中的宾语也能用在动词前边。例如：

(9) 我上海也到过，天津也到过，几个大城市都到过。

有时，形式上没有并列的几项，在意念上说的不止一项，这时也可以采用这种句式。例如：

(10) 我上海也到过。

以上三种，有一个共同的特点，那就是有遍指的意味，同时宾语是被强调的。“哪儿都不去”是任何地方都不去的意思，“一个人都不认得”是任何人都不认得的意思。例(9)列举“上海”和“天津”，也含有遍指的意思。

宾语用在动词的前边，只改变了宾语的位置，没有改变动词和宾语之间的结构关系。至于“我们应该向他学习”之类，这里的“他”已经不是“学习”的宾语了。“向他学习”是偏正结构而不是动宾结构。

在偏正复句中，偏句一般在前，正句一般在后；但也有相反的语序。这一情况后边将要谈到。

两个单句加接在一起，成为一个单句，这是句子变化的另一种形式。例如：

(11) 他洗衣服。＋他洗得满头大汗。→他洗衣服洗得满头大汗。

(12) 在旧社会，妈妈忍痛把姐姐卖给人家。＋姐姐给人家当童养媳。→在旧社会，妈妈忍痛把姐姐卖给人家当童养媳。

(13) 你到过北京？＋你没有到过北京？→你到过北京没有到过北京？→你到过北京没有？

(14) 他听得见？＋他听不见？→他听得见听不见？→他听得见不？

二 歧义的消除

产生歧义的原因是多种多样的。有些歧义是由于词用在句子当中保留了多义而产生的。如“小店关门了”中的“关门”可以指停业，也可以指营业时间已过。有些是由于句法关系不明确而产生的。如“研究方法十分重要”中的“研究方法”可以理解为动宾关系，也可以理解为偏正关系。有些是由于语义关系难以确定而产生的。如“反对的是他的弟弟”中的“反对的”可以是施事，也可以是受事。有些是由于层次切分有疑难而产生的。如“他们三个一组”的切分方法不止一种。消除歧义可以利用上下文，可以更换所用词语，也可以运用语句的变换。利用变换句式消除歧义是广泛应用的方法。下边举例说明。

(1) 今天下午我们小组讨论。

a. 今天我们下午小组讨论。

b. 今天我们小组下午讨论。

(2) 他们能考虑安排这些事情。

a. 这些事情他们能考虑安排。

b. 安排这些事情他们能考虑。

上边的例句都有歧义，变换成 a 或 b，意义就明确了。

三 语义的辨认

有些句子属同一句型，但是隐含的语义关系并不一样。为了辨识其中的差异，也可以利用句子的变换。例如：

(1) a. 饭吃完了。
　　b. 饭吃饱了。

a可以变换成“被”字句，如“饭被××吃完了”，b不能这样变换。这是因为“完”与“饭”有语义上的联系，而“饱”与“饭”没有这种联系。又如：

(2) a. 他们来了客人。
　　b. 他们来了三位。

a可以变换成“他们的客人来了”，b不能这样变换。这是因为“客人”在“他们”之外，而“三位”在“他们”之中。再如：

(3) a. 我找不着先生教。
　　b. 我找不着东西吃。

a可以变换成“我找不着先生教我”，b不能这么变换。这是因为“我”是“教”的受事，是“吃”的施事，这当中的语义关系是不相同的。

思考和练习

1. “班长做事认真”“他劳动积极”能不能看作连动式？为什么？（研究一下“做事”和“认真”之间的关系，“劳动”和“积极”之间的关系。）
2. “这孩子（不好好学习，）写字像画符”，能不能看作连动式？为什么？（研究一下“写字”和“像画符”所陈述的对象是不是一致。）
3. “他后悔没有去”“我担心迟到了”“大家正在准备过春节”“人们忍不

住哈哈大笑”,能不能看作连动式?为什么?(研究一下“后悔”和“没有去”“担心”和“迟到”之间的关系。)

4. 在我们的语言里,有时把修饰名词的词语移到动词前边,如“酽酽地沏了一壶茶”“长长地吁了一口气”。你能再找出几个这样的例子吗?

5. 修改下列句子,并说明理由。

(1) 我们向政府提出了积极的建议是人民的责任。

(2) 我们数千年的极其伟大的民间文学艺术为我们吸取不尽的滋养。

(3) 任何部门的领导必须坚持在任何情况下都用正确的思想教育人放在重要的地位。

(4) 这件事振奋人们为夺取更大胜利而充满信心。

(5) 宣传和动员市区居民不要饲养鸡鸭,不要随地吐痰,做好传染病的防治工作。

(6) 老饲养员又看了看最使人喜爱的小红马向他摇摇头。

(7) 河套的周围已经长起了茁壮的大叶杨在秋风的吹动下唰唰作响。

(8) 老袁的一番话,字字扣我心弦,句句入我肺腑,我一定要以实际行动建设伟大的祖国作出贡献。

6. 下列句子有歧义,请运用变换句式的方法使含义明确。

(1) 他的鞋做得好。

(2) 他在汽车上画画。

(3) 她是去年生的小孩。

7. 下列句子中词语的搭配有不恰当的地方,请加以改正。

(1) 在省长的正确领导下,那个地区的自然灾害造成的困难和一小撮犯罪分子的破坏,都被克服了。

(2) 去年关于稀密问题的争论,在增产的事实面前,完全可以回答了。

(3) 风夹着豆大的雨点哗哗地下了起来。

(4) 这个工厂的干部克服怕苦怕累的懦夫懒汉的思想,到各车间去,和工人群众一起逐块逐片检查生产,订出了夺高产的长计划短安排,并和群众一起战斗。

(5) 保持艰苦奋斗的本色是我们每个革命者思想上能否提高的大问题。

(6) 在协作会议上,几位同志都一致指出要反对并肃清本位主义的不良倾向。

8. 修改下列句子,并说明理由。

(1) 学生会为了帮助班级开展工作,联合提出了学习有关文件的建议。

(2) 农忙季节,蔬菜班经常抽出人员为兄弟连队插秧及其他工作。

(3) 南京长江大桥是双层铁路、公路两用桥,铁路桥和公路桥都由正桥和引桥组成。

(4) 他的发言简明和有力。

(5) 一部分学校教员也参加了这次义务劳动。

(6) 把数字机械的加起来不能说明问题。

(7) 他那一心为集体的精神,使我们受到了很深刻地教育。

(8) 画速写,要注意克服为速写而速写,或者名为速写,实际上是关在房间假造的速写的不良倾向。

第九节　复句(上)

一　复句中分句主语的同异和隐现

一个复句包含几个分句,分句可以是主谓句,也可以是非主谓句。例如:

(1) 刮了一夜的北风,竟然下起雪来了。

(2) 没有高度的工业化,国家是不可能强盛的。

例(1)的两个分句是非主谓句,例(2)的前一分句是非主谓句,都没有主语。

几个分句都是主谓句,它们的主语相同,可能都出现。例如:

(3) 掌握科学道理的人比普通人高明，他们懂得事物的生存和发展的规律，他们懂得辩证法，他们看得远些。

(4) 你要知道建设的理论和方法，你就得参加建设。

也可能在前一分句出现，以下分句省略；或者在前一分句里省略，在后面的分句里才出现。例如：

(5) 我们天天穿衣吃饭，应该知道衣和饭的生产过程。

(6) 掌握了拼音方案，我们学习普通话就方便多了。

例(5)是承前省略，例(6)是蒙后省略。一般地说，分句的主语相同，是以省略为常的。如果全部出现，就带有强调的修辞作用。

复句中几个分句的主语不同，通常是不能省掉一个的。例如：

(7) 人不犯我，我不犯人；人若犯我，我必犯人。

但有时候也能够省略。例如：

(8) 我也做过这种工作，不算太难。

(9) 我们的研究工作取得了不少成绩，但丝毫也不能自满。

例(8)第二分句的主语是“这种工作”，是承前一分句的宾语而省略。例(9)第二分句的主语是“我们”，是承前一分句主语的定语而省略。这种省略，是汉语灵活性的表现。但运用时要小心，要注意到后面分句省略的主语，必须是上文已经出现过的，同时表意要明确，不能让人误会。

二 复句和关联词语

一个复句包含几个分句。分句与分句之间有一定联系，这种联系是通过一定的语法手段——语序和关联词语——来表示的。

有些复句各分句之间的联系，只是通过语序(即分句的排列次序)来表示。例如：

(1) 火生起来，炉子烧得通红，上头坐着一饭盒饭，盒盖上刻着禹龙大字样。

这句话从“火”说到“炉子”，再说到炉子“上头”的“一饭盒饭”，再说到“盒盖上”刻的字，分句之间的关系，是凭语序来表示的，用不上关联词语。也有可用可不用而以不用为常的。例如下面句子可以用上“如果”，但没有用：

(2) 今夜搭不上你的车，恐怕要走上半夜哩。

然而，在多数情况下，特别是在书面语中，复句中使用关联词语是很常见的。

关联词语有的是连词，如“虽然”“所以”；有的是副词，如“就”“才”；有的是词组，如“另一方面”“反之”。它们在表示分句之间的关系上所起的作用，可以从下列几个方面来考察。

(一) 有些复句中分句之间的关系，一定要用关联词语才能表示出来，去掉关联词语，分句就联系不起来。例如：

(3) 尽管他有许多独特的创造，可是他一再把自己的成就归功于导师的指引。

如果把“尽管”“可是”去掉，就看不出其中的联系了。

(二) 一个复句包含分句较多，关系也比较复杂，不用关联词语就不能把各种关系清晰地表达出来。例如：

(4) 工作的条件虽然很好，可是困难也还不少，如果我们对困难没有足够的估计，就会给工作带来损失。

(三) 有时候，一个复句用了关联词语表示一种关系，不用关联词语就表示另一种关系。例如：

(5) 或者写封信去，或者拍份电报去，叫他马上回来。

这是选择关系，如果把“或者”去掉，就成为并列关系了。

（四）同一个关联词语有时也可以表示不同的关系。例如：

(6) 就是剩下一个人，也要坚守阵地。

(7) 小王学习很好，就是有点骄傲。

例(6)的“就是”用在句首，与“也”呼应，表示让步关系，例(7)的“就是”用在句中，表示转折关系。

（五）表示分句之间的不同关系，要用不同的关联词语。例如：

(8) 因为你能够虚心学习，所以工作搞得好。

(9) 既然你能够虚心学习，工作就一定搞得好。

(10) 如果你能够虚心学习，工作就一定搞得好。

(11) 除非你能够虚心学习，工作才会搞得好。

这里用了四组不同的关联词语，组成了四个关系不同的复句。

用上关联词语是复句的特点之一，但是，有关联词语的句子不一定就是复句。因为关联词语除了连接分句之外，还可以连接词、词组、句子，甚至段落。例如：

(12) 我们这样的国家，可以而且应该用“伟大的”这几个字。

(13) 既然建设祖国需要不断提高人民的教育程度和科技文化水平，我们知识分子就应该积极地担负起这个比较艰难但是十分光荣的任务。

例(12)的“而且”连接的是两个词，例(13)的“但是”连接的是两个词组。又如：

(14) “祥林嫂怎么了？倒不如那时不留她。”四婶有时当面这样说，似乎是警告他。

然而她总是如此，全不见有伶俐起来的希望。他们于是想打发她走了，教她回到卫老婆子那里去……

这里的“于是”连接的是两个句子，“然而”连接的是两个段落。

有时候，关联词语什么也不连接，用在句子里只起强调的作用。例如“无论谁，都要参加劳动”这句话中的“无论”就只有强调的作用。这类句子是单句，不是复句。

三　复句的两大类型

按照分句之间的关系，可以把复句分为联合复句和偏正复句两大类型。

联合复句是由两个或两个以上的分句平等地连接起来的，分句之间的关系是并列的，分不出主次。分句之间的联系，有的不用关联词语，有的有专用的关联词语，如“又……又”“或者……或者”“不但……而且”“不是……而是”等。

偏正复句是由偏句和正句构成的，正句是全句的正意所在，偏句从种种关系上去说明、限制正句。一般顺序是偏句在前，正句在后。分句之间的联系也有专用的关联词语，如“因为……所以”“虽然……但是”“如果……就”“即使……也”等。

此外，联合复句和偏正复句还各有结构上的特点。例如“或者你去，或者我去”这个复句，扩展成为“或者你去，或者我去，或者我们一块儿去”，第二分句和第三分句的关系，同于第一分句和第二分句的关系，这里不但增加了分句，而且延长了关系。这种结构上的特点是联合复句所特有的。又如“风太大，所以比赛改期了”扩展成为“因为风太大，又有雨，所以比赛改期了”之后，仍然只能分出原因和结果两个部分，这里虽然增加了分句，但没有延长关系。这是偏正复句在结构上的特点。

联合复句和偏正复句所包含的分句之间的关系是多种多样的、十分复杂的，不可能一一列举。下面说明的几种关系只是常见的，并不能概括分句之间的全部关系。

四　联合复句

联合复句中分句之间有各种不同的关系，常见的有下列四种。

（一）并列关系

每个分句分别说明或描写几件事情、几种情况或同一事物的几个方面，这就是并列关系。并列关系常用以下一些关联词语来表示："也""又""还""另外""既……又（也）""一方面……一（另）方面"等。这些关联词语或者表示同类事物的并列，或者表示两件事情的并存，或者表示两件事情的对立。例如：

（1）我们赞美英勇的斗争和艰苦的劳动，也赞美由此而获得的幸福生活。

（2）她回答得那么流利自然，又记得那么正确。

（3）这儿有密密的松树和参天的白杨，还有静静的溪流。

（4）我们既要有冲天的干劲，也要有科学的分析。

（5）一方面必须对材料有高度的概括，另方面又必须在"画龙点睛"之处作细腻的加工。

并列分句有时不用关联词语。例如：

（6）百花齐放是一种发展艺术的方法，百家争鸣是一种发展科学的方法。

（二）连贯关系

几个分句一个接一个地说出连续的动作或连续的事件，这就是连贯关系。连贯关系常常靠分句的排列次序来表示。例如：

（7）他机警地向四周扫视了一下，把手一挥，命令大家快进屋去。

有时候，也在后面的分句用"又""就""便""然后""接着"之类的关联词语。如：

(8) 我们哪，第一天搜集英雄例子，第二天就编，第三天就排，第四天就演。

(9) 大家讨论完了领导秋收的事，接着主任便谈起准备开渠的问题。

(10) 他向着敬爱的周老师深情地举手敬礼，然后那紧握书包的手猛一挥，转身向学校所在方向跑去。

连贯关系不同于并列关系：并列关系的分句是互相对待的，成平行的雁行式排列；连贯关系的分句是连续而下，成相继的鱼贯式排列。

连贯复句也不同于连动式：连贯复句的分句之间有停顿（书面上用逗号表示），连动式谓语中间没有停顿；连贯复句的分句之间可以加上关联词语，连动式谓语中间不能加上关联词语；连贯复句的分句可以有不同的主语，连动式谓语只有一个主语。

（三）递进关系

递进关系的复句，后一分句比前一分句有更进一层的意思，常用“不但（不仅、不只、不光）……而且（并且）”来表示。例如：

(11) 我们科学工作的目的不但在于认识世界，而且在于改造世界。

(12) 有计划地发展我国工业，不仅是很必要的，而且是很可能的。

(13) 我们的祖国，不只土地广阔，而且物产丰富。

(14) 我们从事科学研究，不光要有丰富的材料，而且要有正确的观点。

上面的例句，后一分句的意思都比前一分句更进一层。所谓更进一层，可以表现在范围方面，数量方面，程度方面，时间方面，以及其他方面。因此，引进更进一层的意思是有好些关联词语可用。除“而且（并且）”之外，副词“也”“还”“更”等也可以同“不但”相呼应。例如：

(15) 不但学生须要努力学习，教师也须要努力学习。

(16) 到八九岁时就不但能挑能背，还会种地了。

在递进关系里，“不但……而且”用得最多，我们不妨把它作为典型的格式。“不但”启下，“而且”承上。承上比启下更为重要，只用承上的不用启下的没什么关系，光用启下的不用承上的有时就站不住。例如“我不但认识他，而且了解他”这个句子，也可以说成“我认识他，而且了解他”，但如果说成“我不但认识他，了解他”，就会让人感到话没说完。后一分句得加上“而且”一类关联词才行。

如果句子的意思是从否定方面说的，那么在“不但……”的部分说的是“不怎样”或“没有怎样”，更进一层就成了“反倒怎样”。这样的递进，常用“不但……反而(反倒)”或只在后面的分句用“反而”来表示。例如：

(17) 风不但没停，反而越来越大了。

(18) 孙中山的一生中，曾经无数次地向资本主义国家呼吁过援助，结果一切落空，反而遭到了无情的打击。

含有反问语气的递进关系，常用“尚且……何况”来表示。例如：

(19) 这么冷的天气，大人尚且受不住，何况是孩子？

句子的意思进了一层，还可以再进一层，以至最大的限度。这种递进关系常用“不但……而且……甚至”表示。例如：

(20) 小吴不但接受了同学们的帮助，而且立即表示愿意改正错误，甚至表示立即以实际行动将功补过。

(四) 选择关系

两个或两个以上分句，分别说出几样事情，表示要在这几样事情中选择一样，这就是选择关系。选择关系可以分为两类：一类是“选择未定”的，一类是“选择已定”的。

所谓“选择未定”，是指说话者在几样事情中还没有选定。常用“不是……就是”“或者……或者”“要么……要么”“是……还是”等关联词语来表示。

用“不是……就是”口气比较坚决，表示要在两样事情中选取一样，排除第三种可能性。关联词语要成对地用，不能只用一个。例如：

(21) 不是被困难吓倒，就是拿出勇气来战胜困难，两者必居其一。

用“或者……或者”一类关联词语，可以表示在两样事情中选取一样，也可以表示在多样的事情中选取一样，不排除第三种可能性。例如：

(22) 或者把老虎打死，或者被老虎吃掉，两者必居其一。

(23) 在实践和认识的关系上，是用实践来检验认识，还是用认识来检验认识，还是用认识来检验实践？这是辩证唯物主义认识论同唯心主义认识论的一个斗争的焦点。

所谓“选择已定”，是指说话者在几样事情中已经选择停当。常用“与其……不如”“宁可……决不(也不)”来表示。例如：

(24) 与其扬汤止沸，不如釜底抽薪。

(25) 宁可将可作小说的材料缩成速写，决不将速写材料拉成小说。

不难看出，用“与其……不如”的，选定的内容在后一分句；用“宁可……决不”的，选定的内容在前一分句。这两种句子，选取和舍弃的两项是同时出现的。还有一种用“宁可……也”的句子，句中出现的都是说话者所要选取的，舍弃的方面隐含在句子之外。例如：

(26) 我们宁可多赶几里路，也要去看一看。

思考和练习

1. 同单句比较，复句在结构上有哪些特点？下列句子哪些是单句，哪些是复句？
    (1) 离别的歌声，是回忆的歌声，祝福的歌声，极为热烈的互相勉励的歌声。
    (2) 车子出了村，上了大路。
    (3) 据我看，在我们的同学中间，多数人是愿意学习的。
    (4) 这挺立在风雪中的青松，正是他一生的真实写照。
    (5) 国无论大小，都各有长处和短处。
    (6) 由于骄傲，他在前进的道路上落后了。
    (7) 他喜欢唱歌，喜欢听古典音乐，喜欢看歌剧影片。
    (8) 老田说完，一扭身看到了我们，忙亲热地同我们打招呼。
2. 复句的分句之间经常要用一些关联词语，关联词语主要是连词和有连接作用的副词，它们之间有什么分别？
3. 有些连词用在句首，不起连接作用，主要是从范围等方面来强调主语。例如：
    (1) 无论姥姥、母亲、父亲和我，都没人反对女孩子这个正义的要求。
    (2) 只有言之无物语言无味的散文，才没有自己的性格。

    这种用法其实不限于连词，有些介词（如“连”“在”）也可以这么用，请找几个例子来说明。
4. 有些文章中出现这样的复句，前边分句的主语蒙后省，后边分句的主语承前省。例如：
    (1) 看到那些技艺精湛、琳琅满目的展览品，无不使人感到万分的自豪。
    (2) 前一阶段，在有关部门的领导和组织下，来到郊区农村作社会调查，给自己思想方面的教育极其深刻。

    你认为这样写好不好？如果不好，请加以修改。
5. “他不是不知道，而是装糊涂”中的“不是……而是”属关联词语，“他不是工人，而是农民”中的“不是”和“而是”是不是关联词语？为什么？

6. 用“不但”和“而且”连接分句，如果分句的主语相同，该分别放在主语之后；如果分句的主语不同，该放在主语之前。例如：

(1) 他不但完成了规定的任务，而且超额完成了任务。

(2) 不但他完成了任务，而且我也完成了同样的任务。

用“一方面……另一方面”连接分句，如果主语相同，可以放在主语之前，也可以放在主语之后。如果分句的主语不同，是不是出现在主语前后都可以？请找几个例子来说明。

7. 联合复句中平等连接的可以不止两个分句。请找几个并列关系、连贯关系、递进关系、选择关系复句的例子来说明。（递进关系如“不但……而且……甚至”，选择关系如“或者……或者……或者”）

8. 下列句子中分句的主语该不该省略，为什么？

(1) 在领奖的大会上，他登上了主席台。他看到台下的精英们，一个个露出了自豪和欢乐的神情，怎么也抑制不住心头的喜悦。

(2) 公开教学之后，教师对全班同学谈了教这一课的体会，听了以后，很有启发。

(3) 五金厂领导针对年初原材料一时脱节的情况，千方百计开源节流，解决了原材料供应不足的困难，积极完成了第一季度计划，比去年同期仍然增长百分之十以上。

9. 下列句子当中有的关联词语使用不当（包括位置不当），请改正错误，并说明理由。

(1) 这次去运肥料，或者用船，或者用车，大伙还没有商定。

(2) 他在工作中遇到困难的时候，不仅不灰心，不后退，而是迎着困难上。

(3) 中国人民不但认识了加强世界人民大团结的重要意义，而且越来越多的国家和人民也都从自己的经验中认识了这一点。

(4) 五金厂一方面能急车辆厂之急，主动送货上门，保证了材料的供应；另一方面，车辆厂也及时把提高原件质量的意见提供五金厂，使五金厂产品的质量逐步提高。

第十节　复句(下)

偏正复句

偏正复句都可以分成两个部分,其中一部分是偏句,另一部分是正句。划分偏句和正句的语法标志是语序和关联词语。

偏正复句的结构形式有两种,常见的是偏句在前,正句在后。例如:

(1) 因为地形高低悬殊,气候变化显著,所以植物种类繁多。

(2) 母亲虽然自己不富裕,还周济和照顾比自己更穷的亲戚。

另一种结构形式是正句在前,偏句在后。在这种句子中,偏句带有补充说明的意味。例如:

(3) 科学的东西,随便什么时候都是不怕人家批评的,因为科学有真理,决不怕人家驳。

(4) 他的形象在我的心目中是高大的,虽然他的姓名我并不知道。

这两种不同语序的偏正复句,在关联词语的使用上也具有各自的特点:偏句在前、正句在后的复句,可以成对地用,也可以只用一个,有些还可以不用;正句在前、偏句在后的复句,关联词语只能在偏句中用上一个,不能成对地用,也不能不用。这些特点有助于把偏句和正句区别开来。

偏正复句中偏句与正句之间有各种不同的关系,常见的有下列四种。

(一) 因果关系

因果关系有两种:一种是就既定的事实来说明其中的因果关系,

可以称为“说明因果”；另一种是就一定的根据来推论出因果关系，可以称为“推论因果”。

“说明因果”常用“因为……所以”“因此”“由于”“因而”“以致”等来表示。例如：

(5) 因为今天进城要办的事情多，所以天刚亮他就出门了。

(6) 由于老师耐心教导，他很快地掌握了这一门技术。

(7) 精英分子在任何时候在人民中都是少数，因此精英分子在任何时候都有义务同群众合作。

(8) 他事先没有充分调查研究，以致做出了错误的结论。

“因为”和“由于”都表示原因，用法上稍有区别：“因为”常与别的连词（“所以”等）成对地出现，“由于”经常是单独出现。有时可以看到连用几个“由于”的句子，强调原因或理由，连用几个“因为”的很少见。“因此”的作用相当于“因为”和“所以”，凡是能用“因为……所以”的地方，大都可以改成“因此”；同样，用“因此”的地方，也大都可以改成“因为……所以”。“以致”表示下文是上述的原因所形成的结果，含有“因此而造成”的意思，多指不好的结果。

“推论因果”的复句。偏句在前，提出前提；正句在后，加以推论。常用“既然……就”“可见”来表示。例如：

(9) 你既然知道做错了，就应当赶快纠正。

(10) 敌人把最后的兵力也抛出来了，可见他们的力量基本上已被我们消灭了。

（二）转折关系

前边分句先说一面，后边分句不是顺着前边分句的意思说下去，而是转到同前边分句相对、相反或部分相反的意思上去，这就是转折关系。在转折关系中，说话的人心目中有一个预设：如果出现甲事，就会出现乙事。而句子说明的事实是：出现了甲事，乙事却不能成立。因此尽管承认偏句中所陈述的事实，但表意的重点总是放在正句上。

转折关系，由于语意上的差别，可以分为“重转”和“轻转”两种。重转句前后两个分句在意思上有明显的对立，要求使用成对的关联词语。偏句用“虽然”“尽管”，正句用“但是”“可是”“然而”“却”等。例如：

(11) “五四”运动虽然早已过去了，但是它所高举的科学、民主的旗帜，至今还在我们心中飘扬。

(12) 虽然二诸葛说是千合适万合适，小二黑却不认帐。

(13) 尽管这里是地处偏僻的东海之滨的一座小城，然而，我们的节日仍然过得那么热闹、隆重。

轻转句前后两个分句意思虽然不一致，但并不对立，或者并不着重强调这种不一致，常在正句里用一个关联词“但是”“但”“不过”“只是”“可是”“然而”“却”等来表示。

(14) 我们当然不应该硬要做那些实际上不可能做到的事，但是对于实际可能做到、而且应该做到的事，我们一定要积极地去做。

(15) 近几年来，有些朋友们要我谈谈写作的经验，可是我一次也没有谈。

(16) 矛盾是普遍存在的，不过由于事物的性质不同，矛盾的性质也就不同。

(17) 李成娘跟这口箱子的关系很深，只是金桂不知道罢了。

仔细分析起来，用“但是”“可是”一类句子比用“不过”“只是”的句子转折的语气略重一点。

（三）条件关系

条件关系可以分为三种：一种是假设的条件；一种是特定的条件；还有一种是“无条件”，无条件也是一种条件。

1. 假设的条件

前一分句提出一个假设的条件，后一分句说明在这个条件下要产生的结果，常用“如果”“假如”“如”“倘若”“若是”“要是”和“那么”“那”“就”“便”等关联词语来表示。例如：

(18) 如果没有群众的支持，那么我们就什么都做不成。

(19) 假如你同意，我们明天一早就出发。

(20) 倘若说，作品愈高，知音愈少，那么推论起来，谁也不懂的东西，就是世界上的绝作了。

下面两个句子，结构形式相似，但表达的意思不同：

(21) 如果明天不下雨，我们就去参观工业展览会。

(22) 如果昨天不下雨，我们早就去参观工业展览会了。

例(21)是可能实现的假设条件；例(22)是不可能实现的假设条件。后一种说法在于强调原来是准备去参观工业展览会的，只是因为下雨才没去。由此可见，假设的条件关系有两种用途：一是用于推断事物的发展，举出假设的情况，推论在这种条件下会有什么样的结果。一是用于分析事物，用已知的结果来证明事情不像假设的那样，或者从而强调假设部分说到的事情具有十分重大的意义。

还有一种新兴的用法，就是前后两个分句说的是相关的两件事情。例如：

(23) 如果说，历史博物馆里珍藏的青铜器体现了我国古代的文化，但我们今天并不提倡使用那样笨重的器皿；那么，我们研究汉字中的繁体和古体，并不是反对文字的简化。

这种句子的偏句和正句说的都是已经实现了的事实，只不过是拿两种事物来对照，有假如承认偏句所说的是事实，就得承认正句所说的也是事实的意思。

2. 特定的条件

偏句提出一个或一个以上的条件，正句说明在具备这个或这些条件后必然产生的结果，常用“只有……才”“只要……就”“除非……才”来表示。“只有”和“除非”说明如果没有所说的条件，就不可能产生所说的结果。“只有”是指定条件，“除非”是推断条件。例如：

(24) 经济工作者只有充分利用我国资源和人力，才能尽快缩短我国生产技术水平与世界先进水平的差距，才能迅速地提高整个社会的劳动生产率，加速建设现代化国家的进程。

(25) 除非拓宽这条狭窄的道路，才能使交通运输畅通。

“只要”只提出一定的条件，说明有了所说的条件，就能产生所说的结果，但不排斥别的条件。如：

(26) 只要我们积极钻研，就一定能够进一步认识和掌握语言结构的规律。

3. “无条件”的条件

上面所说的是条件同结果一致的条件关系。还有一种条件关系与此相反，结果不以条件为转移，也就是说，在任何条件下都有同样的结果。这种条件可以说是“无条件”的条件，常用“不管”“无论”“任凭”和“也”“都”“还”来表示。例如：

(27) 鲁迅在艰难复杂的环境中，不管敌人打什么旗号，玩什么花样，都不受骗，不怕压，愈战愈勇，愈战愈强。

(28) 缺乏艺术性的艺术品，无论政治上怎样进步，也是没有力量的。

(四) 让步关系

有一种偏正复句，分句之间用“即使”“就算”“就是”“纵然”“哪怕”

和“也”“还”等来表示。例如：

(29) 即使我们的工作得到了极其伟大的成绩，也没有任何值得骄傲自大的理由。

(30) 就算他现在工作不太熟练，不久他的技术也会赶上你们的。

(31) 水渠修成了，纵然老天不下雨，我们也有水来灌田。

上面例句中，偏句和正句的关系是转折的；同时分句叙述的是尚未实现或尚未证实的事实，而且含有假设的意味。如果重视前一特点，就会觉得它们同“虽然……但是”一类句子很相近；如果重视后一特点，就会觉得它们同“如果……就”一类句子很相近。但是转折关系的复句，分句之间表示的是已经实现或已经证实的事实，条件关系的复句，分句之间的关系是相承的，在这里它们互相区别。这类句子包含了退一步着想的意思，分句之间的关系是让步关系。

值得注意的是，“尽管”既可以表示转折关系，也可以表示让步关系。例如：

(32) 错误和失败，尽管在表现形式和严重程度上各有不同，却是任何国家在任何时期都不能完全避免的。

(33) 尽管天气冷，我们也要把这条路铺好。

上面所说的四种关系，彼此之间有区别，但也有一定的联系。这种区别和联系，可以用下表来说明：

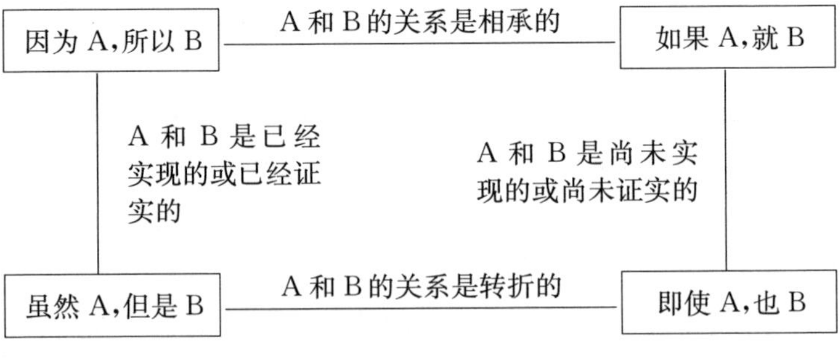

二 偏正复句的紧缩形式

偏正复句的紧缩，是指以下两种情况而言：分句之间的停顿取消了；有一些词语省去了。这类句子结构紧凑，口语中用得较多。常见的有以下两类：

（一）构成复句的分句各有主语，可是这些分句已紧密地粘合在一起，分句之间没有明显的语音停顿，书面上不用标点隔开。例如：

(1) 你不说我替你说。

(2) 你上哪儿我也找得着。

例(1)是"如果你不说，我就替你说"的意思；例(2)是"无论你上哪儿，我也找得着"的意思。

（二）整个句子只有一个主语，谓语之间没有语音上的停顿，这种复句有一些固定的格式。例如：

(3) 他不问不开口。("不……不")

(4) 我非写完文章不休息。("非……不")

(5) 我再忙也要看报。("再……也")

(6) 你不想去也得去。("不……也")

(7) 我们一起床就做早操。("一……就")

(8) 大伙儿越干越有劲。("越……越")

这种紧缩了的复句看样子很像单句，但又不同于单句；它的谓语不止一个，而且谓语之间存在着让步、条件之类的关系，如果加上适当的关联词语和停顿，就成了一般的复句。

紧缩复句的特点是精练紧凑，一般复句的特点是周密郑重。选用时要根据具体情况来决定。

三 多重复句

上面所举的例句多数只有两个分句，可实际语言中的复句并不如此简单。有的复句，它的分句部分又有两个分句，就有了两个层次。这样推下去，还可以有三个四个或更多的层次。两个以上层次的复句总称多重复句。例如：

(1) 因为我们是为人民服务的，| 所以，我们如果有缺点，‖ 就
a （因果） b （条件）
不怕别人批评指出。
c

这个复句共有三个分句。a 分句同 b、c 分句构成因果关系，这是第一层。在这一层里，a 分句是表示原因的偏句，b、c 分句是表示结果的正句。在正句里，b 分句同 c 分句又有条件关系，这是第二层。在这一层里，b 分句是表示条件的偏句，c 分句是表示结果的正句。这个复句共有两个层次，我们称它为二重复句。

分析多重复句必须抓住两点：一是总观全局，逐层剖析；一是抓住关联词语，结合意念关系。这两点要结合起来。总观全局，就是要全面地看；逐层剖析，就是要从整体到局部一层一层地依次解剖分析。抓住关联词语，就是要抓住各种关系的标志（如果省去了关联词语，就要看能加上什么关联词语）；结合意念关系，就是要根据意义和一定的语言环境分析得合情合理。下面举例进行分析。

(2) 如果没有氧，||| 光有氢，‖ 或者没有氢，||| 光有氧，| 都
a （并列） b （选择） c （并列） d （条件）
不能搞成水。
e

先总观全局，找出第一个层次。所谓“总观”，就是要全面地看，不要只看某一部分。拿这个句子来说，既有表示条件关系的连词“如果”，又有表示选择关系的连词“或者”，如果只看某一部分，就不好判断条件关系是第一个层次，还是选择关系是第一个层次。全面地看，整个句子是条件与结果的关系（只不过条件部分比较复杂，其中又有

多种关系)，所以第一个层次应划在 d、e 分句之间，e 分句是表示结果的部分，e 分句以前是表示条件的部分。表示条件部分从大的方面看是选择关系，“或者”是表示选择关系的连词，所以第二个层次应该划在 b、c 之间，a、b 是一部分，c、d 又是一个部分。再看 a、b 部分，它们是并列关系，c、d 部分也是一样，这是第三个层次。这个复句共有三个层次，我们称它为三重复句。

(3) 成绩能够鼓励人，‖同时会使人骄傲；|错误使人倒
　　　a　　（并列）　　b　（并列）　c
霉，||||使人着急，|||是个敌人，‖同时也是我们很好的
（并列）　d （因果）　e （并列）　f
教员。

这个句子讲了两方面的问题，一方面讲成绩对人的作用，一方面讲错误对人的作用。总观全局，第一个层次是在 b、c 之间，b 以前是一部分，c 以后是另一部分，它们是并列关系。再看 a、b 部分，讲的是成绩的两重性，“同时”是表示并列关系的关联词语，这是第二个层次。再看 c 以后的部分，这部分讲的是错误的两重性，也有表示并列关系的关联词语，也是第二个层次。再看 c、d、e 部分，c、d 讲的是错误使人怎么样，e 是以 c、d 为根据得出的判断，它们之间隐含因果关系，可以加上表示因果关系的连词。这是第三个层次。再看 c、d 部分，它们又是并列关系，这是第四个层次。这个复句共有四个层次，我们称它为四重复句。

思考和练习

1. “即使……也”“如果……就”“只有……才”“虽然……却”都是成对的关联词语。其中的“也”“就”“才”“却”为什么归入副词，不归入连词？
2. “为了”“由于”“因为”兼属连词与介词。它们后边接上一个名词性单位时，就属介词，接上一个非名词性单位时，就属连词。请找几个例子来说明。

3. 本书把递进关系作为联合复句的一种。有的语法书把它归入偏正复句，你认为哪样处理好？为什么？
4. “之所以……是因为”组成的句子，有人认为是单句，有人认为是复句。你赞成哪种说法？为什么？
5. “即使……也”组成的句子，有人把它归入条件关系的复句，也有人把它归入转折关系的复句，我们定为让步句一类。这几种处理办法是不是都有理由？请加以说明。
6. 修改下列句子，并说明理由。
   (1) 他因为捍卫公家的利益，勇敢地同歹徒搏斗。
   (2) 本来今天我们要去参观展览会，现在为了有其他任务，所以就决定明天去了。
   (3) 我们必须明确，要有技术就得实践，才能学到有用的技术。
   (4) 不管洞身多窄，空气再不好，时间有多长，他都能忍受。
   (5) 尽管天气发生怎样的变化，但是他总是坚持到农村巡回医疗。
   (6) 如果发挥了大家的积极性，加强了团结，各方面的工作都配合得很好，才能获得这样的成绩。
   (7) 他小时候就遭到资本家的严重摧残，但在那年月，有多少无辜的孩子被葬送在资本家的皮鞭下啊！
   (8) 硝酸见光容易发生分解，因此为了避免硝酸见光引起分解，所以把它放在棕色瓶子里。
   (9) 他虽然已经连续两天两夜战斗在第一线，不怕艰苦，克服困难，夺取胜利，这是值得我们学习的。
   (10) 采用这种方法进行生产，虽则是受到兄弟单位的启发，但在全厂却得到了推广。
7. 用本书正文的划线法，分析下列多重复句。
   (1) 只要你坚持体育锻炼，你的身体就会逐渐好起来，因为体育锻炼能增进人们的健康。
   (2) 如果把自己看作群众的主人，看作高踞于“下等人”头上的贵族，那么，不管他们有多大的才能，也是群众所不需要的，他们的工作是没有前途的。
   (3) 掌柜是一副凶脸孔，主顾也没有好声气，教人活泼不得；只有孔乙已到店，才可以笑几声，所以至今还记得。

(4) 如果不是站在人民的立场，而是站在个人或小集团的立场，就会带着这样那样的偏见看问题，因而不能正确分析各种矛盾和现实情况，必然对形势作出错误的估计。

8. 分析多重复句，除划线法外，也可以用图解法。例如可将“(a)因为我们是为人民服务的，(b)所以，我们如果有缺点，(c)就不怕别人批评指出”一句，图解如下：

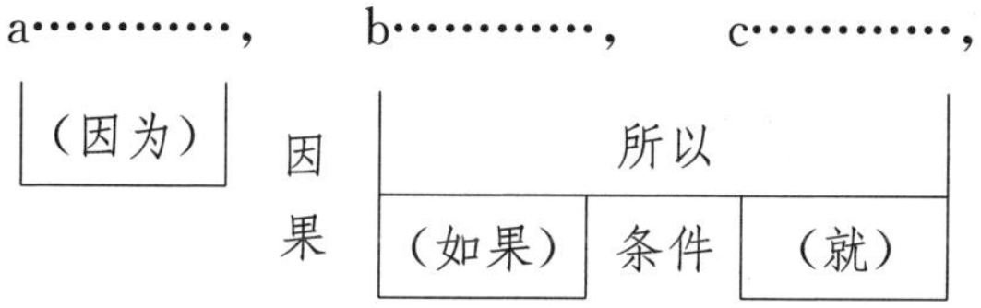

你能用图解法，分析上一题的四个句子吗？

9. 把常见的复句以及各种复句所常用的关联词语列成一个表。

第十一节　语气和口气

一　语气和语气词

前边已经说过，句子的语气可以分为陈述、疑问、祈使、感叹四种。表达语气的主要手段是语调，其次是语气词。语气词能帮助语气的表达，同时它能在语调的基础上增加色彩。普通话的语气词基本的有“的、了、么、呢、吧、啊”。这六个语气词表达了不同的色彩：

的　表示确实如此　**了**　表示已经如此或出现新情况　Ⅰ

么　表示可疑　**呢**　表示不容置疑[1]　**吧**　表示半信半疑　Ⅱ

啊　增加感情色彩　Ⅲ

以上六个语气词，分为Ⅰ、Ⅱ、Ⅲ三层，可以叠用。

Ⅰ和Ⅱ叠用，例如：　真的么？真的呢。　真的吧？

走了么？走了呢。　走了吧？

---

① 用上了“呢”的疑问句，总有表示疑问的词语（如“谁呢？”）或者有表示疑问的结构（如：“走不走呢？”）。疑问句加上了“呢”，增加了深究意味。

Ⅱ和Ⅲ叠用：　　　　么＋啊→嘛(表示显而易见)例如：
　　　　　　　　　　事情就这样嘛！
　　　　　　　　　　么＋啊→吗(表示要求证实)例如：
　　　　　　　　　　事情就这样吗！
　　　　　　　　　　呢＋啊→哪
Ⅰ和Ⅲ叠用：　　　　的＋啊→da
　　　　　　　　　　了＋啊→啦
Ⅰ、Ⅱ、Ⅲ叠用：　　了吗　的哪　了哪

语气词的运用,包括用法、读法和写法的问题。哪些语气词可以用在什么场合,某一确定的语气该选用什么语气词,这是用法问题。语气词叠用起来如何读音,还有“啊”与前边的音节末尾的音素相结合如何读音,这是读法问题。此外,读音改变,文字上如何表示,这是写法问题。这些都值得注意。

二　疑问语气和疑问句

用疑问语气的句子是疑问句。从意思上看,疑问句包括有疑而问和无疑而问(反问)两大类。

根据结构的特点,疑问句可以分为是非问、特指问和选择问。

(一) 是非问

是非问句的结构基本上和陈述句相同,它的一般标志是：有显著的上升的语调,有专用的语气词“吗”。例如：

(1) 你同意吗?

(2) 今天是十五吗?

(二) 特指问

特指问的语调可升可降,在句中用疑问代词指出要求回答的内容。例如：

(3) 谁同意了?

(4) 今天是几号?

有些问句表面上虽然没有疑问代词指明疑点，实质上同用上疑问代词的疑问句一样，它规定了回答的内容，所以也是特指问。例如：

(5) 我的帽子呢？（＝我的帽子在哪儿？）

(6) 他不肯呢？（＝要是他不肯，该怎么办呢？）

“他不肯呢”是特指问，要回答“怎么办”。“他不肯吗”是是非问，只须回答“是”或“不是”。

（三）选择问

选择问是并列几个项目，让人家选择一项来回答。例如：

(7) 今天是星期三，还是星期四？

有时候选择的项目是一件事的正反两面。例如：

(8) 这篇文章好不好？

(9) 他是不是天津人？

例(9)这类句子也可以用“是”或“不是”回答，单从这点看，它同是非问似乎相同，但其实并不一样。因为用肯定否定组成的联合词组(如“是不是”)作谓语是选择问的标志。

选择问还有一些简化的形式。例如：

(10) 他到过北京没有到过北京？——他到过北京没有？

(11) 你是工人不是工人？——你是工人不是？

反问句的特点也是“问”，不过不是“有疑而问”，而是“无疑而问”。例如：

(12) 这样的话谁不会说呢？

(13) 事情就出在你们村里，你会不知道吗？

(14) 这么小的孩子就懂得礼貌，你说可爱不可爱？

反问句形式上是“问”，其实是有所肯定或否定。字面上是肯定的，意思是否定；字面上是否定的，意思是肯定。反问句可以用特指问、是非问和选择问的形式。因为选择问在字面上包括正反两面，所以用选择问形式的反问句必须依靠语言环境才能确定它的意思。正因为如此，反问句经常用的是特指问和是非问的形式。

三　肯定和否定

句子可以有种种口气，例如肯定与否定、强调与委婉、活泼与迟疑，等等，都用于思想感情方面种种色彩的表达。句子的口气，与修辞有密切关系，跟语法也有联系。这里谈一谈肯定与否定的问题。

陈述句表示说话的人对客观事物的衡量，所以陈述句有肯定形式和否定形式的分别。在这方面，陈述句同一般疑问句有显著的差别。例如：“他来了”和“他没有来”是对立的两个句子。但是，“他来了吗”和“他没有来吗”这两个疑问句在形式上虽然也有肯定或否定之分，但实质上并没有对事物加以肯定或否定。

然而陈述句所表达的肯定或否定，也还有程度的差别。试比较：

(1) 他知道的。

(2) 他大概知道。

(3) 他也许知道。

句子当中用上了“大概、也许”等副词，肯定或否定的程度便减弱了。疑问句当中也可以用上“大概、也许”之类（常同“吧”连用）。疑问句一般不表示肯定或否定，用上这类语气词当然不是减弱肯定或否定的程度，恰恰相反，疑问句中有了这些字眼，多少带上了肯定或否定的倾向。例如：

(4) 他大概忘了吧？

(5) 里边也许没有人吧?

有时肯定的意思可以用双重否定的形式来表示。例如:

(6) 从前线回来的人说到白求恩,没有一个不佩服,没有一个不为他的精神所感动。
(7) 人民是爱好和平的,但是敌人悍然发动了侵略战争,人民才不得不拿起武器来保卫自己。

一般地说,用双重否定的形式表示肯定,要比直接肯定的口气更坚决,更着重。但是用“不能不”“不敢不”“不可不”之类,情况有些不同。

用“决不、毫不、从不”之类是加强的口气,用“不大、不太、不怎么”则是委婉的口气。

祈使句也有肯定和否定之分,但性质同陈述句不一样,前者提出主观要求,后者叙述客观事实。因此,它们用的否定副词也不相同。陈述句用“不”和“没有(没)”,祈使句用“不准”“不许”“不得”“别”“甭”等。

感叹句重在表达感情,通常无所谓肯定和否定,例如由叹词构成的感叹句,由名词构成的感叹句。

有时肯定和否定的意思完全一样,如“好热闹”和“好不热闹”。又如“差点儿摔了一跤”和“差点儿没有摔跤”“小心着了凉”和“小心别着凉”,等等。

四 强调

句子当中须要强调的地方,在口语里可以用强调重音来表示。例如“我昨天找到了这本书”,重音在“我”,在“昨天”,在“找”,意思不尽相同。在书面语里,我们有时加上副词“是”(重读)来区别不同的意思。例如:

(1) 是我昨天找到了这本书。
(2) 我是昨天找到了这本书。

(3) 我昨天是找到了这本书。

副词“是”还经常和语气词“的”配合起来表示强调，例如：

(4) 我是不愿意去的。
(5) 是谁告诉你的？

值得注意的是，有“是……的”的句子并非都是用来表示强调口气的。试比较：

(6) 这是公家的。
(7) 这样做是可以的。
(8) 老王是戴眼镜的。

例(6)的谓语是动宾词组，“是”是动词，“公家的”是宾语。它的否定形式是“这不是公家的”。例(7)的“是……的”表示强调，“是”是副词，“的”是语气词。它的否定形式是“这样做是不可以的”。例(8)有两种否定形式：“老王不是戴眼镜的”“老王是不戴眼镜的”。就是说，例(8)的分析有两种可能。选择哪一种，要根据上下文来决定。

思考和练习

1. “呢”和“吗”的用法不同。比方有人问：“你喜欢哪篇文章呢？你喜欢这篇吗？”前一句用“呢”，后一句用“吗”，不能互换。如果有人问“你喜欢哪篇文章呢？”听的人没听清楚，可以反问“我喜欢哪篇文章吗”。这里用“吗”不用“呢”，这是为什么？
2. 特指问用“呢”不用“吗”，下边两句是不是特指问？这两句中的“吗”用得对不对？
   (1) 你有什么事情告诉我吗？
   (2) 你说你能进去，你认得谁吗？
3. 填写下列表格。(表见下页)

句类	结构特点			回答方式
	句式	语气词	语调	
特指问				
是非问				
选择问				

4. “没有人、没有笔”中的“没有”跟“没有来、没有去”中的“没有”是不是一样？“没有人来”同“人没有来”的意思有什么不同？“他没有来”跟“他不来”都是否定句，意思有什么差别？

5. 修改下列句子，并说明理由。

（1）自行车点灯的时间有否明确的规定？

（2）你问问他们有没有到过别的地方。

（3）谁也不能否认这些戏没有教育意义吧。

（4）这个人你可不能小看哇！

（5）正是有了这样一种可贵的奋斗精神，还有什么困难能压倒坚强的中国人民呢？

（6）你不觉得我们的解放军战士不都像当年的雷锋吗？

第十二节　标点符号

一　标点符号的作用

标点符号是书面语言里不可缺少的辅助工具，它可以帮助读者分清结构，辨明语气，正确地了解文意。标点符号包括点号和标号两大类。点号有句号、问号、叹号、冒号、分号、逗号和顿号。标号有引号、括号、破折号、省略号、专名号、书名号、着重号和音界号。

点号表示口语里不同长短的停顿，所以，用不用点号，用什么点号，首先要根据口语中停顿的情况。但是我们不能认为点号仅仅是口语中的停顿在书面上的转化。因为：第一，口语中的停顿有些是根据句子结构的需要，此外，还可以根据其他需要，如换气，如为了使听众便于记录，等等。点号所表示的停顿必须同句子的结构相适应。结构上不能隔开的地方不能用点号。第二，同句子结构有关的停顿并不一定都须用点号表示出来。第三，点号的作用不仅在表示停顿，同时还表达语气。

标号是用来表示书面语言里词语的性质或作用的。用了标号，不但能使意义更加明确，而且能使语言更加精练。例如引用别人的说话，如果不用引号，很容易误解。又如文章中插入注释的部分，如果不用括号，必须多费笔墨。此外，某些标号也可以表达特定的口气。

二　标点符号和语气、口气的关系

（一）点号和语气的关系

每个句子，不论是单句或复句，都有统贯全句的语气，在书面语里用句号、问号或叹号来表示。陈述语气用句号，疑问语气用问号，感叹语气用叹号，祈使语气则根据语气强弱分别用叹号或句号。句末点号的使用，常见的毛病是句号用得太少，叹号用得太滥，问号有时是当用而不用，有时不当用反而用上了。

句号用得太少和逗号用得太多是一回事，产生这种现象大都由于写文章的人缺乏明确的句子的概念。叹号用得太多常常由于有一种误解，以为带有感情的句子都须用叹号。其实，叹号是表示强烈的感情的，如果滥用，反而失去了它的作用。误用问号主要是因为分不清陈述和疑问。

句末用不用问号，并不是以句子当中有没有疑问代词或句子末了有没有“呢、么”之类作为依据的。疑问代词不一定表示疑问，语气词“呢、么”等也可以表示疑问以外的语气。所以，像下边的这些句子就不用问号。

(1) 咱们的人可不知都在哪儿，怎么能跟他们取上联系才好呢。

(2) 我是这么想的，可不知道他的意思怎么样。

这些句子不期望对方回答什么，不是疑问语气，所以不用问号。

反过来说，有些句子虽然形式上跟上边的句子很相似，但它是期望对方回答的，因此要用问号。例如：

（3）咱们的人可不知都在哪儿，你说怎么才能跟他们取上联系？

（4）我是这么想的，不知道你的意思怎么样？

疑问句的形式，不专靠疑问代词来表示，词语的正反重叠形式也可以表示疑问。反问句是不要求对方回答的，可是因为用的是疑问句的形式，所以也常常用问号。有的作者在反问句末用上叹号，强调感叹的语气。例如：

（5）现在我们也燃放爆竹，但是谁想到那和“驱鬼”之类的迷信有牵连！

如果反问句是陈述句加上疑问语调构成的，在书面上只能依靠问号来表示了。例如：

（6）面对这种情况，他能不表示意见？

介乎陈述和疑问之间的句子，如果疑多于信，应该用问号；如果信多于疑，便不能用问号。例如：

甲问：他今天家里有事，大概不会来吧？

乙答：大概不会来吧。

选择问句虽然包括几项，但它是一个句子，句末只需用上一个问号。例如：

（7）咱们是先做功课后开会，还是先开会后做功课？

如果为了强调,把选择的内容分做几项说,每个句子后边都得用问号。例如:

(8) 站在他们的前头领导他们呢?还是站在他们的后头指手画脚地批评他们呢?还是站在他们的对面反对他们呢?

很短的选择问句中间可以不用逗号。例如:

(9) 今天是星期四还是星期五?

在表达口气方面,用在句中的点号大体有两种作用,一是强调某些词语,一是表示激动的感情。例如:

(10) 龙须沟啊,不是坏地方!
(11) 事实证明:我们的估计是正确的。
(12) 那是,……实在,我说不清……。

例(10)、例(11)句中的停顿是为了强调。用逗号,强调的往往是它前边的词语;用冒号,强调的总是它后边的部分。例(12)句中的停顿表示的是激动的情绪。如果感情激动,不论是兴奋、快乐、愤怒、悲伤,顿挫常常比较多,逗号往往用来表示这种顿挫。

(二) 标号同口气的关系

破折号可以用来表示说话中断或口气的突然转换。例如:

(13) 今天我本来打算去一趟,可是——

中断了之后,还可以另外起个头再说下去,这就成了口气的突然转换。例如:

(14) “好香的干菜,——听到了风声么?”赵七爷站在七斤的后面七斤嫂的对面说。

(15) 很白很亮的一堆洋钱,而且是他的——现在不见了!

破折号还可以表示声音的延长。例如:

(16) 他们走不上二三十步远,忽听得背后"哑——"的一声大叫。

省略号常用来表示语气的断续。例如:

(17) 喂,你哪里? ……你找老王,他就在这儿。

(18) 对……对不起! 我……大概认错人了。

引号有"特别提引"的作用。不论正面提引或反面提引,目的都在指明强调的词语,引起读者注意。例如:

(19) 世上最可笑的是那些"知识里手",有了道听途说的一知半解,便自封为"天下第一",适足见其不自量而已。

(20) 在群众面前把你的资格摆得越老,越像个"英雄",越要出卖这一套,群众就越不买你的帐。

例(19)引号里边词语的意思没有改变,属正面提引。例(20)引号里边词语的意思不同于一般解释,"英雄"有"所谓英雄"的意思,属反面提引。正面提引或反面提引的词语,在说话时都用强调的口气来表示。

三　标点符号和句子结构

标点符号和句子结构的关系,大体有三种情况:一是某些结构中不能用某些点号;二是某些结构中必须用某些点号;三是某些结构中可以用某些点号,但有一定的条件。值得注意的是第三种情况。这儿所谓条件,有结构上的,也有修辞上的,我们着重谈的是前者。

（一）句子各部分之间的点号

能用在句子各部分之间的有逗号、分号和冒号。用逗号的机会最多，其次是冒号。

主语和谓语之间能用逗号。如果谓语在前，这个逗号便非用不可。例如：

(1) 出来呀，你！

主语在前，后边用上个逗号常常是为了突出主语；谓语在前，后边用上个逗号也有突出谓语的作用。如果主语太长，谓语的结构也不简单，为了便于阅读，也要用上个逗号。例如：

(2) 推广全国通行的普通话，是关系到建设物质文明和精神文明的必不可少的措施。

动词和宾语之间一般不用逗号，宾语是比较长的主谓词组时，有时用逗号隔开。例如：

(3) 我们高兴地看到，上海市五百多个青年科技团体，在人才培训、经济建设、学术交流等方面都发挥了重要的作用。

如果要突出宾语，逗号便改用冒号。例如：

(4) 近十多年来的实践证明：我们的文化教育工作是取得很大的成绩的。

这种用法的冒号还可以用在动词“是”后边以及有总分式提示成分的句子中间。例如：

(5) 八股文章的第一条罪状是：空话连篇，言之无物。

(6) 先头部队按原定计划兵分两路：一路向东，一路向南。

(二) 联合词组中的点号

联合词组中各成分之间如果没有显著的停顿，当中便不用点号。例如“工农业”不写成“工、农业”，“贫下中农”不写成“贫、下中农”，“青红皂白”不写成“青、红、皂、白”。

如果当中有明显的停顿，可以用顿号或逗号。用顿号还是用逗号，主要依据并列各项的长短和停顿的大小。例如：

(7) 狮、虎、豹、狼是公园中猛兽类的主要品种，是很多人想看看的动物。

(8) 回家去看望自己的爹爹、妈妈、爷爷、奶奶。

(9) 刀子，叉子，玻璃酒杯，大大小小的花瓷盘子，都放出晃眼的光。

(10) 水果摊上有桔子、苹果、香蕉。

(11) 水果摊上有桔子啦，苹果啦，香蕉啦。

例(7)和例(8)，联合词组当中并列各项都比较简单，用顿号隔开。例(9)并列各项之中有比较长的，所以用上了逗号。例(10)和例(11)的并列各项都比较简单，因为例(11)中并列各项间有较大的停顿，所以用上了逗号。

并列的各项如果有层次，有些顿号就要升为逗号。例如：

(12) 米、麦、棉花，化肥、煤炭，这些都是要加紧生产的。

(三) 分句之间的点号

分句之间多用逗号，有时兼用分号。分号的使用主要目的在分清层次，有时也为了避免歧义或强调某些分句的独立性。具体地说：

第一，二重以上的复句，第一重如果是并列的关系，这种并列关系又没有关联词语表示，必须用分号。例如：

(13) 掌柜是一副凶脸孔,主顾也没有好声气,教人活泼不得;只有孔乙己到店,才可以笑几声,所以至今还记得。

(14) 但他在我们店里,品行却比别人都好,就是从不拖欠;虽然间或没有现钱,暂时记在粉板上,但不出一月,定然还清,从粉板上拭去了孔乙己的名字。

第二,只有一个层次的并列复句,如果分句内部已用逗号,又没有关联词语把并列关系表示出来,要用分号。例如:

(15) 他们的宣传,乏味得很;他们的文章,没有多少人欢喜看;他们的演说,也没有多少人欢喜听。

(16) 白天,战士们坚决守住已得的阵地;夜里,战士们向敌人进行新的、无情的攻击。

第三,偏正关系的复句,偏句的独立性较强,而且偏句或正句内部又用上了逗号,这时,偏句后边可以用分号。例如:

(17) 赵七爷本来是笑着旁观的;但自八一嫂说了"衙门里的大老爷没有告示"这话以后,却有些生气了。

(18) 她久已不和人们交口,因为阿毛的故事是早被人家厌弃了的;但自从和柳妈谈了天,似乎又即传扬开去,许多人都发生了新趣味,又来逗她说话了。

这类句子当中都没有成对的关联词语。如果用上"虽然……但是""因为……所以"等,偏句的独立性就不强了,后边便不能用分号。

四 标点符号的相互关系

(一) 点号的等级和使用范围

点号表示的停顿可以分为四级:第一级是句号、问号、叹号,第二级是分号,第三级是逗号,第四级是顿号。冒号表示的停顿伸缩性较大，它有时相当于句号，有时相当于分号，有时相当于逗号。[①] 列表如下：

<table>
<tr><th colspan="2">顿 号</th></tr>
<tr><td>逗 号</td><td rowspan="3">冒 号</td></tr>
<tr><td>分 号</td></tr>
<tr><td>句号 问号 叹号</td></tr>
</table>

点号的级别是相对的。比如，同是一个逗号，可以表示单句内部的停顿，也可以表示分句之间的停顿。有些人写文章，往往是句号用得太少，逗号用得太多。他们认为意思相联的地方不宜用句号隔开，于是只能一路逗号到底。须知点号代表的停顿既是相对的，用上句号决不会把意思切断。如果一路逗号到底，层次必然混乱，前后文的关系反而表达不清。

点号代表的停顿是相对的，但是每个点号都有自己的使用范围。顿号只能用在并列的成分之间，逗号只能用在句中，句号、问号、叹号则用在句末。[②] 冒号比较特殊些：它有时用在单句或分句的中间，代表的停顿同逗号相似，有时用在分句之间，代表的停顿接近分号；有时却用在句子末了，又相当于一个句号了。但是冒号不同于逗号、分号或句号，它对下文有提示的作用。有时强调下文是重要的部分，有时还表示下边的分句是分说或总说的部分。例如：

(1) 她一手提着竹篮，内中一个破碗，空的，手里拉着一支比她更长的竹竿，下端开了裂：她分明已经纯乎是一个乞丐了。

我们平日写信，在“××同志”之后加上个冒号，也无非提示对方，

① 这里的等级是就一般情况而言，有时逗号表示的是感情上的停顿，就不受这种级别的限制。

② 问号和叹号偶尔也用在句中，这时已失去了点号的性质，是一种特殊的标号，例如：“听见‘哈！’的一声”，“他的这个亲人(?)……”。

说明下文是自己要讲的话。

（二）标号同点号连用

1. 引号同点号连用

引号同点号连用，引文末了的点号放在引号之内还是放在引号之外？凡是完整地照录别人的话，末了的点号放在引号之内；凡是把引文作为作者一句话的一部分，末了的点号放在引号的外面。例如：

(2) 俗话说："到什么山上唱什么歌。"又说："看菜吃饭，量体裁衣。"

(3) 我们有些同志欢喜写长文章，但是没有什么内容，真是"懒婆娘的裹脚，又长又臭"。

下边两种情况值得注意：

第一，引文前边用了冒号，引用的是一句话的一部分，即原文在引文末了没有断句，这时句号宜放在引号之外。例如：

(4) 鲁迅在《门外文谈》里说："然而做〈易经〉的人（我不知道是谁），却比较的聪明，……他不说仓颉，只说'后世圣人'，不说创造，只说掉换，真是谨慎得很"。

第二，冒号后边有作者的话，紧接着是引文，这时引文末了的句号宜放在引号之外。例如：

(5) 他说：主动权"是要有意识地争取的东西，不是现成的东西"。

2. 括号同点号连用

括号表示文章中注释的部分。注释部分可能是注释全句的，也可能是注释句中某一部分的。前者叫句外括号，后者叫句内括号。句内括号紧贴在被注释部分之后，倘若正文在这里该用点号，点号放在括号之后，括号内部可以有逗号或分号，但不能有句号，尽管已经是一个句子。句外括号前边正文的点号用在括号之前。括号内部如果是句子，可以用句号。例如：

(6) 这就是说，将群众的意见（分散的无系统的意见）集中起来（经过研究，化为集中的系统的意见），又到群众中去作宣传解释，化为群众的意见，使群众坚持下去，见之于行动，并在群众行动中考验这些意见是否正确。

(7) 全国各族人民间的大团结万岁！（长时间的鼓掌）伟大的、光荣的祖国万岁！（全场起立。热烈的经久不息的鼓掌，转为欢呼。）

3. 破折号、省略号同点号连用

破折号和省略号都是标号。用在有停顿的地方，不论是句中或句末，如果本来应该用点号的，可以用了点号再加破折号或省略号。例如：

(8) 我竟不料在这里意外的遇见朋友了，——假如他现在还许我称他为朋友。

(9) 他的妻子大概死了三四年吧，没有续娶。——否则，便要不肯将余屋租给我似的单身人。

(10) 阿 Q，你以后有什么东西的时候，你尽先送来给我们看，……

(11) 那是朋友的，本来不多。他们买了些。……

破折号和省略号在书面形式上各占两格地位，读到有这种符号的地方自然会停一停，这样使它们有可能起着点号的作用。如上边的例句，破折号、省略号前边的点号省去不用，也不会妨碍原意的表达；因此在这种情况下，有些人干脆不用点号。但是，也有不能省的。例如：

(12) 早些定了亲，也许不会出这岔子？——商会会长是不是肯真心帮忙呢，只有恳求他设法——可是林大娘又在打呃了，咳，她这病！

(13) 他？……他景况也很不如意……

这里的问号如果省去，意思便改变了。

省略号后边也有人用上点号的。按理说，这个点号是不必要的，因为文字既然省略了，标点符号当然也可以省。但是，有些疑问句或感叹句用上省略号之后仍旧要用问号及感叹号。如："难道你以为……？""这未免太……！"此外，为了表示省略的部分自成段落，下文同省略的意思不直接相联，省略号后边也可以用上个句号。

思考和练习

1. 问号和叹号的分工是怎样的？有人喜欢用"?!""!!""!!!"，你觉得好不好？
2. 引用别人的话可以采取"直接引用""间接引用"或"局部引用"等方式，这些不同的方式同标点符号的使用有什么关系？
3. 表示注释，有时用括号，有时用破折号，这两种用法有没有区别？
4. 在直接引用人家的说话时，有时把引文拆成两段，当中插进"××说"。插进"××说"的句子可以看成一种插说句，它的后边用哪种点号（逗号、冒号、句号）较为合理？
5. 修改下列句子中的标点符号，并说明理由。

   (1) 我告诉他家乡已经变了样啦！他高兴得不得了。

   (2) 墙上贴着一张标语，写着"苍蝇！蚊子！你打过没有？"

   (3) 他一进门说了声："大伙儿都在等着你们呢！"就飞也似的跑开了。

   (4) 她想到群众和干部长年累月奋战在田头，为了什么呢？不正是为了建设祖国吗？

   (5) 针灸是我国医学遗产中的一个重要部分，自古以来，我国劳动人民就广泛采用，世界医学界也给予很高的评价。

   (6) 上车后请即购票或出示月票，每人可免费携带1.2米以下儿童一人；儿童单独上车，须购车票，车票必须保留到下车。

   (7) 由于作者重回北京，（他于一九五〇年到北京，一九五六年赴美国留学，一九八六年重回北京。）心情格外激动。

   (8) 我们要求大家注意合理密植，和及早防治病虫害。

第五章　修　　辞

第一节　修辞概说

一　修辞的对象和任务

语音、词汇、语法是语言的要素，文字是记录语言的符号。语音学、词汇学、语法学是以语言的某一个组成部分为研究对象的。修辞学不同，它研究的不是语言的某一个组成部分，而是综合地研究语言所有的组成部分的运用。当然，修辞学要研究词语的运用，必然涉及词汇；修辞学要研究不同结构、不同句型的表达效果，必然涉及语法；某些修辞现象是借助语音来表现的，它不能不涉及语音。但是，修辞学不是研究语音、词汇或语法本身的系统和规律，而是研究怎样运用具有不同表达效果的词语、句子、声音来有效地表达我们的思想感情。

修辞是为适应特定的题旨情境，运用恰当的语言手段，以追求理想的表达效果的规律。修辞学就是研究这种规律的科学。下面就这三个方面加以说明。

第一，运用恰当的语言手段。这包括词语的选用和配合，句子的锤炼和选择，运用特定的修辞方式、篇章结构和语体风格等。运用恰当的语言手段既包括同义手段的选择，也包括某一手段的变异使用。这就是说既包括在同一个意思的不同表达方式中，选择其中最有效的表达手段，也包括将某一个表达方式加以变化，变为异乎寻常的表达手段来提高语言的表达效果。

第二，适应特定的题旨情境。修辞离不开特定的具体的题旨情境，修辞现象总是特定的语言环境的产物。只有在一定的语言环境中，才能体现出修辞的表达效果来。题旨情境包括修辞内容，接受对象和语言环境。修辞学虽然不研究修辞内容本身，但运用什么样的修辞手段就不能与内容无关。修辞要讲究提高语言表达效果，就不能不看清接受对象，就不能不与特定的语言环境相适应。

第三，追求理想的表达效果。运用恰当的语言手段，适应特定的题旨情境，目的是为了取得理想的表达效果。表达效果是修辞内容通过修辞手段表达出来后，在接受对象中所产生的影响和作用。古人说，“言之无文，行而不远。”这说明修辞对表达效果具有重大作用。

以上三个方面是紧密联系，不可分割的。语言手段要适应题旨情境，表达效果又要通过语言手段来达到。如果忽视或取消了某一方面，就不能达到修辞的目的。在这三个方面中，运用恰当的语言手段是关键。

经过以上简要的分析，我们可以得出这样的结论：修辞是以在特定的题旨情境中运用恰当的语言手段为研究对象的，从词、句到篇章、语体的所有表达手段都是它的研究内容，而追求理想的表达效果，则是修辞的根本任务。

二　修辞与语法、逻辑的关系

修辞要综合运用语言的组成部分，同时又涉及其他有关的学科。于是常常会有一种情况，就是弄不清修辞同有关的学科的关系。在认识了修辞的对象和任务的基础上，这里提出修辞同语法、逻辑的关系来讨论一下。

语法研究语言的结构规律。我们说话写文章的时候，用词造句符合不符合这种语言的结构规律，这是语法的事。

逻辑研究思维形式和思维规律。从说话写文章的内容上考察思维符合不符合逻辑规则及规律，也就是反映、认识客观现实的方法正确不正确，这是逻辑的事。

修辞研究提高语言表达效果的规律。说话写文章的时候，词语用得确切不确切，句子造得是不是明白而有力，整段的话或整篇的文章条理清楚不清楚，生动不生动等，这是修辞的事。

因此，有人说：语法管的是“通不通”，逻辑管的是“对不对”，修辞管的是“好不好”。

语法、逻辑、修辞是三门不同性质的学科，不能把它们混淆起来。语言运用中的许多修辞现象就不能机械地用逻辑和语法的尺度去衡量。例如：

(1) 我到了自家的房外，我的母亲早已迎着出来了，接着便飞出了八岁的侄儿宏儿。

(2) 周大勇扶着李六娃，把他的一切东西都背在自己身上。他们走了一里来路，周大勇就满身淌汗。是啊，这一阵带一根针也有八十斤重！

上面两个例子如果机械地用逻辑尺度来衡量，似乎都不合理。人怎么能飞出来呢？一根针怎么会有八十斤重呢？但从修辞角度来看又是十分合理的。这个“飞”字写出了八岁宏儿的灵巧敏捷，用比喻的手法来烘托宏儿跑出来的速度之快，这比用“跑”要形象生动得多了。同样“一根针有八十斤重”，正是渲染出行军的极度劳累疲乏，渲染出行军的极度艰难辛苦。这是用的夸张手法。刘勰在《文心雕龙》中说：“壮辞可得喻其真。”夸张的目的正是为了突出事物的本质，强调事物的真实面貌。

(3) 所以我们看晋人的画像或那时的文章，见他衣服宽大，不鞋而屐，以为他一定是很舒服，很飘逸的了，其实他心里都是很苦的。

(4) 又一阵残暴的脚步声，震动着魔窟，渐渐近了，就在窗前经过。

上面两个例子如果机械地用语法尺度来衡量，似乎都不规范。“鞋”“屐”是名词，怎么能当作动词来充当谓语呢？“残暴”与“脚步声”怎么能配搭在一起呢？但从修辞角度来看又是十分合理的。“鞋”“屐”在这里临时改变了词性；“残暴”是临时移用到“脚步声”上，临时改变了用法。这都是运用修辞手段的结果。

还有一种情况，有的文章从语法角度看，是通顺的，规范的，但从修辞角度看，却并不理想。试比较下面两段文章：

(5) 那人便焦急起来，嚷道，“怕什么？怎的不拿！”老栓还踌躇着；黑的人便抢过灯笼，一把扯下纸罩，裹了馒头，塞与老栓；一手抓过洋钱，捏一捏，转身走了。嘴里哼着说，“这老东西……。”

(6) 那人便焦急起来，说道，“怕什么？怎的不拿！”老栓还踌躇着；黑的人便拿过灯笼，一把拿下纸罩，包了馒头，交与老栓；一手拿过洋钱，数一数，转身走了。嘴里低声地说，“这老东西……。”

例(5)是鲁迅小说《药》中的一段，写那卖人血馒头的刽子手的神态，十分传神，特别是那几个动词，是经过反复锤炼的，既准确又性格化。如果写成例(6)那样，虽然在语法上没有什么毛病，但从修辞角度看，比起例(5)来就差得远了。从用词的多样化上，准确性上，性格化上来看，都有高低优劣之分，而这种区分，主要是从修辞上来考虑的。

可见修辞和语法、逻辑三者是有区别的，不能把它们混同起来。但是这并不是说它们彼此孤立，各不相关。事实上它们之间是有着十分密切的联系的。

第一，在一般情况下，修辞要在合乎逻辑的基础上进行。修辞要求提高语言的表达效果，如果连事理都不合，那怎么能提高表达效果呢？违反事理，就是逻辑上有问题，这不是修辞手段所能掩饰的。至于语法，那是修辞所必须具备的初步条件。如果句子的结构也不能掌握。连正确的表达都有困难，却一味追求生动的修辞手段，那肯定是要失败的。

第二，修辞的特点同语法的特点密切相关。在语言发展的过程中，某些修辞现象会转化为语法现象，而汉语修辞手段的特点有一部分是由汉语语法的特点所决定的。例如汉语中的短句子，具有明快有力的表达效果，长句子的结构则比较严密、细致。因此运用短句子或长句子也形成了不同的修辞手段。又如，某些成分的省略，原来是一种修辞手段，因为常常用到，形成了一些固定的格式，就转化成为一种语法现象了。

第三，对同一语言事实的分析，往往同时涉及语法、逻辑和修辞三个方面。同样的语句，从它的结构规律着眼，是语法的事；从它所表达的思维方法着眼，是逻辑的事；从表达效果着眼，就是修辞的事了。例如有的病句在词语的配合上有问题，属于修辞的范围，可是也不能不牵涉语法和逻辑。又如，复句的各个分句之间，有时用关联词语连接，有时可以不用，这是语法要讨论的事；不同的关联词语表示不同的关系，这是逻辑分析的结果；至于为什么有时候要用上关联词语，有时候又不要用，这就要从修辞方面来作出解释了。

在学习和研究的过程中，必须注意修辞同语法、逻辑的关系：有区别，不能混同；有联系，不能割裂。这才能正确地认识和分析复杂的语言现象。

思考和练习

1. 有的人把修辞看作“咬文嚼字”，是“文字游戏”。这种看法你认为对不对？你能不能从语言的交际职能来说明修辞的功用？
2. 修辞和语法各有各的内容，但修辞又必须以语法为基础，为什么？

第二节　词语的运用

话是一句一句说的。句子是由词语组成的。词语运用得是不是准确贴切，直接影响到句子的表达效果。要讲究修辞，提高语言的表达效果，首先要积蓄大量的词语，并且能够精确地掌握词语的涵义和用法，这样在说话和写文章的时候才能运用自如。所以讲修辞，就要先讲词语的运用和锤炼。

一　词语的选用

（一）选用词语的要求

准确贴切是选用词语的基本要求。要做到这一点，就必须准确地理解词语的意义，准确地掌握意义相近的词语之间、同一个词语的几个相关的意义之间的细微差别。有些词语的意义相近，但它们所代表的概念或适用的对象并不一样。有的词语除了它的基本意义外，还带有感情色彩或语体色彩。这就要求我们储存大量的富有生命力的词语，把握它们在意义、用法和风格等方面的细微差别，在选用时才能得心应手。

要做到准确贴切地选用词语，还必须注意以下几点：

1. 要看清对象

首先，要看清表达的内容这个对象。由于表达的对象不同，所选用的词语也应该不同。像鲁迅的《狂人日记》，选用的语句跳跃性很大，上下往往不连贯，这就很符合"狂人"的口吻。《社戏》选用的词语平易浅近，动作性很强，就很符合农村孩子的身分。《伤逝》写的是一对小资产阶级知识分子，选用的书面语成分较多，知识分子腔调是很浓的。再如，同样是写的买酒喝。阿Q从城里中兴回来，一走近酒店柜台，就从腰间伸出手来，"满把是银的和铜的，往柜上一扔"。穷愁潦倒的贫苦知识分子孔乙已则是在人们的取笑声中，"排出九文大钱"。"扔"字活生生地描绘出阿Q得意洋洋的炫耀情态。"排"字形象地反映了孔乙已的钱来之不易。同样是偷东西，孔乙已争辩说："窃书不能算偷……窃书！……读书人的事，能算偷么？"阿Q则说："这是你的？你能叫得他答应你么？你……"这些语句的选用都非常符合人物的身分。这与作者准确地把握住表达内容这个对象是分不开的。

其次，还要看清交流思想的对象。说话写文章总是给别人听，给别人看的，就不能不考虑到听众和读者。我们说话是对知识分子说的，还是对工农群众说的；是向领导机关写的请示报告，还是向下级机构发的通知批复；交流思想的对象不同，选用的词语也应该有所区别。如果不看对象，必然无的放矢；说话写文章就不能起到应有的作用。赵树理的小说《李有才板话》中的人物章工作员和老杨同志，除了思想作风、工作方法不同外，运用语言也是很不相同的。不论什么会，章工作员开头总要讲几句"重要性"啦，"什么的意义及其价值"啦，广大农民就不爱听。老杨同志用农民的语言向群众作宣传，就收到了很好的效果。

2. 要留心环境

这里所说的环境，包括现实环境和语言环境。

鲁迅的杂文多用反语，嬉笑怒骂，锋芒逼人。他有时候选用的词语隐晦曲折，冷隽有味，这正是鲁迅所处的那个社会环境的必然产物。一九七六年清明，首都人民以诗歌为武器沉痛悼念周总理，愤怒声讨"四人帮"。由于是处于"四人帮"的高压下，这些诗歌在选用词语时往往用同音代替和析字以及借代、比喻等方法。如用"僵"代"江"，"谣"代"姚"；"青苹"代"江青"，"乔木"代"张春桥"；用"妖""鬼"暗指"四人帮"等，这些都是与当时的政治环境分不开的。

不仅社会环境与选用词语有关，即使日常生活环境也与选用词语有关。严肃庄重的场合要用"父亲"，日常谈话则称呼"爸爸"。日常生活常说的"盐"，到了化学分析的场合就得说"氯化钠"。

留心语言环境，主要是适应上下文这个语言环境的要求。有的词语孤立地看，无所谓好坏，但是放到一定的语言环境里就会显示出优劣来。如什么时候应该用单音词，什么时候应该用双音词；什么时候要选用平声字，什么时候要选用仄声字；什么时候要用褒义词，什么时候要用贬义词，等等，都与一定的上下文有着密切的关系。所以选用词语就不能不考虑到这一点，否则就会使人感到与语言环境不协调，影响意思的准确表达。

再如历来传诵的王安石的《泊船瓜洲》这首诗："京口瓜洲一水间，钟山只隔数重山。春风又绿江南岸，明月何时照我还?"第三句的"绿"字，据说先后改掉了"到""过""入"等词，最后确定选用"绿"，把一个表示色彩的形容词用为动词，写出了生机蓬勃、春满江南的形象，也表达了作者当时的心情。是不是"到""过""入"等动词就绝对不如"绿"好呢? 不。词语和人一样，各有长短，各有用处，应该人尽其材，词尽其用，关键在于说话作文的人是否能够根据对象、环境和事实来选用最准确贴切的词语，使不同的词语各得其所。张继的《枫桥夜泊》诗："月落乌啼霜满天，江枫渔火对愁眠，姑苏城外寒山寺，夜半钟声到客船。"第四句的"到"就用得好。夜半钟声，传到客船上，与上两句照应，点出了船上愁人未曾合睫。杜甫的《送蔡希鲁都尉》诗中"身轻一鸟过，枪急万人呼"两句，其中"过"这个动词具体而形象地勾勒出蔡希鲁驰骋疆场的矫捷雄姿，很难用“疾”“落”“起”“下”等词替换。[①] 李白的《峨眉山月歌》：“峨眉山月半轮秋，影入平羌江水流。”其中“入”也用得很好。月影投江，水光接天，明月、高山、流水，通过一个“入”字，三者联系在一起，构成了一幅美丽的山水画。可见，孤立的一个词是无所谓优劣的，至于选用什么样的词语才妥当，这要根据特定的语言环境来决定。

3. 要注意真实

在现实生活中，人们对于客观世界的认识，人们的思想感情活动，都要运用语言表达出来。这就首先要求语言能准确地反映客观现实。说话作文必须善于根据对象的性质和事物的相互关系，精选最恰当的词语，严密地组织这些词语，准确贴切地表达思想。选用词语的准确贴切，是与对生活中或历史上的客观事物理解的准确性和深刻性分不开的。那种装腔作势、借以吓人的所谓“豪言壮语”，浮艳夸饰、哗众取宠的花言巧语，堆砌词藻、不切实际的陈词滥调，不管在词语运用上装扮得多么华丽，都是不符合真实、确切的要求的。

准确贴切，这是选用词语的基本要求；在确切的基础上，还要求用词的简练和生动。就是说，要力避重复和啰唆，要在真实的基础上，创造性地叙事、状物或写人。

（二）选用词语的范围

从修辞角度看，动词的选用是很重要的。汉语的动词很丰富，各种动作和行为的细微差别都可以用适当的动词区别开来。下面是鲁迅《一件小事》中的例子：

> (1) 我没有思索的从外套袋里抓出一大把铜元，交给巡警，说，“请你给他……”

这个“抓”表示随手取钱，动作迅速，恰好写出了“我”不安而有点慌张的神情。如果用“摸”，虽然同样是手的动作，但是“摸”是指比较缓慢的动作，那就不确切了。又如王蒙《说客盈门》中说：

---

① 见欧阳修《六一诗话》。

(2) ……他悠悠地踱着步子，嘬着牙花子，慢吞吞地吐着每一个字。好像是在掂每一个字的分量；又像是在咂每一个字的滋味。是的，他的话语就像五香牛肉干，浓缩，醇厚。

作者用“踱”“嘬”“吐”“掂”“咂”五个动词，再配以最后的一个比喻和两个形容词，就用白描手法把“他”的形象勾勒出来了——吃老本，说套话，保乌纱的有官僚习气的领导干部，可见作者是精心挑选了这几个用来刻画人物形象的动词的。

对表示心理活动或比较抽象的行为的动词，更要细心辨析，认真选择。例如：

(3) “好媳妇！”村里人谁不这么夸奖。
“好媳妇！”夫家的亲戚谁不这么传诵。
“好媳妇！”丈夫的朋友，谁不这么赞叹！

作者王汶石在这里用“夸奖”“传诵”“赞叹”三个动词，准确地写出了“村里人”“夫家的亲戚”“丈夫的朋友”三种不同身分的人的共同反映，而且还确切地表示了人物关系的远近。

形容词的选用也值得注意。例如鲁迅在《藤野先生》中说：

(4) 从此就看见许多陌生的先生，听到许多新鲜的讲义。

“陌生”和“新鲜”这两个形容词，在初稿里都用同一个“新”。这当然也可以，但第一个“新”改用“陌生”，表现出“从未见过”的意思。第二个“新”改用“新鲜”，表现出“从未学过”的意思，比起单用“新”来要更为确切。

在一定的场合选用某些形容词或者不用形容词，在表达效果上会有很大的差别。例如：

(5) “阿呀阿呀，真是愈有钱，便愈是一毫不肯放松，愈是一毫不肯放松，便愈有钱……”圆规一面愤愤的回转身，一面絮絮的说，慢慢向外走，顺便将我母亲的一副手套塞在裤腰里，出去了。

鲁迅《故乡》中这一段叙述，是围绕着“圆规”即杨二嫂顺手牵羊偷手套的行为来选择词语的。先是“愤愤”，表明她要不到她所想要的木器家具而气恼地回身就走；“絮絮”是写她一张利嘴还在继续发泄怨气；“慢慢”是点出伺机想拿点小东西，鲁迅选用这三个形容词和下文的副词“顺便”、动词“塞”配合起来，把一个爱占便宜的杨二嫂写活了。

(6) 我希望他们不再像我，又大家隔膜起来……然而我又不愿意他们因为要一气，都如我的辛苦展转而生活，也不愿意他们都如闰土的辛苦麻木而生活，也不愿意都如别人的辛苦恣睢而生活。他们应该有新的生活，为我们所未经生活过的。

这里用了“展转”“麻木”“恣睢”三个形容词，把三种不同的人的生活，准确贴切地表现出来了。

名词是表示人或事物名称的词，是什么就叫什么，似乎没有什么选择的余地。其实用什么名词来指称某人或某事物，从修辞的角度看也是很有讲究的。例如：

(7) 晓燕去的功夫不大就回来了。她睡在道静身边，细心地照顾着她。天还没亮，她就悄悄爬起来，生怕惊醒了病人。但是在她摸着黑穿衣服的时候，道静也醒了。

这里写的是王晓燕照顾病中的林道静。王晓燕悄悄起床，作者用了“生怕惊醒了病人”，而不用“生怕惊醒了道静”，一方面是为了突出林道静患病这个特点；另一方面，用“病人”也是与“生怕惊醒”更切合些，更适应当时的语言环境。

(8) “不!”韩同志把东西扔在草棚屋以后,精神振奋地说,“老大娘,甭忙! 志光,咱先看看秧子地去!”

欢喜说:“洗下脸,喝点水,歇歇再……”

“不! 先看秧子地去!”韩同志兴奋地立意要去。

大个子农技员拉着小徒弟的手,出了街门,向秧子地去了。

前面谈话的是韩同志和欢喜(即志光),后面叙述他们看秧子地用的是“大个子农技员和小徒弟”,既避免了重复,显得有变化,又突出了他们的身分,突出了他们之间的关系,收到了一石二鸟的表达效果。

词语的选用并不限于动词、形容词和名词。数词、量词、副词、代词以致某些虚词,选择得好,都有提高表达效果的作用。比如,表示同样事物的数量,就有“一丝”“一缕”“一线”“一点”等不同的表示法,选择哪个最为准确贴切,就要根据不同的表达对象和语言环境来斟酌了。再如郭沫若的历史剧《屈原》中,将“你是没有骨气的文人”改为“你这没有骨气的文人”,选用了一个代词,将陈述句改成感叹句,使这句台词顿时增色生辉。老舍的话剧《宝船》有一句台词是“开船喽!”日本朋友曾问老舍,为什么不用“啦”而用“喽”,原来老舍在写作时曾反复朗诵过,他发现“开船喽!”是对大伙说的,是表示招呼大家;如果说“开船啦!”只是对一个人说的。这两个语气词的细微差别都被作家捕捉到了。

我们在运用语言文字来表达客观事物时,应该对客观事物反复地观察、体验、研究、分析,认识深化了,必然有助于对词语的准确贴切的选择。所以要提高语言的表达效果,不仅要认真锤炼词语,还要认真锤炼思想。

二 词语的移用

语言中的某些词语有固定的意义和用法,具有一定的词性。利用这些词语的这些特点,临时改变它的用法或词性,从而收到一定的修辞效果,叫做“移用”。

(一) 改变用法

在一定的语言环境里,让本来没有某种用法的词语,临时具有那样的用法。细分起来，又有几种不同的情况。一种是改变词语的搭配关系。例如：

(1) 还有寂寞的瓦片风筝，没有风轮，又放得很低，伶仃地显出憔悴可怜模样。

(2) 傍晚，凉风从台湾海峡吹来。路旁的金合欢花散出甜丝丝的清香。厦门的夏夜是迷人的。

(3) 姑娘从泉边汲水归来了，
辫梢上沾着几滴水珠；
欢笑盛开在眼睛、眉毛上，
心啊，要从嘴里跳出！

例(1)是把形容人的词语移用到物上去，实际上是写出人对物的感受。这种移用在语言里是很常见的，有的已凝固成一个词或成语了。如“喜酒”“情书”“寿桃”“愁眉苦脸”“怒发冲冠”“老泪纵横”等。例(2)把表示味觉的词语用到嗅觉上去，花的“香气”里糅合着“甜味”，这就把花刻画得更加美好动人。在语言运用中，常常把用于甲感觉的词语移用到乙感觉上，造成感觉间的相通，具有很好的表达作用。例(3)是利用“盛开”这个动词暗含比喻的用法，姑娘的笑容比喻成“盛开的鲜花”，这是由于移用动词所造成的。

(4) 打倒帝国主义，打倒军阀，打倒贪官污吏，打倒土豪劣绅，这几个政治口号，真是不翼而飞，飞到无数乡村的青年壮年老头子小孩子妇女们的面前，一直钻进他们的脑子里去，又从他们的脑子里流到了他们的嘴上。

(5) 杜学诗这话可更辣了，他那猫脸上的一对圆眼睛拎起了，很叫人害怕。

例(4)的“飞”“钻”“流”这几个动词都是常和具体的事物相配搭的，如“鸟飞”“钉子钻”“水流”等，这里改变了搭配关系，用这几个动词来形象地反映政治宣传的威力。例(5)“辣”一般和吃的东西相配搭的，这里改变搭配关系，用来指话语的尖狠。这种词语的移用是临时改变搭配关系来把抽象的事物具体化，给人强烈的印象。

另一种是改变词语的适用环境。例如：

(6) 按“老规矩”，丈夫打老婆，老婆只能挨几下躲开，再经别人一拉，作为了事。孟祥英不只不挨，不躲，又缴了他的械，他认为这是天大一件丢人事。

(7) 妈说：“你给陈师傅捎个信，什么时候煨了汤，请他来喝一大碗。”这个意思，我贪污了。心里佩服他，感激他，可带他到我们家喝汤不是时候，不不不，是绝对的不合适。

(8) 我们厂现在搞的配套表演，大家把先进经验拿来“赶集”，然后由大家把零碎的经验配成套。

上面三例中，“缴械”原是军事上的用语，“贪污”原是指财务上的事，“赶集”原也用于集市贸易。这里都改变了它们原来所适用的环境，因而使人感到形象突出，幽默诙谐。

（二）改变词性

一个词，总有它所属的词类的语法特点，有的词经常具备两类以上的语法特点，叫做兼类。但是在一定的条件下，临时改变某个词的词性，而不是经常如此，这是改变词性的移用。例如：

(9) 失了东三省只有几个学生上几篇“呈文”，党国倒愈像一个国，可以博得“友邦人士”的夸奖，永远“国”下去一样。

(10) 他就盼望他的叔叔多多头回来，也许这位野马似的好汉叔叔又像上次那样带几个小烧饼来偷偷地给他香一香嘴巴。

(11) 我于是立即锁了房门，出街向那酒楼去。其实也无非想姑且逃避客中的无聊，并不专为买醉。

例(9)中的“国”是名词临时用作动词。例(10)中的“香”是形容词临时用作动词。例(11)中的“醉”是动词临时用作名词。这种临时的词性变化，一般都是强调某种意思或者表达某种强烈感情的修辞手段，所以它对语言环境的依赖性是很强的。如果不顾具体语言环境，不问有没有修辞上的需要，任意改变某个词的词性，那就不符合语言规范化的要求了。

（三）顺势移用

在叙述甲乙两个有关联的事物的时候，把适用于甲事物的词语，临时顺势用于乙事物。例如：

（12）红烛啊！
既制了，便烧着！
烧罢！烧罢！
烧破世人的梦，
烧沸世人的血——
也救出他们的灵魂，
也捣破他们的监狱！

（13）白洁是一面镜子，在这面镜子里，不仅照出了我织的布上有疵点，也照出了我思想上有疵点。

（14）他，人老心不老，村上各种活动，他全积极参加，事事带头。

（15）中央已经三令五申，可曹书记名义上是给市委职工盖食堂，实际上在给他们少数领导人盖高级内部电影院。听听这声音吧，这哪里是砸地基，这是在砸群众的心啊！

以上四个例子中，因说甲事物而顺势连用到乙事物上去的都是动词。甲事物往往是具体的，如“红烛”“布”“人”“地基”，而乙事物则往往是抽象的。如“梦”“血”（这里并不实指血液）“思想”“心”。把表现甲事物的动词拈用到乙事物身上，这种连类而及的移用词语的手段，可以表达作者对现实事物的强烈感情。后面的拈用往往是前面意义的深化和跃进。

三　词语的代用

不用本来指称某人或某事物的名词，而用另一个与这个人或事物有密切关系的词语来代替，叫做“代用”。词语代用的目的，在于突出某人或某事物的特征，可以引起联想，加深印象。另外，对某些不便直截了当地说出的事物名称，避开这个词语而用别的相关词语来代替，达到委婉含蓄或回避掩饰的目的，也是词语的代用。

（一）相关的借代

用另一个与某人某事物有密切关系的词语，来代替原来表示某人或某事物的词语。这种修辞手段是说话写文章的时候常用的。例如：“节省笔墨”“白费唇舌”“三个臭皮匠，凑成一个诸葛亮”等语句中带点的词，都是代用词。至于用“龙井”代称浙江杭州龙井所产的绿茶，用“绍兴”代称浙江绍兴所产的酒，几乎成为固定的名称了。词语的代用必须是两个说法密切相关的。按照不同的关系来分类，这种词语代用的方式可以有许多种。例如：

（1）“还是这样么？”；三角脸的拿起茶碗，问。
“听说，还是这样，”方头说，“还是尽说‘熄掉他熄掉他’。……”

（2）她在黄堡拥挤着庄稼人的街上，转了三个来回。要在动荡的戴草帽和包头巾的庄稼人群中盯一个浓眉大眼的红脸盘，她眼睛太忙、太累了。

（3）白头发、哭鼻涕的留下，年青力壮的跟我来。

例(1)的“三角脸”“方头”代替长着三角脸或方头的人。例(2)的“浓眉大眼的红脸盘”代替要寻找的这种面孔的人。例(3)的“白头发”代替“老人”，“哭鼻涕的”代替“小孩”。这都是用表示形象特征的词语来代替表示人或事物的词语。

（4）现在敌人已经在磨刀了，因此我们也要磨刀。

（5）他又是个挺红的干部，长的又英俊，劳动更可以顶住一个半人；没念过多少书，但靠着自修，肚里的墨水也不少。

例(4)用“磨刀”这个形象动作来代替备战。例(5)用“墨水”这个具体事物来代替知识和学问。这都是用表示具体事物的词语来代替表示抽象事物的词语。

(6) 若要派他去敌人据点，捉个把活舌头，那也是老牌子，手到擒来。

(7) 咱村这几百口人种着这些地，好收成，也只够吃；一遇着天旱雨涝，几百张嘴等着政府救济，如果年年过这样的日子，啥时候才能到社会主义！

例(6)用“活舌头”代替敌人。例(7)用“嘴”代替“人”。这是用表示事物的部分的词语来代替表示事物整体的词语。

(8) 大炮吼叫，一阵比一阵猛烈，钢铁向敌人头上倾倒。

(9) 老杨同志到场子里什么都通，拿起什么家具来都会用，特别是好扬家，不只给老秦扬，也给那几家扬了一会，大家都说“真是一张好木锨”。

例(8)用“钢铁”代替炮弹，例(9)用“好木锨”代替好扬家。这是用表示材料或工具的词语来代替与之有关的事物的词语。

(10) 纯情作家或者生来独眼，或者瞎了一眼，永远只看见林黛玉，看不见刘姥姥。

(11) 立波同志即使不搞创作，不研究中国文学，他也是可以研究和翻译外国文学的。我们都记得他不但翻译过基希，翻译过肖洛霍夫，而且在延安时还翻译过雪莱，似乎没有什么文学工作他是无能为力的。

(12) 老王上县城啦？李经理请你吸红牡丹了吧！

例(10)用“林黛玉”代替所谓纯情作品中的人物,用“刘姥姥”代替非纯情作品中的人物。例(11)用“基希”“肖洛霍夫”和“雪莱”分别代替这些作家的作品。例(12)用“红牡丹”代替牡丹牌香烟。这是用典型形象、作者、商标等方面的词语来代替与之有关的事物的词语。

词语的代用这种修辞手段是常用的,而事物之间的联系也是多方面的,所以从不同的关系来分类,还可以再细分出若干种来。以上所举不过是几种主要的。运用这种修辞手段的关键是要抓住某人或某事物的显著特征,用与之有关的词语来代替它的本名,使语言富于变化,形象生动。词语的代用和比喻是有区别的。比喻的两个事物之间是相似的关系。即使只说比喻的词语而把被比的词语隐去不说,二者之间仍旧存在着相似的关系。词语的代用,二者之间一般不是相似关系而是相关的关系。例如我们用“祖国的花朵”来指少年儿童,就是比喻;用“红领巾”来称少先队员,就是词语的代用,用少先队员的标志来作为少先队员的代称。

(二)避忌的借代

在一定的语言环境里,有时遇到自己不愿说,或不便说,或是人家犯忌的东西,就故意避开直接表达这些事物的词语,改用与之相关的比较含蓄委婉的词语来代替,这样可以收到特殊的表达效果。例如:

(13)今天光明的新中国已经到来,他这个最有资格看见它的人却永远闭上了眼睛。

(14)我已经是到时候的人了,患这病患那病总是走同一条路……

(15)射手倒了,班长也挂了花。

上面三例中,“永远闭上了眼睛”代替“死去”,“到时候的人”代替“快要死的人”,“倒了”代替“牺牲”,“挂花”代替“负伤”。在汉语中,“死”往往有多种避忌的词语,如“以身殉职”“停止了呼吸”“离开了我们”“心脏停止了跳动”“见上帝”“老了”“不在了”“乘风飞天”“寿终正寝”,等等。这都是由于人们不愿直接把“死”字说出来,而采取的多种多样的避忌的修辞方法。

(16) “你的个人问题怎么处理呀?”
“个人问题”是个代名词,那意思谁都知道,大姐提起这事,我脸热得发烫……

(17) 歇了一下,他忽然关切地问道:“瑞娟常有信来吗? 啥时候吃你们的喜糖呢!”

例(16)用“个人问题”代替婚姻问题,例(17)用“吃喜糖”代替结婚。牵涉婚姻和爱情方面的问题,人们往往不好意思直说,于是出现了多种避忌的词语。如用“朋友”代替恋爱对象,用“那一位”“那口子”代替爱人,等等。

(18) 隔壁益大钱庄老板钱达人筒着袖子,也凑过来,对二人哈腰努嘴说:“怕是个‘草字头’吧?”章介眉卑夷地从鼻孔里发出一声“嗯?”黄竟白低声代答道:“钱老板说他怕是个革命党。”

这是用“草字头”来代替“革命党”。由于当时的社会环境,有些词语不便于直说,就采取用其他词语来代替的避忌方法。

避忌的借代是用委婉的词语来代替对某事物的直接说法,有的书上叫做“避讳”或“婉曲”。运用这种修辞手段要注意说话的对象和环境,确有实际需要而不妨碍表达的明确时才用,如果硬用或滥用,就有可能弄巧成拙。

四　词语的仿用

为了增强语言的表现力,达到诙谐、讽刺等效果,在特定的环境里,更换现成词语中的结构成分,临时仿造出新的词语来,叫做“仿用”。

(一) 语素更换

根据上下文中某一词语,用更换语素的办法临时仿造一个新的词语。

一种是利用相对、相反的意义来仿造。例如：

(1) 一个阔人说要读经，嗡的一阵一群狭人也说要读经，岂但读而矣哉，据说还可以“救国”哩。

(2) 有“小广播”，是因为“大广播”不发达。只要民主生活充分，当面揭了疮疤，让人家“小广播”，他还会说没时间，要休息了。

(3) “您真是个天才！”戈勒校长笑道，“您的胆量令人钦佩，女士。”

“我是‘地才’，博士！”女科学家冷冷一笑。“正如生命起源于大地一样，我的认识也是脚踏实地摸索出来的。……”

(4) 好不值钱的干儿子！你有多少干儿子，湿儿子，我还不清楚！

上面各例中的“狭人”“大广播”“地才”“湿儿子”，都是仿照现成的词语“阔人”“小广播”“天才”“干儿子”，更换了相对相反的语素而临时造出来的，能够使语言讽刺幽默，机趣横生；两相对照，色彩鲜明。

还有一种是利用连类而及的意义来仿造。例如：

(5) 这些，就是中国主和派即投降派的整套观点，整套做法，整套阴谋。这一套，不但汪精卫在演出，更严重的就是还有许多的张精卫、李精卫，他们暗藏在抗日阵线内部，也在和汪精卫里应外合地演出，有些唱双簧，有些装红白脸。

(6) 别的人是一表人材，我们的菊霞小姐是两表人材，能文能武，天上少有，地上无双。

(7) 我们火速赶到汤阴去，把那老头儿捶扁就完事，要那什么虎符，马符来干嘛？

(8) 结果你搞了五六十年还不能超过美国，你像个什么样子呢？那就要从地球上开除你的球籍！

上面各例中的“张精卫、李精卫”“两表人材”“马符”“球籍”，是从“汪精卫”“一表人材”“虎符”“国籍”等词语仿造出来的，语言显得生动活泼，诙谐有趣。

这种更换语素的词语仿用，多数是原有的词和仿造的词在上下文中对照出现。一般地说，这种仿造的词语只是临时的修辞手段，离开了特定的语言环境，就不能独立成词。但是，有的临时仿造的说法，经过许多人的使用，已逐渐取得了词的地位。如从“先进”仿造而来的“后进”就是。

词语的仿用与生造词语有着本质的区别。词语的仿用，是在一定的语言环境中的灵活运用，具有一定的修辞作用。生造词语是一种生拼硬造，不仅没有修辞作用，而且令人费解，破坏语言的规范。

（二）成语翻新

成语是一种固定结构，其中的成分本来是不能更换的。但是，为了修辞的需要，也可以在一定的语言环境里，利用已有的成语，临时翻新。这种翻新的成语，有的是利用意义相对相反或连类而及来构成的。例如：

(9) 楚汉成皋之战、新汉昆阳之战、袁曹官渡之战、吴魏赤壁之战、吴蜀彝陵之战、秦晋淝水之战等等有名的大战，都是双方强弱不同，弱者先让一步，后发制人，因而战胜的。

(10) 无理不能取闹，有理也不能取闹。

(11) 龙二井又有油和水的矛盾，这是它的特殊性，周队长说，要促使矛盾转化，就要捞水，把水捞干，我们想一不做，二不休，搞它个水落油出。

(12) 自成一边吃山芋一边想着粮食快完了，只能勉强支持三天，而这一带又是穷山，不断地遭受天灾和兵灾，十室十空，即令找到百姓，在仓卒间根本没办法找到粮食。

上面各例中的“后发制人”“有理取闹”是从“先发制人”“无理取闹”这两个成语仿造来的，这是利用意义的相对相反来仿造的；“水落油出”“十室十空”是从“水落石出”“十室九空”这两个成语仿造来的，这是利用意义的连类而及来翻新的。

还有的是利用改变语序的方式来翻新的。例如：

(13) 过去有了知识的人，往往“好逸恶劳”，这是一种很低下的感情；我们今天应该把它翻转过来，“好劳恶逸”。

有些翻新的说法经过较广泛地较长期地使用，就逐渐形成独立的新成语了。如从“无的放矢”仿造的“有的放矢”，从“知难而退”仿造的“知难而进”等就是。

除了词语的仿用外，还有句子、段落或篇章的仿用。如贺敬之的诗《三门峡——梳妆台》：“望三门，门不在，明日要看水闸开。责令李白改诗句：‘黄河之水“手中”来！’”(仿造“黄河之水天上来”)；《桂林山水歌》：“呵！汗雨挥洒彩笔画：桂林山水——满天下！……”(仿造“桂林山水甲天下”)。这是属于句子的仿用。像鲁迅的《崇实》中仿造崔颢《黄鹤楼》诗写的诗，以及鲁迅仿造张衡《四愁诗》写的《我的失恋》，那是属于段落和篇章的仿造了。

思考和练习

1. 请阅读下面两个例子：

(1) 忍看朋辈成新鬼，怒向刀丛觅小诗。

(2) 上自王后，下至弄臣，也都恍然大悟，仓皇散开，急得足手无措，各自转了四五个圈子。

例(1)中的“忍看”原作“眼看”，“刀丛”原作“刀边”。例(2)中的“仓皇”原作“即刻”。为什么改稿比原稿好，请从选用词语的角度加以说明。

2. 下面句子中哪些词语用得不确切？请加以修改，并说明理由。

(1) 那些高大的建筑物，在彩灯的包围之下，显得更加雄伟。

(2) 古人语言中有生命的东西要吸取，但过于生冷的词语和典故应该尽可能不用。

(3) 商业职工深入农村，发动群众积极收取野生药材，认真做好统购工作。

(4) 我正谋划赶快把作业作完，以免受到老师的教训。

3. 指出下面句子中带点的词语是用了什么修辞手段，并说明这些词语的表达作用。

(1) 我最佩服北京双十节的情形。早晨，警察到门，吩咐道："挂旗！"各家大半懒洋洋的踱出一个国民来，撅起一块斑驳陆离的洋布。这样一直挂到深夜，——收了旗关门；几家偶然忘却的，便挂到第二天的上午。

(2) 两年前的此时，即一九三一年的二月七日夜或八日晨，是我们的五个青年作家同时遇害的时候。当时上海的报章都不敢载这种事，或者也许是不愿，或不屑载这件事，……

(3) 我不相信一九七六年的日历会埋着这样苍白的日子。

(4) "你在这里……呆了好久？"成岗不愿对孩子说出那个可怕的"关"字，改口说成"呆了好久"。

(5) 他一会儿到上面看看水手们，望望放瞭望哨的警卫员，一会儿瞧瞧前舱里的人是不是休息了。

(6) 后来这终于从浅闺传进深闺里去了。

(7) 棉纱汗衫不正常的"自我扩张"，穿不多久，它就变成了大褂。

(8) 我便索性又讲了一点子马道主义，把马寄放在面房老板那儿。

(9) 古有女儿莫愁，
莫愁那得不愁？
如今天下解放，
谁向困难低头？

(10) 蜜蜂是在酿蜜，又是在酿造生活；不是为自己，而是在为人类酿造最甜的生活。

4. 下面例子中的"小局"和"渺大"，是词语仿用的修辞手段还是生造词？

(1) 我们这儿是小局，必须服从大局。

(2) 这项工作的意义不是很渺小，而是很渺大。

第三节　词语的配合

交流思想的基本语言单位是句子。为了准确、鲜明、生动地表达思想，就要处理好句子中词语的配合关系。除了要注意词语在功能上、意义上的配搭关系之外，还必须注意词语的色彩配合和声音配合。

一　色彩的配合

词语的色彩指的是词语的修辞色彩。在交流思想的过程中，为适应特定的语言环境和交际对象的要求，人们使用的词语本身就含有表达特定的情态和气氛的独特格调，这就是词语的修辞色彩。词语的语音形式、词汇意义、语法功能和修辞色彩，构成了词语的完整的内容。

词语的修辞色彩是人们在长期运用语言的过程中逐渐形成的，它不是个人运用语言的特殊表现，而是具有全民性和稳定性的。带有修辞色彩的词语，总有一定的使用范围和使用情境，要受一定条件的限制。所谓词语的修辞色彩的配合，指的是在运用语言时，带有修辞色彩的词语应和规定的情境相一致，否则就会造成感情上的抵触和气氛上的相悖。

当然，词语的修辞色彩也不是一成不变的。例如社会观念的改变，语言活动范围的改变，都会使词语的修辞色彩有所变化。

词语的修辞色彩，包括词语的感情色彩和语体色彩两方面。

(一) 词语的感情色彩的配合

有些词语除了表达一定的意义外，还能同时表达一种感情态度，这种词语就带有感情色彩。如我们在词汇部分所说的褒义词和贬义词就是。不仅是词，有些成语、惯用语、谚语、歇后语也带有褒贬的意味。像“再接再厉”“日新月异”“万众一心”“开门红”“人心齐，泰山移”“千里送鹅毛——礼轻情意重”，都是褒义的；“变本加厉”“日暮途穷”“四分五裂”“拍马屁”“天下乌鸦一般黑”“黄鼠狼给鸡拜年——没安好心”，都是贬义的。这些词语本身就能明确地表达爱憎感情，是典型的带有感情色彩的词语。

应该看到，在语言中带有感情色彩的词语毕竟只是一小部分，还有很大一部分词语是不带感情色彩的。有些词基本意义虽然不带感情色彩，但它的引申意义却往往带有某种感情色彩。比如“高”这个词，在“这棵树很高”中并不带有感情色彩，但在“你的技术真高”中就带有了感情色彩。再如“红、白”本来是两种颜色，并没有感情色彩，但在京剧里，红色脸谱表示忠义，白色脸谱表示奸猾，观众一望而知。这里的“红”和“白”就带上感情色彩了。“上游、中游”本是河流的不同地段，并没有感情色彩，但在“力争上游”“甘居中游”中就带上感情色彩了。

由于运用的场合不同，有些词语也会表现出不同的感情色彩。例如：

第一组：

(1) 他顽强地与疾病作斗争。
(2) 我们消灭了顽强抵抗的敌人。

第二组：

(1) 必须强调指出：“左”倾路线也会给革命带来惨重的损失。
(2) 犯了错误，就应该多检查自己，不能一味强调客观原因。

第一组中前一例的“顽强”带有褒义的感情色彩；后一例中的“顽强”是中性的。第二组前一例的“强调”是中性的，后一例中的“强调”则带有贬义的感情色彩。

有些词语本来并不一定带有感情色彩，但经过形式的变化，就带有一定的感情色彩。例如有些名词或形容词，儿化以后就带有喜爱的感情色彩。像“小孩儿、大个儿、黑黑儿的、亮亮儿的、红扑扑儿的、香喷喷儿的”就是。与此相对照的是，像“乱糟糟、冷清清、臭烘烘、阴惨惨”这类原来表示憎恶的感情色彩的词就不能儿化。有些双音节形容词加上类似中缀的成分“里”以后就表示一种憎恶的感情。如“慌里慌张、胡里胡涂、洋里洋气”等。有些嵌进“三、四”或“七、八”等数词的成语也带有贬义。如“朝三暮四、颠三倒四、不三不四、乱七八糟、七零八落、七拼八凑”等。又如“四分五裂、四平八稳、五花八门、胡说八道”也都与这几个数词有关。

正确使用带有感情色彩的词语，注意词语的感情色彩的配合是很重要的。选择什么样的词语用在什么事物身上，既反映了作者的遣词造句的能力，也反映了作者的立场和观点。鲁迅在《记念刘和珍君》一文中有这样一段话：

(1) 我向来是不惮以最坏的恶意来推测中国人的。但这回却很有点出于我的意外。一是当局者竟会这样地凶残，一是流言家竟至如此之下劣，一是中国的女性临难竟能如是之从容。

这里对于“当局者”“流言家”用了贬义词“凶残”“下劣”，而对刘和珍君等女性就用了褒义词“从容”，鲜明地表达了鲁迅的爱憎。

再看下面的例子。

(2) 翻开历史看看，你们还站得住几天！你们完了，快完了！我们的光明就要出现了。我们看，光明就在我们眼前，而现在正是黎明之前那个最黑暗的时候。我们有力量打破这个黑暗，争到光明！

(3) 如果美是专指“婆娑”或“旁逸斜出”之类而言，那么，白杨树算不得树中的好女子。但是它伟岸、正直、朴质、严肃，也不缺乏温和，更不用提它的坚强不屈与挺拔，它是树中的伟丈夫。

例(2)是闻一多在《最后一次的讲演》中，怒斥当局的残暴和无耻。这里用“完了”“黑暗”“末日”等贬义词语，表达了他对执政者的痛恨和轻蔑。例(3)是茅盾在《白杨礼赞》中通过“伟岸、正直、朴质、严肃、坚强不屈、挺拔、伟丈夫”等褒义词语来歌颂傲然挺立在西北高原上的白杨树，进而礼赞党领导下的坚持抗日战争的北方广大人民。

不仅如此，有些本来没有感情色彩的词，如果我们把它运用到一个特定的语言环境中，也会临时带上某种感情色彩而确切地表达我们的思想感情。

(4) 可是，他却不能和大伙在一起了，而要单独去见什么谷××！

(5) 黑呢子马褂缎子鞋，
洼洼里来了个崔二爷。
一颗脑袋像个山药蛋，
两颗鼠眼笑成一条线。

例(4)中的“什么”本是疑问代词，在这里表示轻蔑的感情。例(5)中的“颗”本是一般的量词，但用来表示“脑袋”和“眼睛”，就有一种讽刺憎恶的色彩。这里的代词和量词起了画龙点睛的作用。

如果我们对带有感情色彩的词语运用得不好，就会使人感到态度暧昧，立场模糊，就会减弱乃至有损于文章的表达效果。如：

(6) 今天下午召开了村民大会，当场把老东山孙守财几户富裕中农的粮食、地瓜干，一粒不少，一两不差地退还。并且民兵队长江水山当众向他们道歉，指导员曹振德还借机大肆宣传了贫雇中农是一家的道理。

(7) 日本兵的马队和大批伪军浩浩荡荡地开进了赵各庄。

例(6)指导员曹振德宣传革命道理应该用“大力”，而不应用贬义词“大肆”。例(7)中“浩浩荡荡”是个褒义成语，用来指日本鬼子的马队和伪军是不妥当的。

需要指出的是，贬义词并不都是用于敌人，在人民内部，对一些不满意的事物也用贬义词语。如：

(8) 七斤嫂听到书上写着，可真是完全绝望了；自己急得没

> 法，便忽然又恨到七斤。伊用筷子指着他的鼻尖说："这死尸自作自受！造反的时候，我本来说，不要撑船了，不要上城了。他偏要死进城去，滚进城去，进城便被人剪去了辫子。从前是绢光乌黑的辫子，现在弄得僧不僧道不道的。这囚徒自作自受，带累了我们又怎么说呢？这活死尸的囚徒……"

鲁迅在《风波》中塑造的七斤嫂是一个普通的农村妇女，她听见茂源酒店主人赵七爷说："皇帝已经坐了龙庭"，就很紧张，又听见赵七爷说："没有辫子，该当何罪，书上都有一条一条明明白白写着的。不管他家里有些什么人。"七斤嫂更加心急如焚，因为她丈夫的辫子已经剪掉了。于是就抱怨、痛骂她的丈夫。言语中用了"死尸""自作自受""死进城""滚进城""僧不僧道不道""囚徒""活死尸"等一连串贬义词语。

当然，词语的感情色彩也不是一成不变的。随着社会的发展变化，随着政治道德标准的变化，词语的感情色彩也是有所变化的。比如"清高""礼教""老爷""明哲保身""谨小慎微"这些在旧社会表示褒义的词语，在解放以后都逐渐转化为贬义词语了。而"通俗""平凡""因陋就简""千方百计""牢不可破"就逐渐由贬义而转化为中性的了。有些中性词语如"改良""蜕化""检讨""交代""暴露"等都有了贬义。准确地掌握词语的感情色彩的变化，对于我们正确地使用语言来表达思想是很必要的。

如上所述，正确地使用不同感情色彩的词，可以把我们的立场态度表现得鲜明突出。但是由于表达的特殊需要，有时故意说一些反话，叫字面上的意思跟心里的意思相反，使词语的感情色彩临时起了根本的变化，也具有很强烈的表达效果。

反语往往是把褒义词语故意贬用，表示讽刺嘲弄的语气。如鲁迅《冲》中的一句话：

> (9) 流氓欺乡下老，洋人打中国人，教育厅长冲小学生，都是善于克敌的豪杰。

又如曹禺《日出》第二幕中，陈白露讽刺挖苦那个故作多情、俗不可耐的顾八奶奶“（故意地）你现在真是一天比一天会说话”，“（讽刺地）怪不得你这么聪明了”，就是用的“反语”。说话很不得体而且又十分愚蠢的顾八奶奶竟然信以为真，感到飘飘然。

在口语里这些反意的词语往往重读。在书面语中，为了使反语的意思更显豁，经常在反语词语上加上引号，有时还加上“所谓”“似乎”“如此”“怎样”之类的词语。

(10) 又是一大“新生事物”，十一级干部回家扫地。

(11) 我苦笑了，闭上了眼睛，仿佛看见这些所谓“朋友”的面目，以及他们怎样的“帮忙”。

反语有时也可把贬义词语褒用，或表示一种幽默诙谐的情态。下面是魏钢焰《艳阳漫步》和罗广斌、杨益言《红岩》中的例子：

(12) 刚才拽二号的胖女子，趁人们不注意，伸手到二号皮夹克里摸出来一把瓜子，嚷道：“看！俺大娘多好，老书记一出门，就预备下请客的东西了！”
这女子，说话就像机枪连发似的，两只胖手飞快地给大家“分赃”。

(13) 成岗迟疑了一下，又提出新的要求，“把收听广播的任务也交给我吧，我的工作的确不重！”
“你简直是‘野心’勃勃！才给别人写信致敬，又要叫别人‘失业’？我早就看穿了你的思想活动！”李敬原眼角透出一丝笑意，但很快就消失了。

(14) 有几个“慈祥”的老板到菜场去收集一些菜叶，用盐一浸，这就是她们难得的佳肴。

这些都是适应了一定的语言环境和语意表达的要求，故意说反话。由于表达得十分明确，人们能够透过字面上的意思，领会到说话人的真意，取得了很好的修辞效果。在这里，这些词语原有的感情色彩消失，转化成新的感情色彩了。当然，这只是临时的偶发性的运用，而不是词语本身的感情色彩的演变。

又如作者和对方的观点，在字面上似乎一致，在实质上，在思想感情上则是根本不同。

(15) 小赵的母亲病重住了医院，等着钱用。我把准备买半导体的四十块钱给他家寄了去。人们也许会说我这是“傻瓜”。只要对人民有好处，我就心甘情愿地做这样的“傻瓜”。

上面的贬义的词语，临时赋予了褒义。

还有一种“望文生义”的修辞现象，就是故意利用词语字面上的意思，改变了词语原来的意思和感情色彩，来为我们所要表达的新的内容服务。如“得寸进尺”本来是个贬义的成语，表示贪得无厌的意思。但有人说，在社会主义建设事业中，我们永远要“得寸进尺”，要永远不满足于已取得的成绩，得寸以后就要求进尺，在完成一项任务之后应立即根据新形势提出更高的奋斗目标。这就把贬义变为褒义了。再如“目中无人”这个成语也是贬义的。周恩来在对文艺工作者一次讲话中说：“演员在舞台上看到台下千百双眼睛，就有些战战兢兢，当然演不好戏。因此要‘目中无人’。”这里的“目中无人”，指表演艺术的一种高要求，高境界，含有褒义。

以上情况应该看成是在特定的语言环境中才出现的一种特定的表达方式，是个人运用语言的特殊现象。因为它有一定的表达效果，所以能够为广大群众所接受；但又因为它是一种临时的偶发性运用，所以并没有改变词语本身所固有的感情色彩。这种情况，可以看作是带有感情色彩的词语的活用。

(二) 词语的语体色彩的配合

人们运用语言时，总是根据一定的交际内容、交际目的和交际场合，来选取一定的表达形式；所选取的某种表达形式，既要适应交际的对象，又要受特定的语言环境的制约。运用语言的种种表达形式，逐渐稳定下来，就形成了不同的语体类型。总的来说，语体一般可分为口头语体和书面语体两种：口头语体中包括谈话语体和演说语体，书面语体中包括事务语体、科技语体、政论语体和文艺语体。

不同的语体在词语配合等方面都有各自不同的特点。有些词语经常在某一种语体中使用，而不在其他语体中使用，这些词语也就带上了某种语体的特殊色彩。如“快活”“哆嗦”“生气”带有口头语体的色彩，而意义相近的“愉快”“颤栗”“愤懑”则带有书面语体的色彩。再如同样是表示“书信”的意思，“函”就带有事务语体的色彩，“书简”就带有文艺语体的色彩。

词语的语体色彩与感情色彩往往是有联系的。有些带有某种语体色彩的词语也常常带有一定的感情色彩，比方含有书面语体色彩的词语中，“瞻仰”“视察”“莅临”等带有褒义，“嚣张”“伎俩”“卑劣”等带有贬义。含有口头语体色彩的词语中，“勤快”“厚道”“本事”等带有褒义，“鬼混”“胡扯”“无赖”带有贬义。有时我们说某一词语带有某种感情色彩或语体色彩，这是从某一角度说的，并不是说这一词语仅仅带有这一种色彩。

词语的语体色彩与词语的成分和来源有一定的联系。一般说来，方言词带有口头语体的色彩，这是因为方言词是活在人民群众的口里的；外来词和古语词带有书面语体的色彩，这是因为古语词和外来词是借助于书面语而流传和引进的。在书面语体中，文艺语体使用了一定的方言词；而事务语体经常出现一些古语词；外来词在科技语体和政论语体中比较活跃。

正确地使用带有语体色彩的词语是很重要的。因为这不仅可以确切地表达我们的思想感情，而且可以造成一个和表达内容相适应的言语气氛，增加语言的感染力。

例如叶圣陶在《相濡以沫》中说：

(16) 各界的人不经邀约，不凭通知，各自跑来瞻仰鲁迅先生的遗容，表示钦敬和志愿追随的心情。

在这篇文章中，叶圣陶用了“邀约”“瞻仰”“遗容”“钦敬”“追随”等书面词语表达了鲁迅逝世时的一片严肃庄重的气氛，表达了各界人士对鲁迅仰慕爱戴的深情。

这里使用大量的带有书面语体色彩的词是十分必要的。但是，如果是向工农群众作宣传，那就要选用工人农民所熟悉的词语，就要运用大量的带有口头语体色彩的词语，才能把道理讲得通俗生动，深入浅出，才能达到应有的宣传效果。毛泽东在《湖南农民运动考察报告》中是这样向农民宣传破除迷信的：

(17) 信八字望走好运，信风水望坟山贯气。今年几个月光景，土豪劣绅贪官污吏一齐倒台了。难道这几个月以前土豪劣绅贪官污吏还大家走好运，大家坟山都贯气，这几个月忽然大家走坏运，坟山也一齐不贯气了么？土豪劣绅形容你们农会的话是："巧得很罗，如今是委员世界呀，你看，屙尿都碰了委员。"的确不错，城里、乡里、工会、农会、国民党、共产党无一不有执行委员，确实是委员世界。但这也是八字坟山出的么？巧得很！乡下穷光蛋八字忽然都好了！坟山也忽然都贯气了！神明么？那是很可敬的。但是不要农民会，只要关圣帝君、观音大士，能够打倒土豪劣绅么？那些帝君、大士们也可怜，敬了几百年，一个土豪劣绅不曾替你们打倒！现在你们想减租，我请问你们有什么法子，信神呀，还是信农民会？

这里选用了农民所熟悉的词语，如"八字""走运""风水""贯气""光景""倒台""屙尿"等来宣传革命道理。这些词语带有口头语体的色彩，好像是和农民谈心一样，使农民感到非常亲切，所以这段话"说得农民都笑起来"，收到很好的修辞效果。

文艺作品中，使用口语词较多的，往往是小说、话剧和民间文学；使用书面语词较多的，往往是散文、杂文、诗歌。文艺作品使用的书面语词也有自己的特点，它多带有文艺语体的色彩，而很少出现在科技、事务或政论等语体之中。例如：

(18) 我家的新嫂子，
有点嘴皮碎，
碰到三婶二大娘，
唠唠叨叨不住嘴：
“俺家那口子，
好像不知累，
白天去忙队里活，
夜间又尽开啥会。
要他办点家里事儿，
不知要等到哪一辈子！
哪天跟他坐下来，
定要评个是和非！”

(19) 也许
你们心上的世界
如蓝天那样
明澈而单纯，
就连梦
都像百花盛开的旷野
那般清新……
然而迎接你们的
都不尽是
小鸟的
悦耳的歌声，
在前进的道路上
还常有
凄厉的风雨
和雷的轰鸣……

前一首诗是以农民的口气写的，用的都是口语词，读起来亲切感人。后一首是写给广大青年的，书面语词就比较多。这些书面语词都是文艺语体所常用的，如“心上的世界”“明澈而单纯”“百花盛开的旷野”“那般清新”“悦耳的歌声”“凄厉的风雨”等，使人感到形象生动，抒情气味很浓。可见运用不同的语体色彩的词语，所产生的气氛和格调是不同的。

什么语体就运用带有什么语体色彩的词语，否则就会使我们运用的语言产生语体不协调的气氛，搞得不伦不类。如果我们把上面的诗句搬到公告、小结之类的事务语体的文章中去，把大量的口语词运用在科技语体或政论语体的文章里面，读起来就显得思想内容和表达形式不和谐。

带有某种语体色彩的词语一般只适用于相应的某种语体，但是某些带有语体色彩的词语，有时又具有一定的灵活性。在某种语体中故意用上少量的另一种语体色彩的词语，却能收到很好的表达效果。赵树理善于把少量的政治术语写进自己的小说中去，使人感到幽默诙谐，辛辣有味。例如：

(20) 他们谈到以后该怎么样办，燕燕仍然帮着艾艾和小晚想办法，他们两个也愿意帮着燕燕，叫她重跟小进好起来。用外交上的字眼说，也可以叫做“定下了互助条约”。

(21) 灵芝和有翼开玩笑说：“你爹的外号不简单，有形成阶段，还有巩固和发展阶段。”

(22) 她既然只把张信当成她“过渡时期”的丈夫，自然就不能完全按“自己人”来对待他，因此她安排了一套对待张信的“政策”。

二 声音的配合

人民群众运用语言很讲究声音美，这与汉语的语音特点是分不开的。汉语的元音占优势，再加上声调的抑扬变化和音节的长短配合，使得汉语富于音乐性。千百年来，我国人民就很重视语言声律的研究和运用，不仅韵文要讲究声律的和谐，而且散文也要求能够铿锵有声，朗朗上口。前人根据汉语的特点，创造了许多讲究声音美的语言形式。不但诗歌、戏曲、说唱文学之类有一定的格律，而且像成语、格言等也是很注意声音美的。

词语是声音和意义的结合。词语组成句子就有声音的配合问题。声音配合得好，就会有助于意义的表达。有的文章，读起来声调铿锵，悦耳动听；有的文章拗口刺耳，难以卒读。曹靖华说："不但诗讲节奏，散文也该讲这些，讲音调的和谐。也应下字如珠落玉盘，流转自如，令人听来悦耳，读来顺口，不致佶屈聱牙，闻之刺耳，给人以不快之感。"①这段话是很有见地的。

（一）声韵和谐

声韵和谐主要指声、韵、调的配合。声、韵的配合，就出现了双声叠韵和押韵的问题；声调的配合，就出现了平仄相协的问题。

1. 利用双声叠韵

双声叠韵是汉语所特有的一种利用语音表达内容的形式。两个音节声母相同的叫做双声，韵母相同的叫做叠韵。我国古典诗词中运用双声叠韵的为数不少，现在通行的许多成语，如"意气风发""粗茶淡饭""循序渐进""流离失所""惨淡经营""冠冕堂皇"等就是运用双声叠韵的方法构成的。

许多联绵词，其构成的两个音节常有双声关系或叠韵关系。如"辉煌""慷慨""陆离""逍遥""从容""辗转"等。

有些优秀的散文作家也注意利用双声叠韵来造成语言的美感。这种语言中的形式美，给人的印象是很深刻的。例如：

(1) 她唱的响亮而圆转：当她的船箭一般驶过去时，余音还袅袅的在我们耳际，使我们倾听而向往。

(2) 我必须立刻把它写下来，我愿意把它写在这奔腾叫啸而又安静温柔的长江一起，因为它使我联想到我前天想到的"战斗——航进——穿过黑夜走向黎明"的想象，过去，多少人，从他们艰巨战斗中想望着一个美好的明天呀！而当我承受着像今天这样灿烂的阳光和清丽的景色时，我不能不意识到，今天我们整个大地，所吐露出来

① 曹靖华.飞花集[M].上海：上海文艺出版社，1978：293.

的那一种芬芳、宁馨的呼吸，……

(3) 真的猛士，敢于直面惨淡的人生，敢于正视淋漓的鲜血。

上面的三个例子中，有的句式整齐，双声与叠韵遥遥相对，读起来有一种整齐的韵律美。有的句式错综，双声叠韵接踵而来，朗读起来波澜起伏，声情并茂。

2. 讲究诗歌押韵

押韵指的是在不同的语句中的同一个位置上，运用韵母中韵腹相同或韵腹韵尾相同的字。通常都押在句尾，所以又叫“韵脚”。

(4) 海的颜色像初秋的晚霞，(xia)
刹那间可以千变万化；(hua)
渔家姑娘最爱海的本色——
蓝锦缎上绣几朵雪白的花。(hua)

(5) 大雪压青松，
青松挺且直；(zhi)
要知松高洁，
待到雪化时。(shi)

上面两首都是押韵的诗，但押韵情况并不相同。例(4)首句入韵，一、二、四，三句押韵。从韵母的情况来看，首句末字是——ia，二、四两句都是——ua，但韵腹都是——a，应该看作是押韵的。例(5)首句不入韵，二、四两句押韵。

在有韵的诗歌中，有首句入韵的，也有首句不入韵的，要紧的是第二、第四句要押韵。所以一般说来，韵脚都押在逢双的句子上。

诗歌是音乐性的语言，押韵是最基本的要求。押韵使得同一个音在同一个位置上不断重复，这种声音上的回环复沓，“可以帮助情感的强调和意义的集中”，[①]可以传达诗歌的内在情愫，拨动人们的心弦，引

① 朱自清.新诗杂话[M].上海：作家书屋，1947：148.

起思想的共鸣。诗歌押了韵就使得诗歌张开了翅膀，从文学的领域飞进了音乐的世界，便于演唱，便于吟诵，鲁迅说："新诗先要有节调，押大致相近的韵，给大家容易记，又顺口；唱得出来。"[①]诗与歌往往形影不离，这又是与诗的押韵分不开的。

现代韵文一般以十三辙或十八韵为押韵的依据。邻近的辙也可以通押。例如：

(6) 小小的一根火柴，（chai）
划开了一个新的境界。（jie）
好大的火，
荒原成了火海！（hai）
火花飞舞着、旋转着，
火柱直冲到九霄云外！（wai）

这里乜斜和怀来辙通押。诗歌用韵通押问题比较复杂。有的是受方音影响，有的是用韵宽严问题，这里不细说。

诗歌一般是隔句押韵，有时也可以逐句押韵。如：

(7) 我凭依着南窗远望。（wang）
西方的天际一抹斜阳，（yang）
那儿是蔷薇花的故乡，（xiang）
那儿有金色的明星徜徉。（yang）
晚风哟，你是这样的清凉，（liang）
少时顷你会吹到那西湖边上，（shang）
你假如遇着我那姑娘。（niang）
你请道我呀平安无恙。（yang）

① 鲁迅.鲁迅书信集[M].北京：人民文学出版社，1976：655.

也有少数的诗是用随韵、交韵和抱韵的。随韵指的是每两句换一个韵。如闻一多的《发现》韵脚是“泪，对；我，火；喜，你；崖，爱；风，胸；你，里”。刘半农的《教我如何不想她》后半首的韵脚是“流，游；话，她；摇，烧；霞，她”。交韵指的是四行一节的诗中，一、三两句押韵，二、四两句押韵。如卞之琳的《大车》，韵脚是“金，步，林，土；想，雄，方，风”。抱韵指的是四行一节的诗中，第一、第四两句押韵，第二、第三两句押韵。如蹇先艾的《雨晨游龙潭》，第一段韵脚是“回，彩，霾，飞”，第二段韵脚是“大，泉，山，花”。

诗人有时是根据内容来选择韵部的，汉语的元音，有的响亮，有的柔和，有的雄壮，有的细微。一般说来，在现代汉语中，如江阳、发花、言前等辙就宜于表达雄壮激昂的感情，灰堆、乜斜、姑苏、一七等辙宜于表达悲伤柔婉的感情。如贺敬之的长诗《放声歌唱》共分五节，整个诗篇格调高昂，但从诗的布局来看，第三节是个高潮，开头和结尾气势也很豪迈，二、四两节在整个的旋律上处理成稍低沉的音区，这样就有助于烘托和突出高潮，使整个诗篇波澜起伏，跌宕多姿。诗的第一节用中东辙，第二节转为灰堆辙和一七辙，音流下回，到了第三节变为江阳辙，把全诗推向高潮，第四节又降了下来，用一七辙；到第五节，又转为江阳辙，结束得雄壮有力。

一般说来，短的诗往往是一韵到底，而长诗就需要换韵。如前面所举的贺敬之《放声歌唱》就换了五次韵。短诗如换韵过多，就会使人有零乱之感。所以刘勰说：“然两韵辄易，则声韵微躁；百句不迁，则唇吻告劳。”①

在汉语中，传统的和民间的诗歌总是押韵的。我国的一些新诗绝大部分也是押韵的。有时为了押韵，作者不得不变动语序。如郭小川的诗：

(8) 肃杀的秋天毕竟过去了，繁华的夏日已经来临，
这香甜的甘蔗林哟，哪还有青纱帐里的艰辛！
时光像泉水一般涌啊，生活像海浪一般推进，

① 刘勰《文心雕龙·章句》。

那遥远的青纱帐哟，哪曾有甘蔗林里的芳芬！

(9) 我们的祖国
为了抚育我们
从来没有吝惜过辛劳，
现在我们长大成人了
该怎样奋不顾身地
把祖国答报！

这里为了押韵，把"芬芳"颠倒为"芳芬"，把"报答"颠倒为"答报"。这是为了修辞而采取的临时措施，不能指责为"生造词"。

诗歌一般是要求押韵的，但是也有一些诗，特别是受外国诗歌影响较深的一些新诗，是不押韵的。如冰心的《春水》与《繁星》就是。这些不押韵的诗，大都是些三五行的短诗。如：

一

墙角的花！
你孤芳自赏时，
天地便小了。

二

青年人，
珍重的描写罢，
时间正翻着书页，
请你着笔！

3. 避免声音拗口

运用语言，要讲究语言的流畅悦耳，就要注意词语间的声音的搭配。声音配合不好，就会拗口刺耳。汉语中有许多拗口令，就是利用声音的相近似组合成功的，念起来很费劲，听起来也颇吃力。因此，我们在写文章时就要避免把一些声音相近似的字组合在一起。有些词语在看的时候觉得很清楚，一上口就会感到很别扭。例如"黄土高原和河套平原”，读起来就没有“黄土高原与河套平原”顺口。再如：“他口头上说得冠冕堂皇，事实上并不实事求是”这句话如说成：“他口头上说得冠冕堂皇，实际上并不实事求是”，就顺口得多了。

要避免声音拗口，还必须注意平仄相谐。汉语是有声调的语言，汉语的音节配合中，注意声调的协调运用会大大增强语言的美感。

注意声音的平仄相谐，并不是什么不可捉摸的事情。许多四字格的成语就很讲究平仄的协调。如“前功尽弃”“餐风饮露”“单枪匹马”“来龙去脉”“铜墙铁壁”“偷工减料”等都是平平仄仄；“视死如归”“异想天开”“画饼充饥”“问道于盲”“断简残编”“痛改前非”等都是仄仄平平。四字格中平仄对应，读起来十分悦耳。有些文章就很注意这种平仄对应关系，读起来就抑扬有致。

(10) 一张白纸，没有负担，好写最新最美的文字，好画最新最美的画图。

(11) 大历四年的冬天，寒流侵袭潭州(长沙)，大雪下得家家灶冷，户户衣单。

例(10)中的上句的“白纸”是平仄，下句的“负担”是仄平；上句的“文字”是平仄，下句的“画图”是仄平。这里用“画图”而没用“图画”，显然是从平仄的协调上斟酌的。例(11)的“家家灶冷”是平平仄仄，“户户衣单”是仄仄平平。抑扬顿挫，和谐动听。

有的不注意平仄的配合，写出来的句子，念起来就很拗口。如：

(12) 是四月天，天上没有一丝云，日头光炎炎的。风是又闷又热，地上干裂了缝，有一指宽。这是副产区，以果菜为主。果树焦了梢，菜儿蔫了叶，一连八个月没有下一场像样的雨。……

这段话在句式运用，音节配合上都有不少毛病，在声音上也很碍耳。句子零碎，没有统一的格局，仿佛是一个没有指挥的乐队，各奏各的调，显得零乱。最后一句“场像样”三字语音很相近，加上这一句多是仄声字，念起来很吃力。

总起来说，平仄相谐主要表现在两个方面，一是不同的句子的末尾要注意平仄相应，一般是前仄后平；一是同一句子中要注意平仄重复变化，一般是两字一换。

（二）音节匀称

汉语的词有单音节的，也有双音节的和多音节的，而双音节的词占大多数。许多双音节词往往可以找到它的单音节的同义词。这样在词语配合时，就可以根据音节的长短来选择适当的词语。

一般说来，单音节词是和单音节词配合，双音节词是和双音节词配合。比如“花”和“花朵”“鲜花”这组同义词，我们说“白花”“红花”而不说“白花朵”“红花朵”，我们还说“白色的花朵”“红色的花朵”，而很少说“白色花”“红色花”。我们说“花开”而不说“鲜花开”（诗歌中间或有这种说法），我们说“鲜花盛开”而不说“花盛开”。我们说“读书”，但当“书”变为双音词“书报”时，就得说“阅读书报”。我们说“句型”，但当“句”变成双音词“句子”时，就得说“句子类型”。

单双音节词语的配合，不光是这些词语本身的配合问题，还与这些词语所处的语言环境有关。如：

(13) 因为胜利，我们的骄傲情绪……可能生长。……务必使大家继续地保持谦虚、谨慎、不骄、不躁的作风……。

(14) 我们含泪伫立桔子洲头，漫步湘江峭岸；回清水塘，登岳麓山，徘徊板仓小径，依恋韶山故园……万千思绪，随山移水转。

例(13)“骄傲”是个双音词，主要因为和“情绪”这个双音词配合；下面采取了单音形式“骄”，也同样为跟“不”组合后，与“谦虚”“谨慎”“不躁”这些双音形式相对称。例(14)的“伫立”与“漫步”，“回”与“登”，“徘徊”与“依恋”也是两两相对应。

可见，音节的匀称也表现在两个方面：一是句内的音节连接，不要忽长忽短，站立不稳；一是句间的音节对应，要求结构整齐，形式美观。

(三)节奏鲜明

讲究节奏是诗歌的基本要求。诗歌中抒发的情怀不是平板的,而是波澜起伏的,这诉之于文字便成了诗歌的节奏。郭沫若说:“大概先扬后抑的节奏,便沉静我们。先抑后扬的节奏,便鼓舞我们。这是一定的公例,钟声是先扬后抑的,初扣的时候顶强,曳着的袅袅的余音渐渐微弱下去。海涛的声音是先抑后扬,初起的时候从海心渐渐卷动起来,愈卷愈快,卷到岸头来,‘拍’的一声打成粉碎。因为有这样的关系,所以我们听钟声和听海涛的心理,完全是两样”。“节奏的确是有这两种效果的,一种是鼓舞我们,一种是沈静我们。听军歌、军号、军鼓时的感觉,是前的一种。听儿歌、箫声、赞美歌时的感觉,是属于后的一种。抒情诗也自然生出两种派别。譬如惠迭曼(Whitman)的诗是鼓舞调,太戈儿(Tagore)的诗是沈静调。”[①]可见,节奏与感情的关系是很密切的。

凡要构成节奏,总离不了两个很重要的关系。一个是时间的关系,一个是力量的关系。时间的关系往往表现为句式的长短;力量的关系往往表现为声音的轻重。

一般说来,长的诗行宜于形成雄壮豪迈的气势,短的诗行宜于表达活泼轻快的情态。例如:

(15) 炮声响了,
　　你立刻昂然站起来!
一会儿,下隧洞,
　　一会儿,登山崖;
一会儿,进工事,
　　一会儿,上炮台;
一会儿,看长天,
　　一会儿,望大海;
你发出的炮火
　　像闪电般把敌人的阵地劈开。

① 郭沫若.文艺论集[M].北京:人民文学出版社,1979:233—234.

这是郭小川《大海浩歌》中的一小段，他善于用长的诗行抒发自己豪迈雄壮的情怀，这里插入了一组短诗行，以跳跃的节奏，表现机智敏捷的动作，生动活泼，跃然纸上。

声音的轻重在诗行中也能形成节奏，这除了有声调的因素以外，主要是用语法重音和强调重音来造成诗歌旋律中强弱不同的节奏。如：

(16) 哪，外面是声音、声音，
生命在招呼着生命。
解放、自由、永久的平等，
奴隶是奴隶们在搏争光明。

表示节奏的基本单位叫做“音步”或“顿”。汉语中一般是两个或三个音节为一顿，单音节或四音节以上的顿比较少见。如：

(17) 五月的——鲜花——开遍了——原野，
鲜花——掩盖着——志士的——鲜血。
为了——挽救——这垂危的——民族，
他们——曾顽强地——抗战——不歇。
(18) 昔时——不见——此处——山青，
野花——烧红——岭头的——流云，
而今——杜鹃花——谦逊地——让位，
偶遗二三——点缀在——新辟的——田埂。

顿的划分是着眼于声音上的间歇，因而往往与词语意义的划分有不一致的地方。由于节奏的要求，有时一个词语要剖开分属到两个顿里去。如“一衣带水”应读成“一衣——带水”而不能读成“一衣带——水”；“为他人作嫁衣裳”应读成“为他——人作——嫁衣——裳”，而不读成“为——他人——作——嫁衣裳”。

一般说来，诗歌也要求有一个相对稳定的节奏。一首诗中每行的顿数最好大致相等，否则就会有零乱之感。

在诗歌的节奏中，为了强化某些音顿的感情，在音顿之后附着一些衬字。衬字一般是语气词或助词，有增强语势的作用。贺敬之的《回延安》中就用了大量的衬字。例如："心口呀莫要这么厉害的跳，灰尘呀莫把我的眼睛挡住了……。""千万条腿来千万只眼，也不够我走来也不够我看！""杨家岭的红旗呵高高的飘，革命万里起高潮！""身长翅膀吧脚生云，再回延安看母亲！"这里的"呀""来""呵""吧"都是衬字。

为了使诗的节奏和谐，在诗歌中必须运用某些虚词。如果诗中都是双音节词，读起来就会感到非常别扭，显得呆板而紧促。郭小川曾经批评一个作者在诗行的结尾用两个双音词的毛病。那首诗的诗行的结尾处用的是"利箭、快刀""火箭、导弹""狂卷、叫嚣"等。他认为要么精简为一个词，要么两个词的中间加上连词。否则就不会构成优美的旋律。①

不仅在诗歌中，就是在散文中也应当避免一连串的双音节奏。有些双音节的组合，只要加上一两个虚词，句子就活了，就不会再那么呆板，而有了一种错落有致的美了。如：

(19) 有些报道文章，比社论或新闻还重要，比副刊杂志上文章，也更能吸引读者，不仅给人印象真实而生动，还将发生直接广泛教育效果。……同是知识经验和文章，在将三者综合表现上，得失就可见出极大差别。

上例的"还将发生直接广泛教育效果"加进两个虚词，说成"还将发生直接而广泛的教育效果"就好念好听得多了。同样将"得失就可见出极大差别"改成"或得或失，就可以见出极大的差别"，句子就不那么呆板紧促了。

（四）声音传情

我们有时可以利用语言的声音来摹态传情，使文章更加生动活泼。

---

①　郭小川.谈诗[M].上海：上海文艺出版社，1978：30—31.

在描写客观事物时，运用叠音的词语，不仅可以增加文章的形象性，而且可以增加文章的音乐性。如朱自清《荷塘月色》：

(20) 曲曲折折的荷塘上面，弥望的是田田的叶子。叶子出水很高，像亭亭的舞女的裙。层层的叶子中间，零星地点缀着些白花，有袅娜地开着的，有羞涩地打着朵儿的；正如一粒粒的明珠，又如碧天里的星星，又如刚出浴的美人。微风过处，送来缕缕清香，仿佛远处高楼上渺茫的歌声似的。这时候叶子与花也有一丝的颤动，像闪电般，霎时传过荷塘的那边去了。叶子本是肩并肩密密地挨着，这便宛然有了一道凝碧的波痕。叶子底下是脉脉的流水，遮住了，不能见一些颜色；而叶子却更见风致了。

这样柔美的荷香月色，正是运用了大量的叠音词，描绘出一幅生动迷人的画面，演奏出一曲叮咚作响的乐章，给人以语言艺术的美的享受。

为了形象地再现事物运动的情景，往往用象声词把声音摹写出来，使人有身临其境之感。如：

(21) 红的高粱，白马牙玉茭，扬着风，一阵阵烟雾腾腾，马蹄答答响，石碾子咕噜噜转着跑，人脸晒红了，汗珠在眉峰上闪光，灰尘披满衣衫，声音却分外欢畅、洪亮。

(22) 窗外，雨声淅沥，雷声不断，雨点打在白玉阶上，梧桐叶上，分外地响。风声缓一阵，紧一阵，时常把雨点吹过画廊，敲在窗上，又把殿角的铁马吹得丁丁冬冬。

摹声不仅表现对自然风物的声音描摹上，而且表现在描摹其他人物的音容笑貌，使人感到惟妙惟肖，栩栩如生。如老舍《女店员》：

(23) 齐凌云：其实呀，我并不像你们想的那么神气！念初中，在中间休息了一年，初中毕业，又没考上高中！你看妈妈那个挖苦我呀！（学妈妈的语调）啊，一朵鲜花似的大姑娘，赶情是个大草包啊：连高中都考不上！我神气什么呀！

如果说对自然风物的描摹，有助于逼真地描绘景物和烘托环境，那么对人物的声音的描摹就有助于刻画性格和推进情节。

有时还可以利用词语的声音的相谐，引出另外的意思来。有的使人感到诙谐有趣，有的使人感到隽永深刻。我们在日常生活中经常听到人说："干部干部，先干一步！""要向前看，不要向钱看！"等，就是这样的例子。这种情况在文学作品中是很常见的。如：

(24) 病人恢复了健康。畸零人成了正常人。正直的人已成政治的人。他的进步显著。

(25) 铁良随即套上了双铧犁，聚兰交代说："你虽然也听老梁同志说了，究竟没试验过，别性急。机器，'急气'，越急越气。"

有时为了刻画好人物，准确地运用语气词和叹词是很必要的。人物的情态，喜怒哀乐，往往通过一个语气词或叹词就能活灵活现地表达出来。

(26) "好了，好了！"看的人们说，大约是解劝的。
"好，好！"看的人们说，不知道是解劝，是颂扬，还是煽动。

(27) "我出十块钱，请你们准我进农民协会。"小劣绅说。
"嘻！谁要你的臭钱！"农民这样回答。

例(26)是鲁迅《阿 Q 正传》中阿 Q 和小 D 打架时边上观众的态度，"好了，好了！"用了语气词"了"，是希望他们不要再打了；"好，好！"

没有语气词“了”，是煽动他们继续打，意思上差别很大。例(27)利用叹词“嘻”表达了农民对封建地主阶级的蔑视和厌恶。

文学作品中刻画人物的不同的情态，更是离不开运用语气词和叹词。就拿鲁迅的《祝福》来说吧，当祥林嫂极秘密地向“我”问起人死了之后有没有灵魂时，踌躇不定的“我”回答：“也许有罢——我想”。一个“罢”字，形象地表现了吞吞吐吐的情态。接着祥林嫂又追问：“那么，也就有地狱了？”“阿！地狱？”“我”的惊讶和无所措手足的情态跃然纸上。但祥林嫂仍不放松：“那么，死掉的一家的人，都能见面的？”“唉唉，见面不见面呢？”这时的“我”似乎在敷衍了。三个语气词和叹词毕真地刻画了“我”的窘态，有力地反衬了祥林嫂对旧的传统观念的质疑和反抗。再如小说中还多次用“阿呀”这个叹词来描绘卫老婆子。有时用来表白自己的“委屈”，有时用来为祥林嫂婆婆开脱，有时用来对祥林嫂抗婚的惊叹，有时又表现为对祥林嫂的反抗行为的不可理解……这一切都生动地展现了她那一种善观气色、巧舌如簧的性格特点。

思考和练习

1. 找出下面例子中带有感情色彩的词，并说出它们在句中的表达作用。

   我们在政府工作中，应该是十分廉洁、不用私人、多做工作、少取报酬的模范。我们在民众运动中，应该是民众的朋友，而不是民众的上司，是诲人不倦的教师，而不是官僚主义的政客。我们无论何时何地都不应以个人利益放在第一位，而应以个人利益服从于民族和人民群众的利益。因此，自私自利，消极怠工，贪污腐化，风头主义等等，是最可鄙的；而大公无私，积极努力，克己奉公，埋头苦干的精神，才是可尊敬的。

2. 从一篇报刊评论中，找出带有口头语体色彩的词语，并说明它们的表达作用。
3. 从现代文学作品的人物语言中分析使用书面语体色彩词语的情况。
4. 分析一下朱湘的长诗《王娇》(四至七节)(《新诗选》第一册。476—

497 页，上海教育出版社 1979 年版）押韵的几种形式。

5. 孙犁《荷花淀》中使用的象声词起了什么表达作用？

　　她们轻轻划着船，船两旁的水，哗，哗，哗。顺手从水里捞上一棵菱角来，菱角还很嫩很小，乳白色，顺手又丢到水里去。

　　……

　　后面大船来得飞快。那明明白白是鬼子。这几个青年妇女咬紧牙，制止住心跳，摇橹的手并没有慌，水在两旁大声地哗哗，哗哗，哗哗。

6. 从现代典范的白话文著作中找出利用声音来表情传神的例子，并加以分析。

第四节　句子的锤炼

句子是交流思想的基本语言单位。对句子进行锤炼的过程就是对句子不断推敲琢磨、不断加工提炼的过程。只有这样，才能提高句子的表达效果，才能充分发挥语言的交际效能。

连贯、周密、简练和生动，是锤炼句子的基本要求。

一　连贯

句子的连贯，主要包括两方面：一是句子之间的配合问题，一是句子内部的组织问题。句子之间的配合，要注意上下衔接紧密而不中断，条理层次清楚而不紊乱。句子内部的组织，要注意句中成分的组合得当，文气通畅。

（一）上下衔接

句子与句子的组合应该衔接紧密，才能使文章连贯流畅。句子上下衔接紧密，主要是保持意义上的连贯性。郭沫若的《科学的春天》中，有这样一段话：

（1）我们中华民族在人类文明发展史上，曾经有过杰出的贡献。现在，在共产党的领导下，我们民族正在经历着一场伟大的复兴。恩格斯在谈到十六世纪欧洲文艺复兴时曾经说过，那是一个需要巨人而且产生了巨人的时代。今天,我们社会主义祖国的伟大革命和建设,更加需要大批社会主义时代的巨人。我们不仅要有政治上、文化上的巨人,我们同样需要有自然科学和其他方面的巨人。我们相信一定会涌现出大批这样的巨人。

这一段共有六句话,句与句之间衔接得非常紧密。第一句说中华民族在历史上有过杰出的贡献。第二句紧接第一句,说现在在党的领导下中华民族正在复兴。"曾经"和"现在"紧密衔接。从中华民族的复兴,很自然地引入第三句,转述恩格斯关于欧洲文艺复兴的著名论断。第四句顺承上句的"需要产生巨人"的论断,指出今天我们更需要社会主义时代的巨人。接着,第五句具体阐发了我们需要各个方面的巨人。最后满怀信心地指出我们一定会产生大批巨人。这段话句句承接,环环紧扣,上下连贯,一气呵成。然而,有些文章不注意语言表达上的连贯性。有时一句话还没有说完,却又冒出另外一句话来,人们就会感到语意突兀,文气不畅。

(2) 江南水乡,是捕鱼捉蟹的好地方。到了捕蟹季节,渔民们入夜便在河边湖畔,处处是灯火在闪光,每个公社可捉到数千斤螃蟹。

"渔民们入夜便在河边湖畔"怎么样,意思没有写完,接着就去写"处处是灯火在闪光"的夜景了,语意衔接不上。如果在"湖畔"之后加上"捕蟹",全句就连贯了。

有时候上一个分句完整了,但是下一个分句并没有衔接上句,而是变换了主题,语气也就脱节了。

(3) 作者没有把简·爱写成美丽多情、温柔娇弱的天使,而是一个渴望自由平等、勇于和自己所处的恶劣环境作斗争的妇女。

前一分句是说作者没有把简·爱写成天使,后一分句在结构上好像是承接前句的，但是从意思上看却是陈述简·爱的，两个句子衔接不上。如果在后一分句的“而是”后面补上“把她写成”，句子就通畅了。

要保持前后句意义上的连贯性，就要保持叙述角度的一致。叙述角度的变换不当，就容易造成句子前后脱节。如：

(4) 编辑人员要和人民群众保持密切的联系，要给他们深入生活和写作的时间。

前一分句是陈述“编辑人员”的，后一分句的叙述角度变了，仿佛是对有关的领导说话了。两个分句在意义上脱了节。如果把“给他们”改为“有”，两个分句都陈述“编辑人员”，意思就连贯了。

在叙述角度一致的句子中，有时分句之间结构不一致，也会影响句子的连贯流畅。如：

(5) 我们学校积极开展工作，落实各项政策，拨乱反正，整顿校风，把“四人帮”的流毒彻底肃清。

最后一个分句用“把”字句，跟前面的分句不协调，应该改为“彻底肃清‘四人帮’的流毒”。

有时在句子中间，用一些连接性的词语是必要的。这些连接性词语仿佛像环子，把不同的句子串连起来。缺少了这类词语，句子就会脱节。如：

(6) 许多青年同志喜欢读诗，也喜欢写诗。不管为了读诗或写诗，都不应该忘记我国诗歌的优良传统，我们自然会想起唐诗，寻找这个诗歌的艺术宝藏。

“不应该忘记我国诗歌的优良传统”与“我们自然会想起唐诗”衔接不上，中间缺少了一些连接性的词语。如果加上“一谈到诗”，文气就连贯流畅了。

连接性的词语，有些是关联词语。运用关联词语可以使句子之间在意义上的联系更加清楚、细致和突出。如果缺少了必要的关联词语，就会影响句子的连贯性。如：

(7) 先浇了二十亩，过了四五天，仍不见麦苗返青，倒有些发了锈，和县里的技术员研究，果然是浇早了。

“和县里的技术员”与“研究”之间，加个表时间的关联词语“一”，文气就流畅得多了。

（二）层次清楚

层次清楚是句子连贯的一项重要要求。层次安排是否妥当，主要是句子之间的次序排列是否妥当。哪个分句在前，哪个分句在后；哪个分句与哪个分句靠得紧些，都会影响句子意义的表达和语气的连贯。这从话剧《豹子湾战斗》中一段对话的原稿和修改稿的比较中，可以看出语序安排得好，对于层次清楚的重要性。例如：

(8)〔豹子的吼声继续传来，突然从远处传来几声枪响。排长上。

丁勇：怎么回事？

排长：我们到处点了火，豹子转移到七连去了。这是七连打豹子呢。

(9)〔豹子的吼声继续传来，突然从远处传来几声枪响。排长上。

丁勇：怎么回事？

排长：这是七连打豹子呢。我们到处点了火，豹子转移到七连去了。七连这一打，恐怕豹子要乱闯呢。

例(8)是原稿，排长不去直接回答丁勇的问题，而是讲了点火的情况，句子就不连贯。例(9)是修改稿，把语句的次序做了调整，首先直接回答丁勇的问题，接着再陈述七连打枪的原因，句子连贯，层次清楚。

有时修饰语或插入语安排不当，也会影响句子的连贯，搞得层次紊乱。

(10) 虽然我们现在所学的一些专业课过去没有接触过，学起来比较吃力，但是只要下苦功，我相信，在老师的帮助下，是一定能够学好的。

这个转折复句是一个多重复句。转折复句的正句又是个条件复句。这个条件复句的偏句和正句距离较远，中间插入的成分较长。如果把这些插入的成分放到前面，使条件复句的偏句和正句紧靠在一起，层次就清楚了。可改为：

虽然我们现在所学的一些专业课程过去从没有接触过，学起来比较吃力，但是我相信，在老师的帮助下，只要下苦功，是一定能够学好的。

当然，这类情况，不仅表现在分句之间的次序安排上，而且有时也表现在词组的次序安排上。如：

(11) 来村里野营训练的解放军某部四连指战员，刚放下背包，听到大雨即将来临的广播，就像跃出战壕冲锋的勇士一样，不顾一天行军的疲劳，立即组成助民抢收队，和社员们一起投入战斗。

“就像跃出战壕冲锋的勇士一样”是表现指战员“投入战斗”时的情景的，放在前面反而使句子层次不清。应改为：

来村里野营训练的解放军某部四连指战员，刚放下背包，听到大雨即将来临的广播，不顾一天行军的疲劳，立即组成助民抢收队，就像跃出战壕冲锋的勇士一样，和社员们一起投入战斗。

看来，层次的清楚与否，首先在于自己的思想是否清晰，同时也在于语言的表达是否得当。我们来分析一下茅盾《白杨礼赞》中的一段话：

(12) 那是力争上游的一种树，笔直的干，笔直的枝。它的干通常是丈把高，像加过人工似的，一丈以内绝无旁枝。它所有的丫枝一律向上，而且紧紧靠拢，也像加过人工似的，成为一束，绝不旁逸斜出。它的宽大的叶子也是片片向上，几乎没有斜生的，更不用说倒垂了。它的皮光滑而有银色的晕圈，微微泛出淡青色。这是虽在北方风雪的压迫下却保持着倔强挺立的一种树。哪怕只有碗那样粗细，它却努力向上发展，高到丈许，两丈，参天耸立，不折不挠，对抗着西北风。

这一段共有七句话。第一句是全段的中心意思所在。下面六句是围绕着这个中心来说明的。第二、三、四、五四句，从干、枝、叶、皮四个方面来刻画白杨树的"笔直的""力争上游"的外貌。第六、七两句，是通过白杨树与外界恶劣的环境搏斗的形象，进一步展示它的战斗风姿。先总提，后分说；从本体到环境，由外貌到精神，层次清晰，井井有条。

(三) 列举分承

人们有时要表达同类的观念和事物，就采取先列举、后分承的办法，一环套一环，一层深一层，分承的各项与列举的各项相呼应，这就使得语言连贯，层次清楚，结构严谨。

常见的是说明性的。如：

(13) 我们青年应是实事求是的模范，又是具有远见卓识的模范。因为只有实事求是，才能完成确定的任务；只有远见卓识，才能不失前进的方向。

这样条分缕析，能把道理阐述得更加清楚。

有的作者故意说出两种矛盾对立的观念，但为了说明这种看来似乎矛盾对立的观念存在的合理性，往往采用分承的方式加以说明。如：

(14) 听了这些消息，李自成的心中又喜又忧。喜的是，几年来在陕西各地同他们作战的比较精锐的官军差不多全要调往北京勤王，今后活动起来就不再那么困难了。忧的是，谣传桂英已经死了，真的？假的？说是死在靠近河南边界，按方向不是很对头么？

有的是叙述性的。叙述性的，除了在词语上承接之外，还有意义上的承接，这是从意义的连贯着眼的。下面的几句是分别承接上面的几句的。这里大都是句子的分承，也有词语的分承的。

(15) 大地土，
江河水，
须深埋，
勤灌溉。
总理英灵育新苗，
久炼必成栋梁材。

(16) 当天夜里，党支部忽然传达了中央关于和国民党政府进行和平谈判的通知，人们思想上说什么也转不过弯来，何况是毛主席要亲自去重庆！当时心里像压上一块石头，点着一把火，又沉重又焦急，通夜不能入睡。

例(15)和例(16)都没有重复分承的词语，而是在意思上相关合，这在叙述性的语言中是常见的。例(15)“深埋”承接“土”，“灌溉”承接“水”；例(16)“沉重”和“焦急”分别承接“石头”和“火”。整个句子连贯而又整饬，读起来铿锵有力。

列举分承的形式很多。有的是段落章节上的承接。如毛泽东的《中国革命战争的战略问题》开始提出了应该研究“战争的规律”“革命战争的规律”“中国革命战争的规律”，下面就分三段来分别承接这三个问题加以阐述。有的是句子的多层次的承接。例如蒋光慈《莫斯科吟》：

(17) 莫斯科的雪花白，
莫斯科的旗帜红；
旗帜如鲜艳浓醉的朝霞，
雪花把莫斯科装成为水晶宫。
我卧在朝霞中，
我漫游在水晶宫里，
我要歌就高歌，
我要梦就长梦。

这里仿佛像链条一样，一环套一环，构成了诗歌的回环复沓的音乐美。

（四）插说适当

这里指的是，将一句完整的话剖开，把句子结构以外的成分插进来的一种表达方式。如：

(18) 虎姑娘一向，他晓得，不这样打扮。

(19) 姑娘，你的手为劳作磨得粗黑，
你的两颊为风霜吹得憔悴，
但你笑声却更其清脆，
你的眼珠也更加英伟，
你很配，姑娘，扯着大旗前进！

这种句式往往出现在说话中，有时也用来刻画人物的心理活动。在书面语中有时也用来反映说话人的动作和情态。如柳青《王家斌》：

(20) “同志，”我很不满意地说，“你太过分了吧？难道就没别的办法解决这个问题吗？要爱护牲口，也要爱护人啊！”

这种句式看起来好像是语气中断了，其实是更能表现人物的生动的语调和情态，并不影响句子的连贯性。但有些文章的句子，节外生枝地插进一些成分，那是语言运用中的多余之物，应该删去。如：

(21) 这天上午要进行好几项比赛，可是因为我在担任服务工作，要给运动员准备茶水什么的，不能“擅离职守”呀，只看到了男子四百米接力赛和男子三千米决赛。

(22) 那时，我国受帝国主义的残酷压迫，国内则是清朝的腐败统治。中国人民为了寻求救国救民的出路，发动了戊戌政变、义和团运动和辛亥革命。许多同志都曾参加过辛亥革命。可是这些运动和革命，都没有什么结果。

如果把例(21)的“不能‘擅离职守’呀”和例(22)的“许多同志都曾参加过辛亥革命”删去，或者拿出来放到其他的地方，这个句子就连贯流畅了。

二　周密

在锤炼句子的时候，不仅要注意句子的连贯流畅，还必须注意句子的严谨周密。

(一) 修饰要恰当

要把句子组合得精确严密，就要审慎地选择和使用修饰语。修饰语在句中主要起描写和限制的作用。句子的一些细微的差别，特殊的含义，往往是通过修饰语来体现的。比如说“事情”这个词范围就比较广泛，意思比较笼统。如果前面加个修饰语“很小的”，那么就表明了“事情”的性质。如果再加一个修饰语“一件”，就确定了“很小的事情”的数量。要是再加一个修饰语“去年冬天发生的”，就点出了“一件很小的事情”发生的时间。可见，修饰语对于细密精确地锤炼句子是很有作用的。再如：

(1) 人民是什么？在中国，在现阶段，是工人阶级，农民阶级，城市小资产阶级和民族资产阶级。

“人民”是一个历史范畴，不同的国家，不同的历史阶段，“人民”包含的内容也各不相同。这里讲的是新中国刚成立时的“人民”包括的范围。所以加上“在中国”“在现阶段”这样的修饰语，整个句子就更严密、精确了。

有的句子由于缺少了必要的修饰语，意思就表达得不明确。如：

（2）我们做青年工作的同志必须坚决支持青年的要求，维护青年的利益。

“要求”和“利益”前面缺少了必要的修饰成分，意思就表达得不清楚。如果分别加上修饰语，说成“支持青年的合理要求，维护青年的正当利益”，就要准确、严密得多了。

（3）他十几年来利用业余时间读完了高中和大学的全部课程。

“大学”有各种系科专业，说“读完大学的全部课程”，表达得也不清楚，应该在“全部课程”前面加上“有关专业的”这个修饰成分，意思才表达得精确、周密。

（二）缺漏要谨防

一个句子，缺少了必要的成分，或者某些成分不完整，必然影响到意思的正确表达。为了把意思表达得周密、准确，就要防止句子中必要成分的苟简。以前有个刊物的“稿约”中，有这样一句话：“来稿一律退还，油印、复写或铅印的稿本不退。”这句话说得不周密。“来稿一律退还”，还要人家投稿干什么？既然来稿一律退还，怎么油印、复写或铅印的稿本又不退还了呢？显然是缺少了必要的成分。作者的意思是说要退还的是未被采用的来稿，如果这样改一下：“来稿如不采用，除油印、复写或铅印的稿件不退外，其余一律退还。”意思就清楚周密了。再如：

(4) 普通学校在业余学校兼职或兼课的，由业余学校另给一定报酬。

“兼职或兼课的”应该是“普通学校的教师”，这句话的主语缺少了必要的中心语。在“普通学校”后面应加上“的教师”。

(5) 在运动会期间，记者们写下一篇篇通讯报道，向人们介绍运动员们平时如何刻苦锻炼，今天又怎样以坚韧不拔的毅力创造了好成绩。

“介绍”要求带名词性宾语，应该在“成绩”后面加上“的事迹”或“的情况”，句子才完整。

(6) 插图中闯王、尚炯、高夫人等形象个性鲜明真实生动，莫不是因为画家把理解原著精神和深入到米脂、商洛山一带去体验生活，积累大量速写素材，在生活中探求人物形象和画面的缘故。

这句话是个倒置的因果复句。“插图中闯王、尚炯、高夫人等形象个性鲜明真实生动”是结果，“是……缘故”是原因。这个表示原因的分句中“画家把……和画面”是“缘故”的修饰语。这个修饰语是个结构残缺的主谓词组。这里有被陈述的部分“画家”，却缺少了完整的陈述的部分。如果在“画面”之后加上“结合起来”一类的动词，结构就完整了。由此可见，句子结构的完整与否，跟意思表达得是否周密有很大的关系。而在一些结构比较复杂的长句中，尤其要注意句子的结构的完整性。因为稍不注意，就容易造成句子结构的残缺而影响意思的表达。

(三) 考虑要周到

用语言去反映客观事物时，应该防止片面性，要尽可能使每句所表达的意思全面而周密，给人以鲜明而深刻的印象。如：

(7) 我们对于落后的人们的态度，不是轻视他们，看不起他们，而是亲近他们，团结他们，说服他们，鼓励他们前进。我们对于在工作中犯过错误的人们，除了不可救药者外，不是采取排斥态度，而是采取规劝态度，使之翻然改进，弃旧图新。

这里每一句都是从正反两个方面来阐述道理的，论述得周密全面，给人的印象是很深刻的。

这种全面周密的表达方式，在政论语体中是经常使用的。它可以出现在并列的复句中，也可以出现在单句的某些并列的结构中。它所采用的形式，主要是这样三种：一是肯定否定并用的形式，如“不是……而是……”或“是……而不是……”等句式；二是联合复句，常用“又……又……”“不但……而且……”“不仅……反而……”等句式，有时也用“同时”“一方面……另一方面”等关联词语来连接；三是选用对比性的词语，特别是选用反义词语来表达思想内容。如：

(8) 我们的路线是正确的发展路线，一方面要反对陈旧的保守的观点，另一方面又要反对空洞的不切实际的大计划。这就是财政经济工作中的两条战线上的斗争。

(9) 不应该肯定我们的一切，只应该肯定正确的东西，同时，也不应该否定我们的一切，只应该否定错误的东西。在我们的工作中间成绩是主要的，但是缺点和错误也还不少。

这样，就把思想全面周密地表达出来了。

(四) 照应要严密

句子要做到周密严谨，还必须注意把句中各个成分之间的关系安排妥当。前有交代，后有照应。这样句子表达的意思就会完整集中，浑然一体。如：

(10) 过了好一阵，他发现我头低在胸前，肩膀抽动，便用双手抓住我的肩膀猛烈地摇着说："难过有什么用？流泪有什么用？他们倒下了，我们活着的人再继续干！这就叫前仆后继！这就叫前仆后继！"

(11) 有时，望着莽莽苍苍的大地，我骑着思想的野马奔驰到很远很远的地方，然后，才又收住缰绳，缓步回到眼前灿烂的现实中来。

例(10)前面写到"我头低在胸前，肩膀抽动"，接着才说出"难过有什么用？流泪有什么用"的话来，没有前面的描写，后面的说话就落了空；没有后面的说话，前面的描写就没有着落。例(11)前面有"骑着思想的野马奔驰"，后面才有"收住缰绳，缓步回到眼前灿烂的现实中来"，互相照应，句子意思才完整周密。

有人不注意句中成分的照应，往往使句子的意思自相矛盾。如：

(12) 那一条条小泥路的甬道边，书声琅琅，飘荡在静谧的校园上空。

(13) 您在这新的长征路上将如何前进呢？是退却，是踌躇，还是勇往直前呢？

例(12)前面有了"小泥路"，接着又出现了"甬道"，这就自相矛盾了；"书声琅琅"和"静谧的校园"也相抵触。这都是照应不周所造成的语病。例(13)前面讲"如何前进"，下面却出现了"退却""踌躇"等词语，显然也是上下脱节，不相照应。这样的句子当然谈不上表达上的周密完整了。

照应，不仅表现在句子内部成分的搭配上，而且还表现在句子与句子间的交代照应上。冰心的《小桔灯》的开头写她到一个朋友家里，经过"一段阴暗的仄仄的楼梯，进到一间有一张方桌和几张竹凳、墙上装着一架电话的屋子，再进去就是我的朋友的房间，和外间只隔着一幅布帘"。接着她写道："过了一会，又听见有人在挪动那竹凳子。我掀开帘子，看见一个小姑娘……正在登上竹凳，想去摘墙上的听话器。"这里作者所选取的几个物件：竹凳、电话、布帘，都得到了照应，

结构很严谨,表达很周密。再如:

(14) 从双龙洞到冰壶洞有石级。平时没有锻炼,爬了三五十级就气呼呼的,两条腿一步重一步了,两旁的树木山石也无心看了。爬爬歇歇直到冰壶洞口,也没有数一共多少级,大概有三四百级吧。

这段话,前后照应得也很紧密。前面有"平时没有锻炼",后面就有"爬了三五十级就气呼呼的";因此就"爬爬歇歇",也就"没有数一共多少级"了。

三 简练

句子的锤炼还表现在力求用简洁的句子表达丰富的内容,力求做到"言简意赅"。鲁迅早就说过:"写完后至少看两遍,竭力将可有可无的字、句、段删去,毫不可惜。"[①]毛泽东在《反对党八股》中引用了鲁迅的话,指出:"我看重要的文章不妨看它十多遍,认真地加以删改,然后发表。"又说:"句法有长到四五十个字一句,其中堆满了'谁也不懂的形容词之类'。许多口口声声拥护鲁迅的人们,却正是违背鲁迅的啊!"他要求大家"写得短些,写得精粹些"。要把句子锤炼得简练精粹,就必须做到以下四点。

(一) 防止冗赘

句子冗赘,主要表现在下面三种情况。

1. 词语重复

(1) 我们技术革新小组,在新厂长的帮助和支持下,花了十五元买了一些器材,苦战了四十天,我们小组终于制成了自动分拣包装机。

(2) 这次下乡调查是个向广大贫下中农学习的一个极好的机会。

---

① 鲁迅.答北斗杂志社问[J].北斗,1932,2(1).

例(1)“我们技术革新小组”和“我们小组”重复。应将后面的“我们小组”删去。例(2)“个”和“一个”重复,应删去一个。

2. 意思重复

(3) 他满脸稚气,天真烂漫,手里在下棋,眼睛却朝四周东张西望地看热闹。

(4) 中秋节的夜晚,月亮分外的圆,分外的大,分外的明亮和皎洁。

例(3)“东张西望”,已经含有“朝四周”的意思在内。“朝四周”应删去。例(4)“明亮”和“皎洁”意思重复,应删去一个。

3. 词语多余

(5) 夜晚临睡觉时,林红脱下穿在身上的一件玫瑰色的毛背心递给道静:“小林,你身体很坏,把这件背心穿在身上吧。”

(6) 这些新农具经过有关部门技术鉴定后,大部分都在全省内进行推广。

例(5)“穿在身上的一件”和后面的“在身”均可删去。例(6)“进行”可删。

造成语句冗赘的原因,主要是:一、堆砌词藻。有的人写作时经常把同义词堆砌在一起,造成了意思上的重复。二、滥用某些词语,有些句子已有了谓语,又要添上诸如“进行”“发生”等词语,形成语句中的赘瘤。三、写作时一挥而就,写好后也很少去检查,一些多余的词语就不可能删去。四、有些词语的运用已形成习惯,如“用手去拿东西”“用眼去看他”“用脚去踢球”等就是。“拿东西”自然用“手”,这是人所共知的常识,何必一定要说“用手拿东西”呢?这种用法近乎习非成是,但是严格地说也是一种冗赘现象。

要防止冗赘,就要在写作时,考虑周到;写成后,要像鲁迅所说的“至少看两遍,竭力将可有可无的字、句、段删去,毫不可惜”。

（二）化长为短

在冗赘的语句中，常见的一种是“句法长到四五十字一句”，其中堆满了形容词语之类的所谓“大肚子”句子。这种“大肚子”句子，主要是修饰语太长，读起来非常吃力拗口。如：

> (7) 张小玲是我初中时期的，后来一块儿在内蒙插队，现在又在同一个工厂工作的同学。

像这样的句子就应该化长为短，可以化为三个小句：“张小玲是我初中时期的同学，我们后来一块儿在内蒙插队，现在又在同一个工厂工作。”读起来就流畅自然了。

除此而外，还可以适当地重复一些词语来达到化长为短的目的。如：

> (8) 我也许写得太简单，我并没有充分写出我的感情，甚至在帝国主义的铁蹄践踏着上海土地的时候，甚至在英国“三道头”命令我举起双手等候检查的时候，甚至在法国守兵厉声叱骂不许我走过兵营正门前的时候，甚至在日本海军陆战队兵士封锁虹口马路禁止通行的时候，甚至在英美水手喝醉酒在大街上掷酒瓶打人、侮辱妇女的时候，甚至在日本侵略军包围租界进行大搜捕的时候，甚至在美国吉普车在马路中横冲直撞辗死行人、美国兵坐车不给钱打死三轮车夫的时候，我仍然充满信心地反复念着：“上海，美丽的土地，我们的！”

这是一个二百余字的长句，但是由于重复了一些词语构成排比式的结构，散中见整，长中有短，读起来并不感到吃力。

另外，还可以运用提示成分来化长为短。如：

> (9) 那些拿起枪来献身革命斗争的工农子弟，那些用先进思想武装起来的战士们，我感到他们是最可爱的人。

这个句子，把两个名词性词组提到前面，用代词“他们”来称代，这样既突出了句子的中心，又避免了句子结构的冗赘。

（三）凝缩结构

凝缩句子结构是使句子简练的一个好办法。这里主要是删除分句或词组中的某些重复的词语，然后组合成联合词组进入句子，这样，句子就简短凝练，明快有力。如：

（10）在把农村经验运用到城市中来的时候，必须考虑城市企业的特点，不应该也不可能照搬农村的具体做法。

上面这句话如果把“不应该”“不可能”分开，化成两句话，读起来就会感到拖沓松散。这样凝缩为联合词组进入句子，就使句子紧凑凝练，简洁有力，有增强语势的作用。

（11）但是文艺作品中反映出来的生活却可以而且应该比普通的实际生活更高，更强烈，更有集中性，更典型、更理想，因此就更带普遍性。

（12）运动战的特点之一，是其流动性，不但许可而且要求野战军的大踏步的前进和后退。

（13）他没法，也不会，把自己的话有头有尾地说给大家听。

在这样的句式中，关联词语起了增强语势的作用。常用的关联词语有“也”“和”“或”“而且”“并且”“不但……而且……”等，表示联合词组的内部常常是并列、选择、递进等关系。

这种句式是五四运动以来，吸收了外语句式中的有用的东西，首先在书面语体中发展起来的。由于它恰当地采用了联合词组，在表达上就能做到精密周到，在语言上也很简练有力。

（四）提炼句意

提炼句意的方法很多，这里主要讲两种。

1. 利用反义结构表达深刻的思想内容

利用反义结构表达深刻的思想内容，从字面上看起来是矛盾的，互相排斥的，细细咀嚼玩味，又觉得是统一的，合理的。例如：

(14) 上级把一切早都规划好咯。我们主动撤出大本营，诱敌深入。这样，一方面便于我们集中兵力在运动中各个歼灭敌人；一方面使面临的战场成为一个战略钳制区，拖住敌人几十万机动兵力。……是的，我军退出大本营是为了保卫大本营。

(15) 经过内心斗争，经过痛心的自我批判，林道静终于提起自己的行李，走出了那间给了她幸福又使她无限痛苦的公寓房间。

以上两例，是运用反义词语组成的反义结构来表达一种复杂的思想内容。这种句式使人感到言简意赅，发人深省。例(14)的“退出”与“保卫”，例(15)的“幸福”与“痛苦”，都表达了丰富的内容，耐人寻味。

(16) 深沪不是战场，也是战场。几百年来，呻吟于虐政和沙魔之下的人民，满怀美好的想望，前仆后继，同人祸天灾进行了勇猛顽强的搏斗。

(17) 这些奇异的信其实并不奇异。它只不过记录了两个偶然相识的中国孩子绝非偶然的命运。

以上两例，是运用否定副词组成的反义结构，来表达一种复杂的思想内容。

2. 利用否定副词来反映思想的深化和跃进

这里是用否定副词否定已陈述的对象，然后再引出新的表达对象，新的表达对象比原陈述的对象在意思上有所深化，有所跃进。

(18) 假若你看到我们的战士，用自己的双手，不，用自己的意志创造的“地下长城”，你才更加惊讶呢。

(19) 在这“森林”的周围，还疏疏落落地立着几株棕榈。它们虽然是生长在盆里，年纪轻，叶子修长而柔嫩，但是亭亭玉立，清丽动人，一看到它们你就不禁要想起它们的故乡——南海之滨。不，你还似乎听到了那儿的浪涛声和随着这浪涛声音一起飘来的渔歌；……

以上两例都是利用否定副词把两个句子或句中的两个成分连串在一起，有的表示意思的逐步深化，有的表示意思的跃进。这种表达方式句式长短相间，富于变化，简洁明快，活泼生动。

(20) 我有好几天，不，一个多月，不到他那里去了。

(21) 林道静，不，路芳——我总叫不惯你这个新名字，所以惹了祸。

仿佛是前面的话脱口而出，后面赶快更正，虽然并没有表现意思的深化或跃进，却活灵活现反映了人物的情态。

四 生动

句子的锤炼还必须达到生动的要求。因为只有形象生动的句子才能使人们感奋起来，才能使人们受到感染，产生共鸣。句子的生动形象，往往是与运用一定的修辞手法分不开的。

(一) 形象

文艺作品和政论文章，往往都要用一定的形象化的语言来说明事理，而运用得最经常、最广泛的是比喻。

比喻有很好的表达作用。它可以把未知的事物变成已知，把深奥的道理说得浅显。如：

(1) 一道闪电明亮，只见山北边，白茫茫的云海，就像几万匹马向前跑着一样，顺着丹江，一直往东滚着。有几次风把云块推过来，玉山就像个大佛爷凸着肚子，把它又挡回去。电闪着，雷打着，风卷着云，雨乘着风，整个天空上呀，就像个唱戏大舞台。

(2) 什么叫"国粹"？照字面看来，必是一国独有，他国所无的事物了。换一句话，便是特别的东西。但特别未必定是好，何以应该保存？

譬如一个人，脸上长了一个瘤，额上肿出一颗疮，的确与众不同，显出他特别的样子，可以算他的“粹”。然而据我看来，还不如将这“粹”割去了，同别人一样的好。

例(1)通过几个比喻句，把山区的雷雨情景渲染出来，使其他地区的读者看了，仿佛身临其境似的，把未知的事物变为已知。例(2)鲁迅用脸上长瘤、额上生疮来比喻“国粹”的坏处，就把一些深奥的道理说得浅显易懂了。

比喻还可以把抽象的事说得很具体，把平淡的事物说得很生动。如：

(3) 我们的文学艺术不愧为伟大时代的镜子，同时也是我国人民从中吸取智慧和力量的生活教科书。

(4) 在今天，
我用滚烫的双手
抚摸着
我们的
　　红旗——
　　　　又一次把
　　　　母亲的
　　　　衣襟
　　　　牵动……

例(3)用“时代的镜子”和“生活教科书”来比喻我们的文学艺术，显得具体而形象。例(4)用牵动母亲的衣襟来比喻抚摸我们的红旗，情深意切，感人肺腑。

运用比喻时要注意贴切、易懂、鲜明、新颖。下面的几个比喻都是不好的。

(5) 无数条淙淙流淌的小河就像大地上的脉搏一样在不停地流动着，跳动着。

(6) 我今天买了只新式铱金笔，样子跟潜水艇似的，头尖溜溜的。

(7) 从走廊的那一头，走出白求恩和奥布莱安，记者们像捕获到野兽似的扑上前去，七嘴八舌问长问短，照相机的闪光闪烁着。

(8) 青年赛过赵子龙，壮年干劲比武松，老年本领超黄忠，妇女就像穆桂英。

例(5)中的"脉搏"是可以跳动，但不能"流动"，所以用来比喻"小河"就不贴切。例(6)的"铱金笔"是常见的，但比喻物"潜水艇"就不是大家都熟悉的，这个比喻就很生僻了。例(7)用"捕获野兽"来比喻记者围住白求恩等，思想感情就表达错了。例(8)是一首写群众干劲的民歌。这类比喻在民歌中是常见的。所谓"熟而不鲜，袭取旧闻"，当然也就"不得新义"了。①

比喻不当，主要是因为作者对客观事物观察得不够细致全面，不能抓住事物的本质，往往草率从事，拈来就用所造成的。有时候也与写作态度不正确有关。有的人打比方时，故作高深，结果不仅晦涩难懂，而且不伦不类。

在锤炼比喻句子时，还要注意句子前后的配搭关系。有时比喻中的被比喻物和比喻物都是确切妥当的，但由于和其他词语配搭不当，也会出现病句。如：

(9) 小河如飘动的绸带。

(10) 烈火般的热情在天安门广场沸腾起来了。

"小河如绸带""烈火般的热情"这两个比喻是合理的，但"绸带"上加了个修饰语"飘动的"，仿佛"绸带"是飘在空中的，这再来比喻"小

① 吴曾祺《涵芬楼文谈·设喻》。

河”就不贴切了。同样,“热情”后面的谓语是“沸腾起来”,“热情”可以“沸腾”,但“烈火般的热情”却无法“沸腾”只能“燃烧”。这个句子也就不合事理了。

在运用语言时,把人的思想感情灌注在无生物或生物身上,把它写得跟人一样,这种手法叫做“拟人”。恰当地运用拟人手法构成的句子,往往形象生动,活泼有趣。例如:

(11) 在节日里,
我们的党
　　没有
　　　　在酒杯和鲜花的包围中,
　　　　　　醉意沉沉,
党,
　　正挥汗如雨!
　　　　工作着——
　　在共和国大厦的
　　　　建筑架上!

贺敬之在这里用“醉意沉沉”“挥汗如雨工作”这些表示人的行为、动作的词语来使党这个政治团体“人格化”,整个句子生动形象,给人的印象鲜明而深刻。

拟人大都是描写性,叙述性的,即把描写人的行为性状的词语放在非人的事物身上,使其具有人的思想感情。也有的是让非人的事物可以像人一样说话,发抒自己的感情。如:

(12) 天色又开朗了,四周突然亮了起来,月亮冲出了云围,把云抛在后面,直往浩大的蓝空走去。

(13) 蚍蜉撼大树,
边摇边狂叫:
“我的力量大,
知道不知道?”

大树说：
“我知道，
一张报，两个校，
几个小丑嗷嗷叫。”

拟人把死东西变成活东西，把没有感情的变成有感情的，使人感到形象生动。拟人经常用在文艺作品中，用于叙述描写性的句子中，抒情意味很浓。用于摹拟人的话语，使其具有人的情态，再将比拟句子敷演成篇，就可以扩展成“鸟言兽语”的童话或寓言。

拟人是感情激动时的一种语言表达方式，运用时就要注意自然和谐，不要矫揉造作。

拟人是把非人的事物当作人来写，在表达时要注意尽量合乎该事物本身的特点。如：

(14) 新水井，亮闪闪，
好像姑娘水汪汪的眼，
看得玉米露牙笑，
看得地瓜浑身甜，
看得谷子垂下了头，
看得高粱羞红了脸。

这里的“玉米露牙笑”“谷子垂下了头”“高粱羞红了脸”就很符合事物本身的特点。

（二）强调

强调一个事物时，人们往往用夸张的手法。就是运用超出客观事实的语言来渲染强调这个事物，以求给人突出的印象。

经常见到的是程度上的夸张。如：

(15) 黑龙江人常说，这里的土，插根筷子都会发芽。

(16) 这后生平时不声不响，只是蒙着头工作。可是火起来也有股子牛脾气，不会转弯，说的话能冲倒墙。

(17) 一个人要是自私，处处考虑个人的利害，个人的得失，个人的生死，那他就会前怕狼，后怕虎，树叶掉下来也怕砸了脑袋，永远也不会变成英雄。

(18) 车厢里凡是插得下一根针的地方，都挤满了人，就连过道、门旮旯、厕所，以致于行李架上也都塞满了人。

程度的夸张都是从某一个侧面来扩大或者缩小这个事物的。或者把事物讲得极度的强、大、高、长；或者把事物讲得极度的弱、小、低、短。

为了在程度上渲染某个事物，有时还利用数词来表现。在汉语中，数词有时并不是实指的，“三”以上往往表示多；“三”以下往往表示少。有些成语就是这样构成的。如“三思而行”“四通八达”“十恶不赦”“百炼成钢”“千言万语”都是极言其多；“三言两语”“略知一二”“一毛不拔”“一星半点”都是极言其少。如：

(19) 真把人困死了。将来胜利回国，我非睡它个八天八夜不行！

(20) 但这回她没考工厂回来，当天只从窦堡镇北面五里的关村走到家，她浑身没二两劲了。

前例的“八天八夜”是极言其多，后例的“二两劲”是极言其少，都是在程度上进行夸张的。

还有一种是在时间上进行夸张的。这主要是表现两个事物的关系的。生活中先后出现的两个事物，把后出现的事物故意地说在先出现的事物之前，以加深人们的印象。有的把这种夸张叫做“超前夸张”。如：

(21) 还没喝到嘴里，心就醉了。

(22) “放心，回头见！”刘铁柱话音还在，人已不见。

应该是先喝酒后醉，这里却说没喝酒就醉了。应该是话音停了，人才走，这里却说话音还在，人已不见。这样写给人的印象是鲜明深刻的。

夸张的句子在文学作品中经常运用，这是因为它比老老实实的描述给人的印象强烈而鲜明，可以引起人们丰富的想象，使人们受到艺术的感染。

夸张一定要以真实为基础，应该抓住并突出事物的本质，而不应脱离现实生活，一味追求离奇和荒诞。“大跃进”时期有的民歌在描写丰收景象时，把艺术的夸张变成了庸俗的吹牛，造成很坏的影响，鲁迅很强调夸张要“诚实”，“要确切地揭示事物或人物的姿态，也就是精神”。[①] 这样，我们在运用夸张来锤炼句子时，才能做到“夸而有节，饰而不诬”。[②]

有时，把句子或句中的某个成分加以反复，也可以达到强调的目的。

一般地说，写文章要力求简洁，避免重复。但是在一定的语言环境里，为了强调突出某个事物，就有必要对这个事物重复叙说，以加强语言的表达效果。例如：

(23) 已经听得拉过回声。我派了人在那里看着，专等船靠了码头，就进来报告。顶多再等五分钟，五分钟！

(24) 她警觉地望望左右行人，放低了声音。“你是个共产党员吗？”

“不是。”道静的声音更低了。她倒不是因为害怕，而是因为痛苦。“如果我能是个，是个这样的人，我想，我会立刻变成世界上最幸福、最快乐的人。可是，我不是……”

“你会是的！”晓燕回过头来严肃地望着道静愁闷的脸色。“你会是的！我觉得你将来一定会是的！”

① 鲁迅.鲁迅全集：第六卷[M].北京：人民文学出版社，2005：241—242.

② 刘勰《文心雕龙·夸饰》。

上面的例子都是表示强调肯定的口气。人们说话时对于重点的地方怕别人不注意，总要反复多说几遍，加以强调，以加深听者的印象。

除了强调以外，反复还可以表现人物的不同的情态。如例(24)中的“是个，是个”表现了人物说话时的激动的心情。再如：

(25) 因为他喊的声音太大，吓得艾艾哆嗦了一下，一骨碌爬起来，瞪着眼问：“什么事？什么事？”

(26) 二诸葛一夜没有睡，一遍一遍念：“大黑怎么还不回来？大黑怎么还不回来？”

例(25)的反复表现艾艾在睡梦中惊醒的极度紧张的情态；例(26)的反复，是为了刻画出二诸葛在小二黑被抓走后的提心吊胆的神情。

由于反复延长了音节，还可以表现绵绵不断的情思。如：

(27) 他虽然和我们永别了，但是他永远活着！他的事业，他的人品，他的诗句，永远，永远活在亿万人的记忆中，永远，永远！

(28) 杀敌勇士就这样拿起了绣花针，变成了绣花姑娘。绣呵，绣呵，两条绣花手绢终于绣成了。

这样的句子回肠荡气，低回婉转，一声又一声地拨动人们的心弦。

如果再扩大到篇章，有些文艺作品是经过运用反复来加深读者的印象，刻画人物的性格的。作者在塑造人物时，往往别具匠心地选择最能反映人物性格气质的语言材料，多次反复，使人物形象鲜明地呈现在读者的眼前。在《祝福》中，鲁迅让祥林嫂一再重复叙述她的阿毛被狼吃掉的故事，反映她悲痛到几乎麻木的程度和她心灵所承受的巨大创伤。《红旗谱》中的朱老忠，也反复地说着“出水才见两腿泥”这句话，用以表现中国农民顽强战斗，不屈不挠的英雄性格。

有的反复并不一定是独立的语言成分的连续反复，而是反复多次出现某些词语，强调的作用仍然是非常明显的。例如：

(29) 黄河水入龙门，
猛冲猛打浪猛飞，
我猛冲猛打猛将敌包围，
猛进猛追猛将敌粉碎。

(30) 腰上缠的红帕子，臂上缠的红带子，手枪上吊的红坠子，大刀上挂的红袱子，头上戴的红星帽子，前头还拷得有血红大红旗，一身红色，好不威风。

有的反复，并不是字面上的重复，而是运用同义词语，表示意义上的强调，这仍然可以看作是反复。如：

(31) 小桃兰跳起来，用手指在脸上羞她："不害羞，不脸红，一个闺女家说些啥？"

（三）对比

对比是把句子锤炼得鲜明生动的好方法。我们在运用语言的时候，把两个相对立的事物或概念放在一起叙述描写，在相映相衬中，使人感到分外的鲜明夺目。鲁迅说得好："优良的人物，有时候是要靠别种人来比较、衬托的，例如上等与下等，好与坏，雅与俗，小器与大器之类。没有别人，即无以显出这一面之优，所谓'相反而实相成'者，就是这。"[①]鲁迅这话虽然不是专门说对比手法的，但却揭示出对比的本质特点。

(32) 这班官儿们，黑眼珠只看见白银子，句句话忠君爱民，样样事祸国殃民。

(33) 一个是那样黑，
黑得像紫檀木；

① 鲁迅.鲁迅全集：第六卷[M].北京：人民文学出版社，2005：211.

一个是那样白，
白得像棉絮；

一个多么舒服，
却在不住地哭；
一个多么可怜，
却要唱欢乐的歌。

例(32)姚雪垠在《李自成》中，运用对比手法来刻画明末的贪官污吏，入木三分。例(33)是描写一个白人家的女仆在服侍小少爷的情节，通过对比手法把阶级压迫和民族压迫这个主题鲜明突出地反映出来。王夫之在《薑斋诗话》中说过："以乐景写哀，以哀景写乐，一倍增其哀乐。"诗里表现的正是这种境界。

对比不但在叙述句中经常用到，在描写景色、渲染气氛中，也是很有用的。如：

(34) 冬季日短，又是雪天，夜色早已笼罩了全市镇。人们都在灯下匆忙，但窗外很寂静。雪花落在积得厚厚的雪褥上面，听去似乎瑟瑟有声，使人更加感得沉寂。

鲁迅在这里写雪的声音来表现环境的沉寂。所谓"动中有静"指的就是这种境界。这正是对比句所产生的艺术效果。

对比不仅可以把事物反映得鲜明突出，还可以使作品活泼生动，跌宕多姿。在情节和语言的先后安排上，也可以运用对比来调节变化。如：

(35) 头发梳得光，
脸上搽得香。
只因不生产，
人人说她脏。

作者先美化她,正是为了后面批评她。先说她打扮得很漂亮,干净,就更加衬托出她内心的肮脏。对比强烈,含意深刻,诗歌布局起伏有致。

对比并不一定都是相对立的事物,有时也可以是相一致的事物。如:

(36) 龙华千载仰高风,
烈士身亡志未终,
墙外桃花墙里血,
一般鲜艳一般红。

(37) 大姐娃把大碗饺子放在承绪面前,用胸前围腰擦擦手,生气地说:"你也太把我小看了!我是风吹雨打长大的,六月的日头晒大的;不是卖糖人吹出来的。你是苦蔓上结下的,我也是苦海里泡大的,……为革命,你能漂洋,我也能过海;你能越岭,我也能翻山,只要是你能到的地方,我就能陪你!"

这种对比,前例重在映衬,后例重在比较,都有对比和烘托的作用。

(四)联想

人们运用语言时,从眼前的情境生发开去,联系到另一种情境或事物,把两种不同的情境或事物关合在一起,使句子所表达的意思更加鲜明突出,更加形象生动,这就需要联想。联想是离不开形象的,它实际上是一种形象思维的方式。联想在句子方面的表达方式,主要是示现和双关。

示现是为眼前的情境所触动,把实际上不在眼前的事物,活灵活现地描绘出来,以增加语言的生动性的一种手法。如:

(38) 我在这里吃雪,正是为了我们祖国的人民不吃雪。他们可以坐在挺豁亮的屋子里,泡上一壶茶,守住个小火炉子,想吃点什么就做点什么。

(39) “在家时你干什么?”“帮人拖毛竹。”我朝他宽宽的两肩望了一下,立即在我眼前出现了一片绿雾似的海,海中间,一条窄窄的石级山道,盘旋而上,一个肩膀宽宽的小伙,肩上垫了一块老蓝布,扛了几枝青竹,竹梢长长的拖在他后面,刮打得石级哗哗作响,……这是我多么熟悉的故乡生活啊!

运用示现使人感到如见其景,如闻其声。例(38)通过中国人民志愿军战士想象到祖国人民幸福生活的情景表达了最可爱的人的崇高的思想品质。例(39)从眼前的小伙子的话勾起了对故乡生活的深深怀念,把人物的思想感情形象地再现了出来,字里行间浸透着人物的深情。

双关是依靠语言环境的帮助,利用语言的声音或意义上的联系,使一句话同时关涉两个事物的一种修辞手法。这里往往是字面上说的是一种意思,暗含的则是另一种意思。如:

(40) 老梁歪着脑袋看着儿子,怎么这么不顺眼?啊,对了!黑眼镜!他呼地伸出手,扯下儿子的眼镜,叭地摔到地上:“这玩艺儿叫你看不清!”

(41) 黄浦江上有座桥,
江桥腐朽已动摇。
江桥摇,
眼看要垮掉!
请指示,
是拆还是烧?

例(40)的“看不清”字面上是指戴墨镜看不清,骨子里是说有了坏思想就会看不清前进的方向,就会走上邪路。这是借词语的意义而构成的双关。例(41)“江”“桥”“摇”字面上是指黄浦江上的桥已动摇,骨子里是指江青、张春桥、姚文元一伙。这是借词语的声音而构成的双关。

双关有时含蓄委婉,使人有意在言外之感。有时又幽默诙谐,在谈笑中透露出战斗的锋芒。

思考和练习

1. 指出下列各句在句子锤炼方面存在的毛病，并加以改正。

(1) 在这次全局烹饪训练班的学习过程中，大大提高了我的烤制各种花色面包的技术。

(2) 他在身上披上雨衣，用手拿了一顶安全帽就奔向出事的现场。

(3) 当我遇到一些困难，他总是想尽一切办法帮助我解决。

(4) 在我们车间里，生产比过去抓得紧了，学习也抓得比过去好了。

(5) 为了学好英语，他曾多次反复地请张老师帮他纠正发音上的毛病。

(6) 我们村子经过一个冬天的苦战，一道四米高、二十米宽七百米长的防洪大堤巍然屹立在秋浦河上。

(7) 此刻，雨还在下，水还在涨，苏老七十五岁高龄，从住地到教室要走一里远，他能来吗？

(8) 我一提起笔，那些孩子的充满稚气的脸，发光的眼睛和清脆的声音又重新在眼前浮现。

(9) 他侃侃而谈地讲着电影里的动人故事。

(10) 最近几年才发现这种中草药可以治疗心脏、肺、肠、眼、高血压等疾病。

2. 将下列长句化为短句。

(1) 当前，实现“四化”这场大革命，既要大幅度地改变目前落后的生产力，也就必然要多方面地改变生产关系，上层建筑，社会结构，工农业企业的管理方式和国家的管理方式，以及人们的活动方式和思想方式。

(2)《母亲》是伟大的无产阶级作家高尔基在一九〇六年写的，深刻反映俄国第一次资产阶级民主革命时期在无产阶级政党领导下，工农革命运动由自发到自觉的斗争过程的一部激动人心的长篇小说。

3. 指出下列各例所运用的修辞手法及其表达作用。

(1) 中国人民并没有被吓倒，被征服，被杀绝，他们从地下爬起来，揩干净身上的血迹，掩埋好同伴的尸首，他们又继续战斗了。

(2) 干工作，要像春蚕吐丝，兢兢业业，到死方休；做人，要像点着的蜡烛，从头燃到脚，一生光明。

(3) 她漠然地望望大门，大门静静地合着，插着木闩，扣着铁环。那木闩铁环，默默地忠于它们的职务，守住大门，连美丽的春天也不放进来。那被关在门外的春天，只能徘徊墙外，或悄然爬上白杨，向院内窥望。

(4) 单四嫂子等候天明，却不像别人这样容易，觉得非常之慢，宝儿的一呼吸，几乎长过一年。

(5) 就这样，他们开始了第一次的散步，就这样，他们散步，散步，看到迎春花染黄了柔软的嫩枝，看到亭亭的荷叶铺满了池塘。

(6) 随后她又谈到水电站建成后四周围可能发生的变化。“将来这一片都是水呵！”她接着说，把手举得高高地画了半个圈子，而她的眼色和神气说明她的眼前已经展开了一个巨大的人工湖，里面浮着青翠的岛子和无数的白色游艇，……

(7) 人生的道路虽然漫长，但紧要处常常只有几步，特别是当人年轻的时候。

(8) 弯弓射日到江南，
终夜喧呼敌胆寒。
镇江城外初遭遇，
脱手斩得小楼兰。

(9) 李二汉刚掀酒罐，就觉醉意已有八分。

(10) 一切那么安静，只有查看资料时翻动纸页的窸窣之音，或写字的笔尖滑过纸上的沙沙细声。

(11) 海扬起一万只拳头，
整日和岩石搏斗；
它摔不倒挺立的岩石，
却捞走了风化的石头。

(12) 火，火，血红的地心的火，
层层的地壳把它压住了。
但总有一天，

总有一天呵，
它会把这些一齐冲破！

(13) 苏冠兰垂下头，仿佛怕少女那灼人的目光烫伤他的脸。

(14) 伙计，我们不能老蹲在这里，防御并不等于老蹲在这里，我们要往前挤！马蜂不敢螫你，你就要捣马蜂窝，马蜂自然就要出来螫你，这样就可以更多地打死马蜂！

第五节　句式的选择

汉语的表达手段是丰富的。不仅有成千上万的词语供我们选用，可以组成无数的句子；而且有变化多样的句式，为我们准确、细密、鲜明、生动地表达思想，开辟了广阔的天地。如何有效地表达我们的思想感情，关键在于对各种表达方式的精确而恰当地选择。

一　语序的调整

汉语的形态变化缺乏，语序具有重要的意义。语序是重要的语法手段，也是重要的修辞手段。在汉语中，一般说来语序是比较固定的。语序安排得不好，必然有损于意思的正确表达；有时，灵活地变通某些语序却又可以增强语言的表达效果。

汉语中修饰语和中心语的次序比较简单，一般说来，修饰语在前，中心语在后；修饰语和中心语构成偏正关系的词组。但是，当偏正词组中修饰语之前又有修饰语的时候，处于不同层次中的修饰语就会出现语序的问题。语序安排得不好，就会影响意思的正确表达。

在汉语中，一般说来语序是比较固定的，有时为了表达的需要，也可以在不改变基本意思的情况下，变通一下词语的顺序，来增强语言的修辞效果。这种变通了语序的句子就称之为倒装句或变式句。

这种句子有以下几个特点：1. 基本意思没有改变，只是在强调重点和情态上有所变化。2. 句法关系没有改变，只是位置上有先后次序的不同，结构关系仍然不变。3. 次序的变化，往往有重音、语调和停顿等的配合，以加强表达效果。

1. 主语和谓语的倒装

(1) 安息吧!
敬爱的周总理!

(2) 小心点,老人家!

2. 修饰语和中心语的倒装

(3) 他们应该有新的生活,为我们所未经生活过的。

(4) 你已经替中国人民铺好了道路,用你的血。

3. 偏正复句中分句的倒装

(5) 他忍受着,不管是怎样的疼痛。

(6) 正义是杀不完的,因为真理永远存在。

把谓语提到主语前,把中心语提到修辞语前,把正句提到偏句前,都是因为有特殊的表达需要。首先是为了强调某个语言成分。这些词语次序的倒装,对于谓语、修饰语和分句都有强调的作用。其次是因为情态上的要求。例如在情绪激动或情势紧急的时候,往往最先说出的最需要对方注意的词语,这样就自然造成了倒装,如例(2)就是。走路时,首要的是提醒对方"小心点",然后才说出称呼来。在文艺作品中这种句式有助于生动地描绘人物的情态。再次,有时是为了把长句化短,就把长修饰语移到中心语后,构成几个并列的成分。如柯岩《啊,春天!》:

(7) 请扬起你的风帆,
带着我的思念
在复苏的大地上飞翔吧,
为了去温暖
每一颗还在冬眠的种子;

为了去迎接
那碧绿的、碧绿的
成熟的夏天……

有时是为了诗歌押韵，就把有的词语的次序倒置。如郭小川《刻在北大荒的土地上》：

(8) 继承下去吧，我们后代的子孙！
这是一笔永恒的财产——千秋万古长新；
耕耘下去吧，未来世界的主人！
这是一片神奇的土地——人间天上难寻。

二 句式的变化

上面讲的是运用语序变化，造成不同的句式来表达同样的意思；这里讲的是运用虚词和语调，构成不同的句式来表达同样的意思。现在比较一下下面的五个句子：

(1) 他看完了这本小说。
(2) 他把这本小说看完了。
(3) 这本小说被他看完了。
(4) 他不得不看完这本小说。
(5) 谁说他没看完这本小说？

例(1)是一般的陈述句。例(2)和例(1)不同，它的着重点放在谓语动词上，强调“看完了”。例(3)的着重点放在受事主语上，强调“这本小说”。例(4)例(5)和例(1)也不同，它们的语气都比较强烈，比较肯定。例(4)着重在于说明施动者的被动和勉强；例(5)着重在于对第三者的反诘来强化施动者的行为。下边再谈几种句式。

(一) 否定句式

同样一个意思，可以用肯定的句式，也可以用否定的句式，但两种不同的句式在情味上是不同的。如：

(6) 这孩子漂亮。

(7) 这孩子不丑。

这两句话基本意思一样，例(6)语气肯定语意要重些，例(7)用否定句式语意就轻得多。一般说来，否定句比较委婉，缓和，不像肯定句那么直截了当。例如在谈心帮助一个同志时，我们说，“你这样做是不对的”，就比“你这样做是错误的”要缓和一些，婉转一些，对方比较容易接受。

但是如果运用双重否定的形式，有时在语气上就强烈得多了。如：

(8) 从前线回来的人说到白求恩，没有一个不佩服，没有一个不为他的精神所感动。晋察冀边区的军民，凡亲身受过白求恩医生的治疗和亲眼看过白求恩医生的工作的，无不为之感动。

例(8)的“没有一个不佩服”，是说“每个人都佩服”；“没有一个不为他的精神所感动”，是说“每个人都为他的精神所感动”；“无不为之感动”就是“人人都为之感动”的意思。双重否定语气比较强烈，因为它表示没有例外，有排除其他可能的意味，语意较重，这比一般的肯定句更加坚定有力。

值得注意的是，有些双重否定句语气却又比单纯肯定句要委婉一些。例如：

(9) 人家都说你是个厚道人，你不会不帮忙的。

(10) 我不是不借给您，我也实在没有多余的钱。

例(9)“你不会不帮忙的”，单纯肯定句是“你会帮忙的”；例(10)“我不是不借给您”，单纯肯定句是“我是要借给您”。双重否定句就不像单纯肯定句那么肯定有力，语气要委婉一些。

当然还有用三重否定，甚至更多重的否定的。我们知道，否定句式是很有表现力的，但是如果用得层次过多，就会影响意思的正确表达，有时甚至可能把话说反了。如：

(11) 别的同学都在为实现四个现代化用功，我怎么能劝阻孩子别那么刻苦呢？

例(11)“劝阻”就是“不让”的意思。“不让孩子别刻苦”就是“让孩子刻苦”，句中有个“怎么能”表示疑问语气，又反过来“不让孩子刻苦”了。这个句子表达得含糊不清，仔细分析是把话说反了。应该删去“阻”字，或删去“别”字。

在汉语中有些形成习惯的表达方式，如“好不容易”与“好容易”，“好不热闹”与“好热闹”，“差点没死掉”与“差点死掉”，表达的意思完全一样，就不应再看作是否定句式了。

（二）设问句式

设问句式是利用语气上的变化来增强语言的表达效果的。它与陈述句不同，陈述句比较平稳、和缓，设问句比较强烈，生动。它与单纯的疑问句不同，疑问句是有疑而问，目的是希望对方提出答案，设问句是无疑而问，心中早有定见，无须对方回答，而是一种运用语言技巧以增强修辞效果的方法。这是故意设问，接着由自己来回答，或不作解答而由读者去思考领会的一种很有表现力的句式。设问可分为提问和反问两种。

1. 提问

运用这种句式，目的是为了提示下文，引起人们的注意。这是采取自问自答的方式，首先自己提出问题，然后自己再把答案端出来。如：

(12) 什么最可贵？
独立自由最可贵。
什么最痛苦？

民族奴役最痛苦。

(13) 什么是路?就是从没路的地方践踏出来的,从只有荆棘的地方开辟出来的。

人们在阐明某个道理的时候,不采取直接叙述说明的方法,先在读者的面前设下一个问题,这就会引起读者的思索,唤起读者的注意,使他迫不及待地读下去,立即要解决这个问题。这样后面作者提出的答案,作者所要阐明的观点,自然而然就突现出来了,给人的印象鲜明而深刻。

有时为了使文章鲜明生动,波澜起伏,先从反面来提问,再从正面提问,先否定了反面的问题,再端出正面的答案。如:

(14) 这个浑身是胆的好汉,这个以沉着出名的英雄,这个钢铁铸成的人,感觉到一种没有经验过的孤单、害怕。他因为周围都是尸体而害怕?不,躺在尸体堆里,这不是第一次也不是第十次。他是感到死亡临近而害怕?不,他不是第一次也不是第十次战胜死亡。对啦,这是因为离开了部队!

(15) 莎士比亚虽然是"剧圣",我们不大有人提起他。五四时代绍介了一个易卜生,名声倒还好,今年绍介了一个肖,可就糟了。至今还有人肚子在发胀。

为了他笑嘻嘻,辨不出是冷笑,是恶笑,是嘻笑么?并不是的。为了他笑中有刺,刺着了别人的病痛么?也不全是的。列维它夫说得很分明:就因为易卜生是伟大的疑问号(?);而肖是伟大的感叹号(!)的缘故。

有时根据内容表达的要求,可以连续提问统一作答,以增强文章的气势;也可以边问边答,层层剖析,步步深入,引人入胜。

(16) 为什么鸡蛋能够转化为鸡子,而石头不能够转化为鸡子呢?为什么战争与和平有同一性,而战争与石头却没有同一性呢？为什么人能生人不能生出其他的东西呢？没有别的，就是因为矛盾的同一性要在一定的必要的条件之下。缺乏一定的必要的条件，就没有任何的同一性。

(17) 一切种类的文学艺术的源泉究竟是从何而来的呢？……有人说，书本上的文艺作品，古代的和外国的文艺作品，不也是源泉吗？……人类的社会生活虽是文学艺术的唯一源泉，虽是较之后者有不可比拟的生动丰富的内容，但是人民还是不满足于前者而要求后者。这是为什么呢？……

例(16)是连续提出几个问题让读者思索，然后把答案交代出来，就很鲜明突出，几个提问句集中放在一起，语言结构也比较整饬，读起来就铿锵有力。例(17)是在一段文字中，逐层提问，层层剖析，一环扣一环，把文艺和生活的关系分析得非常清楚，这样就增强了文章的逻辑性和说服力。

运用时，要注意提问的明确。提问明确就能为突出论点创造条件，为文章的发展开辟道路。所以晦涩模糊的提问，只能造成观点的模糊而使人感到不知所云。从语言形式来看，提问句一般都比较简短。问题较多的，一句话说不清的，可以多用几个提问句，可以连续地提问。

2. 反问

和提问不同，反问是只问不答的。它可以通过设问的句式，激发人们思考，使人们自己得出答案。实际上，反问的答案已经暗含在问话之中了。如：

(18) 太阳从早到晚，把它的光和热照在每一个角落从不吝惜，从不偏袒，从不计较报酬，它那样大公无私，那样一心一意地为人民发射光和热；这是何等宽阔的胸怀！如果有了这样的胸怀，还有什么容不下的东西呢？还为什么不能听取别人的意见并改正自己的缺点和错误呢？

(19) 如果说贪污和浪费是极大的犯罪，浪费和摧残人才不是更大的犯罪吗？

像上面所举的反问，往往是在充分论述某一问题之后，紧接着就是一个反问句。就文章的气势来说，在论辩时，反问句的锋芒是最为逼人的；就说理来说，在论点、论据充分合理的基础上，来一次反问，就可以使语气更加肯定有力，观点更加确定无疑。又因为反问之后，并不回答，只是让读者自己去体会，因而就又可以发人深思，增强文章的说服力。再如姚雪垠《李自成》：

(20) 众人的看法是有根据的：第一，朝廷迟迟不打算给张献忠正式职衔；曾传说要给他一个副将衔却没有发给关防，更不曾发过粮饷。这不是硬逼着张献忠重新下水么？第二，张献忠日夜赶造军器，天天练兵，收积粮食，最近从河南来的灾民中招收一万多人。这不是明显地准备起事？第三，张献忠才驻扎谷城时节，确实不妄取民间一草一木，后来偶尔整治几个为富不仁的土豪，但并不明张旗鼓。近来公然向富户征索粮食和财物，打伤人和杀人的事情时常出现。这难道不是要离开谷城么？……

这里是从几个方面的事实，论证出张献忠不久就要起事的传说是有根据的。作者在每摆一件事实之后，都运用反问句来诘问，都是用否定的句式来表达肯定的意思，增强了作者论断的说服力。

既然反问是在前面充分论述的基础上加以反诘，那么反问句就应该是充分论证的必然结果或论辩的继续深化。因此，在运用时，在合理有据的论述的基础上，要反问得合情合理。只有这样，反问的力量才能显示出来，否则无的放矢，不着边际，就会削弱文章的战斗力。

有时候提问和反问结合起来运用。前面用提问开头，后头用反问来回答。如：

(21) 有人问：你对牛差差和孟祥英的婆婆、丈夫，都写得好像有点不恭敬，难道不许人家以后再转变吗？
答：孟祥英今年才二十三岁，以后每年开劳动英雄会都要续写一回，谁变好谁变坏，你怕明年续写不上去吗？

(22) 朋友们，当你听到这段英雄事迹的时候，你的感想如何呢？你不觉得我们的战士是可爱的吗？你不以我们的祖国有着这样的英雄而自豪吗？

这里，前面的提问有领摄的作用，以引起人们的注意，接着后面的反问暗示出答案，加以强调激问，就增强了文章的语势。

三 句形的长短

同一个意思，可以用长句来表达，也可以用短句来表达，不同的句式具有不同的修辞效果。句子的长短是从句式上讲的。长句一般指的是形体较长、结构比较复杂的句子；短句一般指的是形体较短、结构比较简单的句子。句子的长与短没有一个明晰具体的分界线，只是相对而言的。

（一）长句

长句一般有三种表现形式，一是修饰语比较多，二是联合结构比较多，三是分句中的结构层次比较多。如：

(1) 鲁迅是在文化战线上，代表全民族的大多数，向着敌人冲锋陷阵的最正确、最勇敢、最坚决、最忠实、最热忱的空前的民族英雄。

(2) 中国的革命的文学家艺术家，有出息的文学家艺术家，必须到群众中去，必须长期地无条件地全心全意地到工农兵群众中去，到火热的斗争中去，到唯一的最广大最丰富的源泉中去，观察、体验、研究、分析一切人，一切阶级，一切群众，一切生动的生活形式和斗争形式，一切文学和艺术的原始材料，然后才有可能进入创作过程。

(3) 没有问题，现阶段的中国革命既然是为了变更现在的殖民地、半殖民地、半封建社会的地位，即为了完成一个新民主主义的革命而奋斗，那末，在革命胜利之后，因为肃清了资本主义发展道路上的障碍物，资本主义经济在中国社会中会有一个相当程度的发展，是可以想象得到的，也是不足为怪的。

例(1)的宾语有复杂的修饰语。例(2)整个句子都是由一系列的联合结构组成的。例(3)则是一个层次繁多的复句。这几种情况有时是结合在一起的。

这些长句子，多用在书面语中，特别是经常出现在政论、科技等语体中。正因为句中包含的成分比较复杂，在表达上就有精确、周密的特点。如例(1)中一系列的修饰语就把鲁迅的特点精确、周密地表达出来了。这些句子虽然较长，但层次安排得清楚，句中停顿较多，造成长中有短，疏密有致，读起来文气畅达，并不感到吃力拗口。

(二) 短句

短句一般有以下三种情况：一是简单明了地叙述和描写事物，二是如实地记录口语，三是表示紧张激动的情绪和坚决肯定的口气。如：

(4) 我家是佃农。祖籍广东韶关，客籍人，在“湖广填四川”时，迁移四川仪陇县马鞍场。世代为地主耕种，家境是贫苦的。和我们来往的朋友也都是老老实实的贫苦农民。

(5) 六月十五那天，天热得发了狂。太阳刚一出来，地上已经像下了火。一些似云非云似雾非雾的灰气低低地浮在空中，使人觉得憋气。一点风也没有。祥子在院子里看了看那灰红的天，喝了瓢凉水就走出去。

(6) 刚刚吃过馒头，小晚来了。艾艾拉住小晚的手，第一句话就是：“罗汉钱丢了！”“丢就丢了吧！”“气得我连饭也吃不下去！”“那也值得生个气？我看那都算不了什么！

在着能抵什么用？听说你爹你妈跟东院里五奶奶去给你找主儿去了。是不是?”“咱哪里知道那老不死的为什么那么爱管闲事?”“咱们这算吹了吧?”“吹不了!”“要是人家说成了呢?”“成不了!”“为什么?”“我不干!”“由得了你?”“试试看!”正说着,外边有人进来,两个人赶快停住。

(7) 今天,这里有没有特务？你站出来！是好汉的站出来！你出来讲！凭什么要杀死李先生？杀死了人,又不敢承认,还要诬蔑人,说什么“桃色事件”,说什么共产党杀共产党,无耻啊！无耻啊！这是某集团的无耻,恰是李先生的光荣！李先生在昆明被暗杀,是李先生留给昆明的光荣！也是昆明人的光荣！

例(4)是简单明了的叙述。例(5)是简洁凝练的景物描写。例(6)是人物对话,全是明快而生动的短句。例(7)是演讲词,情绪激昂,句子刚健有力。

这些短句子,多用在口语中,特别是经常出现在文艺语体中。正因为句中包含的成分比较简单,表达上就生动活泼,明快有力。

应该指出的是,在政论语体中有时也插入一些短句,能收到很好的表达效果。如：

(8) 你们是打败了。你们激怒了人民。人民一齐起来和你们拼命。人民不欢喜你们,人们斥责你们,人民起来了,你们孤立了,因此你们打败了。

(9) 我们必须向一切内行的人们(不管什么人)学经济工作。拜他们做老师,恭恭敬敬地学,老老实实地学。不懂就是不懂,不要装懂。不要摆官僚架子,钻进去,几个月,一年两年,三年五年,总可以学会的。

在政论语体中运用短句,可以打破文章长句造成的绵长舒缓的节奏,使人感到句子活泼而有生气;可以增强文章的力量,使人感到斩钉截铁,痛快淋漓。所以在政论语体中,很多地方是长短句配合使用的。

（三）长短句连用

长句有长句的用处，短句有短句的用处，选用哪一种句式，要根据表达的内容来决定。由于短句简洁明快，很多人喜欢在文章或段落的开头与结束处用短句。因为开头写得明白易懂，才能引人入胜；结束处斩截有力，才可给人以深刻的印象。而长句涵义丰富，叙述周详，宜于在篇章中叙述正文。在一篇或一段文章中单纯用短句或单纯用长句的时候不多，为了更好地表现思想的丰富多彩和感情的波澜起伏，一般总是灵活地、交错地运用长短句。例如：

（10）这时候，太阳从东山头上收走了最后一片光亮、西山边的火烧云也在变着颜色，先是朱红，后是桔红，过了一会儿，又变成了杏黄，浅黄，最末变成灰白，接着就黑了。

把短句放在开头，很醒目，中心突出，可引起读者的注意。中间用长句，便于周密细致地说理和论证。最后用短句，也是为了使结语肯定有力。当然，这是就一般的情况而言，并不是每一段都能拿这个框框去硬套。

四　结构的整散

上面讲的三个部分都是散句。语言中也可以用整齐的句子来表达思想。整句，指的是排列在一起的一对或一串结构相同或相似的句子。由于结构相同或相似，形式上就显得整齐匀称。这样的句子往往富有形式美和声音美。

在汉语的书面语中，绝对不用整句的情况是不多的。大多数都是整散交错的，文学作品固然如此，政论和科技文章也是这样。

（一）对偶

用一对字数相等、结构相同的语句来表达相同、相关或相反的意思，就是对偶。如：

（1）万山逶迤驰奔马，高天坦荡走飞云，他永远永远像巍巍太行山耸立在我们面前。

这里“万山”对“高天”，都是名词性偏正词组；“逶迤”对“坦荡”，都是用形容词来陈述前面的名词词组的。“驰”对“走”，都是动词；“奔马”对“飞云”，都是名词性的偏正词组充当前面动词的宾语。这两个语言成分都是七个字，结构关系也完全相同，这就构成了对偶句。

应该说，“字数相等，结构相同”只是对偶的基本要求。如果能够做到“词类相当”和“平仄相协”那就更好了。

对偶最好两边不要有相重复的词语。有了少量的重复词语，只要“字数相等，结构相同”也应看成是对偶。如：

(2) 我们这儿也是好地方，牛羊遍野、骆驼成群，夏天的草原是一片碧琉璃，冬天的草原是一片银世界。

(3) 但是他，贝汉廷，惊奇而不泄气；羡慕而不妒忌。

对偶中的一对语句所表达的意思是相同相近的就叫做“正对”。如：

(4) 心血操碎，革命伟业似巍巍泰山震寰宇，
骨灰撒遍，总理恩情如滴滴雨露润人心。

(5) 尤其是白族同胞，几乎家家院内是繁花，户户门外有清流。

例(4)的两个语句是歌颂总理生前的功绩和死后的遗愿，刻画了周恩来总理为革命为人民鞠躬尽瘁死而后已的高贵品质。例(5)是从院内和户外的景致描绘出白族同胞院落的自然风貌。这些语句内容都是相同和相近的。

对偶中的一对语句所表达的意思是相对相反的就叫做“反对”。如：

(6) 生当为人杰，死也作鬼雄。宁作那笔直折断的剑，不作

那弯腰屈存的钩。

(7) 敌人害怕您静若悬剑，

人民信赖您稳如磐石。

“生”与“死”，“人杰”与“鬼雄”，“笔直折断的剑”与“弯腰屈存的钩”，“敌人”与“人民”，“害怕”与“信赖”，“静若悬剑”与“稳如磐石”，都是相对待的。“反对”的对比作用十分鲜明。它往往把两种相反的语句组合在一起，相互映衬，显得非常突出。“反对”运用得好，与掌握丰富的反义词语是分不开的。

对偶中的一对语句所表达的意思是相关相连的就叫做“流水对”。如：

(8) 只恨人间多疫鬼，遂使中华失栋梁。

(9) 发展体育运动，增强人民体质。

上面两例中的对偶句都是上下承接，先后连贯的。或者前句和后句是因果关系，或者前句和后句是连贯关系。这种对偶句一气呵成，语势连贯，结构匀称，朗朗上口。

现代汉语中双音词占优势，单音词也不少，这就为造成整齐匀称的句式提供了有利条件。汉语又是有声调的语言，这就使我们能够在句子中协调平仄，把句子组合得节奏鲜明，悦耳动听。

对偶在现代汉语中运用极为广泛。[①] 不仅在文学作品、政论文章中大量运用，而且有些文章的标题也运用对偶，如《关心群众生活，注意工作方法》《丢掉幻想，准备斗争》《放下包袱，开动机器》等。有些题词也是运用对偶的，如“提高警惕，保卫祖国”“发展经济，保障供给”等。许多谚语、格言也是用对偶组成的，如“把困难留给自己，把方便让给别人”“霜前冷，雪后寒”“满招损，谦受益”等。对联也是对偶句。逢年过节，红白喜事，群众中有贴对联的风俗，作家秦牧写道：“现在我

---

① 对偶在我国起源很早，如《尚书》《诗经》就有不少偶句。后来形成了以对偶形式为主的骈体文，并且影响到以后的文言文。我国古代的格律诗，也是离不开对偶的。

们也贴春联，但是谁想到‘岁月逢春花遍地，人民有党劲冲天’‘跃马横刀，万众一心驱穷白；飞花点翠，六亿双手绣山河’之类的春联，和古代的用桃木符辟邪有什么可以相提并论之处呢！古老的节日在新时代里是充满着青春的光辉了。”可见对偶在今天以崭新的面貌不断发展着。

（二）排比

排比是用几个结构相似的并列语句，把相关的意思连续地说出来的一种修辞手法。

(10) 戈壁滩依旧那样苍茫，天气依旧那样炽热，风依旧那样猖狂。可是，在那一块块大大小小的绿洲里，在那临风摇曳的青纱帐里，在那一大片连着一大片的庄稼地里，在那枝头累累的果林里，哪儿还能找到一点荒凉的影子呢？

排比在语意上是相关的，它一般都是同范围、同性质的事物；在结构上是相似的和并列的，一般要重复某些词语；在数量上，一般是三个以上的语言成分；在成分上必须是词组或句子，甚至是段落。

排比中的各语言成分在意义上的关系是不同的。有的在意思上是平列的。如：

(11) 老乡们，男女老少仿佛从地底下钻出来似的活动开了：有的帮部队碾打粮食；有的帮部队烧火做饭；有的帮战士们缝补衣服；有的扛着枪四处巡逻；有的扛着担架，急急地奔走……

(12) 红花岗，是他们的刑场，是他们的战场，也是他们举行那庄严而高尚的婚礼的礼堂。

这里有时是列举不同的事物，不同的方面加以分说，往往起到以点概面的作用。如例(11)就是。有时却是对一个事物，从不同角度不断生发开来，就有明显的强调和深化主题的作用。如例(12)就是。不管是哪种情况，它们之间的关系都是平行的。

有的在意思上是递进的。排比句之间有轻重、大小、先后之分。有人称之为“层递”。

(13) 在他革命的一生中，他是真正做到了有一分热发一分光，永不变色，永远忠实于党，忠实于阶级，忠实于人民。

(14) 第一个月，咱们娘娘有说有笑；第二个月来，咱们娘娘不苟言笑；第三个月来，咱们娘娘不言不笑。

这里有时是范围上的逐渐扩大和缩小，如例(13)就是逐层扩大的。有时是时间上的逐渐推后和移前，如例(14)就是逐层推后的。不管是哪种情况，它们之间的关系都是层递的。

为了追求语言形式上的匀称和声音韵律上的往复美，有时句子的排比不能满足要求，就发展为段落的排比。如：

(15) 有时丈夫对她说：“今晚开群众会，你去参加吧！”她对他笑笑，不说什么，依然坐在灯下，仍然拿起针线来。

过不久，丈夫又对她说：“明天党支书作报告，你去听听！”她对他笑笑，不说什么，第二天照常托着洗衣篮子，照常到井边去了。

不久，丈夫又对她说：“村里要办个妇女识字班，你也去报名吧！”她对他笑笑，不说什么，仍旧低着头，仍旧去做自己早已安排好的三百六十天每天该做的事。

段落的排比，在散文和诗歌中用得较多。它语言整齐，条理清晰，读起来散中见整，音流婉转，有一种回环往复的韵味。由于段与段之间的承接照应，不但给人的印象鲜明深刻，而且也使人感到趣味盎然。上例就是通过段落排比，列举了三件事情，把好媳妇吴淑兰温柔贤淑的性格刻画得惟妙惟肖，绘声绘形。

排比的使用范围很广，与排比很有表现力是分不开的。它有时抽取几个典型的、有代表性的事物来排比。通过典型来概括一般，具有很大的概括力。它有时又周密细致，它用来说理，可以把道理说得透辟周详；用来叙事，可以叙述得有条不紊，细致入微；用来状物，可以把事物刻画得有声有色，栩栩如生。当然，排比的主要作用还在于"壮文势"。① 由于句式整齐，一气呵成，读起来连贯通畅，真如长江大河，一泻千里，格调比较雄健豪放，宜于抒发壮美的情怀。

（三）顶真

顶真是前后的几个语句之间，由相同的语言成分衔接上下两句，上递下接，使得结构紧密，语意连贯，声音流畅的一种修辞手法。顶真大部分是后一句的开头承接前一句的末尾的语言成分。它经常出现在说故事的开头，或交代事物的空间位置方面。如：

(16) 有个农村叫张家庄，张家庄有个张木匠。张木匠有个好老婆，外号叫个"小飞蛾"。小飞蛾生了个女儿叫"艾艾"，……

(17) 碎瓦刨光了，是一堆新土；新土出清了，是一块木板；木板揭起来，是一个大瓦缸；把缸上的稻草拿掉以后，原是满满的一缸白米。

有时在说明事理的时候，也运用顶真来推断联系。如：

(18) 我们要造成民主风气，要改变文艺界的作风，首先要改变干部作风，改变干部作风首先要改变领导干部的作风；改变领导干部的作风，首先从我们几个人改起。

(19) 这真是座活山啊。有山就有水，有水就有脉，有脉就有苗，难怪人家说下面埋着聚宝盆。

顶真着重在事物之间的联系上。它用来叙事写景，可以交代清楚事物之间时间或空间上的关系；它用来说理抒情，则可以阐明事物之

① 陈骙《文则》。

间的内在联系,使人感到一目了然,严密周详。顶真在语言形式上前后衔接紧密,句式又比较匀称整齐,读起来环环相扣,明快流畅,情趣横生。

（四）错综

错综就是使句子整散结合。有时候为了避免语句的平板单调,把本来可以写成整句的句式故意写得长短不齐,参差错落,这种修辞手法就叫做错综。错综的情况比较复杂。下面分析几个句子。

(20) 通红的太阳照满天,
今天咱们多喜欢,
报了仇,伸了冤,
抬起了头见青天,
千年的铁树开了花,
万年的磐石把身翻。

(21) 看飞奔的列车,已驶过古长城的垛口,
窗外明月,照耀着积雪的祁连山头……

(22) 他一说开了头,许多受过害的人也都抢着说起来:有给他们花过钱的,有被他们逼着上过吊的,也有产业被他们霸了的,老婆被他们奸淫过的。

(23) 我倒想起一个笑话:白人刚到非洲时,白人有《圣经》,黑人有土地;过不多久,黑人有《圣经》,土地都落到白人手里了。

(24) 射箭要看靶子,弹琴要看听众,写文章做演说倒可以不看读者不看听众么?

例(20)的“把身翻”本来可以参照前一句组成对偶句,改为“翻了身”。但是作者考虑到歌词押韵,便于吟唱的特点,就写成“把身翻”,以便和前面的“天、欢、冤”押韵,这个对偶句就变成了错综句了。例(21)两句话写两个事物,句式结构大体相近,但词组的结构却不一样,有疏有密,音顿匀称,但结构却错落有致,散中见整,语言的“散”中渗透着意义的“整”,语言自然洒脱,富于变化。例(22)是排比句的意思,而用错

综句式来表达，这是由于要突出强调的重点不同而造成的错综句，它可以用不同的句式把应该强调的重点都突出出来。例(23)本来是一个回环句式。这里不说“白人有了土地”而改成“土地都落到白人手里了”，突出了白人侵略者的阴险狡诈的本质，把“土地”加以强调，揭示了非洲民族灾难的根源所在。如果用回环句式是达不到这个修辞效果的。例(24)是通过语气上的变换来加强修辞效果的。前面是两个排比陈述句，后面语气一转，改为反问句式，引起人们的思索和兴味，这比直陈的三个排比句要生动有力得多。

错综在语句结构上整中见散，同中有异，这就可以避免句式的单调平板，使语言富于变化，而增加文章的波澜。

思考和练习

1. 改正下列病句，并说明理由。
   (1) 横杆又一点一点慢慢地升到了小红旗的位置。
   (2) 广播里传来了清脆悦耳的广播员的声音：“好消息，好消息，数学系王健同学打破了省一百一十米高栏纪录！”
   (3) 我们日常生活中，实际上是无时无刻离不开语言的。
   (4) 我们刚进入工地，两个工区的领导同志热情地马上跟我们握手。他俩再三嘱咐我们：“大家要注意安全，尽量防止不发生事故。”
2. 说明下列不同句式的表达作用：
   (1) 苇塘的芦花被风吹起来，在上面飘飘悠悠地飞着。
   (2) 长的草里是不去的，因为相传这园里有一条很大的赤练蛇。
   (3) 我们的干部，特别是高级干部，一定要带头遵纪守法，切不要以为自己有权有功，就可以把法律置之度外。
   (4) 有了草皮覆盖地面，即使有风，刮起的沙也不多，这就减少了沙粒的来源。
   (5) 我们和无论什么人做朋友，如果不懂得彼此的心，不知道彼此心里面想些什么东西，能够做成知心朋友么？
   (6) 怎么，月亭，你改主意了。

(7) 他生下来的时候,并没有玫瑰花,他反而取得了成绩,而现在呢?应有所警惕了呢,当美丽的玫瑰花微笑时。

(8) 这时候,勇士们仍然不会后退的呀,他们把枪一摔,身上帽子上呼呼地冒着火苗,向敌人扑去,把敌人抱住,让身上的火,也要把占领阵地的敌人烧死。

(9) 你们想找出路么?对,咱们大家都在找出路——整个中国也都在找出路。那么出路在哪儿?我想出路就在反抗,出路就在斗争,出路也就在把咱们个人的命运和国家、人民的命运结合在一起。

(10) 没有什么事物是不包含矛盾的,没有矛盾就没有世界。

3. 试从报刊文章中举例说明长句和短句的不同表达作用。

4. 指出下列各例中所属的整句和整散结合的句子的类型,并指出它的表达作用。

(1) 等看北岸红炉照紫天,
来听南岸黄莺鸣绿柳。
黄河头,大渡口,
草儿青,野花娇,
艄公桨声欢,
渡客歌声好。

(2) 老年间,在河湾上筑起一座堤。就是这千里堤。堤下的村庄,就是锁井镇。锁井镇以东,紧挨着小严村和大严村。

(3) 放下又拾起的
是你的信件,
拾起放不下的
是我的忆念。

(4) 去吧,去吧,快快地去吧!多少工地,多少工厂矿山,多少高楼大厦,多少城市和农村,都在殷切地等待着你们——井冈山的翠竹啊!快快地去吧,带去井冈山人的心愿,带去井冈山人的干劲,也带去井冈山人的风格吧。

(5) 冰河要解冻,
花开正迎春,
逼成鬼的姐妹今天要变成人!

永辈子的受苦人今天要大翻身!

(6) 我在想,一个人究竟是因为他正确才伟大,还是因为他伟大就一定正确?

(7) 海水天天扬起新潮,山头月月长出嫩绿,
这里的每根小草,都深藏着百折不回的意志;
弹坑中伸出了高树,坑道里涌出了泉溪,
这里的每朵野花,都显现着英勇无畏的雄姿。

(8) 当部队攻击的时候,炮弹总在敌人阵地前沿爆炸;当部队攻占敌人阵地的时候,炮弹步步延伸,炮弹就在敌人阵地纵深爆炸;当敌人溃乱的时候,榴霰弹就在敌人头上爆炸。

(9) 我敢说:她不想死!
她有母亲:风烛残年,
受不了这多悲伤!
她有孩子:花蕾刚绽,
怎能落上寒霜!
她是战士,
敌人如此猖狂,
怎能把眼合上!

(10) 谁晓得从盘古开辟天地以后,一直吃到易牙的儿子;从易牙的儿子,一直吃到徐锡林;从徐锡林,又一直吃到狼子村捉住的人。

第六节 语体和风格

一 语体类型

语言,由于交际任务的不同,很早就形成了不同的语体类型。汉语是世界上历史悠久的语言之一,汉语的语体也是源远流长的。早在文字产生之前,就出现了口头的文学创作,后代追记的远古诗歌葛天氏《八阕》、伊耆氏《蜡辞》以及《弹歌》等,说明文艺语体早就出现了。文字出现后,有了书面语。古代人民在社会生活中,陆续创造了事务

语体、政论语体和科技语体。

随着人们交际范围、目的、对象的不同，人们使用的语言材料在功能上出现了分化。不同的语体运用不同功能的语言材料。这些语言材料在语音、词汇、语法方面具有不同的功能特点，以适应不同语体的表达需要。如“绿油油”“花儿”“汗珠”“泪雨”等经常出现在文艺语体中，而很少出现在科技语体和事务语体中。“为……而……”句式经常出现在政论语体中，而很少出现在文艺语体或科技语体中。尽管各种语体都使用全民共有的语言材料，但是表达方式各不相同，这就使得各种不同的语体有了明确的分界。

各个语体本身所特有的表达方式是长期形成的。它本身特有的运用语言的规律是比较稳定的。现代汉语的各语体正是古代各语体发展的结果。比如，现代事务语体和科技语体，还保留着某些文言成分；现代诗歌的语言与唐宋诗词乃至《诗经》《楚辞》的语言也是一脉相承的。

当然，随着社会的发展，随着语言的发展，各种语体也在不断发展变化。有些陈旧的表达方式逐渐淘汰，许多新的表达方式不断地充实进来。与此同时，语体之间也在不断地相互影响，相互渗透，出现了许多新的分支，出现了许多新的语体溶合物。

人们运用语言进行交际，不仅要遵守语音、词汇、语法上的一般规范，而且要善于使用各种相应的语体。否则就与语言环境不协调，就要影响表达效果。

从大的方面来看，语体可分为口头语体和书面语体两大类。口头语体又可分为谈话语体和演说语体两类。书面语体可分为事务语体、科技语体、政论语体和文艺语体四类。

（一）口头语体和书面语体

口头语体与书面语体的关系很密切。一般说来，口头语体是书面语体的基础，书面语体又可以推动口头语体的发展，使之更为丰富。当然，书面语体的发展，除了以口头语体为基础外，还有其他的因素。“五四”以来，外语的影响对于现代汉语书面语体的发展和丰富是不可忽视的。

口头语体和书面语体的典型表现形式是口语和书面语，但是它们并不等于口语和书面语。口语和书面语是人们运用语言的表现形式。许多书面语体存在着口语的表现形式,有些口头语体也有它的书面语形式。语体,这是人们在完成特定的交际任务时所形成的语言运用体系,它与表现形式不是一回事。

1. 口头语体

口头语体包括谈话语体和演说语体两种。

谈话语体是人们在日常的交谈活动中形成的。由于交谈的范围很广泛,它使用的词语也是非常丰富的。不仅运用大量的口语词、惯用语、成语、谚语、歇后语,有时也不排斥使用某些科学术语和政治术语。它还普遍使用具有表情色彩和描绘色彩的词句,词汇和语法体系中的种种表情成分都被充分地利用。这种语体对语言环境的依赖性极强,在语言形式上有各种省略,因为有表情手势和交谈时的话题做补充,这些省略并不影响意义的准确表达,完全能为对方所理解。因为是互相交谈,句子一般比较简短,即使要表达比较复杂的内容,也不用长句子,而是多采用几个短句子表达。在语音上,谈话语体常常会夹杂着一些超语言的剩余部分,有时还允许个别音素的脱落,较多的同化、异化现象,产生一些音变等。这与书面语体的口语形式不同。书面语体的口语形式却要求有清晰的标准发音。如:

(1)“我想,只有,一个。是的,有一个。明天,捆上城去,给他在那个,那个城隍庙里,搁一夜,是的,搁一夜,赶一赶,邪祟。”

这虽然是鲁迅小说中的一段人物语言,但是可以看出口头语体在语言上的某些特点,而这,正是与书面语体不同的地方。

演说语体与谈话语体不同。一是一个人独自讲话,对语言环境的依赖不像谈话语体那么强。二是演说有一个中心,有一个具体的主题,不像谈话语体话题那么分散。但它还是属于口头语体。因为这种语体句式很简短,在用词的范围和使用表情色彩、描绘色彩的词句上和口头语体是一致的。如闻一多《最后一次的讲演》:

(2) 反动派暗杀李先生的消息传出以后，大家听了都悲愤痛恨。我心里想，这些无耻的东西，不知他们是怎么想法，他们的心理是什么状态，他们的心怎样长的！(捶击桌子)其实很简单，他们这样疯狂的来制造恐怖，正是他们自己在慌啊！在害怕啊！

这里句式都很简短，表情色彩很强烈，而且配合有手势动作、语调情绪来补充，这和口头宣读的声明或评论是有本质上的不同的，毫无疑问是属于口头语体的。

在口头语体中运用了少量的专门术语或书面语词，这往往是与谈话者本人的文化素养、知识水平有关。一般说来知识分子在交谈时，运用一定数量的书面语词是很自然的。

2. 书面语体

书面语体包括的范围较广，它是在口头语体的基础上发展起来的。尽管它有时也用口语的形式表现，但它总是不能脱离书面语的形式的。

书面语体和口头语体不同。它没有相互对话的语言环境，也没有谈话时的情态、手势的补充；它不是即兴的漫无中心的交谈。省略、重复的情况比较少。所以它的语言加工程度要远远超过口头语体。一般说来，书面语体要求语言合规范。它不仅要求用词造句的准确、鲜明和生动，而且还要求句与句之间，段与段之间的连贯、周详和简练生动。它讲究成篇的结构布局，层次安排的完整和妥当。在用词方面，它除了运用必须的口语词外，大量地选用书面语词，以及古语词、外来词和专门术语等。在造句方面除了运用大量的短句外，还要运用口头语体所没有的长句。复杂的联合成分，复杂的修饰成分，乃至层次较多的多重复句，在书面语体中是常常见到的。在语音方面，当它用口语形式表现时，就要求有清晰的标准发音。

当然，书面语体中的各个语体在语言运用上也还有各自的特点。

(二) 四种书面语体

1. 事务语体

事务语体是国家机关、社会团体以及人民群众之间相互处理事务的一种语体。

这种语体具有鲜明的民族特点。它有着悠久的历史。人类有了文字，就出现了这种语体。如《尚书》里的典谟诰誓，秦代的制诏谕奏，汉代的表疏律令以及后来的尺牍表册、碑碣志铭、法律条例等都属于这种语体。“五四”以来，特别是解放以来，事务语体有了很大的发展。它大量吸收了其他语体有用的表达方式，吸收了外语中这个语体的有用的表达方式，出现了很多新鲜的有活力的表现形式。如国书、照会、公报、备忘录、通报、代电、纪要、口号、广告、倡议书等都是近代或现代才出现的形式。

事务语体包括的范围较广。从语言体式上说一般总称为“应用文”。它包括公文文件、规章制度和日常应用文三类。公文文件，如命令、指示、通知、公告、通报、批示、计划、总结、调查报告、综合反映、请示报告等。规章制度，如法规、制度、公约、条例、守则、须知、注意事项等。日常应用文，如书信、启事、条据、倡议书、广告、使用说明等。

事务语体在语言上有它的特点：

第一，有固定的程式。在长期使用的过程中，按照不同的应用场合形成了若干固定的格式。例如公文文件，往往包括标题、编号、收文单位、正文、附件、发文单位、发文日期、保密等级、缓急程度等。规章制度有的分为总则、分则、附则等。其他如合同、启事、条据、书信都有一定的格式。

第二，有一套固定的习惯用语。这些习惯用语还保留了一些古语成分。如“特此函达”“妥否，请批示”“是否有当，请核示”“希即贯彻执行”“值此……之际”“欣悉”“此致”“为荷”“顺颂”“恭祝”等。

第三，用词力求明晰准确，避免发生歧义和误解。在时间、数量、范围等方面都要求写得十分明确。如“本条约自一九八一年十月一日起生效”“本专业招生六十五名(其中女生二十名)，学制为四年，学生在校期间实行走读，每人每学期缴纳学费八十元”“本文件发到县团级单位，传达到党员干部”等。

第四，句式要求周密、谨严和简练。它很少用省略句式，句子结构一般都较完整，周密。语言比较朴素，平实，要求把握住要点，将事情交代清楚，很少运用描写和抒情，主要是用事实来说明问题。它要求用较少的文字表达复杂的内容，做到言简意赅。

以上四点是事务语体在语言上的主要特点。应当指出，在事务语体中，有时并不排除生动形象的表达方式。这在调查报告、总结、书信乃至某些布告中表现尤其突出。如一九二九年从井冈山向赣南闽西进军时的《红四军布告》，就是用四言体的韵文写成的。再如《湖南农民运动考察报告》《关于若干历史问题的决议》《国防部告台澎金马军民同胞书》《鲁迅书简》等，都为事务语体的生动形象方面提供了范例。这里面不仅有形象生动的形容描绘，还广泛地运用了比喻、排比、用典、设问、借代等修辞手法，使文章生动活泼，引人入胜。

除了语言方面的特点外，事务语体还有其他一些特点。一般说来，事务语体的交际对象是明确的。其他语体一般是没有明确的特定读者的。文件、报告、书信、挑应战书有发送对象，就是启事、布告之类也有明确的对象。像《告全国人民书》《招领启事》等也有明确的对象，不过对象的范围有大小不同罢了。一般说来，事务语体表述的事情都比较具体，时间性较强，要求写、发、办都要迅速及时。

2. 科技语体

科技语体是为社会科学和自然科学的研究、发展和普及服务的。它对社会现象、自然现象中的某一方面进行分析总结，论证其中的规律性。

科技语体分为专门科技体和通俗科技体两种。

专门科技体包括专著、学术论文、科学报告、读书笔记等。由于它主要是论证社会现象、自然现象的规律性，要求用词十分精确，它大量地使用专门术语。专门术语在表意上的精确性和单一性形成科技语体语言运用上的一大特色。科技语体对意义未经精确规定的、多义的日常生活用语是排斥的。如“民族”“语言”“典型”“自由”“认识”等，在科技语体都有其特定的精确的内涵，而与一般日常生活的用法迥然有别。有些专门术语不仅具有学科性的特点，有的还具有国际性。在句法上也要求完整和严密，句子往往修饰成分多，联合成分多，长句多，层次繁多的多重复句也是常见的。现代汉语的科技语体受外语影响最为显著，欧化句式也较多。图表、符号乃至于部分外语成分是屡见不鲜的。在论述一些规律时，有些用语还保留了一定的古语成分。如“花呈喇叭状”“呈蛇行貌”“××长约三尺”“××长三尺许”等。科技语体讲究事实的可靠性和论证的逻辑性，像夸张、拟人、双关之类的修辞手法是很少用到的。

通俗科技体主要表现在一些普及性的通俗科技读物中。它是专为广大人民群众普及科技知识服务的。这就决定了它和专门科技体的语言特点不同。它要求语言深入浅出，往往从人们熟知的生活现象入手来讲解科学知识，所以它很少用专门的科技术语，即使不得已用了，往往也要加以解释。有时它还要运用比喻、拟人等一些必要的修辞手法，用以增强对广大读者的吸引力。像李四光的《人类的出现》，竺可桢的《向沙漠进军》，钱学森的《现代自然科学中的基础学科》，茅以升的《中国石拱桥》等，都是这方面的佳作。

3. 政论语体

政论语体是直接为政治斗争服务的。它通过对社会政治生活的各种问题的论述，向群众进行宣传和动员，为本国、本集团的利益而积极斗争。

政论语体包括社论、时评、宣言、短评等。有些新闻通讯也属于此类。

政论语体的特点是它在阐述各种社会政治问题时，要求具体的分析，系统的论述，严谨的论证，诉诸读者的理智，竭力从逻辑上使读者信服，所以它必须有很强的逻辑性。为了进行革命的鼓动，它往往使用生动形象的语言；为了表现论辩的力量，有时要用幽默讽刺的笔法。像比喻、排比、用典、反语、设问、对偶、对比等是政论语体中常用的修辞手法。在词语运用上，大量选用书面语词，间或也运用一些生动形象的口语词、古语词。它大量使用政治术语，也可以根据论述对象的不同使用不同的专门术语。如论述我国当前的某项经济政策时，要使用一些经济学术语，论述加强法制的问题，也要使用一些法学术语，论述农村的抗旱斗争，不可避免也要使用一些农业科学术语或气象科学术语。

尽管政论语体也使用一些专门术语，也要求语句的准确，严密，但它目的不是为了论证一种事物发展的规律，以求科学上的发展。它不同于科技语体。尽管政论语体运用了形象的语言，运用了多种修辞手法，但它目的不是为了塑造艺术形象，而是为了深入浅出、形象生动地说明问题。它不同于文艺语体。

政论语体是一个独立的语体。强烈的鼓动性和巨大的号召力是它的基本格调。

4. 文艺语体

文艺语体是通过艺术形象来反映客观现实的，因此在这种语体中极其广泛地运用带有表情色彩和描绘色彩的语言成分。语言的形象性是它最主要的特征。如孙犁《荷花淀》：

(3) 月亮升起来。院子里凉爽得很，干净得很。白天破好的苇眉子湿润润的，正好编席。女人坐在小院当中，手指上缠绞着柔滑修长的苇眉子。苇眉子又薄又细，在她怀里跳跃着。

……

这女人编着席。不多一会，在她的身子下面就编成了一大片。她像坐在一片洁白的雪地上，也像坐在一片洁白的云彩上。她有时望望淀里，淀里也是一片银白世界。水面笼起一层薄薄透明的雾，风吹过来，带着新鲜的荷叶荷花香。

这就使读者好像身临其境，言语的形象性体现在对人物的描写以及和人物有密切联系的周围环境、客观事件的描写上。为了达到这个目的，文艺语体运用着广泛的语言材料。在词汇运用上，除了一般通用的词语外，有时还要运用方言词、古语词、外来词，甚至像政治术语和专门术语有时也会用到。词汇中一些带有表情色彩，描绘色彩的词语更是文艺语体所特有的。如“荡漾”“明媚”“红通通”“静悄悄”“泪花”“心弦”“碧蓝碧蓝”“滚烫滚烫”等都是。

大量地运用各种修辞手法，是文艺语体的又一显著特点。除了其他语体运用的修辞手法外，像夸张、委婉、双关、示现、拟人等手法是经常见到的。

在句式上，文艺语体可以容纳各种各样的句子。省略句、非主谓句是常用的。语序倒装的句子也是文艺语体中常见的。一般说来，它不排斥长句，但大量运用的是短句。

有时为了塑造人物和表达思想的需要，不仅可以模拟口语中的跳脱和重复，甚至会运用一些非语言的表达手段。如李准的《李双双》中就用了图画，鲁迅用“△”概括了张资平小说的公式。黄宗英的报告文学《大雁情》的小标题用四个不同的标点符号暗示了文章的脉络和作者思想感情的起伏变化。

文艺语体包括散文体和韵文体两种。散文体讲究句子的连贯和流畅，韵文体则往往句子跳跃性较强。散文体着重叙述和描绘，韵文体则抒情性较强。散文体句式错综，参差不齐，韵文体则讲究押韵，句式比较匀称，节奏感特别强。如：

(4) 当飞机起飞时，下面还是黑沉沉的浓夜，上空却已游动着一线微明，它如同一条狭窄的暗红色长带，带子的上面露出一片清冷的淡蓝色晨曦，……那条红带，却慢慢在扩大，像一片红云了，像一片红海了。暗红色的光发亮了，它向天穹上展开，把夜空愈抬愈远，而且把它们映红了。下面呢？却还像苍莽的大陆一样，黑色无边。……可是一转眼，清冷的晨曦变为磁蓝色的光芒。原来的红海上簇拥出一堆堆墨蓝色云霞。……突然间从墨蓝色云霞里矗起一道细细的抛物线，这线红得透亮，闪着金光，如同沸腾的溶液一下抛溅上去，然后像一支火箭一直向上冲，……然后在几条墨蓝色云霞的隙缝里闪出几个更红更亮的小片。开始我很惊奇，不知这是什么？再一看，几个小片冲破云霞，密接起来，溶合起来，飞跃而出，原来是太阳出来了。它晶光耀眼，火一样鲜红，火一般强烈，不知不觉，所有暗影立刻都被它照明了。

(5) 出海就是光芒万丈，
照得环天都是火一般的金云，

谁能阻拦你啊，
宇宙敞开壮阔的胸怀，
任你波动金翼飞升

紫色的群峰，苍郁的森林，
力的列车，火的飞轮，
千座大厦，万柱烟囱，
一齐从我亲爱的土地上崛起、跃动，
向着你隆隆地奔腾……

上面两例写的都是日出，在语言表达方式上很不相同，语言格调上也有较大的差别。

5. 语体的交叉

各种语体都是人们长期运用语言的过程中形成的，都具有各自的相对独立性。但是由于交际范围的扩大，交际任务的增多，各个语体之间也在互相渗透，互相影响，互相融合，形成了许多语体交叉的现象。

有些作家在进行艺术创作时，有意的把不同语体类型的语言样式结合在一起，就出现了像诗广告、书信体小说等形式。尽管这些样式吸收了事务语体的某些语言表达手段，但从整个作品来看仍然属于文艺语体的范畴。

有些语体由于长期地相互影响，渗透，使得融合出现的一些语体样式逐渐稳固下来，就成为一种独立的体裁了。像杂文就是文艺语体和政论语体融合的结果，科学文艺就是科技语体与文艺语体融合的结果。

语体的交叉是语体发展过程中出现的正常现象。这种现象并不影响语体本身的相对独立性。我们承认语体的交叉，也同样承认各种语体还是独立存在的。只要从它的基调来观察，是不难分清各种语体的。

二　语言风格

（一）什么是语言风格

在我国古代，“风格”一词最早是用来指人的风度和威仪的。从刘勰的《文心雕龙》开始，才用它来指文章。在古代文论里，除了用“风格”而外，较早的还有用“体”这个词来表示的。《文心雕龙·体性》就把作家的八种风格叫做“八体”。无论是“体”也好，“风格”也好，我国古代文论大都用来指作品的言语格调和气氛的。

为什么要把语言风格看成是一种言语格调和气氛呢？这是因为语言风格是存在于言语之中，存在于具体的言语活动之中的。脱离了具体的言语活动，语言风格就失去了存在的意义。作为一种具体的言语活动，风格受特定的交际场合、交际目的的支配。在不同的交际场合，为了达到不同的交际目的，必然要选用不同的交际手段，也就必然会形成不同的言语格调和气氛。

可以这样说，语言风格是指由于交际情境、交际目的的不同，选用一些适应于该情境和目的的语言手段所形成的某种言语气氛和格调。

（二）语言风格的构成要素

语言风格既然是一种言语气氛和格调，那么形成这种言语气氛和格调必然由许多风格要素组成。形成语言风格的要素，也可以叫做风格表达手段。正是由于许多风格表达手段，才形成了语言风格的系统和整体。

语言风格的表达手段，总的可分为两大类。即语言的风格要素和非语言的风格要素。

1. 语言的风格要素

语言的风格要素存在于语言的语音、词汇、语法之中。语音、词汇、语法中都存在着许多同义表达手段和变异运用形式，为完成不同的交际任务，就要对它们进行不同的选择。这些体现不同的风格色彩的同义表达手段，是形成语言风格的基础。

第一，语音中的风格要素：

语音中的风格要素是多方面的。拿诗歌的用韵来说，在诗歌中选用不同的韵就可以表现出不同的思想感情，而使作品具有不同的气氛和格调。现在新诗的用韵跟韵母中元音的开口度大小很有关系，开口度大的元音响度大，开口度小的元音响度小。因此 a、ao、an、ang 等韵就宜于表达雄壮激昂的情感；像 ei、i、ü 等韵就宜于表达低沉悲凄的情感。例如贺敬之、阮章竞等诗人是以风格豪放见长的，他们的诗就比较少用ei、i、ü等韵。

就组织语言构成言语的旋律来看，句子，特别是诗行的长短，很可以表现出语言的不同节奏，从而形成语言的不同格调。一般地说，短诗行（短句子）表达的感情较炽烈明快，长诗行（长句子）表达的感情较舒缓壮美。田间的诗就是用被马雅可夫斯基称为“爆炸”的短诗行组成的，他的诗就铿锵有力，明快遒劲，因而就取得了“时代的鼓手”的美誉；朱子奇的诗歌多用舒长的诗行，他的诗就回肠荡气，清丽绵延。

再如语言中的儿化、叠音等现象，也可以表现不同的气氛和格调。儿化往往带有轻松活泼的情味，在严肃的场合就不宜于用它，否则会使人觉得轻佻，不庄重。叠音有一定的附加意味，描绘的色彩很浓，在文艺语体中常用叠音，不仅可以增强语言的音乐性，而且增加事物的形象感，使人感到柔婉流畅，娓娓动听。如朱自清《桨声灯影里的秦淮河》：

(1) 大中桥外，顿然空阔，和桥内两岸排着密密的人家的景象大异了。一眼望去，疏疏的林，淡淡的月，衬着蔚蓝的天，颇像荒江野渡光景；那边呢，郁丛丛的，阴森森的，又似乎藏着无边的黑暗：令人几乎不信那是繁华的秦淮河了。但是河中眩晕着的灯光，纵横着的画舫，悠扬着的笛韵，夹着那吱吱的胡琴声，终于使我们认识绿如茵陈酒的秦淮水了。此地天裸露着的多些，故觉夜来的独迟些；从清清的水影里，我们感到的只是薄薄的夜——这正是秦淮河的夜。

第二，词汇中的风格要素：

词汇中的风格要素，在同义词语中表现得尤为明显，具有不同的感情色彩和语体色彩的同义词语，可以用来体现不同的语言风格。毛泽东在他的政论文中就运用了大量的口语词（如：“枪杆子”“乱子”“地盘”“小老婆”等），方言词（如“穷棒子”“亭子间”“飞灵”“塌台”“触霉头”等）惯用语，谚语，歇后语（如“泼冷水”“打交道”“搬起石头打自己的脚”“三个臭皮匠，合成一个诸葛亮”“懒婆娘的裹脚，又长又臭”等），他还提炼加工了一些群众口语形式创造了一些新的词语（如“纸老虎”

“一穷二白”“全国一盘棋”“两条腿走路”“九个指头与一个指头”“打得赢就打，打不赢就走”等），大大地丰富了政论文的表达手段，从而形成了他的为中国老百姓所喜闻乐见的中国作风和中国气派的新的语言风格。

在文艺作品中，有些作家由于用词上所表现出的特点而形成了自己的独特风格。郭沫若的《女神》吸收了大量的外来词和古语词，运用了许多语气词，他的诗奔腾着一股炽热的浪漫主义的激流。老舍的小说和戏剧，离不开北京话，这些北京方言词的运用，使老舍的作品幽默诙谐，活泼生动，洋溢着北京的地方气息。刘白羽的散文很擅长运用浓烈的色彩词，他的散文绚丽夺目，光彩照人。

第三，语法中的风格要素：

在语法方面，不同的句式也能给语言染上不同的色调。鲁迅的《伤逝》反映的是“五四”时期青年知识分子的生活，而且是用“手记”的形式写的，因此他所运用的语言形式既要符合时代特点，又要符合人物身分。小说中欧化句式用得就比较多，大量的修饰语提到句首或移到句末，再加上一些成分的重复和凝缩，读起来缠绵婉转，如泣如诉。

赵树理的小说就是另一种情况。简短利落的句式，是他的小说语言的一大特色。赵树理还善于把平易的词语提炼成短句，来表现他的平易朴质的风格。

表现在语音、词汇、语法等方面的具有风格色彩的语言要素，反复而经常地运用，达到稳定时，就会表现成一种统一的言语格调和气氛，这就形成为语言风格体系的核心部分。

2. 非语言的风格要素

语言的风格要素，小到一个音素，大到一个句子为止。有的风格要素超出了这个范围，就称为非语言的风格要素，也称为超语言的风格要素。

非语言的风格要素，包括的范围也是相当广泛的。

一部作品，一篇文章总是由许多句子组成的。这样就发生了句子与句子的联系问题，发生了篇章结构的问题，发生了广泛地运用多样化的修辞手法的问题。

从语体来看，小说、诗歌、散文、戏剧都有自己的结构规律，政论、公文、科学论文也有自己的章法，这些章法、规律都是非语言的东西，但也是构成风格的要素之一。

有些散文充满了诗的气质，这与他运用了大量的节奏整齐，韵律和谐的抒情语言是分不开的。如：

(2) 自强不息！这四个字真像天上的响雷一样，可以震撼天地，叫万物都随着它的声音生长起来。对，靠自己，图自强，自强不息，非自耕者不食。真是有志气的百姓啊！有这样的百姓，我还有什么忧虑，有什么畏惧。

(3) 我淡淡装，
天然样，
就是这样一个汉家姑娘。
我款款地行，我从容地走，
把定前程，我一人敢承当。

这里把整句和散句相交错，节奏有时如急骤的鼓点，有时如长鸣的号角，结尾干净利落，斩钉截铁，力透纸背。

从修辞手法来看，鲁迅也是善于运用比喻的能手。他运用的比喻，对于表现他的语言风格是很有作用的。如：

(4) 我梦见自己正在小学校的讲堂上预备作文，向老师请教立论的方法。

“难！”老师从眼镜圈外斜射出眼光来，看着我，说。“我告诉你一件事——

“一家人家生了一个小男孩，合家高兴透顶了。满月的时候，抱出来给客人看——大概自然想得一点好兆头。

“一个说：‘这孩子将来要发财的。’他于是得到一番感谢。

“一个说：‘这孩子将来要做官的。’他于是收回几句恭维。

“一个说：‘这孩子将来是要死的。’他于是得到一顿大家合力的痛打。

“说要死的必然，说富贵的说谎。但说谎的得好报，说必然的遭打。你……”

“我愿意既不谎人，也不遭打。那么，老师，我得怎么说呢？”

“那么，你得说：‘啊呀！这孩子呵！你瞧！多么……。啊唷！哈哈！Hehe！he，he he he he！’”

这里通过一个讽喻性的故事，曲折地反映了当时社会不能说真话和社会上相互吹捧的陋习。作者运用了比喻这个修辞手法，达到了讽刺作用，而这又是鲁迅含蓄冷隽、峭拔锋利的语言风格的一个重要方面。

其他如标点符号，乃至于图形、线条、公式、表格都能成为风格的构成要素。徐迟的《哥德巴赫猜想》、柯岩的《奇异的书简》，都运用了一些科学公式，大大增加了报告文学的科学气氛。

（三）语言的民族风格

统一的共同语是民族的基本特征之一。不同的民族语言，由于语言要素的表现形式不同，语言内部的发展规律不同，必然表现出各自不同的特点来。即使在相同的交际场合，有相同的交际内容和交际目的，它们用来构成语言风格系统的风格手段也会有明显的差别，因而就自然形成不同的言语气氛和言语格调，也就形成不同的语言民族风格。

毛泽东曾经说过：“洋八股必须废止，空洞抽象的调头必须少唱，教条主义必须休息，而代之以新鲜活泼的，为中国老百姓所喜闻乐见的中国作风和中国气派。”[①]这里对语言的运用提出了明确的要求，要求人们在运用语言时应该具有民族化、大众化的语言风格。

首先，从语言的风格要素来看，像一些汉语所特有的成语、谚语、歇后语及一些表现汉族人民实际生活所特有的词语，这些为广大人民所熟悉的词语，与汉族人民的生活是密切相关的，有的就是从汉族人民生活中提炼或创造出来的。如“愚公移山”“一鼓作气”“滥竽充数”

---

① 毛泽东.毛泽东选集：第二卷[M].北京：人民出版社，1966：500.

"只许州官放火，不许百姓点灯""三个臭皮匠，凑成个诸葛亮""猪八戒的脊梁——悟(无)能之背(辈)""皇帝的妈妈——太后(厚)"等，都是能够充分体现汉民族的语言风格色彩的词语。

其次，由于汉语一字一音，双音词占多数，单音词也有相当数量，这就很容易用来组合成对偶句；另外在汉语运用中，大量地使用四字格，可以使句式匀称，节奏明快，悦耳动听，这也可以体现汉语所特有的言语气氛。如：

(5) 我们要有几副笔墨。我们要掌握高度的技巧，既能以金钲羯鼓写风云变色的壮丽，也能用锦瑟银筝传花前月下的清雅；揭露敌人，须针针见血，歌颂英雄，应字字珠玑；文气既要能像横槊据鞍，千人辟易，也要能像岁时伏腊，欢腾田野；既要能横眉怒目写斗争的艰苦，也要能眉开眼笑写胜利的快乐；既要善于塑造人物，也要善于渲染气氛；既要能写江山之多娇，也要能写厂矿之雄伟。

语言的民族风格，在翻译文字上反映得更突出些。对翻译工作者来说，当他把别种民族语言的作品翻译成本民族语言的时候，除了在内容上应该忠实于原著外，在语言上就应尽可能做到合乎本民族语言的习惯，保持本民族的语言格调。人们比较一篇文章的不同译本的语言就可以发现，有的翻译工作者很忠实于原著，但对汉语的特有的表达方式和表达习惯不够熟悉，翻译出来的作品往往佶屈聱牙，难以卒读。有的译本在忠实于原著的基础上，照顾到汉语的民族风格，读起来就朗朗上口，爱不忍释。夏衍很早就翻译高尔基的《母亲》了，几十年来，他不断修改润色，语言逐渐中国化。现在比较一下几个不同时期的版本的开头部分：

(6) 每天，当工厂的汽管在郊外工人街的充满了煤烟和油臭的空气里面，发生了颤动和呼喊的时候，和这种呼声应和着，从那些陋小的灰色家屋里面，仅仅使肌肉恢复疲劳的睡眠时间都不能得到的人们，摆着阴暗的脸色，好

像被驱逐着的蟑螂一般的望着街上走去。（1936 年，开明书店版）

(7) 每天，当工厂的汽笛在郊外工人区的充满了煤烟和油臭的空气里颤动和呼喊起来的时候，和这种呼声应和着，从那些陋小的灰色屋子里，仅仅使肌肉恢复疲劳的睡眠时间都不能得到的人们，摆着阴暗的脸色，好像受惊的蟑螂一般的望着街上走去。（1955 年，新文艺出版社版）

(8) 每天，在郊外工人区上空，在充满了煤烟和油臭的空气里，工厂的汽笛颤动着吼叫起来，一听见这声吼叫，那些在睡眠中还没有使筋肉恢复疲劳的人们，脸色阴森森的，好像受惊的蟑螂似的，就从那些陋小的灰色屋里走到街上。（1956 年，人民文学出版社版）

比较三个不同时间的版本，就可以看出，译者将一些不合乎汉语习惯的词语改为现在通用的词语。如把“汽管”改为“汽笛”；把汽笛“呼喊”改为“吼叫”；把“工矿”改为“工厂”；把“工人街”改为“工人区”。在句式上也作了较大的改动。如把“和……应和着”改为合乎汉语习惯的表时间的“一……就……”式，把“颤动和呼喊起来”改为“颤动着吼叫起来”，并列结构改为连动式就更确切了。把“摆着阴暗的脸色”，“望着街上走去”改为“脸色阴森森的”，“走到街上”，都更符合汉语的运用语言的习惯，特别是把一些长修饰语化为几个片断的结构，读起来就不感到拗口吃力，而感到流畅自如。

我们提倡语言的民族风格，决不排斥在运用语言时吸收外国语言中有用的东西。恰恰相反，正是在不断地吸取外国语言中有用的成分的基础上，我们语言的民族风格才得到不断的丰富和发展。事实上，许多外来的表达方式逐渐为汉语所吸收和改造，已变成汉语的民族风格的有效的表达手段了。像上例中，主语和谓语的靠近，这无疑是汉语的传统用法；但大量的句子成分的提前，次序的倒置，显然是从外国语言中吸收来的。这些表达方式，经过人们广泛使用，已经中国化了，已经感觉不出它的外国语言的气氛了。

所以，我们运用语言，既要力求做到“为中国老百姓所喜闻乐见的中国作风和中国气派”，又要注意“从外国语言中吸收我们所需要的成分”，并且善于把这两点结合起来，统一起来。要反对的，仅仅是在吸收外国语言成分时硬搬和滥用，因为这种现象，对于我们语言的民族风格是有损害的。

（四）语言的时代风格

不同时代有不同的精神面貌、时习风尚，在语言上也就会有不同的时代风格。语言的时代风格往往就是时代精神的语言体现。它具有极为鲜明的时代感，而和其他历史时期的语言格调迥然不同。

随着时代的发展，语言也在不断地发展。在语言发展的过程中，词语是最敏感的。由于社会的不断发展，新的词语不断涌现，旧的词语不断消亡，从这里往往可以看出不同时代的语言风貌。

随着人民群众物质生活和文化生活的不断提高，随着科学知识的不断普及，许多政治术语和科学术语也经常活跃在人民群众的口中。如“矛盾”“因素”“效率”“主流”“本质”“实践”“民主”“法制”“官僚主义”“安定团结”等，不管在工厂还是农村，都是经常听到的。这种情况在建国前就很少碰到。与此相应的，就是在书面语中特别是在政论文中，口语化的倾向越来越突出了。过去写公文要典雅庄重，写诗要“忌浅俗”，做论文也要板起面孔讲话。而现在日常口语已大量进入社论、政府公告、大会报告、新闻报道。如：

(9) 今天的中国，社会主义民主的潮流是不可阻挡的。不管是什么人，不管他地位多高，官有多大，如果高高在上，对群众的呼声充耳不闻，把自己的意志和权威看得高于一切，甚至称王称霸，骑在人民头上拉屎拉尿，那是不行的。

(10) 对人对事要开诚布公，有什么意见，有什么批评，摆在桌面上。不要会上不说，会下乱说；不要当面一套，背后一套；不要口是心非，阳奉阴违。

(11) 最近，在蓟县，人们都传颂着一段“‘光棍堂’引来了四只‘金凤凰’”的佳话。说的是地主家庭出身的农民马文志，过去曾被错划为地主成分，今年被落实政策，改为职员成分以后，他的四个打光棍的儿子先后找上对象。

上面三例分别选自报刊评论，中央文件和新闻报道，所用的语言通俗流畅。这种语言格调在过去的同类文章中是少有的。

其次，从句子运用的变化来看，汉语向来以短句运用居多。但是自从“五四”以来，长句逐渐增多，这是由于语言逐渐发展，人们的认识逐渐深刻和严密的结果。另外，近几十年来，我们又从外国语言中吸收了一些新的有用的句式，这样，汉语的句法结构，在目前就显得更为丰富多采。

单句的复杂化，主要是由于修饰成分的增加或并列结构的扩展所造成的。在新形成的单句中，可以把这些成分综合组织在一个句子里，构成长句，这在过去是很少见到的。如：

(12) 斗争，失败，再斗争，再失败，再斗争，积一百零九年的经验，积几百次大小斗争的经验，军事的和政治的、经济的和文化的、流血的和不流血的经验，方才获得今天这样的基本上的成功。

(13) 当家家蒙古包的吊壶三脚架下的野牛粪只剩下一堆红火烬的时候，夜风就会送来冬不拉的弦音和哈萨克牧女们婉转嘹亮的歌声。

名词性非主谓句，汉语向来多用在诗歌中，现在在散文小说中运用的也多起来了。如：

(14) 夜。

(15) 他们师生互相盯着。一阵难堪的沉默。

我们还可以从同一作家语言风格上的先后变化，看到不同时代的语言风貌。郭沫若在《女神》中，由于受歌德、拜伦、惠特曼等的影响，在当时狂飙突起的汹涌澎湃的五四精神激励下，作者热情奔放，运用了较多的外国诗歌形式对当时腐朽的诗坛起了摧陷廓清的作用。在《凤凰涅槃》中他绵延不断，回环复沓的欢唱，在《春之胎动》《日暮的婚筵》中奇丽的景象描绘，在《晨安》中他一口气喊了二十七个“晨安”,在《天狗》《我是偶像的崇拜者》中,他运用了排句,叠句,这一切形式中都奔流着一股狂放劲厉的毁灭旧事物的激情。可是建国以后,在新民歌的影响下,他却写出了《太阳问答》《遍地皆诗写不赢》《颂十三陵水库》那样通俗浅近的民歌体的诗来。只要把一些老作家的前后期的作品比较一下,就可以看出不同时代对作家语言风格的影响,可以看出不同时代的语言风格在作家的作品中打下的深深的烙印。梁斌说得好:

我感觉不同时代,有不同的社会生活,因此有与之相适应的语言特点,只有深刻了解时代的社会生活才能掌握这个时代的语言特点。社会生活变动,虽然基本词汇不动,但部分的词汇却在新陈代谢,它是增加一部分,扬弃一部分。我觉得必须掌握新增加的一部分词汇,掌握新的语法特点,才能写出一代新人的精神面貌。①

(五) 语言的个人风格

语言的个人风格,又叫做作家的语言风格。作家在运用语言的时候,除了把不违背语言的民族风格和时代风格当作自己的写作准则而外,他还可以运用规范化的现代汉语中所有的财富进行新的创造,构成自己特有的语言格调,这就是语言的个人风格。

语言的个人风格是作家的语言个性的体现。这种语言风格的形成是与作家的思想发展、生活道路和语言习惯密不可分的。赵树理长期生活在农村,与农民打成一片,刻苦用心地学习群众语言,他的作品就富有浓厚的生活气息和地方色彩,具有独特的语言风格。丁玲从上海的亭子间进入了解放区,参加了群众革命斗争,思想感情和语言都有了很大的变化,她的语言格调也起了变化。试比较一下《水》和《太阳照在桑乾河上》:

(16) 沸腾了的这旷野,还是吹着微微的风。月亮照在树梢

---

① 梁斌.漫谈《红旗谱》的创作[J].人民文学,1956(6).

上，照在草地上，还照在那在太阳底下会放映点绿油油的光辉的一片无涯的稻田，那些肥满的，在微风里噫噫的软语着的爱人的稻田。

喊了的，哭了的，在不知所措。失了力量的那些可怜的妇女，在喊了哭了之后，又痴痴呆呆的噤住了，但一听到了什么，那些一阵比一阵紧的铜锣和叫喊，便又绝望的压着爆裂了的心痛，放声的喊，哭起来了。极端的恐怖和紧张，主宰了这可怜的一群，这充满了可怜无知的世界。

(17) 一阵哄笑，又接着一阵哄笑，这边笑过了，那边又传来一阵笑，人们都变成好性子的人了。

果子一篮一篮的堆成了小山，太阳照在树顶上，林子里透不进一点风。有些人便脱了小褂，光着臂膀，跑来跑去，用毛巾擦脸上的汗，却并没有人说热。

如果说，例(16)《水》里在用词造句上还有些知识分子的腔调，有些欧化的句式，那么在例(17)《太阳照在桑乾河上》则全是加工提炼了的人民群众的生动语言了。

作家的语言风格的形成，要经过一个艰苦劳动、呕心沥血的过程。诗人郭小川是一个具有独特的语言风格的作家，他在诗歌的创作中为此作了长期的探索和努力。郭小川是以“楼梯式”的长句子，运用对比和政论式的语言获得了广泛的读者，以后他又从古典诗词和民歌中吸取营养，经过长期的琢磨，提炼，终于形成了长短句相间，长中有短，整齐和错综相结合，对比和铺陈相结合，节奏明快，语势豪健的“郭小川体”。

作家语言风格的形成是作家语言运用成熟了的标志。一旦形成了自己的语言风格，这个语言风格就必然有它的相对的稳定性。“即使他的作品不署名，你也可以大致猜中是他的。”[①]茅盾在论述赵树理的个人风格时，曾经指出：“如果把他的作品的片段混在别人作品之

① 郭小川.月下集[M].北京：人民文学出版社，1959.

中，细心的读者可以辨别出来。凭什么去辨认呢？凭它的独特的文学语言。”[①]因为这种独特的文学语言，具有自己独特的表达方式，具有自己独特的言语格调，而与别的作家迥然不同。

各个作家的语言风格虽然“其异如面”[②]，各不相同，但某一类作家在运用语言时，还是有其大致相似的言语格调的。所以划分出作家的语言风格的类型还是可能的。

为了使大家对风格的类型有个概括的印象，我们把作家的语言风格分为八类，并且各举一些作品加以说明。

1. 豪放与柔婉

豪放的特点是气势浩瀚，境界雄浑，色彩鲜明，胸襟开朗。如梁斌《红旗谱》：

(18) 严志和一场话，引起朱老忠满腔愁绪。他想起北中国雪封冰冻的群山，山上的密林。他曾在那原始的森林中，伴着篝火度过严寒。如今离开广阔的原野走回来，一想到锁井镇上有个冯老兰在等着他，二十多年的仇恨，在心中翻腾起来。心里说“从南闯到北，从北走到南，躲遍天下，也躲不开他们。”可是他并不后悔，一心要回到祖祖辈辈居住的老家去。他想：“我要回去，擦亮眼睛看着他，等着他。他发了家，我也看着。他败了家，我也看着。我等不上他，我儿子等得上他。我儿子等不上他，我孙子等得上他，总有看到他败家的那一天，出水才看两腿泥！”

梁斌善于提炼群众的口语，句式简短有力。贯穿全书的始终是革命乐观主义的高亢嘹亮的调子，这就使得作品具有浑厚之气而笔势健举。

像刘白羽的散文，杜鹏程的小说，贺敬之、阮章竞、郭小川的诗，也

① 茅盾.反映社会主义跃进的时代，推动社会主义时代的跃进[M].北京：人民文学出版社，1960.

② 刘勰《文心雕龙·体性》。

都不乏这方面的例子。

柔婉的特点则是语句优美，笔调柔和，情意缠绵，韵味深美。如朱自清《荷塘月色》：

(19) 月光如流水一般，静静地泻在这一片叶子和花上。薄薄的青雾浮起在荷塘里。叶子和花仿佛在牛乳中洗过一样；又像笼着轻纱的梦。虽然是满月，天上却有一层淡淡的云，所以不能朗照；但我以为这恰是到了好处——酣眠固不可少，小睡也别有风味的。月光是隔了树照过来的，高处丛生的灌木，落下参差的斑驳的黑影，峭楞楞如鬼一般；弯弯的杨柳的稀疏的倩影，却又像是画在荷叶上。塘中的月色并不均匀；但光与影有着和谐的旋律，如梵婀玲上奏着的名曲。

朱自清的散文，娟秀而纤细。古人说“心细于发”，用在朱自清的文章中是很恰当的。他颇爱用叠音词来写景，爱打形象性的比方，这些都使得他的文字绘形绘声，柔美动人。其他如冰心的一些散文和诗，茹志鹃的小说，都是柔婉风格的例子。

豪放与柔婉是两个相对的语言风格。这两种风格是着眼于气质上的不同来分类的。我国古代词家就有豪放派与婉约派之分。豪放着眼于“壮”，作品则须“关西大汉执铁绰板”来唱；婉约着眼于“柔”，作品则须“十七八岁女孩执红牙拍板”来唱。桐城派文人所谓“阳刚、阴柔”，正是对这两种风格来说的。

应该指出，豪放绝不同于大喊大叫、虚张声势。装腔作势的编造所谓“豪言壮语”，只能导致浮夸吹牛，而与豪放毫无共同之处。柔婉绝不同于机巧雕琢、无病呻吟。吞吞吐吐、遮遮掩掩，用脂腻香浓的字面掩饰空虚脆弱的感情，把人引向颓废和消沉，这与柔婉毫不相干。

2. 平淡与绚丽

平淡的特点在于选用确切的字眼直接叙述，通体全仗白描，不加修饰，显得真切深挚，平易近人。它不在瑰奇浓丽上用工夫，这也就是作者的真工夫。如赵树理《李有才板话》：

(20) 阎家山这地方有点古怪：村西头是砖楼房，中间是平房，东头的老槐树下是一排二三十孔土窑。地势看来也还平，从西到东却是一道斜坡。西头住的都是姓阎的；中间也有杂姓，不过都是些在地户；只有东头特别，外来的开荒的占一半，日子过倒霉了的杂姓，也差不多占一半，姓阎的只有三家，也是破了产，卖了房子才搬来的。

赵树理的文章多用口语，多用短句子组成。上面一段话从朴素的景物描绘表现了阶级的对立。这里没有浓重的色彩，全是淡淡的白描，真像透明的浓酒一样，深入浅出，耐人寻味。

除了赵树理外，属于平淡的还有叶圣陶的小说，艾青和臧克家的诗等。

绚丽的特点在于它有着富丽的词藻，绚丽的文采，奇幻的情思。如刘白羽《长江三日》：

(21) 过了八公里的瞿塘峡，乌沉沉的云雾，突然隐去，峡顶上一道蓝天，浮着几小片金色浮云，一注阳光像闪电样落在左边峭壁上。右面峰顶上一片白云像白银片样发亮了，但阳光还没有降临。这时，远远前方，无数层峦叠嶂之上，迷蒙云雾之中，忽然出现一团红雾，你看，绛紫色的山峰，衬托着这一团雾，真美极了。就像那深谷之中向上反射出红色宝石的闪光，令人仿佛进入了神话境界。这时，你朝江流上望去，也是色彩缤纷：两面巨岩，倒影如墨；中间曲曲折折，却像有一条闪光的道路，上面荡着细碎的波光；近处山峦，则碧绿如翡翠。时间一分钟一分钟过去，前面那团红雾更红更亮了。船越驶越近，渐渐看清有一高峰亭亭笔立于红雾之中，渐渐看清那红雾原来是千万道强烈的阳光。八点二十分，我们来到这一片晴朗的金黄色朝阳之中。

刘白羽善于写景，尤其是善于运用各种各样的色彩词来描绘出一幅幅光彩夺目的图画，而且他还相当注意语言的节奏美，这就使得他的文章洋溢着浓厚的诗意。他的文章词藻丰赡,但很少有雕琢堆砌之弊,不是使人眼花缭乱,而是使人心向往之。

此外,像茅盾的一些小说和散文,徐迟的一些散文特写,闻捷的一些诗,也是属于这一类风格的作品。

平淡和绚丽是两种相对的语言风格,这两种风格是着眼于作品的词采上来分类的。古人说:“绚烂之极,归于平淡”。可见这两种风格是可以相通的,可以转化的。

应该指出,平淡是语言经过锤炼之后的产物,决不是随随便便,信手拈来的东西。所以平淡绝不等于简陋和寒伧。绚丽来自浓烈深厚的感情和丰富多采的内容,由于设想的不寻常,因而落笔也不寻常。所以绚丽绝不等于堆砌词藻,华而不实。

3. 明快与含蓄

明快的特点是直接的,明朗的,爽快的,泼辣的。往往是斩钉截铁,毫不保留,千头万绪,一语道破。如瞿秋白《流氓尼德》:

(22)“三年之后我如果不能够废除不平等条约,请杀我以谢天下。”——这一个恶咒赌得结实。三年的期限过去了,这班人还会有脸皮跑到人跟前来,拍拍胸膛的叫喊:“为什么不相信我们,应当相信我们!相信!相信!谁不相信,就是反动!”八个月以前,早就有“根据人民职业团体选举的国民会议”,还有议决的“约法”。这会议和约法的结果,小百姓亲身尝着它们的滋味。过了八个月,另外又有一帮流氓出来说什么:职业团体代表选举……国民救国会,国民代表会等等。花样是多得很!说嘴郎中说得天花乱坠,他们葫芦里其实还是卖的那一套假药,比砒霜还毒!

瞿秋白的文章是扪之有芒的,作者的态度总是鲜明地表露出来,显得痛快淋漓。像魏巍的散文,田间的诗等也具有明快的风格。

含蓄的特点表现在它不是锋芒毕露地论辩,而往往把烈火一般的感情蕴蓄在冰冷的语言里,必须在细细体会之后才感到炽热逼人;它不是直截了当地叙述，而是曲曲折折地倾诉，言在此而意在彼，或引而不发，或欲说还休，让读者自去体味。如鲁迅《别一个窃火者》：

(23) 火的来源，希腊人以为是普洛美修斯从天上偷来的，因此触了大神宙斯之怒，将他锁在高山上，命一只大鹰天天来啄他的肉。

非洲的土人瓦仰安提族也已经用火，但并不是由希腊人传授给他们的。他们另有一个窃火者。

这窃火者，人们不能知道他的姓名，或者早被忘却了。他从天上偷了火来，传给瓦仰安提族的祖先，因此触了大神大拉斯之怒，这一段，是和希腊古传相像的。但大拉斯的办法却两样了，并不是锁他在山巅，却秘密的将他锁在暗黑的地窖子里，不给一个人知道。派来的也不是大鹰，而是蚊子，跳蚤，臭虫，一面吸他的血，一面使他皮肤肿起来。这时还有蝇子们，是最善于寻觅创伤的脚色，嗡嗡的叫，拼命的吸吮，一面又拉许多蝇粪在他皮肤上，来证明他是怎样地一个不干净的东西。

然而瓦仰安提族的人们，并不知道这一个故事。他们单知道火乃酋长的祖先所发明，给酋长作烧死异端和烧掉房屋之用的。

幸而现在交通发达了，非洲的蝇子也有些飞到中国来，我从它们的嗡嗡营营声中，听出了这一点点。

上面先叙述两个窃火者的故事，只是在结尾点了一句，就看出鲁迅不是在叙述古代传说故事，而是着眼于当时的现实的。这里对革命者发出满腔的歌颂，而对当时的黑暗统治下的群丑则给以强烈的讽刺。这样的语言就耐人咀嚼，发人深省。由于战斗的需要，鲁迅的文章“措词常常弯弯曲曲”，[①]形成了含蓄的风格。现在像杨朔的一些散文，闻捷的一些抒情诗，也具有含蓄的语言风格。

---

① 鲁迅.鲁迅全集：第三卷[M].北京：人民文学出版社，2005：3.

明快和含蓄是两种相对的语言风格，这两种风格是着眼于作品的表达手法来分类的。

应该指出，明快的优点就在于开门见山，爽快鲜明。开门见山不等于一览无余，爽快鲜明也有别于裸露肤浅。含蓄的优点就在于意在言外，但这绝不是把文章写得扑朔迷离，晦涩难懂。

4. 简洁与繁富

简洁的特点是干净利落，言简意赅。一方面要“意则期多，字惟求少”，①另一方面要骨肉均匀，浑然一体，而不是干巴巴的几条筋。

例如许地山的《落花生》，只有五百多字，语言平实，而内容却相当深刻。鲁迅的有些杂文和小说，赵树理的一些小说，闻一多、艾青的诗，都有这方面的例子。

繁富的特点是语言的铺陈。对于一个事物，它不是一言以蔽之，而是从多方面充分地铺叙和描写。它不但内容十分充实，而且还要求语言的丰赡和详尽。如巴金《一封未寄的信》：

(24) 在大会上我听到了关于你们工作的报告，在大会以外的晚会中，我看到了你们的工作成绩；在将近一个月的直接和间接的接触中，我知道了你们生活的详情。对着你们的没有英雄气概的外貌，我说不出我心里的感动和敬爱。你们是那么平凡、那么朴实、那么纯真，而且那么谦虚。从外表看，你们彼此间似乎没有什么分别，除了身材的长短和年龄的差异。其实不单是你们彼此间，就是你们同别的穿制服的人站在一处，在外表上我也看不出你们和他们的差别。唯其平凡，你们更能得到别人的敬爱，唯其朴实，你们才能够把全中国人民的命运跟你们自己的结合在一起；唯其谦虚，你们在做过了那么多的工作以后还能够保持你们的纯洁。你们是不会骄傲的，你们是不知道骄傲的。

---

① 见李渔《闲情偶寄》《词曲部·宾白第四》。

巴金的散文，繁句、排句较多，运用的词藻也相当丰富。这样就有助于文章的铺陈，显得笔底十分丰满。像杨朔的某些散文，峻青的某些小说，贺敬之、郭小川的某些诗歌，都属于这种语言风格。

简洁和繁富是两种相对的语言风格。这两种风格是着眼于作品的语言表现形式而言的。简洁和繁富也不相斥，而是相通的。陈望道认为可以“从繁丰的流畅入手，而后进于简约的峻洁。”①

应该指出，简洁是要求语言简炼和含义丰富，一字一句都非虚设，绝不能把简洁看成贫乏和简单。繁富是要求语言丰赡周详，并能根据事物的需要尽情刻画，也绝不能把繁富看成繁琐和冗赘。

上面所列的四组八种不同类型的风格，仅仅是经常见到的主要的个人风格样式。就这八种来说，不同作家的独特性所在是很明显的。

由于现实生活的要求，由于写作题材的要求，由于作家对语言艺术技巧不断探求的结果，一个语言大师往往有着几副笔墨。

作家的这几副笔墨不是平分秋色的，总有“一副”是作家的风格基调。这种基调，有它的相对稳定性，是作家的语言风格定型。因此，我们必须从作家的全部作品中反复出现的风格要素入手，来准确地找出他的风格定型来。

作家的语言风格不管怎样多方面发展，它总是有限度的。任何作家的任何风格总是有其局限性的。作家应该根据自己的特性，扬长避短，不断地发展和丰富自己的独特的语言风格。

思考和练习

1. 举例说明现代汉语语体类型的特点。
2. 什么是语言风格？它有哪些构成要素？
3. 为什么翻译外国作品必须适应本国语言的民族风格？
4. 试从一个作家的作品来分析当前语言的时代风格。
5. 试简略地分析一下赵树理的语言风格。
6. 试举例说明作家语言风格的八种类型。

---

① 陈望道.修辞学发凡[M].上海：上海教育出版社，1979：259.

附录一　方言浊声母和普通话清声母对应例字表

方言声母	[b]	
普通话声母	p[p‘]	b[p]
例字	爬扒	罢
	牌排	败稗
	盘爿	伴拌绊办
	旁螃庞	傍棒蚌(蚌壳)
	袍咆	抱鲍刨暴爆(爆炸)
	培陪赔裴	倍被
	盆	笨
	皮疲琵啤脾	币敝弊毙避痹
	便(便宜)	便(便利)辨辩辫
	瓢嫖朴	鳔
	平评瓶	病
方言声母	[d]	
普通话声母	t[t‘]	d[t]
例字	台抬苔(青苔)	殆怠袋贷岱待(等待)
	谈痰潭坛弹(弹琴)	淡氮蛋但弹(弹片)惮
	堂膛螳棠唐塘糖搪醣	荡宕
	逃桃陶淘啕萄	道稻导盗悼
	誊滕藤腾	邓

续表

例字	提题啼蹄	地弟第递
	田填甜恬	佃电殿奠甸淀垫
	条调(调和)迢	掉调(调动)
	亭停廷蜓庭霆	定锭
	同桐铜童瞳僮	洞动
	头投	豆逗痘窦
	徒屠途图涂	杜肚度渡镀
	团糰	段缎锻断
	囤(囤积)臀	钝盾遁
方言声母	[dʑ][ʑ][z]等	
普通话声母	q[tɕʻ]	j[tɕ]
例字	齐脐奇崎骑其棋琪麒旗祁鳍岐	荠技妓忌
	前钱潜钳箝掮虔	践贱健键渐件
	强(坚强)墙蔷	强(倔强)匠
	乔侨桥憔	轿
	芹琴勤秦禽	尽近
	情晴	净静靖竞
	求球囚	臼舅旧就
	渠瞿	巨拒炬距具俱惧聚
	全泉权拳蜷	倦圈(猪圈)
	群裙	郡
方言声母	[dz][z]等	
普通话声母	ch[tʂʻ]	zh[tʂ]
例字	馋蝉	栈站绽
	常嫦尝肠场(场地)长(长短)	丈杖仗
	朝潮嘲巢	召兆赵肇
	陈辰晨尘臣忱沉	阵

续表

例字	呈程成城诚盛(盛饭)承惩	郑
	厨橱除雏锄	住柱驻助
	床	状撞幢
	垂棰锤槌	坠
方言声母	[dz][z]等	
普通话声母	c[ts‘]	z[ts]
例字	才材财裁	在
	藏(躲藏)	藏(西藏)
	曹嘈漕槽	皂造
	曾(曾经)层	赠
	慈磁瓷词辞	自字

附录二　zh 和 z、ch 和 c、sh 和 s 代表字类推表

zh 声母

丈——zhàng 丈、仗、杖。

专——zhuān 专、砖，zhuǎn 转（转身、转达），zhuàn 转（轮子转动）、传（传记）、啭。（传又念 chuán〔宣传〕）

支——zhī 支、枝、肢，chì 翅。[①]

止——zhǐ 止、芷、址、趾。（耻念 chǐ）

中——zhōng 中（中央）、忠、钟、盅、衷，zhǒng 种（种子）、肿，zhòng 中（打中、中暑）、种（种植）、仲。（冲念 chōng〔冲锋〕，又念 chòng〔冲床、冲劲儿〕）

长——zhāng 张，zhǎng 长（生长、班长）、涨（涨潮），zhàng 胀（头昏脑胀）、帐、涨（豆子泡涨了）。（长又念 cháng〔长短、特长〕）

主——zhǔ 主、拄，zhù 住、注、炷、柱、砫、驻、蛀。

正——zhēng 正（正月）、怔、征、症（症结），zhěng 整，zhèng 正、证、政、症（症候）。（惩念 chéng）

占——zhān 沾、毡、粘（粘贴标语），zhàn 占（占据）、战、站。（砧念 zhēn，钻念 zuān〔钻研〕，又念 zuàn〔钻石〕）

只——zhī 只（两只手、只身）、织，zhí 职，zhǐ 只（只有），zhì 帜。（识念 shí〔识别〕，炽念 chì）

---

① 汉字中用同一声旁构成的字在读音上往往有一定联系。根据这一点编制了本表。但是，同声旁的字读音往往并不一样，例如用"支"做声旁的字就有多种读法：1. zhī 支、枝、肢，2. chì 翅，3. zi 吱，4. jì 技、妓、伎，5. qí 歧、岐等。由于本表只是利用汉字偏旁作适当类推以帮助记忆字音的声、韵组别的，因此，超出同一组别的字，本表一律不列。例如"支"，只列 1、2 两组的字，不列 3、4、5 三组的字。下同。

召——zhāo 招、昭，zhǎo 沼，zhào 召（号召）、诏、照。（召又念 shào〔姓〕）

执——zhí 执，zhì 贽、挚、鸷；zhé 蛰。

至——zhí 侄，zhì 至、郅、致、窒、蛭。（室念 shì）

贞——zhēn 贞、侦、祯、桢。（帧念 zhèng）

朱——zhū 朱、诛、侏、洙、茱、珠、株、铢、蛛。（姝、殊念 shū）

争——zhēng 争、挣（挣扎）、峥、狰、铮、睁、筝，zhèng 诤、挣（挣脱）。

志——zhì 志、痣。

折——zhē 折（折跟头），蜇（被蝎子蜇了），zhé 折（折磨）、哲、蜇（海蜇），zhè 浙。（折又念 shé〔棍子折了〕，誓念 shì）

者——zhě 者、赭、锗，zhū 诸、猪、潴，zhǔ 渚、煮，zhù 著、箸。（楮、储、褚念 chǔ）

直——zhí 直、值、植、殖（繁殖），zhì 置。

知——zhī 知、蜘，zhì 智。（痴念 chī）

珍——zhēn 珍，zhěn 诊、疹。（趁念 chèn）

真——zhēn 真，zhěn 缜，zhèn 镇。（慎念 shèn）

振——zhèn 振、赈、震。（辰、宸、晨念 chén）

章——zhāng 章、漳、彰、獐、嫜、璋、樟、蟑（蟑螂），zhàng 障、嶂、幛、瘴。

啄——zhuō 涿，zhuó 诼、啄、琢、椓。

z 声 母

子——zī 孜，zǐ 子、仔（仔细）、籽。

匝——zā 匝，zá 砸。

宗——zōng 宗、综（综合）、棕、踪、鬃，zòng 粽。（淙、琮念 cóng，崇念 chóng）

卒——zú 卒（小卒）；zuì 醉。

责——zé 责、啧、帻、箦。（债念 zhài）

则——zé 则；cè 侧、厕、测、恻。（铡念 zhá）

兹——zī 兹（兹定于）、滋、孳。

祖——zū 租，zǔ 诅、阻、组、祖、俎。

资——zī 咨、姿、资、趑，zì 恣。

造——zào 造、慥、簉。（糙念 cāo）
尊——zūn 尊、遵、樽、鳟。
曾——zēng 曾（姓）、憎、增、缯，zèng 赠。（曾又念 céng〔曾经〕）
赞——zǎn 攒（积攒）、趱，zàn 赞。
澡——zǎo 澡、藻，zào 噪、燥、躁。

ch 声 母

叉——chā 叉（鱼叉）、杈，chá 叉（叉住），chǎ 叉（叉开）、衩（裤衩），chà 杈（树杈）、衩（衣衩）；chāi 钗。
斥——chì 斥，chè 坼；chāi 拆（拆信）。
出——chū 出，chǔ 础，chù 绌、黜。（拙念 zhuō，茁念 zhuó）
池——chí 池、弛、驰。
产——chǎn 产、浐、铲。
场——cháng 场（场院）、肠，chǎng 场（会场），chàng 畅。
成——chéng 成、诚、城、盛（盛东西）。（盛又念 shèng〔茂盛，姓〕）
抄——chāo 抄、吵（吵吵）、钞，chǎo 吵（吵架）、炒。
辰——chén 辰、宸、晨；chún 唇。
呈——chéng 呈、程、酲，chěng 逞。
昌——chāng 昌、阊、菖、猖、锠、鲳，chàng 倡、唱。
垂——chuí 垂、陲、捶、棰、锤、箠。
啜——chuò 惙、啜、辍。
春——chūn 春、椿，chǔn 蠢。
除——chú 除、滁、蜍、篨。
绸——chóu 惆（惆怅）、绸、稠。
谗——chān 搀，chán 谗、馋。
朝——cháo 朝（朝前、朝鲜）、潮、嘲（嘲笑）。
喘——chuāi 揣（揣在怀里），chuǎi 揣（揣测）；chuǎn 喘。
筹——chóu 俦、畴、筹、踌（踌躇）。
厨——chú 厨、橱、蹰（踟蹰）。

c 声 母

才——cái 才、材、财。（豺念 chái）

寸——cūn 村，cǔn 忖，cùn 寸。
仓——cāng 仓、伧（伧俗）、沧、苍、鸧、舱。（伧又念 chen〔寒伧〕，创、怆、疮的声母为 ch）
从——cōng 从（从容）、苁、枞（枞树），cóng 从（服从、从事）、丛。
此——cī 疵，cǐ 此；zī 龇。（柴念 chái）
采——cǎi 采（采茶、采访）、彩、睬、踩，cài 采（采地）、菜。
参——cān 参（参观），cǎn 惨；cēn 参（参差）。（参又念 shēn〔人参〕，渗念 shèn）
挫——cuò 挫、锉。
曹——cáo 曹、漕、嘈、槽、螬。
崔——cuī 崔、催、摧，cuǐ 璀。
窜——cuān 撺、蹿，cuàn 窜。
搓——cī 差（参差）；cuō 搓、磋。（差又念 chā〔差别〕，chà〔差不多〕；chāi〔出差〕）
慈——cí 慈、磁、鹚、糍。
粹——cù 卒（仓卒）、猝；cuì 淬、悴、萃、啐、瘁、粹、翠。
蔡——cā 擦、嚓（象声词）；cài 蔡。（察念 chá）
醋——cù 醋；cuò 措、错。

sh 声 母

山——shān 山、舢，shàn 讪、汕、疝。
少——shā 沙（沙土）、莎、纱、痧、砂、裟、鲨，shà 沙（沙一沙，动词）；shǎo 少（少数），shào 少（少年）。（娑念 suō）
市——shì 市、柿、铈。
申——shēn 申、伸、呻、绅、砷，shén 神、钟，shěn 审、谉、婶。
生——shēng 生、牲、胜（胜任）、笙、甥，shèng 胜（胜利）。
召——sháo 苕（红苕）、韶，shào 召（姓）、邵（姓）、劭、绍。（沼念 zhǎo）
式——shì 式、试、拭、轼、弑。
师——shī 师、浉、狮；shāi 筛。（蛳念 sī）
抒——shū 抒、纾、舒。
诗——shī 诗，shí 时（時）、埘（塒）、鲥（鰣），shì 侍、恃。（寺念 sì）

叔——shū 叔、淑、菽。
尚——shǎng 赏，shàng 尚、绱，shang 裳（衣裳）。（徜念 cháng〔徜徉〕）
受——shòu 受、授、绶。
舍——shà 啥；shē 猞（猞猁），shě 舍（舍己救人），shè 舍（宿舍）。
刷——shuā 刷，shuà 刷（刷白）；shuàn 涮。
珊——shān 删、姗、珊、栅（栅极）、跚（蹒跚）。（册念 cè，栅又念 zhà〔栅栏〕）
扇——shān 扇（动词）、煽，shàn 扇（扇子、两扇窗）。
捎——shāo 捎、梢、稍（稍微）、筲、艄、鞘，shào 哨、稍（稍息）。（鞘又念 qiào〔刀鞘〕）
孰——shú 孰、塾、熟。（熟又念 shóu）
率——shuāi 摔，shuài 率（率领）、蟀（蟋蟀）。（率又念 lǜ〔效率〕）
善——shàn 善、鄯、缮、膳、蟮（曲蟮）、鳝。
暑——shǔ 暑、署、薯、曙。

s 声 母

四——sì 四、泗、驷。
司——sī 司，sì 伺（伺敌）、饲、嗣。（词、祠念 cí，伺〔伺候〕念 cì）
孙——sūn 孙、荪、狲（猢狲）。
松——sōng 忪（惺忪）、松、淞，sòng 颂。（忪又念 zhōng〔怔忪〕）
思——sāi 腮、鳃；sī 思、锶。
叟——sǎo 嫂；sōu 溲、搜、嗖、馊、飕、螋、艘，sǒu 叟。（瘦念 shòu）
素——sù 素、愫、嗉。
唆——suān 狻、痠、酸；suō 唆、梭。
桑——sāng 桑，sǎng 搡、嗓、颡。
遂——suí 遂（半身不遂），suì 遂（遂心）、隧、燧、邃。
散——sā 撒（撒手），sǎ 撒（撒种）；sǎn 散（散漫）、馓，sàn 散（散会）。
斯——sī 斯、厮、澌、撕、嘶。
锁——suǒ 唢（唢呐）、琐、锁。

附录三　f 和 h 代表字类推表

f 声　母

凡——fān 帆，fán 凡、矾、钒。

反——fǎn 反、返，fàn 饭、贩、畈。

番——fān 番、蕃、藩、翻。

方——fāng 方、芳、坊(牌坊)、妨(不妨)、钫，fáng 防、妨(妨害)、房、肪，fǎng 访、仿、纺、舫，fàng 放。

夫——fū 夫、肤、麸，fú 芙、扶、呋。

父——fǔ 斧、釜，fù 父。

付——fú 符，fǔ 府、俯、腑、腐，fù 付、附、驸，fu 咐。

弗——fú 弗、拂、佛、氟；fó 佛；fèi 沸、狒、费、镄。

伏——fú 伏、茯、袱。

甫——fū 敷，fǔ 甫、辅，fù 傅、缚。

孚——fū 孵，fú 孚、俘、浮。

复——fù 复、腹、蝮、馥、覆。

福——fú 幅、福、辐、蝠，fù 副、富。

分——fēn 分、芬、吩、纷，fěn 粉，fèn 份，忿。

愤——fén 坟(墳)，fèn 愤。

乏——fá 乏；fàn 泛。

发——fā 发(发达)；fèi 废。

伐——fá 伐、阀、筏、垡。

风——fēng 风、枫、疯，fěng 讽。

非——fēi 非、菲、啡、绯、扉、霏，fěi 诽、匪、榧、斐、蜚、翡，fèi 痱。

蜂——fēng 峰、烽、锋、蜂。

h 声 母

火——huǒ 火、伙、钬。

禾——hé 禾、和。

或——huò 或、惑。

户——hù 户、沪、护、戽、扈。

乎——hū 乎、呼、滹。

虎——hǔ 虎、唬、琥。

忽——hū 忽、惚、唿。

胡——hú 胡、湖、葫、猢、瑚、糊(糊涂)、蝴。

狐——hú 弧、狐。

化——huā 花、哗(哗啦),huá 华、哗、铧,huà 化、华(姓)、桦;huò 货。

话——huà 话;huó 活。

灰——huī 灰、恢、诙。

回——huí 回、茴、蛔;huái 徊。

会——huì 会、绘、烩。

挥——huī 挥、辉;hūn 荤,hún 浑、珲。

悔——huǐ 悔,huì 诲、晦。

惠——huì 惠、蕙。

红——hóng 红、虹、鸿。

洪——hōng 哄(哄动)、烘,hóng 洪,hǒng 哄(哄骗),hòng 哄(起哄)。

怀——huái 怀,huài 坏。

还——huán 还、环。

奂——huàn 奂、涣、换、唤、焕、痪。

昏——hūn 昏、阍、婚。

混——hún 馄,hùn 混。

荒——huāng 荒、慌,huǎng 谎。

皇——huáng 皇、凰、湟、惶、徨、煌、蝗、隍。

晃——huǎng 恍、晃(晃眼)、幌,huàng 晃(摇晃)。

黄——huáng 黄、璜、潢、磺、蟥、簧。

附录四　n和l代表字类推表

n 声 母

乃——nǎi 乃、奶、艿、氖。

奈——nài 奈、萘；nà 捺。

内——nèi 内；nè 讷；nà 呐、纳、衲、钠。

宁——níng 宁、拧、咛、狞、柠，nìng 宁（宁可）、泞。

尼——ní 尼、泥、呢（呢绒）、伲，nì 泥（拘泥）。

倪——ní 倪、霓、猊、鲵。

奴——nú 奴、孥、驽，nǔ 努、弩，nù 怒。

农——nóng 农、浓、脓、侬。

那——nǎ 哪，nà 那；nuó 挪、娜（婀娜）。

纽——niū 妞，niǔ 扭、忸、纽、钮。

念——niǎn 捻，niàn 念、埝。

南——nán 南、喃、楠。

虐——nüè 虐、疟、谑。

诺——nuò 诺、喏、锘；nì 匿。

懦——nuò 懦、糯。

捏——niē 捏，niè 涅。

聂——niè 聂、蹑、镊、嗫。

脑——nǎo 恼、瑙、脑。

l 声 母

力——lì 力、荔；liè 劣；lèi 肋；lè 勒。

历——lì 历、沥、雳、呖、枥。

立——lì 立、粒、笠；lā 拉、垃、啦。

厉——lì 厉、励、疠、蛎。

里——lí 厘、狸，lǐ 里、理、鲤；liàng 量。

利——lí 梨、犁、蜊，lì 利、俐、痢、莉、猁，li 蜊（蛤蜊）。

离——lí 离、漓、篱，li 璃（玻璃）。

仑——lūn 抡，lún 仑、伦、沦、轮，lùn 论。

兰——lán 兰、拦、栏，làn 烂。

览——lǎn 览、揽、缆、漤，lan 榄（橄榄）。

蓝——lán 蓝、篮，làn 滥。

龙——lóng 龙、咙、聋、笼、胧、珑，lǒng 陇、垄、拢。

隆——lóng 隆、漋、癃，long 窿（窟窿）。

卢——lú 卢、泸、栌、颅、鸬、胪、鲈、舻、轳。

录——lù 录、禄、碌；lǜ 菉（菉豆）、绿、氯。

鹿——lù 鹿、漉、麓、辘。

鲁——lǔ 鲁、橹。

路——lù 路、鹭、露、潞、璐。

戮——lù 戮。

令——líng 伶、玲、铃、羚、聆、蛉、零、龄，lǐng 岭、领、令（一令纸），lìng 令；lěng 冷；lín 邻；lián 怜。

菱——líng 凌、陵、菱；léng 棱。

乐——lè 乐；lì 砾、栎（栎树）。

老——lǎo 老、佬、姥。

劳——lāo 捞，láo 劳、痨、崂、唠（唠叨），lào 涝。

列——liě 咧，liè 列、烈、裂；lì 例。

吕——lǚ 吕、侣、铝。

虑——lǜ 虑、滤。

良——liáng 良、粮；láng 郎、廊、狼、琅、琊、榔、螂，lǎng 朗，làng 浪，lang 螂（蟑螂）。

两——liǎng 两、俩（伎俩）、魉，liàng 辆；liǎ 俩。

凉——liáng 凉，liàng 谅、晾；lüè 掠。

梁——liáng 梁、粱。

连——lián 连、莲、涟、鲢，liǎn 琏，liàn 链。

炼——liàn 练、炼。

恋——liàn 恋；luán 峦、娈、孪、鸾、滦。

脸——liǎn 脸、敛，liàn 殓、裣、潋。

廉——lián 廉、濂、镰。

林——lín 林、淋、琳、霖；lán 婪。

鳞——lín 嶙、璘、辚、潾、鳞、麟。

罗——luó 罗、逻、萝、锣、箩。

洛——luò 洛、落、络、骆；lào 烙、酪；lüè 略。

娄——lóu 娄、喽、楼，lǒu 搂、篓；lǚ 缕、屡。

剌——lǎ 喇，là 剌、辣、瘌；lài 赖、癞、籁。

腊——là 腊、蜡；liè 猎。

柳——liǔ 柳；liáo 聊。

流——liú 流、琉、硫。

留——liū 溜，liú 留、馏、榴、瘤。

垒——lěi 垒。

累——lèi 累；luó 骡、螺，luǒ 瘰，luò 漯、摞。

雷——léi 雷、擂、镭，lěi 蕾。

附录五　en 和 eng、in 和 ing 代表字类推表

en 韵母

门——mēn 闷(闷热)，mén 门们(图们江)、扪，mèn 闷(闷闷不乐)、焖，men 们(我们)。

刃——rěn 忍，rèn 刃、仞、纫、韧、轫。

分——pén 盆；fēn 分(分析)、芬、吩、纷、氛、酚、雰，fén 汾、棼，fěn 粉，fèn 分(身分)，份、忿。

壬——rén 壬、任(姓)，rěn 荏，rèn 任(任务)、饪、妊、衽。

本——běn 本、苯，bèn 笨。

申——shēn 申、伸、呻、绅、砷，shén 神、钟，shěn 审、谉、婶。

珍——zhēn 珍，zhěn 诊、疹；chèn 趁。

贞——zhēn 贞、侦、祯、桢。(帧念 zhèng)

艮——gēn 根、跟，gèn 艮、莨；kěn 垦、恳；hén 痕，hěn 很、狠，hèn 恨。

辰——zhèn 振、赈、震；chén 辰、宸、晨；shēn 娠，shèn 蜃。

枕——zhěn 枕；chén 忱；shěn 沈。

肯——kěn 肯、啃。

参——cēn 参(参差)；shēn 参(人参)，shèn 渗。

贲——bēn 贲；pēn 喷(喷泉)，pèn 喷(喷香)；fèn 愤。

甚——zhēn 斟；shèn 甚(甚至)、葚；rèn 葚(桑葚儿)。

真——zhēn 真；zhěn 缜，zhèn 镇；chēn 嗔；shèn 慎。

eng 韵母

风——fēng 风、枫、疯，fěng 讽。

正——zhēng 正(正月)、怔、征、症(症结),zhěng 整,zhèng 正、证、政、症;chéng 惩。

生——shēng 生、牲、甥、笙,shèng 胜。

成——chéng 成、诚、城、盛(盛东西);shèng 盛(盛会)。

争——zhēng 争、挣(挣扎)、峥、狰、睁、铮、筝,zhèng 诤、挣(挣脱)。

丞——zhēng 蒸,zhěng 拯;chéng 丞。

亨——pēng 烹;hēng 亨、哼。

更——gēng 更(更正),gěng 埂、绠、哽、梗、鲠,gèng 更(更加);jīng 粳;yìng 硬。(便念 biàn)

呈——chéng 呈、程、酲,chěng 逞。

庚——gēng 庚、赓。

奉——pěng 捧;fèng 奉、俸;bàng 棒。

朋——bēng 崩、绷(绷带),běng 绷(绷着脸),bèng 蹦、绷(绷硬);péng 朋、棚、硼、鹏。

孟——měng 勐、猛、锰、蜢、艋,mèng 孟。

峰——péng 蓬、篷;fēng 峰、烽、蜂,féng 逢、缝(缝衣),fèng 缝(门缝)。

乘——chéng 乘;shèng 乘(史乘)、剩、嵊。

曾——zēng 曾(姓)、憎、增、缯,zèng 赠;céng 层(層)、曾(曾经)、嶒,cèng 蹭;sēng 僧。

彭——pēng 澎(澎湃),péng 彭、澎(澎湖)、膨。

塄——léng 塄、楞,lèng 愣。

登——dēng 灯(燈)、登、蹬(蹬水车),dèng 凳、澄(把水澄清)、磴、镫、瞪;chéng 澄(澄清混乱)。

朕——téng 誊(謄)、腾、滕、藤。

蒙——mēng 蒙(蒙骗),méng 蒙(蒙蔽)、濛、檬、朦(朦胧)、矇(矇眬)、艨,měng 蒙(蒙古)、蠓。

in 韵 母

心——qìn 沁;xīn 心、芯(灯芯),xìn 芯(芯子)。

今——jīn 今、衿、矜,jìn 妗;qīn 衾,qín 琴、芩;yín 吟。

斤——jīn 斤，jìn 近、靳；qín 芹；xīn 忻、昕、欣、新、薪。

民——mín 民、岷，mǐn 泯、抿。

因——yīn 因、洇、茵、姻、氤(氤氲)、铟。

阴——yīn 阴、荫(树荫)。

尽——jǐn 尽(尽管)，jìn 尽(尽力)、浕、烬。

辛——qīn 亲；xīn 辛、莘(莘庄)、锌。(亲又念 qìng〔亲家〕)

林——bīn 彬；lín 林、淋、琳、霖。

侵——jìn 浸；qīn 侵，qǐn 寝。

宾——bīn 宾、傧、滨、缤、槟、镔，bìn 摈、殡、鬓；pín 嫔。

堇——jǐn 谨、馑、瑾、槿；qín 勤；yín 鄞。

禽——qín 禽、擒、噙。

禁——jīn 禁(禁受)、襟，jìn 禁(禁止)、噤。

粦——lín 邻(隣)、粼、潾、遴、嶙、璘、辚、磷、鳞、麟。

ing 韵母

丁——dīng 丁、仃、疔、盯、钉(钉子)、酊(碘酊)，dǐng 顶、酊(酩酊)，dìng 订、钉；tīng 厅、汀。

并——bǐng 饼、屏(屏除)，bìng 并、屏(屏弃)；píng 瓶、屏(屏风)；bèng 迸。(拼、姘念 pīn，骈、胼念 pián)

宁——níng 宁(安宁)、拧(拧绳子)、咛、狞、柠，nǐng 拧(拧螺丝钉)，nìng 宁(宁可)、泞、拧(拧脾气)。

丙——bǐng 丙、炳、柄，bìng 病。

平——píng 平、评、苹、坪、枰、萍。

令——līng 拎，líng 伶、泠、苓、玲、瓴、铃、鸰、聆、蛉、翎、零、龄，lǐng 令(一令)、岭、领，lìng 令(命令)(邻念 lín)

名——míng 名、茗、铭，mǐng 酩。

廷——tíng 廷、庭、蜓、霆，tǐng 艇、挺、梃、铤。

形——jīng 荆；xíng 刑、邢、形、型。

京——jīng 京、惊、鲸；qíng 黥。

定——dìng 定、腚、碇、锭。

英——yīng 英、媖、瑛、锳。

茎——jīng 泾、茎、经，jǐng 刭、颈，jìng 劲(劲敌)、胫、径、痉；qīng 轻、氢。(劲又念 jìn〔干劲〕)

青——jīng 菁、睛、精，jìng 靖、静；qīng 青、清、蜻、鲭，qíng 情、晴、氰，qǐng 请。

冥——míng 冥、溟、暝、瞑、螟。

亭——tíng 亭、停、渟、葶、婷。

凌——líng 凌、陵、菱、崚、绫。

竟——jìng 竟、境、镜。

营——yīng 莺，yíng 荧、莹、萤、营、萦、滢。

婴——yīng 婴、撄、嘤、缨、樱、鹦。

敬——jǐng 儆、警，jìng 敬；qíng 擎。

景——jǐng 景、憬；yǐng 影。

附录六　普通话和方言调类、调值比较表

<table>
<tr><th>古调类＼例字＼普通话和方言调类、调值</th><th></th><th>普通话</th><th>汉口</th><th>济南</th><th>西安</th><th>滦县</th><th>南京</th><th>梅县</th><th>临川</th><th>绍兴</th><th>广州</th><th>博白</th></tr>
<tr><td>阴平</td><td>诗超丁</td><td>阴平˥ 55</td><td>阴平˥ 55</td><td>阴平˨˩˧ 213</td><td>阴平˧˩ 31</td><td rowspan="2">平声˩ 11</td><td>阴平˧˩ 31</td><td>阴平˦ 44</td><td>阴平˧˨ 32</td><td>阴平˦˩ 41</td><td>阴平˥˧ 53</td><td>阴平˦ 44</td></tr>
<tr><td>阳平</td><td>陈人时</td><td>阳平˧˥ 35</td><td>阳平˧˩˧ 313</td><td>阳平˦˨ 42</td><td>阳平˨˦ 24</td><td>阳平˩˧ 13</td><td>阳平˩ 11</td><td>阳平˨˥ 25</td><td>阳平˩˥ 15</td><td>阳平˨˩ 21</td><td>阳平˨˧ 23</td></tr>
<tr><td>阴上</td><td>使草古</td><td rowspan="2">上声˨˩˦ 214</td><td rowspan="2">上声˧˩ 31</td><td rowspan="2">上声˥ 55</td><td rowspan="2">上声˦˨ 42</td><td>上声˨˩˥ 215</td><td rowspan="2">上声˨ 22</td><td rowspan="2">上声˧˩ 31</td><td rowspan="2">上声˦˥ 45</td><td>阴上˥ 55</td><td>阴上˧˥ 35</td><td>阴上˧ 33</td></tr>
<tr><td rowspan="2">阳上</td><td>你老有</td><td rowspan="4">去声˥ 55</td><td rowspan="2">阳上˨ 22</td><td>阳上˨˧ 23</td><td rowspan="2">阳上˦˥ 45</td></tr>
<tr><td>是社父</td><td rowspan="3">去声˥˩ 51</td><td rowspan="3">去声˧˥ 35</td><td rowspan="3">去声˨˩ 21</td><td rowspan="3">去声˥ 55</td><td rowspan="3">去声˦ 44</td><td rowspan="3">去声˥˨ 52</td><td>阳去˨˧ 23</td><td>阴上
阳去</td></tr>
<tr><td>阴去</td><td>试盖送</td><td>阴去˥˩ 51</td><td>阴去˦ 44</td><td>阴去˧ 33</td><td>阴去˧˨ 32</td></tr>
<tr><td>阳去</td><td>事阵助</td><td>阳去</td><td>阳去˧˩ 31</td><td>阳去˨ 22</td><td>阳去˨˩ 21</td></tr>
</table>

续表

古调类	例字 \ 普通话和方言调类、调值	普通话	汉口	济南	西安	滦县	南京	梅县	临川	绍兴	广州	博白
阴入	一识足	阴，阳上，去	阳平	阴平	阴平	平，上，去	入声˥ 5	阴入˨˩ 21	阴入˧˨ 32	阴入˥ 5	上入˥ 5	上阴入˥˦ 54
	恶百摄										中入˧ 33	下阴入˩ 1
阳入	纳六叶	去声		去声					阳入˥ 5	阳入˧˨ 32	阳入˨ 2	上阳入˦ 4
	舌及别	阳平		阳平	阳平			阳入˥ 5			˨ 22	下阳入˧˨ 32
调类数		4	4	4	4	3	5	6	7	8	9	10

附录七 古入声字普通话读音表

声韵＼例字	声调			
	阴平	阳平	上声	去声
a	阿			
ba	八捌	拔跋		
bai		白	百佰柏伯（大伯）	
bao	剥（剥皮）	薄雹		
bei			北	
bi	逼	鼻荸	笔	必弼毕哔碧壁璧辟
bie	憋鳖瘪（瘪三）	别蹩	瘪（干瘪）	别（别扭）
bo	拨剥（剥削）钵	勃渤博搏膊帛薄（薄暮）泊驳伯箔舶		
bu			卜（占卜）	不
ca	擦			
ce				策侧测厕恻册
cha	插	察		
chai	拆			
che				彻澈撤
chi	吃		尺	叱斥赤饬
chu	出			绌黜畜（牲畜）触矗

续表

声韵＼例字	声调			
	阴　平	阳　平	上　声	去　声
chuo	戳			啜辍绰龊
cu				促猝簇蹙蹴
cuo	撮			错
da	答(答应)搭	达答(回答)		
de		得德		
di	滴	狄荻迪的(的确)涤敌嫡笛籴		的(目的)
die	跌	迭谍堞牒碟蝶叠		
du	督	毒独读渎犊黩	笃	
duo	咄	夺度(忖度)踱铎		
e		额	恶(恶心)	厄扼呃谔鄂愕萼腭锷鳄遏恶(善恶)噩
fa	发	乏伐筏罚阀	法砝	发(理发)珐
fo		佛		
fu		弗佛(仿佛)怫拂伏茯服幅福辐蝠		复腹蝮鳆覆馥
ga	夹(夹肢窝)	轧(轧帐)		
ge	疙胳(胳臂)鸽搁(搁浅)割	阁格蛤(蛤蜊)革隔嗝膈葛胳(胳肢)	葛(姓)	个各
gei			给(交给)	
gu	骨(骨碌)	骨(骨头)	谷骨(骨肉)鹄	梏
gua	刮鸹			

续表

例字 / 声韵	声调			
	阴平	阳平	上声	去声
guo	郭聒蝈	国掴帼		
hao			郝	
he	喝	合盒颌核涸阂阖阖貉		吓（恐吓）褐赫鹤壑
hei	黑嘿			
hu	忽惚滹唿	囫斛		
hua		滑猾搳豁（豁拳）		划
huo	豁（豁口）	活		或惑获霍豁（豁免）
ji	击迹唧积屐绩缉（侦缉）激	及汲级极吉即亟急疾嫉棘集瘠藉籍	给（供给）脊戟	寂鲫稷
jia	夹浃	荚颊	甲胛钾	
jiao		嚼	角脚	
jie	疖结（结实）接揭	孑节杰劫诘洁结捷竭截睫		
ju	掬鞠	局菊		剧
jue	撅	决诀抉觉珏绝倔（倔强）掘崛厥獗镢蹶爵嚼（咀嚼）攫孓		倔（倔头倔脑）
ke	磕瞌	壳咳	渴	克刻客嗑
ku	哭窟			酷
kuo				扩括阔廓
la	邋			腊蜡辣瘌
lao				烙酪
le				乐勒

续表

例字 声韵	声调			
	阴平	阳平	上声	去声
lei	勒(勒紧)			肋
li				力历沥雳立粒笠砾栗溧傈
lie				列冽烈裂劣猎
liu				六
lu				陆录禄碌鹿漉麓戮
lü				律率(效率)绿氯
lüe				掠略
luo	捋(捋起袖子)			洛落骆络
ma	抹(抹布)			
mai				麦脉(脉络)
mei		没(没有)		
mi				觅宓密蜜
mie				灭蔑篾
mo	摸	膜	抹(抹煞)	末沫抹(转弯抹角)茉没(埋没)陌莫漠寞墨默秣殁
mu				木沐目睦牧穆幕
na				呐(呐喊)纳捺衲
ni				逆匿溺昵
nie	捏			聂嗫蹑镍孽
nüe				虐疟(疟疾)

续表

例字 声韵	声调			
	阴平	阳平	上声	去声
nuo				诺
pai	拍			
pi	劈霹	枇	匹癖	僻辟(开辟)
pie	撇(撇开)瞥		撇(撇捺)	
po	朴(朴刀)泼泊(湖泊)			迫珀粕魄朴(厚朴)
pu	扑仆(前仆后继)	仆(仆从)濮璞	蹼朴(朴素)	瀑(瀑布)
qi	七戚嘁槭缉(缉鞋口)漆		乞	讫迄泣
qia	掐			洽恰
qiao				壳(地壳)
qie	切(切削)			切窃怯妾锲挈惬箧
qu	曲(弯曲)蛐屈		曲(歌曲)	
que	缺阙			却雀确鹊阕
re				热
ri				日
rou				肉
ru			辱	褥入
ruo				弱若
sa	撒(撒手)		撒(撒种)	卅萨飒
sai	塞(瓶塞儿)			
se				色(颜色)涩瑟啬穑塞(闭塞)
sha	杀刹(刹车)			煞霎

续表

例字 声韵	声调			
	阴平	阳平	上声	去声
shai			色(套色)	
shao		勺芍杓		
she		舌折(折耗)		设涉慑摄
shi	失虱湿	十什石识实食拾蚀		式拭弑饰室适释
shu	叔淑	孰塾熟赎	属蜀	术述束
shua	刷(刷墙)			刷(刷白)
shuai				率(率领)蟀
shuo	说			烁铄朔硕
su		俗		速肃宿(住宿)夙粟簌
suo	缩嗍		索	
ta	塌		塔獭	沓踏挞榻蹋
te				忑忒特
ti	剔踢			逖惕
tie	帖(服帖)贴		帖(请帖)铁	帖(字帖)
tu	凸秃突			
tuo	托脱			拓(开拓)柝
wa	挖			袜
wo				沃握龌
wu	屋			勿物
xi	夕汐矽吸昔惜析淅晰息熄悉蟋锡膝蜥	习席袭媳檄		隙
xia	瞎	匣侠峡狭硖辖		吓(吓一跳)
xiao	削(切削)			

续表

声韵＼例字	声调			
	阴平	阳平	上声	去声
xie	歇蝎楔	协胁挟	血(流血)	泄屑亵燮
xu				旭恤畜(畜牧)蓄续蓿
xue	削(剥削)	穴学噱(噱头)	雪	血(血液)
ya	压押鸭			轧(轧棉花)
yao				药钥(钥匙)
ye	噎			叶业页液掖腋谒靥
yi	一壹揖		乙	亦弈译驿抑邑浥悒佚轶役疫易益溢逸翼亿臆绎屹蜴
yu				玉育郁狱浴欲域魆毓
yue	约曰			月乐(音乐)岳钥(锁钥)悦阅跃钺越粤
za	匝咂扎	杂砸		
zao		凿(凿通)		
ze		责则泽择		仄
zei		贼		
zha	扎(扎针)	扎(挣扎)轧(轧钢)闸铡	眨	栅(栅栏)
zhai	摘	宅翟	窄	
zhao		着(着急)		
zhe		折哲蜇蛰辄辙	褶	这浙
zhi	汁只(一只)织	执直值植殖侄职	只(只有)	帜质炙秩窒掷

续表

例字／声韵	声调			
	阴　平	阳　平	上　声	去　声
zhou	粥	妯轴		
zhu		竹竺烛逐	嘱	祝筑
zhuo	拙卓桌涿捉	灼酌茁镯啄琢着（衣着）		
zu		卒族足		
zuo	作（作坊）	昨作（作践）		作（作用）凿（穿凿）

附录八　普通话声韵调配合总表

(1) a,ia,ua

调／声	韵											
	a				ia				ua			
	阴	阳	上	去	阴	阳	上	去	阴	阳	上	去
b	巴	拔	把	霸								
p	趴	爬		怕								
m	妈	麻	马	骂								
f	发[1]	乏	法	发[2]								
d	搭	达	打	大								
t	他		塔	踏								
n		拿	哪	纳								
l	拉	旯	喇	辣			俩					

续表

调/声	韵											
	a				ia				ua			
	阴	阳	上	去	阴	阳	上	去	阴	阳	上	去
g	旮	嘎	生	尬					瓜		寡	挂
k	咖		卡[3]						夸		垮	跨
h	哈	蛤[4]	哈[5]						花	华		化
j					加	荚	假	架				
q					掐		卡[6]	恰				
x					虾	匣		下				
zh	渣	闸	眨	诈					抓		爪	
ch	插	茶	蹅	诧								
sh	沙	啥	傻	煞					刷		耍	
r												
z	匝	杂										
c	擦											
s	撒		洒	萨								
o	啊				鸦	牙	雅	讶	蛙	娃	瓦	袜

1. 发生 2. 头发 3. 卡车 4. 蛤蟆 5. 哈达 6. 卡子

（2）o,uo,e,ie,üe

调／声	韵																							
	o				uo				e				ê				ie				üe			
	阴	阳	上	去	阴	阳	上	去	阴	阳	上	去	阴	阳	上	去	阴	阳	上	去	阴	阳	上	去
b	玻	博	跛	簸													鳖	别	瘪[1]	憋				
p	泼	婆	笸	破													撇[2]		撇[3]					
m	摸	摩	抹	末																灭				
f		佛																						
d					多	夺	朵	惰		得							爹	叠						
t					拖	驼	妥	拓				特					贴		铁	帖				
n						挪		糯									捏			孽				虐
l					罗	罗	裸	洛	勒			乐							咧	列				略
g					锅	国	果	过	歌	革	葛	个												
k								阔	科	咳	渴	课												
h					豁	活	火	货	喝	合		贺												
j																	街	洁	姐	借	撅[4]	决		倔[5]
q																	切	茄	且	怯	缺	瘸		确
x																	歇	鞋	写	谢	靴	学	雪	穴

续表

调/声	韵																							
	o				uo				e				ê				ie				üe			
	阴	阳	上	去	阴	阳	上	去	阴	阳	上	去	阴	阳	上	去	阴	阳	上	去	阴	阳	上	去
zh					桌	浊			遮	折	者	浙												
ch					戳			绰	车		扯	彻												
sh					说			硕	奢	蛇	舍	社												
r								弱			惹	热												
z					嘬	昨	左	坐	则			仄												
c					搓	痤		错				策												
s					梭		锁					色												
o					窝		我	卧	阿[6]	鹅	恶[7]	饿	欸[8]				噎	爷	野	叶	约			月

1. 干瘪 2. 撇开 3. 撇捺 4. 挽断 5. 倔脾气 6. 阿附(迎合) 7. 恶心 8. 又音 ei

(3) -i[ɿ],-i[ʅ],er,i,u,ü

调／声	韵																							
	-i[ɿ]				-i[ʅ]				er				i				u				ü			
	阴	阳	上	去	阴	阳	上	去	阴	阳	上	去	阴	阳	上	去	阴	阳	上	去	阴	阳	上	去
b													逼	鼻	比	蔽	逋	醭[1]	补	布				
p													批	皮	痞	譬	扑	仆	普	铺				
m													眯	迷	米	密		模[2]	母	暮				
f																	夫	扶	府	富				
d													低	敌	底	地	都	独	赌	度				
t													梯	题	体	剃	秃	徒	土	兔				
n														泥	你	腻		奴	努	怒			女	衄
l														梨	李	利		卢	鲁	路		驴	旅	虑
g																	姑	骨[3]	古	故				
k																	枯		苦	库				
h																	呼		虎	互				
j													鸡	集	挤	寄		湖			居	橘	举	句
q													妻	齐	起	气					区	渠	取	趣
x													西	席	洗	细					虚	徐	许	絮

续表

调/声	韵																							
	-i[ɿ]				-i[ʅ]				er				i				u				ü			
	阴	阳	上	去	阴	阳	上	去	阴	阳	上	去	阴	阳	上	去	阴	阳	上	去	阴	阳	上	去
zh					知	直	纸	志									猪		煮	助				
ch					吃	池	齿	翅									初	竹	楚	处				
sh					诗	时	史	世									书	除	黍	树				
r								日										秫	汝	入				
z	资		紫	字													租	如	祖					
c	疵	瓷	此	刺													粗	族		醋				
s	丝		死	四													苏			素				
o									儿	耳	二		衣	移	椅	意	乌	俗	五	雾	迂	鱼	雨	遇

1. 白醭　2. 模子　3. 骨头

(4) ai,uai,ei,uei

调/声	韵															
	ai				uai				ei				uei			
	阴	阳	上	去	阴	阳	上	去	阴	阳	上	去	阴	阳	上	去
b	掰	白	百	拜					杯		北	贝				
p	拍	牌		派					胚	赔		配				
m		埋	买	卖						眉	美	妹				
f									非	肥	匪	肺				
d	呆[1]		歹	代							得[9]		堆			对
t	胎	台		太									推	颓	腿	退
n			乃	耐							馁	内				
l		来		赖					勒[10]	雷	儡	类				
g	该		改	盖	乖		拐	怪			给		规		鬼	贵
k	开		凯	忾				快					亏	葵	傀	愧
h	咳	孩	海	害		淮		坏	黑				灰	回	毁	惠
j																
q																
x																

续表

声＼调	韵															
	ai				uai				ei				uei			
	阴	阳	上	去	阴	阳	上	去	阴	阳	上	去	阴	阳	上	去
zh	斋	宅	窄	债	拽[4]		跩[5]	拽[6]				这[11]	追			坠
ch	拆	柴			揣[7]		揣[8]	踹					吹	垂		
sh	筛		色[2]	晒	衰		甩	帅		谁[12]				谁	水	税
r														蕤	蕊	锐
z	灾		宰	再						贼					嘴	最
c	猜	才	采[3]	菜									崔			脆
s	鳃			赛									虽	随	髓	岁
o	哀	皑	矮	爱	歪			外	欸				威	围	委	胃

1. 呆头呆脑 2. 掉色 3. 采茶 4. 拽过去 5. 跩来跩去 6. 拽上门 7. 揣在怀里 8. 揣摩 9. 必得 10. 勒死 11. 又音 12. 又音

(5) ao,iao,ou,iou

调＼声	韵															
	ao				iao				ou				iou			
	阴	阳	上	去	阴	阳	上	去	阴	阳	上	去	阴	阳	上	去
b	包	雹	保	报	标		表	鳔								
p	抛	袍	跑	炮	飘	瓢	漂[4]	票	剖[6]	抔						
m	猫	毛	卯	帽	喵	苗	秒	妙	哞	谋	某					谬
f										浮	否					
d	刀	捯[1]	岛	到	雕		屌	吊	兜		斗	豆	丢			
t	滔	逃	讨	套	挑	条	窕	跳	偷	头		透				
n		挠	脑	闹			鸟	尿				耨	妞	牛	纽	
l	捞	劳	老	涝	撩	聊	了[5]	料	搂	楼	篓	漏	溜	流	柳	六
g	高		稿	告					钩		狗	够				
k			考	靠					抠		口	叩				
h	蒿	豪	好	号					齁	侯	吼	后				
j					焦	嚼	绞	叫					揪		酒	就
q					锹	桥	巧	俏					丘	求		
x					消	肴	小	笑					休		朽	秀

续表

调＼声	韵															
	ao				iao				ou				iou			
	阴	阳	上	去	阴	阳	上	去	阴	阳	上	去	阴	阳	上	去
zh	招	着	找	罩					周	轴	肘	皱				
ch	抄	巢	炒						抽	绸	丑	臭				
sh	梢	韶	少	绍					收		手	瘦				
r		饶	扰	绕						柔		肉				
z	糟	凿[2]	早	造					邹		走	奏				
c	操	曹	草	糙[3]								凑				
s	骚		扫	臊					搜		叟	嗽				
o	凹	敖	袄	傲	妖	摇	咬	要	欧		藕	呕	忧	油	有	又

1. 掫线　2. 凿子　3. 粗糙　4. 漂白　5. 了解　6. 解剖

(6) an,ian,uan,üan

调/声	韵															
	an				ian				uan				üan			
	阴	阳	上	去	阴	阳	上	去	阴	阳	上	去	阴	阳	上	去
b	般		板	半	边		扁	便[3]								
p	潘	盘		判	偏	便[4]		骗								
m	颟	蛮	满	慢		眠	免	面								
f	番	凡	反	饭												
d	单		胆	旦	颠		典	电	端		短	段				
t	滩	谈	坦	叹	天	田	舔	掭	湍	团	疃	彖				
n	囡	难[1]	赧	难[2]	蔫	年	碾	念			暖					
l		兰	懒	烂		连	脸	练		鸾	卵	乱				
g	甘		敢	干					官		管	灌				
k	刊		砍	看					宽		款					
h	鼾	寒	喊	汗					欢	还	缓	换				
j					坚		减	见					捐		捲	卷
q					牵	前	浅	欠					圈	全	犬	劝
x					先	贤	显	现					宣	玄	选	镟

续表

调/声	韵															
	an				ian				uan				üan			
	阴	阳	上	去	阴	阳	上	去	阴	阳	上	去	阴	阳	上	去
zh	毡		展	战					专		转	赚				
ch	搀	蝉	产	颤					川	船	喘	串				
sh	山		闪	扇					拴			涮				
r		然	染								软					
z	簪	咱	攒	赞					躜		纂	钻				
c	参	残	惨	灿					蹿	攒		窜				
s	三		伞	散					酸			算				
o	安		俺	岸	烟	言	演	宴	弯	完	晚	万	冤	园	远	怨

1. 难过 2. 灾难 3. 便利 4. 便宜

(7) en,in,un,ün

调/声	韵															
	en				in				un				ün			
	阴	阳	上	去	阴	阳	上	去	阴	阳	上	去	阴	阳	上	去
b	奔		本	笨	彬			殡								
p	喷[1]	盆		喷[2]	拼	贫	品	聘								
m	闷[3]	门		闷[4]		民	敏									
f	分	坟	粉	奋												
d				扽[5]					敦		盹	钝				
t									吞	屯		褪				
n				嫩		您										
l						林	廪	吝	抡	轮		论				
g	根	哏	艮[6]	亘							滚	棍				
k			肯	裉					坤		捆	困				
h		痕	很	恨					昏	魂		混				
j					金		锦	近					均			俊
q					亲	秦	寝	沁						群		
x					心			信					熏	寻		训

续表

声＼调	韵															
	en				in				un				ün			
	阴	阳	上	去	阴	阳	上	去	阴	阳	上	去	阴	阳	上	去
zh	针		枕	镇					谆		准					
ch	嗔	陈	碜	衬					春	纯	蠢					
sh	深	神	审	慎							吮	顺				
r		人	忍	认								闰				
z			怎						尊							
c	参[7]	岑							村	存	忖	寸				
s	森								孙		损					
o	恩			摁[8]	因	银	引	印	温	文	稳	问	晕	云	允	运

1. 喷水　2. 喷香　3. 闷热　4. 烦闷　5. 扽一扽　6. 艮罗卜　7. 参差　8. 摁电铃

（8）ang，iang，uang

调/声	韵											
	ang				iang				uang			
	阴	阳	上	去	阴	阳	上	去	阴	阳	上	去
b	邦		榜	棒								
p	乓	旁	耪	胖								
m		忙	莽									
f	方	房	仿	放								
d	当		党	荡								
t	汤	唐	倘	烫								
n		囊	曩	齉		娘		酿				
l		郎	朗	浪		良	两	亮				
g	刚		岗	杠					光		广	逛
k	康	扛		抗					筐	狂		况
h	夯	航		巷[1]					荒	黄	谎	晃
j					江		讲	匠				
q					腔	墙	抢	呛				
x					香	详	想	向				

续表

调 / 声	韵											
	ang				iang				uang			
	阴	阳	上	去	阴	阳	上	去	阴	阳	上	去
zh	张		掌	丈					庄		奘	壮
ch	昌	长	厂	唱					窗	床	闯	创
sh	商		赏	上					双		爽	
r	嚷	瓤	壤	让								
z	脏			葬								
c	仓	藏										
s	桑		嗓	丧								
o	肮	昂		盎	央	羊	仰	样	汪	王	网	望

1. 巷道

(9) eng,ing,ueng,ong,iong

调＼声	韵																			
	eng				ing				ueng				ong				iong			
	阴	阳	上	去	阴	阳	上	去	阴	阳	上	去	阴	阳	上	去	阴	阳	上	去
b	崩	甭	绷	迸	兵		丙	病												
p	烹	朋	捧	碰	乒	平														
m	朦	蒙	猛	梦		明	酩	命												
f	风	逢	讽	奉																
d	登		等	凳	丁		顶	定					东		董	冻				
t		腾			听	亭	挺	梃					通	同	统	痛				
n		能				宁	拧	佞						农		弄[3]				
l		棱	冷	楞	拎	零	领	令						龙	垄	弄[4]				
g	庚		梗	更									工		巩	贡				
k	坑												空		孔	控				
h	亨	横[1]		横[2]									烘	红	哄	讧				
j					京		景	镜											窘	
q					青	晴	请	庆										穷		
x					星	形	醒	性									凶	雄		

续表

调/声	韵																			
	eng				ing				ueng				ong				iong			
声	阴	阳	上	去	阴	阳	上	去	阴	阳	上	去	阴	阳	上	去	阴	阳	上	去
zh	争		整	正									中		肿	仲				
ch	称	成	逞	秤									充	崇	宠	铳				
sh	生	绳	省	胜																
r	扔	仍												荣	冗					
z	增			赠									宗		总	纵				
c		层		蹭									聪	从						
s	僧												松		耸	送				
o					英	营	影	硬	翁			瓮					雍	颙	永	用

1. 横行　2. 强横　3. 玩弄　4. 弄堂

后　记

本书成书于一九六二年，是作为高等院校文科统编教材，由教育部组织北京师范大学、南京大学、华东师范大学、上海师范大学、上海教育学院和复旦大学六所院校协作编写的。一九七八年修改再版，后来又加以修改增订，增加安徽大学为协作单位。

考虑使用单位和读者的意见，本书再次作了必要的增删和改写。在修订过程中，以各种方式向专家和读者请教，得到了很大的帮助。在这里，衷心地表示我们的感谢。

参加编写工作的有（按笔画为序）：

许宝华　（复旦大学）
张世禄　（复旦大学）
张抝之　（上海教育学院）
张　斌　（上海师范大学）
杨庆蕙　（北京师范大学）
严　修　（复旦大学）
范可育　（华东师范大学）
周钟灵　（南京大学）
胡裕树　（复旦大学）
袁　晖　（安徽大学）

限于水平，虽经重新修订，疏忽和不妥之处仍在所难免，希望读者批评指正。